本书为宁夏高等学校一流学科建设（教育学学科）资助项目（项目编号：NXYLXK2017B11）——"PI教学法视角下的大学英语听说教学方法研究"的研究成果。

PI教学法视角下的大学英语听说教学方法研究

郝彩玲　金小英　著

北京工业大学出版社

图书在版编目（CIP）数据

PI 教学法视角下的大学英语听说教学方法研究 / 郝彩玲，金小英著． — 北京 ： 北京工业大学出版社，2018.12（2021.5 重印）

ISBN 978-7-5639-6740-7

Ⅰ．①P… Ⅱ．①郝… ②金… Ⅲ．①英语－听说教学－教学法－研究－高等学校 Ⅳ．① H319.32

中国版本图书馆 CIP 数据核字（2019）第 024567 号

PI 教学法视角下的大学英语听说教学方法研究

著　　者：郝彩玲　金小英
责任编辑：刘卫珍
封面设计：点墨轩阁
出版发行：北京工业大学出版社
　　　　　（北京市朝阳区平乐园 100 号　邮编：100124）
　　　　　010-67391722（传真）　　bgdcbs@sina.com
经销单位：全国各地新华书店
承印单位：三河市明华印务有限公司
开　　本：710 毫米 ×1000 毫米　1/16
印　　张：23
字　　数：460 千字
版　　次：2018 年 12 月第 1 版
印　　次：2021 年 5 月第 2 次印刷
标准书号：ISBN 978-7-5639-6740-7
定　　价：98.00 元

版权所有　翻印必究

（如发现印装质量问题，请寄本社发行部调换 010-67391106）

前　言

　　PI 教学法，即同伴教学法，由美国哈佛大学著名教授埃里克·马祖尔创立，是当今国际教育教学领域中最具影响力的教学方法之一，是一种适合大班授课的交互式教学方式。PI 教学法使用专门设计的用于揭示学生概念错误和引导学生深入探究的概念测试题，借助计算机应答交互系统或选项卡片，引导学生参与教学过程，变传统单一的讲授为基于剖析概念的自主学习和合作探究，在大班课堂教学中构建一种学生自主学习、合作学习、生生互动、师生互动的创新教学模式。PI 教学法能够实现大学英语听说教学中听力和口语的有机结合，有利于提高学生的听说能力，尤其对学生口语表达能力的提升具有明显效果。本书将 PI 教学法应用于大学英语听说教学的理论和实践研究中，主要探讨大学英语教学方法、大学英语听说教学、PI 教学法理论、PI 教学法的应用与英语听说课堂教学组织方法、大学英语听力教学方法与多样化教学方式的选择、大学英语口语教学方法与实践、PI 教学法评价体系在大学英语听说教学中的构建、PI 教学法视域下的大学英语自主学习与合作学习、新形势下大学英语听说教学展望。

　　本书研究的意义在于：

　　第一，在丰富现代教学方法的研究方面具有一定的理论意义。把交往的观念融入课堂教学，目的就是在课堂和社会生活之间铺就一条快捷的"绿色通道"，使学校教育更加贴近生活实际，也可以引导学者从一个全新的视角来审视教育教学。因此，同伴教学，不仅是对传统教学理论的补充，从某种意义上来讲，也是一次教育革命，代表了现代教学系统未来发展的方向，扩大了教学理论研究的领域。

　　第二，有利于促进学生心理健康发展。建构健康的人格是时代性的课题，建立和保持与他人的相互合作关系，是心理健康、人格健全的基本表现形式之一。人的心理和人格是在人的活动中，尤其是在人和人之间相互交往的过程中发展起来的。因此，同伴教学法在大学英语课堂教学中的应用，对于促进学生心理的健康发展具有重要的现实价值。

　　第三，有利于推进同伴教学研究，将学生培养成"社会中的人"。社会是人的交互作用的产物。现代社会的信息化、多元化和开放性给教育目标的社会化提出了更高的要求。同伴学习，使学生自我目标通过他人的立场，并以他人的观点来评价自己的行为而逐步获得，通过他人的眼睛看自己逐步形成个体的人格，并推动有意义的学习。学生能在体验与探究的学习活动中，学会倾听、表达、讨论、争论、合作和竞争等社会基本技能。同伴教学法促进了教师的问、教材的质、学生的思三个方面的"最优化"。

第四，有利于增强学习者的主体意识。其一，同伴教学法促进学生学会理解，学会自我选择。其二，同伴教学法也引导学生学会赏识，走向自我实现。每一次成功都能让交往双方多一些兴奋，体验到成功的快乐。

第五，有利于培养学生的创新意识和实践能力。同伴教学法使知识在学生"对话"中生成，有效地让学生大胆发问、质疑、探讨，说出自己的真实想法和见解。同伴教学法和大学英语听与说有机结合起来，有所倾听、有所表达，有了听与说，就有了对知识的真正理解。

由于写作时间仓促加之笔者水平有限，书中难免有不妥之处，衷心希望广大读者对本书批评指正。

目 录

第一章 大学英语教学方法概述 ... 1
- 第一节 新时代大学英语教学改革的内涵与价值 ... 1
- 第二节 大学英语教学理念 ... 8
- 第三节 新时代大学英语教学 ... 15
- 第四节 大学英语教学方法的含义与框架 ... 19
- 第五节 大学英语教学主要方法 ... 22

第二章 大学英语听说教学分析 ... 33
- 第一节 大学英语听说教学现状分析 ... 33
- 第二节 大学英语听说教学策略分析 ... 36

第三章 PI教学法理论概述 ... 53
- 第一节 PI教学法的理论基础 ... 53
- 第二节 PI教学法理论的主要功能和有效性研究 ... 59
- 第三节 PI教学法的特征分析 ... 67
- 第四节 PI教学法的历史、现状与发展趋势 ... 71
- 第五节 PI教学法的教学思想和现代意义 ... 74

第四章 PI教学法的应用与英语听说课堂教学组织方法分析 ... 79
- 第一节 PI教学法的操作流程与课堂组织 ... 79
- 第二节 PI教学法的完善实施过程 ... 82
- 第三节 PI教学法实现策略分析 ... 84
- 第四节 PI教学法应用于大学英语听说教学的相关分析 ... 87

第五章 大学英语听力教学方法与多样化教学方式的选择 ... 99
- 第一节 听力教学方法与教学策略的选择 ... 99
- 第二节 多样化听力教学模式策略解析 ... 108

第三节　大学英语听力教学策略训练…………………………119
  第四节　现代教育技术背景下的听力教学导向………………144

第六章　大学英语口语教学方法与实践……………………………157
  第一节　大学英语口语课堂教学实现路径……………………157
  第二节　同伴反馈类型与大学英语口语教学效果分析………175
  第三节　同伴互评在英语口语教学中的应用实践……………177
  第四节　英语口语自主学习中的同伴支架和互动模式分析…180

第七章　PI 教学法评价体系在大学英语听说教学中的构建……189
  第一节　PI 教学的基本策略……………………………………189
  第二节　大学英语听力与口语教学评价原则分析……………202
  第三节　大学英语教学评价类型与评价模式解读……………204
  第四节　大学英语听说教学评价体系…………………………206
  第五节　PI 教学法在大学英语听说教学中的应用及其效果分析…209

第八章　PI 教学法视域下的大学英语自主学习与合作学习探究…225
  第一节　PI 教学视野下的学生自主发展探究…………………225
  第二节　大学英语多维度互动教学模式探究…………………246
  第三节　大学英语自主学习模式与能力培养路径探究………284
  第四节　大学英语课堂合作学习模式探究……………………317

第九章　新形势下大学英语听说教学展望…………………………347
  第一节　全球化背景下的英语教育……………………………347
  第二节　中国大学英语教学改革的现状分析…………………349
  第三节　大学英语听说教学的展望……………………………354

参考文献………………………………………………………………357

第一章　大学英语教学方法概述

随着现代社会的不断发展，英语对人们的生活、学习、工作都起着极为重要的作用。随着人们对英语需求的逐渐增大，也对更多高校的英语教学提出了新的挑战。大学英语教学面临的主要问题就是如何提升教学水平、选择合适的教学方法，从而达到满足学生的学习需求的目的。

第一节　新时代大学英语教学改革的内涵与价值

一、英语教学概述

教学设计不仅要确定语言内容的组织和安排，还要依据国家的政策、教育目的、教育目标，并考虑在当时各种环境因素和不同条件下，尽可能成功、有效地实施教学计划。这其中包括语言学习的规律、语言知识、学生特点、教学环境、管理模式等各方面的因素。其中很重要的一步，就是对国家政策、教育目标和环境及学生的需求进行分析。

一个国家是否开设外语课，何时开设外语课，开设何种外语课，每种外语在何时开设等许多问题实际上都是由该国外语政策决定的。20世纪五六十年代，我国外语课主要是俄语，而现在又主要是英语，这其实是因为国家的外语政策发生了变化。国家的整体外语政策影响着大学外语课程的设计。鲁子问提出，制定外语政策的国家首先应该从国防、外交与国际交往、对外经济贸易、对外司法和国内社会公共安全五个层面考虑。课程设计者要从国家整体外语教育政策来考虑课程的目标和内容。鲁子问从"外语能力规划""外语人口规划""外语语种规划""外语教育规划"和"外语资源利用规划"等诸多方面介绍了美国外语教育政策研究的思路和机构。即使像美国这样的世界强国都非常重视外语教育政策。美国设有国家语言政策委员会，为了提高美国的外语能力，制订了"国家安全语言计划"。他们在基础教育阶段的项目有诸多部门参与，其中包括国防部、国务院、美国国家情报负责人办公室等。可见，语言教育不仅关乎文化素养，还涉及国家安全。

显然，英语课程设计者或明确或含糊地对以上问题持有自己的构想。首先是如何看待英语的影响与作用。目前英语是国际上公认的第二语言，在经济、科技和教育方面有着举足轻重的位置。据统计，世界上绝大部分国际组织将英语作为官方语言，其中使用英语作为文字的学术论文更是占到了90%。英语成为国际通用的语言是一个不容置疑的事实。随着我国对外开放程度地不断加深，英语词汇通过各个行业进入汉语是不争的事实。英语已经从各个方面渗透到人们的生活当中，潜移默化地影响着我国居民的生活和工作。当然，并不是说这是英语课程学习带来的影响，而是英语已经在科技、教育和娱乐方面发挥着不可替代的作用，这也是社会发展的趋势。

学习外语有利的一面是可以学习先进的理论知识，但是也可能会在意识领域和文化领域对传统的思想产生冲击，不能全盘接受，要考虑国家发展的长远利益。因此，在制定英语教育政策时，尤其是制定评价和测试的标准时，还要考虑经济和文化等诸多问题。比如，很多学校以国外的测试为录取学生的依据，英语国家也在我国大力推广其英语考试，而我国教育界往往也乐于采用这些测试的成绩作为学生语言能力的证明。但这显然不符合我国教育的目标，因为这些测试大部分是为考查学生去英语国家学习的能力而设计的，试题选取的话题和语境通常是在英语国家日常生活中谈论的话题，如购物、旅行、求医等，并非我国这种非英语环境下使用英语的话题。而且，我国绝大多数学生学习英语并不是为了出国。同时，我们也要明白，国外机构积极地推动英语测评的目的是驱动英语教学领域的经济发展。国际学者告诫人们，要永远把教育的社会环境、政治和经济因素考虑进去。因此，仅仅从工具性的角度考虑英语教学，视野未免过于狭窄，还需要课程设计和评价决策者从更高的层面审视英语教育、测试等对学生和国家文化、经济的影响。在评价课程的实效，评价教师的教学成果时，还需要从宏观政策层面，从教育规划可能对课程设置所产生的影响和限制方面来讨论。

国家确定课程体系时，还要考虑学科学习的规律。外语学习需要接触足够的语言输入，因此频度会直接影响教学的效率和产出。有些人认为小学英语教学效果不好，费时较多，不如将学时让给语文课。而且很少有研究证明英语最少要每周开设多少课时才能达到理想的程度。比如，在我国这种缺乏语言环境的情况下学习英语，需要多少时间才可以达到何种水平，还缺乏科学的依据。一周开设 1~2 节英语课和开设 5 节英语课之间有什么区别，也没有科学的实证研究。其实国外有大量研究表明，如果每周只有 2~3 课时，即使学生从很小就开始学，也难以真正学到什么东西。由于课时太少而效果不好，很可能使人们批评英语教育的效率与教师的能力，进而对是否值得开设英语课产生怀疑。因此，国家外语语言政策与外语教育规划的制定者需要做大量的理论研究、实证研究和调查。

二、三维关系中定位英语教学的当代使命

（一）我国当前社会背景下英语教学的时代使命

对于当前我国时代发展与社会转型所内含的精神而言，可能一大串的列表也未必能够详尽描述这个时代精神特征的不同层面与不同维度，但有三个特征明显成为当代人或未来较长时段内人的生存事实，这三个特征可概括为：全球化、自主性与多元化。

（1）全球化。由于科技发展，人际空间距离逐渐缩小，密度加大；经济活动逐渐突破国界而走向"地球村"。21 世纪的社会是一个交流不断加大的社会，不同国家与民族之间不仅有竞争的关系，也存在相互依赖的关系。有些学者称这种社会为融合型的国际社会。而外语教学就是促进国际间进行融合的黏合剂，我国当代外语教学的目的是确立在国际大开放的时代背景下的。21 世纪为了加强各国间的友好合作，便产生了外语教学，它不仅可以使我国优秀的传统文化得到弘扬，并传播到全世界，而且通过外语学习，可以更好地运用外来优秀文化来丰富自身发展。

（2）自主性。自 20 世纪 70 年代以来，中国社会生活发生了巨大变化，并且这种转变至今仍在继续：一元价值观向多元价值观演变，个人与单位间的身份关系越来越走向松散。进一步的变化所产生的结果是社会给人生存的空间度和自由度在日益加大，人们终于可以自己来编写人生大剧的脚本，而不用再去扮演别人为自己安排的角色；大家都面临着这样一种机会，甚或是挑战——自我塑造甚至重塑自我。人生并非已完全由生物遗传或神灵在命中注定，可以使自己的人生成为一部杰作，只要人们愿意。所有这一切都说明，一个呼唤人的自主性的时代到来了。

（3）多元化。当今社会是一个多元文化并存与相互冲突的社会，传统文化与现代文化、中国文化与异域文化、主流文化与非主流文化竞相对学生的发展产生影响。学生如何面对不同的生存样式，同时又不迷失自己便成了一个两难问题，而能否处理好这种关系，则与其自身的多元文化素养有直接

关系。为此，一个国家的教育，要想提高学生在当代和未来多元文化社会进行成功交际与生存的能力，就必须培养学生掌握不同的语言和了解他国的文化能力。在目前的学校教育中，除了人文社科类学科是必须进行传授的学科，外语教学显然也是不可缺少的学科。学生应当在学习外语的过程中掌握异域文化和形成语言交际的能力，这也是当代外语教学的主要宗旨之一。

在《教育——财富蕴藏其中》一书中，雅克·德洛尔任在回顾人类联合生活的冲突状况后指出，21世纪在解决人类冲突方面，教育的使命就是"教学生懂得人类的多样性，同时还要教他们认识地球上的所有人之间具有相似性又是相互依存的。因此，从幼儿开始，学校就应抓住各种机会来进行这一双重教育。某些学科特别适合进行这种教育：从基础教育开始教授人文地理，晚些时候教授外语和外国文学"。

随着国际化的发展趋势，社会也经受了剧烈的转型升级，培养多元化的人才不只是理论上的命题，更是现实社会发展的迫切需要。多元的时代背景使得年轻人的选择更为广泛，如何使这些未来的优秀人才既能掌握社会所需求的生存技能，还能够对自我保持清醒的认识，则需要学校、教育部门以及社会共同形成合力，这也是学校教育今后发展的使命之一。当前状况下，我国大学英语教学承担起培养学生的多元文化生存素养的时代使命。英语教学的根本目的就是培养学生使用英语来进行交际的基本能力，使英语成为他们认识社会、适应社会的基本工具，这就要求英语课程改革必须关注并培养学生适应现代社会所要求的英语能力，要为学生提供良好的英语交流环境。

（二）语言与文化视角中英语教学的文化使命

一直以来，外语教学的关注重心一般是学生对外语的语言形式的学习，基本不顾及语言内容的价值，从而将语言形式与语言文化内容割裂开来。尤其在语法大纲主导的年代，许多教师严格按照语法大纲所组织的教材进行教学，很少注意开发外语教学内容对于学生的养成性价值。比如听说法强调听与说，倡导通过刺激—反应、反复重复教师的语言，背诵对话片段或进行各类机械训练来对学生的大脑形成一定的刺激，让他们通过口语的训练及以语法的学习来掌握综合运用英语的能力。学习者很少处在意义化的、情境性的语言输入环境中学习，没有将记忆性材料转化为自然语境中交际语言的机会。20世纪60年代，外语教学界倡导认知法，开始关注促进较有意义的语言运用与创造，但这种方法关注较多的是语法机械训练，学生仍然很少有时间在真实的语境中运用外语。

20世纪70年代，外语教学界掀起了交际语言教学法，开始关注学生的学习需要和交际的性质。

这一外语教学法很快风靡世界很多国家，逐步改变外语教学观，人们开始逐渐意识到学习外语并不是为了简单地掌握一门语言的技巧，实际上最重要的还包括熟悉目的语文化。这门学科教学的目的应该是扩大学生的文化知识与视野，在一定的文化语境中学习和熟悉相应的课程内容。比如1996年的《外语学习课程标准》，强调外语语言文化学习的文化价值在于：第一，外语语言文化学习可以促进与不同文化背景下的人们进行有效沟通；第二，外语语言文化学习可以帮助学生走出自己的文化域限，扩大眼界；第三，通过学习外语语言，可以令学生增强对本国文化以及语言的观察能力；第四，外语语言文化学习不仅可以促使学生更好地在对比中认清自己，而且可以促使他们理解其他文化，加强人们彼此间的紧密联系；第五，外语语言文化学习有助于学生将来能够更为充分地融入"地球村"；第六，外语语言文化学习有助于学生充实已有的文化容量。

目前，帮助学生树立起正确的文化观念，培养有效的文化意识是大学阶段学科教育的重要任务。英语教学作为了解异国文化的重要载体更具独特价值，外语语言文化学习也是我国面临多元文化背景的必选之路。

（三）青年成长中英语教学的育人使命

英语教学变革最终都是要发挥其育人的使命，要切实对人的发展有帮助。目前，人们越来越深刻地认识到语言对人的精神发展的价值。

著名语言学家洪堡特指出："每一种语言都包含着一种独特的世界观……每一种语言都在它所隶属的民族周围设下一道藩篱，一个人只有跨越另一种语言的藩篱进入其内部，才有可能摆脱母语藩篱的约束。"因此，学习一门外语可以掌握一种接触和了解不同民族思维方式的技能工具。具体地说，英语语言重逻辑形式思维、重个体思维，是一种典型的形态型、形足型语言，明显不同于汉语这种语义型、音足型语言。这就使得英语学习中的形合手段远远多于汉语，并使其语法具有比较突出的显性和刚性特点。显性是指在词类的标志上，很多词汇的词义可以从词形上来判断，比如名词的后缀一般包括 -or, -ment, -ity, -ness, -ation 或 -er，而形容词的后缀有 -al, -ive 和 -ful，而有 -en, -ify, -ize 后缀的一般是动词，有 -ly 后缀的一般是副词等。显性还表现在有数和格的变化的可能是名词也可能是代词，如果是性和人称的变化的话，则一定是代词。英语语法的刚性特征主要体现在"该有的一个也不能少"，也就是说，对形态和形式上的要求都必须做到，尤其在虚词的运用上。

这些思维方式上的不同，一方面说明英语学习能够丰富学生的思维方式，另一方面也说明如果英语教学能够注意引导学生通过掌握英语规则进行学习，那么，也有助于学生思维水平的提升和英语学习效率的提高。

英语课程在培养学生素质方面的任务也日益受到我国的重视。比如我国《英语课程标准》指出："英语教学应该与其他学科教育共同努力，促进学生素质的全面发展，提高学生的人文素养，增强实践能力和创新能力。"当前大学英语教学所致力于研究的核心问题之一，就是如何将对学生的教育意义贯穿到各个教学阶段、各种教学目标和各种教学内容上去。

三、当代英语教学改革的育人价值观

随着英语教学改革的发展，我国对英语教学目标及育人的重大意义都有了全新的认识，并通过和国际接轨获得了更加显著的发展，已经从起步阶段——只注重语言知识的传授，到现在的将知识传播和语言技能的重要性放在同一个水平上。发展到现在，人们已经对语言技能和语言综合素质的培养对学生发展的重大意义有了非常深刻的认知，并且随着国内教育事业的发展，英语课程改革也遵循了课程的基本要求和精神，经过改革后的课程一切以学生的发展为目标，打破了语言观的不利限制。所有这些，都是当前我国近二三十年来英语界的大进步，并丰富了学者们的认识，在此基础上，结合实践探索，形成了当代英语教学的育人价值观。

（一）语言知识的教学价值

在以往语法大纲为主导的思路下，语言知识通常被理解为包括语音、词汇、语法等内容，但随着英语功能型大纲的推行，语言知识通常被理解为包括语音、词汇、语法、功能和话题等方面，尤其是功能和话题的加入，使得英语知识的社会性语言功能和意义功能得到重视，但过于突出话题和功能的意义，则有意识地淡化了或弱化了语音规则、词汇规则和语法规则的学习对于中国学生学习英语的价值。

当代大学英语教学一方面认同语言知识的内涵应包括功能与话题，但认为对于中国学生学习英语这门外语而言，引导学生注重发现英语语音、词汇和语法规则特点，对于学生高效、规范地学习英语的价值同样不可忽视。胡春洞教授认为："从语言学层次上看，有语言和言语两方面。前者包括语音、语法、语义、语用、句型和词汇，后者包括听、说、读、写和话语及功能。前者是社会普遍性的，后者具有个人特殊性；前者是构成语言能力的要素，后者则是语言的表现；前者规律性强，后者变异性强。在英语学习中，言语要重视，语言也要兼顾，不要把两者对立起来。现在有一种偏激主张，认为只要学习功能项目和句型就行，用不着学习语法，其实英语语法本身就是功能和句型的进一步概括，是规律的总和。所谓交际功能只不过是基本语法功能的演化，而不是另起炉灶。现流行的所谓交际能力，同样也是语言能力的发展，而不是平地起楼台。学英语应该学习语法，只是不要死抠语法，不要在语法概念和语法分析上纠缠不休。学习语法，主要是掌握词、句、文或话语的结构特点和规律，各种结构的关系和转换，以及一定的结构所具有的意义和功能，或一定的意义和功能所对应的结构。这样学习语法，就是用活动的方法学习活的语法。语言的其他方面，如语音和词汇的学习也应该采用活动的方法和学习活动的语音与词汇，不死抠孤立的单音，不死记孤立的单词。这样的学习，以语言学习为手段，而以言语学习为目的。"

具体来说，语言知识教学的育人价值具体体现在：

第一，要加大力度引导学生主动进行知识构建，并对知识的内在规律进行把握。为了达到这个目标，教师应该放手让学生去尝试，但凡是学生能力范围内的知识构建都应该让学生自己去完成，教师做好相应的指导即可，引导学生发现语言的内在规律，进行创造性学习与运用。教学要具有挑战性，否则难以激起学生的学习兴趣。

第二，加大力度发挥主要课题在课堂教学中的作用，实现语言形式和内容的一致性，并使得英语教学意义和口语化的意义一致，防止出现过分强调语言形式的教学而忽略了学习语言的真正意图，更应该避免出现过分强调语言的教学内容，而没有注意语言形式对英语教学的作用，导致英语学习变成了一般的常识课或者是思品课。

第三，语言教学必须遵守语言的内在规律，并在此基础上进行理解和记忆，使得教学取得递进和上升的效果，并让学生在经过英语学习后，表现出有逻辑的、递进性的发展过程。

第四，要引导学生在学习中善于发现，并通过开放性的教学环境，促进学生自主学习，对英语的语言内在规律进行主动的探索，从而在实际交往和生活中进行灵活运用。

（二）语言技能性教学

对于中国学生学习英语来说，听、说、读、写都具有非常重要的意义，因此要将对学生读和写能力的培养放在听说能力培养的同一层次上。这是因为中国学生已经非常熟悉汉字的构成，而对英语构成还比较的生疏，且汉字是典型的音足型，这跟英语构成有很大的不同，若是忽略读写的作用，不仅无法发挥学生已有的学习记忆优势,而且也不利于中国学生记忆策略的发挥,造成英语学习效率的低下。在教学中,教师也发现了一些重要的问题,如很多学生的口语表达非常流畅,可是在书面阅读理解上却往往跟不上口语表达的节奏,其原因之一便与教师忽视读、写技能的培养有关。

基于这种认识,当代大学英语教学改革观念具体理解如下:"听"与"读"是接收语言学习的两个途径,却并非是一种被动的学习;"说"和"写"是对所掌握的语言知识进行输出的过程,却并非就是主动性的学习。具体处理方式如下:

(1)听的教学强调学生在教学过程中从多个层面把握语言材料:听懂关键词;掌握主要内容与情节;抓住中心思想。目的是培养学生在听的过程中形成捕捉、根据上下文猜测具体语言意义和关键信息的能力,以及根据情节整体推论语言思想的能力。

(2)说的教学注重学生能够根据所学词汇、句型、语法和文章内容规范、灵活地表达意义,以实现语言学习内化与外化的双向结合。

(3)读的教学包括有声读与默读,精读与泛读,读词、读句与读篇等,不同读的类型,任务也会不同。比如语篇教学是小学中、高年级和初中年级段较为常见的教学类型,在阅读课教学中关注的是学生能够学会通过查词典自主掌握文章中的生僻字词汇,或是根据上下文猜测词义,或是能够寻找主题句形成快速掌握文章大意和中心思想的能力等。

(4)写的教学不是为写而写,而是强调学生通过"写"掌握拼写、标点与大小写等基本写作知识;运用已学词汇与词组,培养逻辑思维,学会用英语组织段落与表达主题的能力。

第二节 大学英语教学理念

一、以人的发展为本

英语教育、课程与教学的主导思想是要充分体现以人为本、以人的发展为本的思想。

(一)英语教学要体现人的本质特征

人的本质首先体现为物质世界中的现实人,现实人既是自然人,更是社会人;其次体现在人们与社会和思想文化的关系之中,人与人的关系是一切社会关系的总和。在人与人的社会关系和社会交往过程中,人们运用语言表情达意,或记录传承人类积累的物质文明和精神文明成果的精华,因而逐渐超越自然人，优越于自然人，最后成为社会人。人之所以能超越和优越于自然人成为社会人，最根本的原因就在于人与人在社会中使用了语言这个最常用且最有效的信息交流和沟通的交际工具。马克思在批判费尔巴哈的人本主义时明确指出："人的本质不是单个人所固有的抽象物，在其现实性上，它是一切社会关系的总和。"人的本质不是个人的天赋属性，也不是人类抽象的共性，而在现实中，人总是生活在特定的物质世界情境、社会和社会关系之中。人在物质自然界中产生，又存在于物质自然界之中，而且人也只有在物质世界和现实社会中，特别是在人与人使用语言作为交际工具交流和沟通信息的过程中，才能成长和发展成为能动地、创造性地改造世界、改善人自身和推动社会发展的人。因此英语教学的建设、发展和实施必须为实现面向全体学生、面向每个学生个体和面向具有终身学习能力的、推动社会发展的人，并以此充分体现人的本质特征为根本的价值观取向。

（二）人的发展与社会发展紧密相连

课程与教学的本质是教书育人，是既能促进学生德、智、体、美、劳综合素质的全面发展，又能使其个性化获得充分的发展。人是社会的人，一方面人的发展需要以社会为依托，人脱离了社会就不成为社会人，就难以生存和发展；另一方面社会的发展也离不开人，社会是由人组成的，是人群的社会，社会脱离了人也就不复存在。这种人与社会关系相互依存和互促发展性还表现在：一方面客观世界和社会发展制约着人的发展规律，另一方面人充分发展的目的又在于认识世界和社会及其发展的客观规律，并根据其内在逻辑发展规律能动地、创造性地改造世界和社会，并不断推动世界和社会的物质文明和精神文明的发展；而世界和社会的发展又反作用于人自己，不断促进人的充分全面发展和个性自由解放。英语教学发展和实施的目的也在于培养学生综合素质的充分发展，并使其个性获得自主、自觉和自由发展。这不仅是学生发展的需要，同时也是社会物质文明和精神文明共同发展的需要，更是创建和完善中国特色社会主义外语教育教学体系的需要。因此，英语教学务必紧密联系人与社会的发展，并在人与社会生活情境发展的进程中求得自身的发展、创新、完善和有效的实施。

（三）意识和思维的客观本真

人的意识和思维活动既有客观性的一面，也具有主观性的一面，但客观性更是其本真性的一面。人的意识和思维活动的基础是外在的客观世界和现实社会，外在世界客观存在于人的意识和思维活动之外，不依赖于人的意识和思维活动,不以人的意志为转移。外在世界第一性是本原,意识和思维活动是第二性的,是被决定的。物质世界是人的观念、意识和思维形成的基础,观念、意识和思维具有客观现实性,这就是意识和思维客观性实质的诠释。而意识和思维活动又是人的主观性的心理活动,外在世界和现实社会的客观存在,需要通过人的主观意识和思维活动才能被证实和阐释。诚然,人的意识和思维活动并不是外在世界和现实社会的本原或第一性;人的意识和思维活动的对象,即外在世界和现实社会也不是绝对观念,不是精神的自我认识和理念的自我建构,而是客观物质世界和社会生活现实在人的意识、观念和思维活动中的反映。但是,人并不是消极被动地对物质世界和现实社会生活做出反应,而是通过劳动实践活动和日常社会生活实践活动,使自身的意识、观念和思维与物质世界、现实社会生活相联系,并对物质世界和现实社会生活做出能动的和创造性的反映。由于各人的劳动实践活动和日常现实社会生活目标、内容、过程、方法、时空等方面的差异,人们就自然会对同一物质现象和现实社会事件产生和形成不同的思想意识、价值观念和思维方式。这就是对"意识、观念、经验和知识是人的心理表征,是人们自我认识和构建,并存在于人的内在心灵之中"的阐释。意识观念的本质正是人对外在世界、社会现实能动性和创造性的反映。深邃和思辨的理论问题,往往可以用最简单的事实和身边的实例表征和论证。英语单词如"book",或词组如"an English book",或句子如"The English book is on the desk."或语篇和文本,都是使用英语的民族对客观存在的事实和事件约定俗成的符号,而语言符号又是意识、观念、思想的物质外壳。倘若在外在世界中不存在"书",或"一本英语书",或"英语书在桌子上"等现实事物和事件,那么上述英语单词、词组、句子以至语篇和文本就难以产生、存在、发展和创新。英语教育如何能使学生理解并运用英语单词、词语、句子、语篇和文本等语言知识? 在回答这个问题时,则仍须依靠学生自主自觉、积极主动、能动创造地在人与外在世界社会关系和特定的现实世界的社会生活情境中通过理解和运用英语交际、沟通的实践活动才能解决,语言知识和交际运用能力才能习得。而大多建构主义者(社会建构主义者除外)认为"脱离和割裂了人与外在客观世界社会生活的关系和特定的现实世界社会生活情境的联系,单凭个人的主观意识、观念、思维的自我认识和自我建构,就能自我建构和创新、理解和运用语言知识"的观点,是不现实的。这正是由外在物质世界、现实社会生活的本原性所决定的,同时受意识观念、思想及其直接反映的第二性和被决定性制约。

（四）人的生命活动与语言息息相关

在现实社会中，人的生命活动与语言息息相关。人之所以成为社会人，人与人之间交往、人与社会之间的关系和人的日常生命活动无不都是借助语言这个交往载体和交际工具来实现的，人的一切日常生命活动也无不存在于特定物质世界和现实生活与语言交际行为的联系之中。

语言是人的主观意识、观念和思维的物质外壳，是意识、观念、思维内容的物质载体，因此，不仅物质世界表现于语言之中，语言的内涵也是意识、观念、思维反映物质世界的内容，而且意识、观念、思维的内容也寓于语言之中。语言是意识、观念与物质世界存在关系之间的中介、媒体和桥梁，正是由于两者联系之间存在着语言这个媒介和桥梁，才使得这种联系成为可能并获得不断的巩固和发展。其实，人的意识、观念和思维最初也是与人的物质活动、人类物质交往、现实生命活动和社会生活活动中的语言交往融合在一起的，而且人类的意识、观念、思维和语言本身也都是人的物质活动、人类物质交往活动、现实生命活动、社会生活活动和使用语言交流信息需要的直接产物。因此，英语教学建设、发展、创新和实施的目的、内容、方法都应彰显语言与学生现实社会生命活动的息息相关性，从而尽量设计成在接近、贴近，甚至回归学生的现实社会生活的生动情境之中讲解、操练和交际运用英语，进而促进英语教学能获得更为理想或良好的发展、创新的实施效果。

二、以学定教，以教导学，多学精教，不教自学

教育是人的教育，核心是要重视人的因素。在教育领域中人的因素就是学生和教师，因此，教育需重视学生学习的主体作用和教师教学的指导作用，以发挥师生双主体互动、生成的主观能动性和创造性。在英语教育教学过程中充分发挥师生双主体的主观能动性和创造性，具体体现在以学定教、以教导学、多学精教、不教自学的原理之中。显然，这种英语教育教学原理充分体现了以学生为主体，以教师为主导，发挥师生双主体的互动、生成作用，也是对以学生为中心或以教师为中心的理念做出重新评判。

（一）以学定教

我国传统的英语教学理念"以教定学"为主，把学生当作接受教育的对象和接受知识的容器，而学校则只注重学生的学习成绩，却忽略了学生个性的发展。正确的学习理论和学习理念，则倡导以学定教，以教导学，把学生看作学习的主人，学生在教师的指导下积极主动地学习知识、技能、能力，

让学生的个性充分发挥出来，真正做到以学定教，以教导学和教师的指导性相统一。

以学定教不但根据学生已有的知识、经验、需求，遵循学生学习知识、发展能力的规律，确定教学目标、内容、策略方法和评价措施，也立足于激励学生能够积极主动地学习、思考和运用知识的过程，既立足于学生群体，也立足于学生个体。由于每个学生潜在能力和创造力都存在一定的差异，因此要注重学思结合，倡导启发式、探究式、讨论式、参与式教学，注重知行统一，注重因材施教，使每一个学生都能获得进步。

（二）以教导学

英语教育教学不仅是以学定教，还需有以教导学的理念。以教导学理念认为，学生不只是知识的被动接受者和使用者，而且也是在教师的指导下能更积极地获取知识的学习者。有效的英语学习就是学生在教师的指导下，根据自己已经掌握的英语知识，不断接受和理解新的英语知识。所以说学习英语不是一味地接受知识，更何况学生本身也不是接受知识的机器。学习应该是学生在教师的指导下，根据自身的兴趣和能力，积极主动地去学习。以师生互动的形式来接受知识，才能使学生更好地理解并掌握知识。

（三）多学精教

大学英语教育不仅是以学定教、以教导学，而且还需多学精教。英语教学不仅是师生之间的互动过程，还是师生和外界环境的互动过程，更是师生之间情景交融的多向互动过程。多学精教理念是指在教师、学生、情境、英语、情意互动的过程中学生要积极主动地多学、多用，而教师则充分利用具体、客观的情境在学生已有知识、经验的基础上精教知识的重点和难点，以便腾出更多的时间让学生多学、多用。英语教育教学只有在具体的情境中，并在学生已有的知识、经验基础上进行教学才能达到精教知识的重点和难点的目标，并更易为学生理解和掌握。因为环境是语言现实的体现，如果没有客观的语言环境，那么语言就缺少了存在感，也难以理解和掌握；在学生已有知识和经验基础上精教新知识，既能节约教的时间，又便于学生理解和吸收，而且新旧知识融合所形成的新知识结构网络，也有利于记忆和快捷提取运用。在具体的情境中，并在学生已学知识、记忆的基础上精教，自然就能腾出更多的时间给学生学。

（四）不教自学

英语教育教学不仅是以学定教、以教导学、多学精教，其最终的目标是不教自学。教是为了不教，不教是为了能自学。终身享受自学的乐趣是学生学习的最终目标，也是学生学习最理想的追求。语言沟通的本质特征是具有双向或多向的交流性和沟通性，而且双方或多方都是不依赖于他人的独立、自主的个体。这就是不教自学的自然境界。

（五）"四种教学理念"和谐、互动发展

中国特色社会主义外语教育体系是以学生发展为重点的。除学生以外，教师是一个重要角色；教育教学改革，关键在教师；只有有了好的教师，才可能有好的教育。教师应该教会学生学习和运用知识的方法，所谓"师傅领进门，修行在个人"，但是这并不是否定教师的作用，而是更多地强调教师对学生的引导作用。因此师生之间应该互敬互爱，教师应该尊重学生的人格，学生应该尊重教师的付出。尤为重要的，英语教育教学不能止步于以学定教、以教导学；以学定教、以教导学还需通过多学精教才能最终达到不教自学的最高境界。因此，以学定教、以教导学、多学精教、不教自学是一个蕴含内在逻辑联系的统一体，四个方面互动、生成才能达到英语教育教学理想的目标。教师的职责就是教书育人，培养学生的发展。教师要把全部的精力投入到教书育人中，无论是一件细小的事情还是一堂微不足道的课，教师都应做到有效激励学生的思想情感，激发学生求知欲望，培养学生独立学习的能力，同时也体现了自身的价值。它更直接体现在不教自学的最高境界之中。

根据辩证法理论，对于学生来说，学习是内因，教师教学是外因。内因是起决定性作用的，外因通过内因起作用。这是以学定教的哲学基础；但是外因能起强大的反作用从而激励、推动内因的发展，这是以教导学的哲学基础。

三、英语素养的发展

（一）英语素养与积极的学习态度协调发展

传统的英语教育分离了英语素养与人文精神之间的关系和英语素养与积极的学习态度之间的联系。学习成了一座大山压得学生喘不过气来，从而也造成耗时多、收效微的不良后果。学生学习英语只有以积极的学习态度，自觉主动地多感官多渠道地学习和运用英语知识、发展英语技能和交际运用英语的能力，才能快捷、有效地发展英语素养。

积极主动的学习态度是人文精神的重要体现。积极有效的学习所倡导的是学生作为学习英语的主人和创造者，关注个性自由发展，积极调动学生主动学习，才能使英语学习达到事半功倍的成效。

（二）英语素养与信心、兴趣协调互动发展

提升英语素养，学生就能逐步树立学习的信心，从而产生学习兴趣。这是学习英语的成就感赋予学生的学习信心和兴趣，对于学生来说，学习英语不仅成了他们学习中的一门重要学科，更成了生命中积极的、富有乐趣的一个不可或缺的部分。学有信心、学有兴趣不仅能促进学习、提高学习效率，加速发展英语素养，即使在学习和运用知识的过程中，遇到困难和挫折，学生能主动地去克服困难，而每次经努力克服困难，成功的喜悦进而又促使其学习取得成功，这又能转化为一种成就感。

四、过程、效率和结果有机的融合

学科教育教学是发展文化知识和人文精神的主要渠道，其中作为主要学科的英语教育教学，更是落实发展英语和了解扩展外国文化视野、意识的主要学科。提升英语素养和人文精神的场所是课堂，因此，英语课堂教学不仅要注重提升英语素养，同时也要培养学生的人文精神，而英语教育、课程的实施和课堂教学是一个过程，人文精神务必体现在整个英语教育教学过程之中，并使学生在掌握英语的过程中同时也潜移默化地感受人文精神的熏陶。鉴于此，英语教育、课程与教学既要重视学习结果，更要关注学生学习英语知识、发展交际运用英语的能力，以及陶冶情操、扩展世界文化意识、学会学习和形成人格的学习过程。英语教育要探索学习的规律，不能只强调结果，不能只凭考试成绩来评价教学质量的好坏。英语教学要重视效率，不能让学生花费大把的时间和精力去评比考试的成绩。学习英语的关键还在于减负增效，让学生能花费最少的学习时间和精力去取得最大化的效果。所以，要把教学过程、工作效率和考察结果很好地结合起来，充分发挥学生的个性，发展学生的情志、潜力、创新精神、创造能力与实践能力。

综上所述，辩证唯物论和科学发展观的指导意义，不仅具体体现在以人的发展为本，英语素养与人文精神的整合发展，以学定教、以教导学、多学精教、不教自学，英语素养与积极的学习态度协调发展，过程、效率与结果有机融合方面，而且还全面体现在学生的全面发展与个性发展，英语的学与思、知与行，英语知识、技能与交际运用英语的能力、英语与母语、思维与英语、听说读写交际运用英语的能力、学习与习得、交际运用语言能力与综合运用语言能力、输入量与吸收量以及输出量之间的关系处理等方面。

第三节　新时代大学英语教学

一、坚持以学生为中心的教学原则

这一原则要求教师从以下几个方面着手：教材分析、教学方法和手段的选择、教学活动的设计与组织都要以学生为中心。

（一）教材分析要以学生为中心

教师在分析教材时，应在理解和掌握教学内容的基础上，针对学生的不同阶段的学习能力和实际情况，将此作为教学任务和教学目标的依据。同时，教师应合理有效的利用教材，使教材内容转变成问题的衔接和师生之间的交流，根据学生对教材内容的理解，对教材内容和教学活动进行心理化和最优化的加工处理，将学生的对教材的经验和体验相结合。

（二）教学方法和手段的选择要以学生为中心

在教学过程中，教师应以学生为中心，适应学生的直觉思维特点，通过灵活多样的教学手段，直观的视、听、说等教学方法来激发学生的参与，提高学生学习的积极性，还可利用形象化的教学方法如幻灯、投影、模型、录音、图片等，使学生真正能够理解感受和理解语言，积极主动地参与课堂学习，强化记忆，从而达到最优的学习效果。

（三）教学活动的设计与组织要以学生为中心

教师在准备与设计教学活动时，应当充分了解学生的情况、知识结构层面、学习动机及学习兴趣，以确保教学活动目的明确、形式多样、内容全面，在提高学生学习的积极性的基础之上，来使教学目标顺利实现。

二、努力提高学生的学习兴趣

常言道：兴趣是最好的教师。为获得更好的教学效果和学习效果，在英语教学活动中，教师应充分调动学生学习英语的积极性，让学生对英语产生兴趣。因为一个人的兴趣能激发其内在的动力，使他们喜欢学习、乐于学习。那么在英语教学中，教师应从以下三个方面着手。

（1）教师在教学活动中应该了解学生的特点，发挥学生的主体性。每一位教师都应明白，学生才是英语教学活动中的主体。教师在英语教学的过程中应遵循语言学习的规律，采用灵活多样的教学方法，使学生在学习英语的过程中形成语感，提高英语的实际交流能力。根据学生的个性差异特点，

培养学生的英语学习兴趣，让学生参与实践和体验，主动尝试和创造，从而获得对语言的认知和语言能力的掌握。

（2）语言的学习基础是通过死记硬背和机械操练来形成的。但是，如果这种传统的英语学习方式一旦过了度，就会适得其反，让学生对英语语言的学习失去兴趣。因而，教师在英语的教学活动中，应注意观察学生，对学生进行学习评价，帮助学生获取感兴趣的学习方法。教师应以提高学生的综合素质为前提，鼓励学生的课堂参与、激发学生的积极性，鼓励学生进行语言交流。因此，死记硬背、机械的教学方法和传统的英语测试方式将不再适应英语的教学需要。

（3）深度挖掘教材。教师在进行教学活动前，应对教材有一个整体上的把握，认真研读教材，挖掘教材，用教材中学生感兴趣的内容来调动学生的积极性，使每节课都在轻松愉悦的课堂氛围中进行。

三、教学做到语用真实

教师在英语教学中，要做到语用真实，应了解并做到以下四个方面。

1. 把握真实的语言运用目的

培养学生的能力是英语教学的最终目的，这里实际上就是指语用能力。培养语用能力方面的教学目的就是语用目的，主要表现在三个方面：①语句的语用功能目的；②对话语篇的语用功能目的；③短文语篇的语用功能目的。

2. 采用语用真实的教学内容

教师应从语用的角度来开始英语教学，对英语课文进行剖析和详细的研读，保证语用教学的教学目标，准确把握文中的语句内涵，选用真实的例句让学生进行练习，让学生真正获得英语运用能力。

3. 设计组织语用真实的教学活动

教师应把培养学生的语用能力来作为设计教学活动的出发点，运用讲解、释例、训练等，将培养学生语用能力与课堂教学活动紧密结合起来，贯穿于整个英语教学过程。

4. 设计语用真实的教学检测评估方案

语用真实在教学进行中具有非常重要的作用，不仅能够让学生掌握真实的语用内涵，还能使学生在英语运用方面的能力得到提升。所以需要定期对教学成果做出评估和检测，以此来反馈学生学习的情况，从而对教学活动和教学目标做出及时地调整和改进，进一步来检查学生在英语学习方面存在的不足之处。因此，在教学过程中教学检测起着重要的作用。

四、教学的中心问题是以英语进行交际

英语是一种交际工具,那么在学习英语时要力求学以致用。

(1)教师在教学活动中,应运用灵活多样的方式来进行实践练习,如机械练习、交际性操练等。机械练习是对课文中的情景来进行模仿和问答的形式来进行,这是属于句型操练。交际性操练就是利用文中的语句来表达自己的思想情感,这种方法属于交际性操练。该方法是一种循序渐进的接近语言交际的过程。因此教师在教授新的课程时,也应该遵循着机械练习—有意义操练—交际性操练的顺序,最终使学生对新知识进行理解和掌握。

(2)教师不管是在课堂教学过程中还是在课外活动中,都要有意识地去为学生创造讲英语用英语的机会,如在讲解词语、语法、组织教学、考核、布置作业或者学生请教问题时,都可以用英语,引导学生把英语运用到生活中来,养成一个良好的语用习惯。

(3)英语教学中,语言实践和语言知识之间的关系应当处理好。语言实践在英语课中占主导地位,课上大部分的时间都是在进行语言实践的练习。其次,对于语言知识的讲解则处于次要地位,教师应参考语言实践和教学目标的需要来对语言知识的范围、深度、方法进行讲解。

(4)在英语教学活动中,语言操练和语言交际是两种教学形式,因此教师应清楚并处理好这二者的关系。语言操练的重点在于让学生掌握语言的形式,是培养学生语言交际的必经之路。而语言交际是为了使交际双方相互了解,重点在于语言形式。在英语学习过程中语言操练和语言交际都非常重要,语言操练是语言交际的基础,二者没有分界线。

(5)在英语教学活动中,教师应帮助学生树立"英语是交际工具"这一思想,并用这一思想来引导学生学习英语,把交际带到课堂教学过程中来。同时,在上课时,教师要培养学生用英语交际的能力,鼓励学生反复练习。教师也要根据不同的时机来创造交际情景,给学生提供真实的英语交际机会。

五、英语教学坚持输入优先

所谓输入就是指学生通过听和读的形式来学习英语语言材料。所谓输出是指学生通过说和写的形式来进行语言表达。据权威心理学研究资料表明,输入是第一性的,输出则是第二性的,由此可以看出输入是输出的根本基础。

语言输入在英语教学过程起着尤为重要的作用,对于英语教学要以输入优先的原则来进行。具体做法如下:

(1)教师在英语课堂上,要充分利用形象直观的教具,如图片、文字、

声音等媒介，为学生提供形式多样，内容丰富的语言材料，使学生尽可能多地接触英语。

（2）教师应注重学生的理解力，对于理解性强的资料的输入，可以鼓励学生听与读，而不要求他们说和写，因为听和读是掌握语言的基础，所以理解材料才是最重要的。

（3）教师在关注学生对语言进行输入的同时，也应该对学生语言的输出进行检验，以输出巩固输入，促进语言的输入。

（4）教师在组织教学活动中，应鼓励学生模仿，模仿有助于人们对语言的掌握，教师应积极地引导学生来模拟现实生活的中真实场景，并将其表达出来。

六、发挥母语的作用

英语对于我国的学生属于第二语言，虽然有学者强调教师应在课堂教学过程中尽量使用英语，但是，这并不意味着要废弃母语。为了使学生能够更好地掌握英语，在英语教学活动中，教师要利用母语的优势，排除母语的不利影响。因此在教学过程中，教师应做到以下两点：

1. 利用母语的优势

学生应在熟练掌握母语的基础上来进行英语语言的学习活动。英语和汉语在语法结构和使用方法上既有相同部分，也有不同部分。对于学生来说，学习的障碍往往来自这些不同点。这个时候就需要教师充分发挥母语的优势，运用母语来对这些不同点进行解释，帮助学生了解英语的一些学习规则和语法结构特点，同时更加方便学生和教师之间的沟通交流。

2. 排除母语的干扰

对于母语的适应和使用习惯往往会给英语的学习带来障碍，在英语教学过程中，教师适当地使用母语，来让学生明确母语和英语的在某一特定结构上，或者是某一语法结构上是有差异的。这样有助于让学生明确母语和英语在使用上应该注意哪些问题，避免把母语的使用规则和英语的使用规则混淆，减少母语的干扰，因此说，英语的学习是一个复杂的过程。

第四节　大学英语教学方法的含义与框架

一、教学方法的含义

方法，就是用来解决思想意识、行为活动、说话等问题的途径和程序。宏观层、中观层、微观层，是英语教学法的三个层次。

（1）宏观层：有关英语教学的系统的理论、观点、主张和操作程序，这些理论、观点、主张和操作程序相互配合、支持，整合在一起，形成一个相对独立、完整的思想体系。具体方法有语法翻译法、直接法、认知法、交际法、全身反应法。

（2）中观层：英语教学中比较规律性的、固定的"套路"，是一种较为复杂的、具有若干步骤的、系统的技巧和做法。具体方法有3P法、IRF法、PWP法。

3P教学法是在20世纪70年代形成的交际语言教学模式下的产物。3P教学法把语言教学分为以下三个阶段：演示—操练—成果。在教学过程中教师通过对语言知识的呈现和操练让学生掌握，然后再让学生在控制或半控制之下进行假设交际，从而达到语言的输出，形成学习成果。

IRF模式是最有影响的课堂话语分析理论之一。该模式认为课堂话语语篇是模式化的交际口语语篇，课堂上师生的交互围绕"问题—回答—反馈"这样的回合来进行，典型的回合由三个话步（move）组成：教师引发（initiation，简称为I）—学生应答（response，简称为R）—教师反馈或后续话语（feedback or follow-up，简称为F），这种三话步回合交互模式简称为IRF模式。教学课堂上IRF三话步回合会话结构，多年来一直是语言教师和课堂语篇话语研究者关注和探讨的热点问题。

把学习过程划分为Pre-learning、While-learning、Post-learning三个阶段，这就是PWP教学法。Pre-learning（学习前）阶段是教师进行教学准备、学生自我准备、教师激活学生学习新的语言知识、形成新的语言运用能力所需的知识和能力的阶段，其目的是为新语言内容的学习进行准备。这一阶段包括课堂教学之前的一切准备活动，也包括课堂教学中开始学习新的语言内容之前的导入、启动、复习、激活等活动。

While-learning（学习中）阶段当然就是学习新语言的阶段，一般是在课堂进行，但也可以是在课堂之外的自我学习活动。在这一阶段，教师进行知识的呈现、讲解，引导学生进行训练，学生通过学习掌握语言内容，形成运用能力。

Post-learning（学习后）阶段是学习新语言之后的评价、运用阶段，这一阶段应该是课堂之外的运用活动阶段，因为课堂内的活动本质上都属于学习阶段的活动，即使是课堂内的运用活动也是促进学习运用的活动。

PWP 教学过程可以用于英语教学的每一项具体语言教学内容，在技能教学中表现为不同的具体形式，如听力中的 Pre-listening、While-listening 和 Post-listening，口语中的 Pre-speaking、While-speaking 和 Post-speaking，阅读中的 Pre-reading,While-reading 和 Post-reading，写作中的 Pre-writing、While-writing 和 Post-writing。

（3）微观层：侧重具体的教学技能技巧，是为解决某一具体问题而使用的某一具体做法。具体方法有演绎法、归纳法、跟读法、默写法。

英语教学方法涉及语言和语言学习的本质特征、语言教学的目的、教师的职能、教学大纲的体系、学生活动的开展、教材的有效运用、教学技巧的实施和程序的进行等，是进行语言教学的途径和做法，是在语言教学过程中的最佳观点的应用。英语教学方法自身独特的结构和研究对象决定了英语教学法是一种非母语的教学理论和科学。综上所述，英语教学法不仅是英语研究学习和运用材料进行教育的过程，更是有关教学内容、方法和体系的科学。

英语教学方法是关于理论基础和操作程序的英语教学的思想体系。从理论上来讲，英语教学的理论、观点、原则的问题，就是关于英语在教学方面的科学思维、逻辑推理、哲学思考等。在实际操作方面，教师和学生做什么，做的方式是什么这样的具体问题，就是关于教学活动的内容的决策、技术和技巧的问题。理论和操作是英语教学的整体构成，科学分析是理论的基础，是科学应用操作程序的基础。

二、教学方法的框架

英语教学法的基本框架，有助于我们对英语教学方法内部出现的问题进行分析、比较，也有助于英语教师形成自己的独特的教学风格和建立自己的方法体系。

（一）AMT 三级构架模式

美国应用语言学家安东尼提出了英语教学方法的 AMT 三级构架，这一理论表明了英语教学的科学分析和应用之间既相互依赖，又存在不同。

安东尼认为，英语学习技巧策略实现的方法体系有赖于教学框架的层次性特征。方法体系与理论原则相一致，理论原则具有自明性，论述对象是教学内容的本质，是有关语言教与学的一整套相关假设。方法体系是关于语言教学材料的整体计划。这一计划在与其理论原则相一致的前提下，各个部分也必须相互和谐一致。教学方法具有程序性，理论原则具有自明性，在同一个理论原则的基础上，可以创立许多不同的教学方法体系。

整体来讲，安东尼的 AMT 三级构架共有"Approach、Method、Technique"三层，这三层之间具有清晰的层次感和逻辑性。具体如下：

"Approach"是指"理论原则"层，这一层是基础层，是有关语言本质的基本观点，这一层会直接或间接地决定其他两层。

"Method"是"方法体系"层，这一层介于 Technique 层和 Approach 层之间，决定 Technique 层，自己也被 Approach 层所决定。对于语言教学的内容、形式、操作程序、活动特征、教学框架的确立，都是在对认识语言和语言学习本质特征的基础上建立的。

"Technique"是"技巧策略"层，是课堂教学组织过程中较多运用的技巧策略、活动、任务的具体内容。这一层直接决定于 Method 层，间接决定于 Approach 层。

由于 AMT 三级构架只是描述教学方法体系的外围结构，而对于本身内部结构则没有做描述。因而，虽然三级构架看似十分合理，但其实十分单薄。鉴于此，理查兹和罗杰斯在其基础之上有创建了更为合理的 ADP 三维构架模式。

（二）ADP 三维构架模式

理查兹和罗杰斯提出了自己的英语教学方法结构 ADP（Approach，Design，Procedure）三维模式，这是在安东尼的 AMT 三级构架模式的基础上提出来的。

理查兹和罗杰斯的 ADP 三维模式认为，一个完整的英语教学方法应当具有教学理论原则（Approach）、教学设计（Design）与教学步骤（Procedure）三种模式。这三种模式之间既存在着差异，又有着紧密的联系。正如理查兹和罗杰斯所言，"一种教学方法，在组织上依靠教学设计，在理论上与教学理论原则息息相关，在实践上依靠教学步骤来完成"。

ADP 模式在形态上略胜安东尼的 AMT 结构一等，更趋完美，ADP 三维构成了教学方法的完整构架，这三部分既相互独立又相互依存。在内容上，ADP 模式不仅把语言学习理论、语言教学技巧全部纳入体系中来，而且还对体系的核心内容进行了具体的分类。这样就使得模式更加充实和丰富，更加趋于完善。

然而，教学方法的应用才是教学实践。教学方法本身不过是概念的组合，并不是教学实践。ADP 模式只把教学步骤当作实践，而将教学设计仅仅停留在理论的表面上，这就使得教学步骤与教学设计分裂开来，二者得不到融合。甚至，导致重复出现教学设计和步骤中一些内容。因而，这种把教学方法的课堂应用并入到教学方法体系中来的做法，其本身就存在一些不合理的地方，是很难令人信服的。

（三）五层框架结构

王才仁在综合前人的教学方法构架的基础上提出了五层框架结构，它明确了五层框架结构之间各自的定义及相互关系。通过有效的教学策略这一层把与整个方法论相关的概念体系分成两部分，这是五层框架结构的精髓所在。具体如下，科学范畴的理论部分包括"Methodology"（方法论）和"Approach"（研究方法）这两部分属于教学基础理论原则。而艺术范畴的实践部分则包括"Method"（方法）和"Technique"（技术）。"Strategy"（战略）是运用理论联系实践的方法，它使五层框架结构有机地联系在一个完整的框架中，形成了一个新的有关英语教学方法论的说明体系。这一模式的形成，不仅对中国英语教学方法的研究理论起到了促进作用，而且积累了中国英语教学的思想财富。

这个新的框架虽然具有很多优势，但问题也显而易见。

（1）这种模式和其他的观点相反，因其把教学策略定位于教学方法之上，极易引起人们理解的错误和使用上的混淆。

（2）该模式把教学的方法局限于课堂之上，对方法和教学的整体一致性产生不利影响。

（3）该模式提出的概念，与当今的主流概念格格不入，所以很难被大家所接受。

（4）该模式的建立存在着先天不足的缺陷，因为以英文为概念基础，而在英文中又有着"Method，Approach，Methodology"等概念的混乱。

第五节　大学英语教学主要方法

一、情境教学法

（一）情境教学法理论的形成

情境教学法的形成大约在 20 世纪 70 年代，它为以后语言理论发展提供了理论基础，并指明了方向。

1. 建构主义理论

建构主义理论的基本观点可以从四个方面进行理解，就是知识是相对的、学生是学习的主体、学习过程中有四个主要要素、教师在教学过程中起主导作用。

第一，知识是相对的。建构主义理论认为，知识不是绝对的而是相对的。因为具体情境总有其特殊性，知识在各种情境下的运用并不是简单的套用。教学过程需要把握它在具体情境中的差异变化，而不是教条式的背诵和记忆。从这个角度来说，教学是知识的处理和转换，并不单纯是传递知识。

第二，学生是学习的主体。建构主义理论认为学生是学习过程中最积极主动的主体。在平时的学习中，学生本身潜移默化地形成一定的学习方法和知识体系，所以他们对知识的接受和掌握的程度也就不同。学生对知识的理解存在差异是很正常的现象，更是一件好事。学生对知识理解的差异形成了不同的学习资源。由于对知识的接受程度不同，学生们在一起讨论和研究，不同的思想进行交流，从而可以较为全面和丰富地理解知识。与之相反，建构主义则认为教师的教学指导是最重要的，教师应该在教学过程中起主导作用。

第三，学习过程中的四个主要要素。环境：在语言学习中，学生在哪种环境下进行交流学习，杜威和布鲁纳等人对语言环境是非常重视的。语言：在学习过程中，必须通过语言进行合作。交流："交流"或称"沟通"是合作过程中必不可少的组成部分。学生之间相互交流合作来完成规定的学习任务。显而易见，合作离不开相互交流。意义建构：语言学习的最终目标就是意义构建。它主要是指学生能最终理解事物之间的本质联系。

第四，在教学过程中教师占主导地位。学生是学习的主体，要做到主动学习，在真实的环境中顺利完成学习任务。但是为了让学生更好地理解知识，构建主义还需要教师提供一定的帮助，即帮助学生梳理知识体系。

首先，教师必须从自身角色开始转变，教师不仅仅是知识的传递者，更是学生学习的辅导者。例如，学生要形成自己是知识的建构者的心理模式，那么在学习中就需要采取一种新的认知加工策略。因而，教师必须提供学习过程中需要的学习工具给学生，以便培养学生利用学习工具的习惯，以及学生自己构建知识网络和理解知识的能力。

其次，教师应该经常提出一些发散思维的问题，这种问题通常会有一个或者多个答案，并鼓励学生想出多个答案来解决问题。

最后，教师应该认识到，除了传递知识，教师的教学目标也包括情感的培养，在教学的过程中注重学生的情感方面，让教学真正与每个学生发生联系。

2. 建构主义理论的特点

以下三个方面就是建构主义理论特点的主要体现。

第一，交往的作用不容忽视。在教学过程中，交往备受人们的关注，因为只有交往才能突出学生的主体性地位。建构主义学习理论真正将教学看成一种"交往的过程"，强调教学中交往的作用。教学中交往的作用的主要表现在两个方面：①学生之间的交往。交往是建立在语言交流的基础上的，学生们在一起学习交流，实际上是语言的实践和运用。②师生之间的交往。教师在课堂上占据主导地位，其目的是创造师生之间交往的环境。

第二，学习素材对学生的作用不容忽视。建立新型的因材施教观时，学生的实际能力和学生的潜在能力都是需要考虑的。这些观点在一定程度上对教学设计和教材的编写都会有很大的影响。

第三，学生个人的经验与交往的作用不容忽视。首先，个体根据自身经验去建构有关知识的意义的能力决定了其获得语言知识的多少。其次，强调个体的社会经历，将个体的学习与社会的个人经历结合起来更有助于个体有效地掌握语言，可以使语言学习更具有实际意义。总而言之，在教学过程中可以通过师生之间、学生之间的交流和合作共同完成教学任务。在交流和合作中，学生可以不断地张扬个性，发现自己的能力，增强自信心，更好地发挥学生在学习过程中的主导作用。

（二）情境教学法的原则

（1）独立自主性原则。独立自主性原则体现在：合作关系是基本保证。情境教学强调教学要在师生间互信、互尊的前提下进行，这是因为教学从本质上来讲就是一种特定情境中的人际交往、学习和自主创新的主体地位。这就要求在情境教学时，教师要从学生的实际出发，让学生积极、主动、快乐地参与课堂活动。

（2）轻松体验性原则。在情境教学法中，教师设法引导学生向问题答案的方向去思考，让学生充分发挥自己的想象去独立思考问题，并找到问题的答案。

（3）统一原则。教师在教学过程中，要注重学生的理智与情感的结合，要不遗余力地想办法去培养学生良好的习惯，挖掘学生的潜力。不是单纯地要求学生努力学习。简而言之，教学是一种精神的集中与轻松并存的状态。

情境教学法最理想的效果就是学生在学习中张弛有度。学生取得更好的学习成绩是理所当然的。

(三)情境教学法的实施

（1）背景的设计。语言学习要在一定的社会文化背景（即情境）中实现。学生会在所提供的社会文化背景下，将已经理解的知识和新的知识联系起来，吸收新的知识，并且把旧的知识和新的知识融合在一起。所以，教师在教学过程中，不断创造出学生学习语言的社会文化背景，引导学生积极参与和学习。与背景设计相联系的几个因素如下：

第一，相关的范例。教师应构建心理模型以备需要的时候或者是解决问题的时候参考。与此同时，还要让学生想出解决问题的多重想法，以培养学生的发散性思维。

第二，学习的任务。教师首先向学生描述社会文化背景，然后再告诉学生学习任务。告诉学习任务的目的是激发学生的学习积极性，培养其学习兴趣，吸引学生参与。与此同时，教师还应注意允许他们操纵某些维度，自己做出决策，在问题呈现的过程中为学生留出足够的操作空间。

第三，学生的自主学习设计。自主学习是在构建主义情境教学的指导下，在适当的社会文化背景下，学生独立自主地完成学习任务。由此可见，学生的自主学习设计是情境设计中最重要的部分。

第四，教师的引导。学生是建构主义的核心，是知识的建构者，不仅如此，教师对学生的意义构建起促进作用，是整个教学过程的组织者、指导者和协调者。

第五，学习资源。学习资源不仅可以在书本中获得，还可以通过网络获取。

第六，学习工具。学生可以借助认知学习工具帮助自己进行各方面的分析、编辑等。

（2）意义的构建。

第一，教学目标的剖析。

第二，自主学习策略的设计。

第三，协作式学习的设计。

二、交际型教学法

(一)交际型教学法概述

20世纪70年代初期交际型教学法产生。从20世纪70年代中期起，"交际能力"概念上包含了教育的实践、理论和研究的重大问题。这一概念与语言家乔姆斯基提出的"语言能力"形成鲜明对照。这个时候人们开始逐渐认同从社会的角度观察语言，于是社会需求和"交际能力"两个概念相结合，就形成了新思想即"交际语言教学"。其后，这种教学法就传入中国，并得到了较广的应用。

教师和学生在交际型教学模式中，他们的主要接受能力应当放在怎样利用语言作为介质以实现交际目的、完成任务上，而不是仅关注所述句子的结构是否完全正确。所以，交际型教学法是将语言的结构与功能很好地结合起来，要求教师不仅培养学生听、说、读、写等方面的语言技能，同时还要教会学生如何灵活地将语言技能运用到英语交际中去。

（二）交际型教学法的原则

（1）以学生为主体原则。教师在交际型教学法中，主要从两个方面进行教授。①教师要将课堂营造出轻松的氛围，让学生把课堂当成一个没有压力的语言实践场所；②从预习课本到课上实践、课后复习，教师要有意识地开启学生的主观能动性，每一个环节都让学生自己思考、发现并解决问题。通过教师与学生角色的变化与教材内容的选择来着重体现以学生为中心的教学理念。对英语教师来说，这就是一个挑战，他们需要充分了解每个学生的差异，选择针对每个学生的教材，也可以根据不同的学生来选择和推荐教材给他们。

（2）以意义为中心原则。交际型教学法中，意义的传达尤为重要，因为在与他人交流的过程中，不管是用母语还是其他语言与人沟通，大多数教师更加重视在课堂上结构主义的方法，重点讲解词汇、语法。正是因为这种传统的教学方法，才使得很多学生学习了多年英语后，仍在真正的交际场合显得无所适从。学生在课堂上基本是为了学而学，因为课堂上的英语文段并不是实际生活中的口语。在授课中教师应尽量减少在交际型教学法中挑学生语法上的错误，要尽量接受学生在语法上所犯的错误。包括语言学习在内的任何学习，都是在犯错改错的过程中进步发展的，只要学生能够完整地表达出自己要表达的意义和观点，作为教师就没有必要去指正语法上他们犯的错误，只需要帮助他们顺利完整地表达观点即可。但这并不是说教师只重视语言意义的培养而完全忽视语言在形式上的表现。

（3）以任务为指向原则。教师应在语言教学中，给学生提供交际活动或分配任务，让他们能够学有所用，让他们在真实的交际中运用他们所学的语言，通过这种语言交际使学生在实践中更深地掌握所学的语言。在交际型教学中，应将语言的学习与其他学科的学习任务相融合，将语言作为学习其他学科的中介,不可只限于对语言本身的学习,或者是将语言作为一门独立课程来学习。实际上,若是以任务为中心,学生之间可以有更多、更真实的交流,那么学生的积极性也会更强,所以任务和交际是分不开的。除此之外,学生还可以在英语辩论、英语演讲、英语段子等形式的课外活动与任务中培养与发展自己对语言的运用与驾驭能力。

(4)真实性原则。交际型教法中,真实性的含义有如下两个方面。

第一,强调教学内容的真实性。教学内容贴近生活可以有效地培养学生的交际能力。以在实际生活中很少使用的书面语言为教学基础不利于培养学生的语言交际能力。

第二,强调教学环境的真实性和语言实践环节的模拟性。利特尔伍德认为,"交际法使我们更强烈地意识到只教会学生掌握外语的结构是不够的,学习者还必须掌握在真实的环境中将这些语言结构运用于交际功能中去的策略"。

交际型教学法不仅要求学生使用真实语言,还要求使用的语言具有创造性和不可预测性。也就是说交际性教学法要求语言的形式要实用且丰富多彩,不能为表现对语言知识的掌握而使用。此外,交际活动的角色一定要真实,教师要让学生对交际存有愿望和期待,鼓励学生融入自身所扮演的情境角色中。

(三)交际型教学法的具体实践

(1)设计交际活动。在交际型教学法的课堂环境中多设计强调语言功能特点的交际活动,其目的在于鼓励学生尽可能依靠已经建立的目标语知识体系来实现有效的交际,进而交换信息或者解决问题。具有功能交际特征的活动主要有描述、猜词、简短对话、角色扮演几类。

第一,描述活动是指教师给学生一个具体的事物或具体的事件让学生来进行描述,主要加强学生对段落形式的运用和对目标语的理解。比如,教师可以让学生来描述自己的卧室、学校或者居住的城市的见闻。通过锻炼学生对事物的描述,这样既可以锻炼学生的思维与语言组织能力,又能帮助学生更好地进行交际。

第二,教师还可以通过猜词语活动来锻炼学生的口语使用能力。这种形式既活跃了课堂气氛,使每位同学都可以积极地参加,又寓教于乐,让学生在玩乐中轻松掌握对单词的理解,是训练学生口语的有效方式。

第三,简短对话活动在一定程度上可以决定交际能力的发展,学习者可以通过对一些话题,比如天气、心情、交通情况、体育赛事的讨论来进行简短对话。表面上看这些对话没什么含义，但它们对活跃社交气氛有着不可忽视的作用。所以，学生应尽量利用简短对话来练习与人沟通的技巧，用简短的文字有效地表达自己的想法与见解，既能清楚明白地表达自己的思想，又简短有力，不会因冗长的文字而令对方生厌。

（2）评价交际能力。对学生交际能力的评价是在设计完交际活动并由学生进行实践之后进行的。教师所设计的交际活动，兼顾功能特征与社会特征。相应地，功能因素与社会因素也就成为对学生交际能力的评价重点。当然，学生总体交际能力的评价，是对功能与社会两种因素统一的评价。

第一，对运用目标语得体性的评价。首先，得体性决定了交际的话题。例如，因为民风民俗的差异，一些在中国人看来常见的话题却不被外国人所接受。如果一个中国人问一个外国人"Are you married？""How old are you？""Where are you going？"等，就会被视为违反了英美人的生活习惯。其次，与交际者之间的关系以及当时所发生交际的语境是判断对目标语的使用是否恰当的重要标准。例如，"What's your name？"的表达形式虽然没有错误，但并不能用于打电话时询问对方的身份，而要采用"May I know who is calling？"的表达方式才算得体。

第二，对文化背景知识掌握的评价。它有助于学生掌握语言运用的准确性。语言的本族语者所共有的社会文化习俗决定一种语言表达方式是否得体。因而，学习并掌握这些文化规则应该受到学生在交际过程中的注意。

教师将带有文化误解的交际场景呈现给学生时，可以同时考查和评价学生对文化背景知识的掌握。本族语者负面情绪的产生可能源于这些文化误解，此时教师可以让学生判断并指出问题所在然后再加以改正。在这个过程中，教师引导学生了解和掌握目标语文化语境下的社会交往知识与技巧，同时可以观察、判断学生对该文化规则的掌握程度，提供启发性知识。同时，为巩固学生对母语文化的掌握，教师还可以对目标语文化与母语文化加以比较。这样有利于在语文化与母语之间形成一个健康的平衡状态，帮助学生在以后更好地进行交际。

第三，对约定俗成的习俗掌握的评价。每一种语言都包含有大量固定语言的形式和用法。如果学生对这些不清楚，即便语言表达再正确，但与约定俗成的用法不同，那么在交际过程中也会事倍功半，可能会遇到一些尴尬和困难。例如，在交流中告知时间，可以说"It's twenty to three."或"It's two forty."，而用"It's three minus twenty."或"It's ten after two thirty."等形式就不对了。再比如说，在互相问候时，英语中常用"How are you？"，用"Are you well？"或"Are you in good health？"等表达方式就显得不那么贴切了。除此之外，在英语礼仪交往中，一些固定短语是必须使用的，例如，在请客人先于自己进入房间时要说"After you！"；在偶遇一位好久不见的熟人时要说"How nice to see you！"等。以上的约定俗成主要是句型和语法结构上的。其实在英语中，词汇也存在一些约定俗成的表达方式。例如，某些特殊场合只能用某些约定俗成的形式，像"Check, please."就只能在饭店结账时使用。

在英语教学中，这三个方面的评价是缺一不可、相互联系的。只有对这三个方面都了如指掌，才能有利于学生文化得体意识的培养，这恰巧是交际能力的重要组成部分。

三、任务型教学法

（一）任务型教学法的含义

任务教学法的中心就是任务。它强调活动要有明确的目标性，主要具有显著的特点。

总之，任务型教学或学习是整个系统或课程中的组成部分，但任务不是一般的、孤立的或者可以任意组合的教学或学习活动。

（二）任务型教学法的原则

教师对任务的安排与设计是任务型教学法的主要涉及层面，因而任务设定原则是主要探讨对象。

（1）任务的明确性原则。对教学目标的思考是教师设计任何教学活动都离不开的。这次教学要解决什么问题、学生需掌握什么知识，教师在制定任务前要弄清楚。教学目的、要求和重难点应该在教学任务布置时明确地体现出来。当然任务情境的设置不要太过简单，不要停留在浅表层次。这就要求教师应具体呈现任务内容，包括任务所要达到的目的、完成任务需要经历的不同阶段、时间安排、步骤的具体实施办法、学生需要完成任务的形式、合作方式等细节，内容尽量避免抽象、泛泛地布置大体任务、大体框架。只有这样，教师才真正做到了心中有数，学生才能清楚地了解需要努力的方向。任务目标足够明确能充分地利用有限的教育资源。

（2）任务的可行性原则。为了保证任务的目标能够达成，任务必须是可行的，必须要具有可操作性。循序渐进和任务的可分解性是任务的可行性的主要体现。一方面，为形成由低级任务到高层任务并由高层任务涵盖低级任务的形式，并由数个微型任务构建成一个完整的"任务链"，应该把任务设置得由易到难，层层深入。另一方面，这样一个完善的任务序列，正好形成了一个个方便学生单独演练，或二人协同操练，或小组讨论，或全班齐练等多重立体交叉学习模式且易于分解的小任务单元。学生面对被分解后的小任务单元时，也不会产生畏难心理，在逐步攻克堡垒后还容易形成良性循环。任务的可操练性既可以提升专业知识的学习，养成学习方法，还可以相互学习、相互借鉴。除此之外，学生间的相互合作还可以促进班级团结，将整个集体凝聚在一起，可谓事半功倍。

（3）任务的可达性原则。任务的可行性保证了任务的可达性。设定任务时，教师要在保证任务可行性的基础上考虑到以下问题：①既定的任务在多大程度上高出学生现有水平？②有多少学生能够在规定时间内完成任务？如果在客观地评估后发现任务过于困难，应该马上进行调整。破坏学生学习的积极性绝不是自主学习的初衷。一般来说，任务的难度应该略高于学生的现有水平。因为难度系数过高的任务会让学生气馁、挫伤积极性、败坏学习兴趣和前进的动力。教学过程中要严格监控任务的难度，随时进行调整，把任务的难度始终控制在一个合理的范围内。

（4）任务的挑战性原则。大多数自主学习中需要认真把握任务难度的设定。尽管自主学习是以学生自学为主的，但内容的难易程度对学生的影响极大。尤其是过于简单的内容，事实上，过于简单的内容会使学生丧失学习兴趣、形成心理错觉、产生自满等不正确的学习态度。因而学生学习任务的设定应该立足于该生的具体情况、实际水平，略微增加一定的挑战性。这样的学习任务才能充分地加大学生的学习动机和兴趣，刺激他们的征服欲，发挥学生的积极性、创造性思维，培养其自信心。事实证明，学生完成的任务挑战性越大，满足感、自豪感越强，更能长久地、持续地激发学习兴趣。

（5）任务的实用性原则。在英语学习上中国学生最惨痛的教训莫过于只会写不会说，这种"哑巴英语"始终是中国英语教育界的心头之痛。这是因为在教学设计上忽视了教学生有用的、实用的东西。既然如此，在教学任务设定环节中要本着"教学生有用、实用的知识"的原则、以实用为起点，为学生提供明确、真实、有用的信息。任何知识、科学技术的讲授、传递都要符合以上原则，为学生创造一种自然、真实的情境去体会、学习、创新。

（6）任务相关性原则。学用结合、学以致用的理念是任务相关性原则的具体体现，并且试图将语言教学和课堂社会化。具体可以从两个方面来阐述。

第一，学习任务设计中的相关性。在设计学习单元任务时，教师应注意由易到难，步步深入的设计思路。以便形成由低级任务向高级任务，高级任务覆盖低级任务的形式，保证教学阶梯式的递进。此外，学习任务犹如相互依存、逐步升级的阶梯，每一项任务的完成都印证了学生语言能力的发展。此外，任务的设计除了要由易到难，还要从接受性任务到表达性任务的难度提升。在听、说、读、写四项任务中，听和读的任务可先于写和说的任务，让学生模仿录音或教师的语言，再让它们将学习到的知识重新组织，创造出新的组合。

第二，课堂语言学习与课外语言运用的相关性。就是将语言的课堂学习与课外运用联系起来，既可以缩小距离；还可以有效激发学习者的内在动机。学习理论的研究表明，内在动机能够促使学生积极投入到学习当中。当所学内容与实际生活紧密联系时，学生可以马上用学到的知识应对生活中的交际问题。这样他们的学习兴趣和积极性就被充分调动起来了。

（三）任务型教学法的具体实践

所谓的任务型教学可以分为任务前、任务中和任务后三个阶段。那么教学目标和教学技巧在每个阶段都有不同表现，下面分别介绍。

（1）任务前：准备阶段。任务前阶段即是"呈现"阶段。这一阶段的活动决定着整堂课的成败，是教学中非常重要的环节。教师在这一阶段通过各种活动，给学生介绍各种知识，给学生创设较好的学习环境。

任务前阶段的目的有两个：①激活学生的知识资源，重构语言系统与思维方式；②使学生具备文化知识，减轻在下一阶段的学习压力，让学生成为主动学习者。

斯凯恩认为，任务前活动的两个重点分别是：对任务总体认知的需求、注重语言的因素。可以简单理解为，如果学生在认知方面的压力在任务前阶段可以减少，就可以有更多精力注意语言方面的因素。任务前的阶段主要涉及词汇的积累、背景知识的掌握、新语言材料的介入、语法特点的运用、仿作与演练、提供任务的示范等几个方面的准备与学习。

（2）任务中：实施阶段。在之前准备的基础上，语言技能习得的主要过程是任务实施阶段。这一阶段教师不仅要鼓励学生重构语言，还要注意学生语言表达的流畅性和准确性。在这一阶段，教师合理任务的选择极为关键，过高或过低的任务难度都不利于学生的学习。然而，教学中经常出现任务难度或高或低的现象，由此可见，恰到好处地把握任务的难度并非易事。

在任务中期阶段常常选择的活动方式是小组活动。在进行小组活动时，要对学生和教师的角色进行适当的转换，要有明确的个人任务与小组任务。除此之外，教师要指导小组活动进行。

（3）任务后：语法教学阶段。在任务型教学的目标分析中，这并不仅要求语言流利，语言的准确性也非常重要。事实上，语言的形式在任务型课堂教学的三个阶段都很受关注。正如布朗所言，如果任务前和任务后是有意识地学习语言的形式，那么任务中则是注意语言的形式。因而，为学生提供一个再做任务的机会，督促学生完成反思任务的过程并进一步关注语言的形式，是任务后阶段的意义所在。在任务后的阶段，主要不仅让学生重新演示任务的完成，还要让学生反思、分析自己在完成任务时的错误和问题。

第二章 大学英语听说教学分析

随着国家不断推进大学英语教学改革，学生听说能力在大学英语教学中的地位日渐提高。然而，目前我国大学英语听说教学仍然存在许多问题。本章针对大学生的听说教学现状进行分析，并提出相应的改革策略。

第一节 大学英语听说教学现状分析

自改革开放以来，我国的大学英语教学得到了长足的进步，学生的英语使用能力有了显著的提高，现今的大学英语教学水平登上了一个较高的台阶。在新的《大学英语课程教学要求》颁布以后，学生的英语听说能力培养成为焦点，赞成者有之，反对者亦有之。反对者指出，大学英语教学应该培养读写能力，读写能力提高了，听说能力的提高自然水到渠成，因此，在大学阶段应该以培养读写能力为主。此种观点有一定的道理，但是不完全正确。因为，听说能力分为一般的日常口语会话能力和独白能力，前者相对简单，只要具备一定的语言基础，在相应的语言环境下，是可以很快学会的；但是，对于独白的能力，则不是那么简单。正常人都具有口语会话能力，但是独白的能力需要专门的学习和长期的训练，即使是本族语者，也是如此。在教学中，仅仅训练简单的日常会话能力是不够的，还要训练学生就某一现象或事物用一段长而连贯的独白发表自己的观点。虽然学术界对于大学阶段到底应该以培养读写能力为主还是以培养听说能力为主的问题存在争议，但是，在大学阶段培养学生长段独白的能力，对于他们的学术发展是必需而且必要的。然而，就目前大学英语听说教学的现状来看，情况不容乐观。

一、大学英语听说教学工具性动机明显

　　大学生学习英语的工具性动机很强，除极少数学生出于兴趣而学习英语外，大多数学生是为了通过大学英语四、六级考试。虽然近年来，各高校相继取消了大学英语四、六级考试成绩与学生学位挂钩的规定，但是，由于有些用人单位把四、六级成绩作为招聘员工的一个条件，致使学生为了找到好的工作，不得不为一纸证书奋斗。这也是四、六级考试热持续高温，连年不退的原因。同时，广大的非英语专业学生，把通过四、六级考试作为英语学习的最终目的，考试通过了，英语学习也就结束了。"外语学习变成了为考试而学习，外语教学也完全成了应试教学"。有学者对部分大学生英语学习目的所做的调查显示，64%的学生认为学校和社会"过分强调四、六级考试"，而有59%的学生认为目前英语教学的主要导向是"应试和知识"。

　　由于考试的反拨效应，学生英语学习完全围绕考试内容转，要考的内容就非常重视，不考的内容就坚决放弃，学生追求的是考试成绩。因为口语不和听力、读写等一起考试，只有笔试达到了一定分数的学生才参加口语考试，而且参加与否完全取决于学生本人。于是，学生就会放弃口语训练而专门进行"题海战术"。在这样的背景下，教师的听说教学自然受到来自考试的压力，而以培养学生综合运用能力为目标的大学英语听说教学任务的完成，势必大打折扣。

二、大学英语听说教学方法单一

　　从事大学英语教学的教师，大多数是非师范院校毕业的英语专业研究生，英语教育教学理论和教学方法等方面的知识相对欠缺，踏上讲台后，他们自己以前的学习经历就会对他们现在的教学产生无形的影响。加之学生水平低、班级人数多、教学时间少等因素的阻碍，教师们通常以听光盘做听力理解题加上相关知识讲解为主要教学方法。有学者对江苏某大学30岁左右的大学英语教师所做的随机调查发现，70%以上的教师坦承自己在课堂上的教学方法仍然是"语法翻译法"。语法翻译法在课堂上的运用主要表现为，以教师对语言知识的讲解为主，伴随对英语句子的汉语翻译，学生一边听教师讲解，一边做笔记。尽管大多数教师知道"要在教学中培养学生的语言运用能力"和"指导学生学习方法"，但是，实际做的却不一样。

　　另外，多数大学英语教师由于承担的教学工作量大，进修机会少，英语知识和英语教学理论更新缓慢，加上缺乏教学研究意识和科研能力，使得教学方法不能得到更新。

三、大学英语听说教材与中学英语教材内容重复

由于中学英语教材和大学英语教材分别由不同机构的人员编写，缺乏统一的协调组织，造成大学英语教学内容与中学英语材料内容的低层次重复。

（一）教学内容主要为一般英语

大学英语听说教材的内容主要为一般英语（General English），涉及专门用途的英语（English for Special or Specific Purposes）内容很少。大学生经历了至少六年的中学英语学习，且学习内容为一般英语，是否有必要在大学继续学习一般英语？不同专业、不同水平的学生同时学习一门和他们专业知识没有多大关系的外语课程，其有效性和可行性又在哪里？因此，大学英语教学内容的安排必须和学生的专业相结合，提供相关的外文文献和研究成果的材料，开阔学生视野，使他们运用已有的英语知识和技能去获取专业知识。

（二）语言功能学习存在重复性

现在使用得最多的几种大学英语听说教材，采用以主题为模块的形式，听力话题比较贴近学生的生活，也容易激发学生的兴趣。但在口语部分，有相当一部分的内容还在重复中学学过的知识，典型的是语言功能方面的重复学习，如在中学教材中学过问候，表示道歉、遗憾、担忧、高兴、不高兴、质量和数量等方面的表达用语，在大学英语听说教材中又呈现出来。这些功能表达的句子随机安排在各个单元的 Speaking 部分中，和本单元的主题联系不够紧密，有的则根本没有联系。

四、大学生英语听说能力薄弱

根据《广州日报》的调查，我国的大学生经过多年的英语学习，真正能实现无障碍交流的学生，不到5%。其中，哑巴英语较为常见，英语教学"费时低效"似乎已成共识。一边是家长热衷于将自己年幼的孩子送去各种培训学校学习英语，使培训学校人满为患；一边是社会上对英语教学质疑之声不绝于耳。面对大学生英语听说能力薄弱的问题，应该采用一分为二的观点，学生英语综合能力不高，大学英语教学固然难辞其咎，但是，中学英语教学欠下的旧债也不可否认，中学英语师资水平不高、教学方法陈旧和注重应试教育等因素造成了大多数中学生英语综合能力低下，这不是能够凭借短时的大学英语教学就能提高的，更何况大学英语教学自身也存在许多问题。当务之急是要大力提高英语教学师资水平，关键是要提高中小学英语教师的英语水平。

第二节　大学英语听说教学策略分析

在全球经济一体化的背景下，英语成为各国人民进行跨国交流合作的基础，同时也成为人们日常生活中不可替代的重要元素。我国大学英语教育历时多年，取得了比较丰厚的成果，但是大学生的听说实践运用能力一直是短板。当前大学英语听说教学中存在着诸多问题，英语教师应当积极发挥自身的引导作用，力求改善这一现状。

一、大学英语听力教学的相关策略

（一）听力学习策略

听、说、读、写是人们在日常学习、工作和生活中不可缺少的活动，而听在这四种活动中处于首要地位。同时，听力能力是英语学习四项技能中的重要组成部分，是中国学生学好英语的一个难关。大量研究证明：在现代的言语生活里，听占45%，居于首位；说占30%；读占16%；写占9%。从实践中可以发现，听力能力的强弱与学习、工作的效率成正比。听是交际的一个重要环节，也是获取新语言知识的重要渠道之一，因此听力策略训练在外语学习中起着至关重要的作用。

1. 听力策略研究

在过去的几十年里，第二语言研究中最重要的话题之一就是学习策略的使用和发展。在学习策略研究过程中，听力策略问题引起了研究者们的极大兴趣。不少研究者在这个领域进行了大量的调查与分析。听力好的学习者往往比听力差的学习者使用更多具体的策略，并且前者在使用策略时不局限于某种或某几种策略，而是广泛地使用策略。听力好的学习者更关注听力内容的组织，而且能说出所听内容的主要观点和支持这些观点的具体细节，而听力差的学习者则更留心生词的含义和发音。研究学者们发现，听力水平高的学习者通常比听力水平中等和较低的学习者更频繁地使用策略。另外，听力水平高的学习者对自己使用学习策略有着更明显的意识。可以进一步得出结论：听力好的学习者比差的学习者能更好地从整体上掌握所听到的内容。

西方外语听力理解策略研究主要包括两大方面：一是关于外语学生听力理解策略的研究；二是关于外语听力理解策略训练方面的研究。西方学者对外语学生听力理解策略的研究主要有以下八个特点。

（1）较系统、较规范的听力理解策略研究起源于学习策略研究，并随着第二语言习得、心理语言学等学科的兴起而繁荣，20世纪80年代末90年代初出现了一个前所未有的研究高潮。

（2）研究的对象主要是以英语为第二语言的学生，此外还有以法语、西班牙语、俄语、意大利语等语种为二语或外语的学生。

（3）研究的是不同水平的学生所使用的听力理解策略。

（4）实验所使用的听力材料很广泛，包括录像等视听材料。

（5）所研究的听力类型很齐全，包括交互式听力（interactional listening）和传达式听力（transactional listening），并且外语学术背景下的交互式听力策略研究得到了加强。

（6）所研究的听力策略类型主要是认知策略和元认知策略。

（7）已经涉及策略运用、篇章、任务和背景之间的关系的研究。

（8）西方学者对二语/外语学生进行听力理解策略研究时主要使用的实验方法是内省法（introspective method）和追思法（retrospective method）。

由于所使用的研究方法主要是主观性很强的内省法和追思法，做这些研究的学者大都不敢贸然下结论。

王初明等通过对1名英语成绩高分者和1名低分者进行个案研究，得到结论：听写好坏的决定性因素是辨音能力，而不是听力策略。王宇通过对178名非英语专业二年级学生听力策略的调查，发现5类听力策略能够共同解释听力成绩差异的25%，高分组和低分组在系列策略上表现出显著差异。蒋祖康的研究得到不同的结论：7类学习策略对外语院校学生的听力成绩没有预测力，但功能操练策略、听力操练策略和阅读策略能够共同解释非外语院校学生听力成绩差异的22%。周启加通过对16名英语专业二年级学生的问卷调查，发现听力策略对听力成绩有明显影响，高分组比低分组更善于使用自我管理策略、听力策略和相关语言技能训练策略、听力策略和相关语言技能训练策略。这4项研究的不同结论说明听力策略对听力成绩的预测力似乎受英语水平的影响。当学习者的英语水平过低或很高时，策略对听力成绩没有预测力。

刘绍龙的研究对象为7名具有大专学历，从事中学英语教育多年的成年人，他把他们分为优、良、中等三个水平。他们需要听两篇题材或背景知识不同的文章。听第一篇材料时，只有4名受试者得到背景知识；听第二篇材料时，只有另外的3名受试者得到背景知识。每个受试者都需要采用"有声思维"方法，如实报告自己的内心活动。研究结果表明，提供背景知识对听力策略的使用有明显影响，既影响策略使用的种类，又影响频率。即使英语水平中等的人，只要掌握了背景知识，所使用的策略种类和频率就有可能接近，甚至超过优等生，他们的听力成绩也有可能和优等生没有差别。

吕长竑从两个大学英语四级自然班中，根据成绩随机挑选了20名学生，分别组成实验组和对照组，实验班接受了为期一个学期的策略训练。结果显示：实验组的听力成绩明显高于对照组，听力高水平者从策略训练中得到的帮助不明显，但中等水平和差生得到的帮助很明显。苏远连的听力策略训练对象为34名职业中学一年级学生，对照班有32名学生。训练分为两个阶段进行：第一个阶段开始于学生进入中学后的第二个学期，为期3个月，训练12次；第二个阶段开始于第三个学期，为期1个月，训练4次。实验班的后测听力成绩明显高于对照班，说明总体训练卓有成效。训练对低分组和高分组都有帮助，但对低分组的帮助更明显。

在分项策略中，词汇策略对词汇水平的预测力最高，而听力策略对听力成绩的预测力位居第二。管理策略的有效性明显影响语言学习策略对成绩的预测力。听力、交际、词汇等策略训练对学习者策略的使用有明显的帮助，对英语成绩的提高也有显著影响，对低水平学生的帮助大于对高水平学生的帮助。

2. 听力策略内容

听力策略是语言学习策略的有机组成部分，它主要包括：听力心理调适策略、听力内容预测策略、抓关键词策略、整体把握策略和巧听策略。因此，应该在大学英语视听课中加强听力策略的训练，这样不仅能帮助学生提高听力技能，还能使他们在以后的学习中独立地分析和解决问题，学会客观地评价自己的表现和进步。

（1）听力心理调适策略。在听力过程中，一些学生常常存有以下心理障碍：一是矛盾心理，学生一般都有学好的愿望，但又常常缺乏吃苦精神和持之以恒的耐力，当没有达到预期的学习效果时，便丧失继续进取的信心，形成了想学好又怕吃苦的矛盾心理。二是怕羞心理，在听力学习过程中，有的同学碰到困难却羞于向教师提问，久而久之，造成许多学习上的障碍。一旦遇到困难可能就灰心丧气，萌发放弃学习外语的念头。三是自卑心理，由于个人智力和非智力等因素的差异性，有些学生学习中即使付出了努力也收效甚微，逐渐地形成了自卑心理。四是逆反心理，由于某些教师的自身素质问题，学生对教师害怕或反感，并在心理和行为上采取反抗态度，由此转而对外语学习产生"反感"。五是骄傲心理，有些学生刚开始学习外语时觉得比较简单，兴趣也高，易产生盲目骄傲的心理。当难度不断加大，成绩不太理想时，便逐渐失去了学习兴趣。为了提高听力能力，必须采取一定的学习策略来克服听力学习过程中的心理障碍。听力课心理焦虑是影响学生听力理解的一种消极因素,是引起听力困难的主要原因之一。所以在听力学习过程中,外语教师除了在客观上为学生创造轻松的课堂教学氛围,建立融洽的师生关系,创造语言习得环境之外,还要帮助学生加强听力策略训练。听力策略训练可以转变学生的学习观念,培养学生自主学习的能力,有效地帮助学生提高听力理解能力,从而帮助学生从主观上降低和克服心理焦虑,以达到轻松愉快的学习目的。

(2)听力内容预测策略。预测是语言理解过程中的关键步骤,是信息处理的有效手段。它不仅可以用于词汇学习中,也可以作为一种有效的听力策略,减少猜测问题的盲目性。这样,有助于考生树立自信心,以缓解他们应试时的紧张情绪,提高听力的主观能动性,从而降低情感过滤的程度,提高听力理解水平。一般说来,考生不会毫无准备地听某些信息,在听之前,他们往往会根据所掌握的知识和信息对将听的内容进行预测。听前预测可以促使听者认真阅读问题选项,对选项渗透出的信息进行加工,增强听的动机,提高听力质量。听前预测是指从所给的文字材料中找出微观的背景知识,建立信息框架,缩小信息范围,帮助学生弄清所听文章的类型结构和大意,从而激活学生相关的背景知识。当然,这要求学生广泛阅读,有较丰富的语言、文化知识积累。关于英语国家的历史、地理、文化、风土人情、传统习俗的知识也有助于学习者克服听力理解的困难。同时,从听力材料的种类也大致可以判断出材料的结构。这样,在听听力材料之前就对它的基本框架、主题、情景、谈话人、意图等有了一种预测。这种预测工作做得越充分,学生在听听力材料时就会感觉越轻松。在听的过程中,可以通过一些转折词、时间指示词和连接词进行预测,因为这些词有助于抓住文章的大致脉络。例如"but"和"however"都是表示语义转换的词,暗示着接下来将要陈述不同的或相反的内容。在听完文章回答问题时,同样存在一个校对、修改的过程。凭借自己对听力材料的理解,结合所给问题的答案纠正或排除原来的错误预测,做出正确的选择。为了提高预测的准确性,可以在平时的训练中收集一些听力常用词汇、句型、场景,并对它们进行分类整理,还可以把内容相近的听力集中在一起练习,反复多听,培养自己迅速捕捉信息和判断信息的能力。成功的听力理解是高度的注意力集中和快速思考的结合,如果能够达到这两方面的统一,学会在听前、听中和听后做出高质量的预测、确认和修改,英语学习者的听力理解能力将会大大提高。与此同时,教师在听力课的教学中,不是单纯的讲解员和播放员,而是学生进行预测的设计者和指导者。教师要根据教学目的设计预测范围和内容,指导学生进行有效的预测,使学生的预测有的放矢,从而收到较好的教学效果。

通过课堂教学实践，在听力课教学中使用预测方法对学生掌握学习内容有明显的积极的作用。第一，有利于提高学生的学习主动性。通过预测，学生的学习可以由被动学习转化为主动学习。预测激发了学生的学习兴趣，这既推动了学生的学习，也推动了整个教学过程。第二，有利于学生明确学习的重点和难点。预测在教师的指导下进行，因此学生很容易明确学习的重点和难点。经过预测，学生对这些难点和重点的理解会加深，会更容易记住这些与教学目标相关的内容。第三，有利于提高教和学的效率。预测后的学习是有目的地去获取语言信息。这种目的明确的学习可使学生在同等的学习时间内获取更多、更准确的语言信息，从而提高教学效果。第四，有利于提高学生口语表达能力。学生在多次预测后需要多次表达出自己的看法，这就增加了学生口语表达训练的机会和时间。在"看"和"听"的同时也兼顾了"说"的能力的培养。

（3）抓关键词策略。在听力过程中，并不一定要每个词都听懂，只需抓住关键词就能捕捉到主要信息。所谓关键词就是负载着听力资料主要内容的那些词，也就是指听力材料中的实义词，抓住关键词有利于对语篇的理解。在总结归纳一段听力材料的大意时要做到简明扼要，详略得当；要辨明哪些信息是主要的，哪些是次要的，这就要学会抓关键词。只要抓住了句中的人物、动作、时间、地点，意思就清楚了，其他细节只是对这一事件的补充说明而已。多数情况下，学习者虽然听懂了，但是由于需要记忆的内容很多，而且听的时候很紧张，使得学习者很难记住所听材料的细节内容。要克服听力理解过程中记忆问题的有效解决办法是做笔记。做听力笔记不是听写，无需将所听到的内容一字一句地写下来，只需根据听的意图记录下关键词，帮助之后的记忆和理解。在做听力笔记时，应记关键词，而对于那些并非承载着重要内容的单词、词组、句子则可以忽略，从而减轻听力的负担。同时也可以有效地利用缩写、符号等形式，减少记录的负担。在听力理解的过程中，要养成边听边记边思考的习惯，善于掌握语流中的关键词或主题句，不能只注意只言片语，以避免主次不分，顾此失彼。学生完成听力练习后，教师可以通过投影展示整个听力材料，并与学生一起抽出关键词，帮助学生完成听力。正确认识听力材料的要点，掌握听力过程中关键词的使用，听力水平就会有很大提高。

（4）整体把握策略。听力理解的过程可以从四个层次来分析：第一个层次是词汇的对应。听话者听到一系列的词汇，而且能够听懂一些单词的意义，但整个句子却听不懂。这说明他们所学到的东西只停留在意识的知识层次上，没有经过内化，进不了讲话者的话语能力中。第二个层次是小句或词组对应层。听话者可以听懂一些短语和词组，但整个句子的意义仍不很明白。这时听话者的听力处于由有意识的知识向无意识或下意识的能力的过渡阶段。第三个层次是句子对应层。听话者可以大致听懂某些完整的句子，但对于整个语篇讲的是什么却不能完全理解，或者似是而非，或者只是理解表面意义，不能理解讲话者的意图和目的。第四个层次是听话者能听懂句子，并能够把它们从语义上联系起来，补充了在形式上没有明确表达，或者只是有一定预示的意义，这时听话者能够根据语境和背景知识推断语篇的整体意义、交际者之间的关系、态度、口吻、交际目的等。在前三个层次中，听话者都没有在话语之间建立起衔接关系，没有理解句子之间的关系和句子或语篇的部分在整个语篇中的作用。只有达到了第四个层次的水平，听话者才能比较准确地听懂语篇，即听话者既听懂了微观层次上的语言项目的意义，也能把这些项目联系起来，组成一个连贯的语篇。所以从整体上对听力材料进行学习，可以大大提高听者的听力水平。

（5）巧听策略。英语听力活动可以分为三种：精听、泛听和半精听。精听，即反复分句听同一段录音磁带，直到听懂每一句为止。它没有交际的真实性，耗费的时间多且听的量很有限，但有助于提高听者的自信心和理解水平。泛听具有交际的真实性，饭前饭后、睡觉前、起床前、休息时都可以用来进行这项活动。听的量比较多，内容也比较丰富，可以获得新的信息。泛听一方面可以复习新近学习的语言知识，另一方面可以实战演习"听"的能力。半精听可以将精听和泛听的长处结合起来。这三种活动均对提高听力有帮助，但又各有其利弊。学习者应根据自己不同的目的和时间的宽裕程度来进行选择，巧妙地使用听力策略。

听力策略研究的目的之一是从学习策略的角度为听力教学服务，为听力教学提供理论和实践支持。听力策略的教授可以帮助学生克服或降低对听力理解活动的焦虑感，增强自信心，提高他们的听力理解能力。从长远角度来看，听力策略的教授还可以改进学生的学习态度，培养他们的学习自主性。大学英语听力教学中加入听力策略训练是十分必要的。有关听力策略的研究还在进行当中，许多问题还仍然想要进一步的研究和证实。我国应大力地继续开展外语听力理解策略研究。我国虽然有外语听力理解策略方面的研究，但在刊物或文集上发表的似乎很少，已有的个案研究很少见，实验研究就更少见了。因此，有必要继续进行外语听力理解策略研究。可以在多个领域进行外语听力理解策略研究：①实验研究中的外语听力理解策略与学生的实际应试策略之间的关系；②中国学生外语（如英语）听力理解策略与外国留学生外语（如汉语）听力理解策略的异同；③听力理解策略中的文化干扰因素；

④外语听力理解策略的适合性问题；⑤外语听力理解策略与口译的关系。

国外学者对外语学生进行听力理解策略研究时使用的实验方法和分析方法值得国内学者借鉴。长期以来我国外语教学研究大多是没有数据作基础的，很少有人运用实验方法和统计分析方法进行研究。作为外语教学研究的一部分的听力理解策略研究当然也不例外。为了改变这种不均衡的研究状况，有必要借鉴国外的实验方法和分析方法进行外语听力理解策略研究。同时，还应该结合国外的研究和我国的英语听力教学现状，形成一套新的、有自己特色的、有效的听力教学模式，这是我国听力教学研究者和教师们共同努力的方向。

（二）听力学习中的问题

1. 听力理解过程中"听不懂"

听力理解过程出现听不懂的现象是很自然的。但"听不懂"三个字过于笼统，而且容易掩盖其他很多具体问题，所以值得研究和探讨。对于一些英语学习者来说，只要听力材料的一部分不被理解，他们就会觉得这些是无法理解的材料。这些学习者认为，听懂的定义是所有句子都理解。实际上，这种情况不但实现难，而且实际意义也不大。

人们在收听中文广播或者看电视时也会出现听不懂或者不清楚的情况，因此英语听力也没有必要把所有句子全都听清楚、听明白。英语学习者要明白"听懂"不是要把所有句子都听懂，而是要理解关键部分。

部分英语学习者在练习听力时，可以做到听懂大部分内容，有些地方听不懂就认为自己的听力理解水平还是不够。这些学习者认为听懂意味着听清楚而且将内容记住，然而记住和听懂并不是一件事。举例来说，收看中央电视台《新闻联播》时通常不会有听不懂的情况，可是要在《新闻联播》结束后将所有新闻复述上来恐怕不容易做到，能复述上来到只有一些十分重要和特别的新闻。

听力理解中所谓的听不懂有几种解释：第一，把握不了事件的来龙去脉；第二，把握不了说话人的主要意见或观点；第三，抓不住数字、地点、时间等重要细节。英语教师建议可以通过如下几个措施来改善听力理解中听不懂的问题：

（1）充分利用已有的知识。从本质上来说，听力理解就是把新知识和旧知识联系到一起。这就要求英语学习者不但有一定的背景知识储备，还要在听的过程中对已有的知识充分运用，将这些背景知识激活。

学习者已经学习的语言知识和其他的一般知识构成学习者的已有知识。

实验证明,成功的英语学习者在听材料时,能够有效运用其已有的英语连接词的知识对材料的内容和意思进行判断和猜测。举例来说,如果听力材料中出现了"First"(第一),意味着接下来的材料中还会有"Second"(第二)、"Third"(第三)之类的内容。如果"At first"或者"Although"这种表示让步或转折的词语出现,后面会出现和当前所说内容相反的内容。

学习者在听材料的过程中也可以利用日常的交际知识来进行有效、合理的推理和猜测。例如,任何民族和国家都会在见面时打招呼,在告别时说分别的话。

学习者也可以通过学习英语国家的传统习俗、地理、文化、风土人情、历史等知识,增加知识储备来克服听力理解中的障碍。学习者如果在这方面的知识储备不足,在做听力理解训练时确实会遇到很多无法理解的地方。

(2)充分利用文字和图表等视觉信息。做听力训练时,听觉信息是理解过程中用到的最关键的部分,除此之外还要注重与其相关的图表和文字,这些视觉信息也可以促进听力理解的完成。比如,英语电视节目中的画面对于理解电视内容就有很大帮助,而且,还会有一些简短的文字信息来帮助理解电视节目。许多英美电视台在播放新闻时,通常会将和新闻有关的关键词打在屏幕下方。人们可以通过这些关键词理解听到的内容。遇到演讲或者报告时,会有演讲者发的文字提纲或者大屏幕上的投影这些视觉信息,演讲或报告的主旨和大意可以通过这些视觉信息被学习者充分理解。学习者可以利用训练材料中背景知识、练习题、关键词这类的文字材料,对听力材料进行深入的理解。也就是说,学习者在听力训练中要懂得将所有非听觉信息进行充分而合理的利用。

(3)根据说话者的语气和语调来判断意思。和视觉信息完全不同的是,人们可以通过听觉信息接收说话者的语调和语气,还能由此判断出说话者的语义以及讽刺、惊喜、夸张、愤怒、同情、幽默、冷漠等情绪信息。

2.听力理解过程中的记忆问题

学习者现在进行的听力训练多是从所给四个选项中找到正确答案。这是一种先听再答的训练方法,更多的是对学习者记忆效果和记忆能力的考察。这种听力训练对学习的记忆能力要求较高,所以会出现学习者有时能听得懂,但是因为紧张的情绪或者细节不能全部理解造成的焦躁不安而忘记听力材料中的细节内容的情况。可是,这类细节问题恰恰是一些练习题考查的重点。这类细节包括活动开始的时间,从家出发的时间和到达的时间,迟到的时间等。这些内容如果用汉语表达,人们也很难做到快速而精准的反应,换成自己不熟悉的语言时，反应速度会更慢。在听力理解的过程中，学生没有能力去记住全部的内容，这时候就需要以做笔记的方式来做好记录。在进行听力训练和阅读理解练习时，有效的笔记是十分有用的技巧。人们认为做笔记是语言学习到了高级阶段才能训练的能力，实际上这种能力的锻炼要从初学阶段就进行，而且教师要将这个内容当作指导学生的重要内容。通常情况下做笔记时要对以下三点特别注意：

（1）做笔记时要有取舍，也就是将听到的内容全部记下来是不现实的。学习者可以选择重要信息或者不易记住的内容（如数量、时间、地点等）或者自身有兴趣的内容记下来。

（2）为了提高记忆的效率，要学会合理利用缩写或者符号等。做笔记时不能记录完整的句子或单词，更没有必要记录没有实际意义的冠词或介词等。学习者的笔记最终是给自己看的，不用考虑别人能不能看得懂，因此在做笔记时不但可以使用通用的缩写或者符号，还可以自己创建缩写和符号体系，便于快速记录，之后也能很快辨认。

（3）做笔记的时候要有系统性。如果学习者所做的笔记过于杂乱，之后自己也无法辨认，这样的笔记起不到帮助学习的作用。笔记要做到主次清楚、层次分明。

3. 扩展听的内容与渠道

现在的听力理解练习多是多项选择这类客观题，学生大量练习这种题型不利于真正地提高英语听力水平。这种过于机械的题型实际上已经把正确答案给了出来，学习者要做的只是将正确选项和其他选项区分开，没有用手拼写的过程。实际生活中，人们听的同时或者听之后都要进行语言输出，也就是写摘要、填写表格、做笔记或者进行实际操作等。因此，想要真正提高英语听力能力，就要通过多种练习形式对听的内容和渠道进行扩展。

还有，这类题目还有可能出现答案模糊不明的情况，学习者的真正水平在这种情况下会受到影响。所以，学习者的练习形式不能局限于一种，练习材料也要选择形式多样的类型。现在的听力练习材料多是对话或者短文，这些看起来内容丰富的对话或者短文和实际生活中的语言素材相比显得范围十分狭窄。而生活中需要听的场合有电视、电影、戏剧、讲座、采访、会谈等，所以英语学习者扩展听的渠道和内容是必须的。

二、大学英语口语教学的相关策略

人们开始对英语的表达能力给予了更多的关注，这从高校教育改革以及社会对人才的需求趋势就可以看出。随着国际交往的愈加频繁以及全球化发展进程的加快，非英语专业的大学生在日常的工作和生活中用到英语口语的概率也越来越大，比如工作面试中、与外方洽谈业务时、接待外宾时、查询外文资料时、参加国际性的活动及会议，甚至是出境游时。《大学英语教学大纲》也指出："语言是交际的工具，语言教学的最终目标是培养学生以书面或口头的方式进行交际的能力。"可以看出，不论是教学大纲中，社会对人才的需要方面，还是学生自身的意愿，都需要非英语专业的大学生具备一定的英语口语交流能力，这是大学生工作和生活中提高交际能力的实际需要。

当前，国际二语口头话语研究集中在5个领域：二语音位发展研究，包括自然音位学、理想理论、联通论、自动切分音位学、二语音位流利模型等在内的音位理论；二语学习者的言语听辨、口语表达及相互关系；影响二语学习者口语学习的态度、动机、年龄、社会文化环境等因素；从语言变化、语言类型学、标记性等角度探讨母语迁移；二语口语教学研究，包括口语学习与思维过程、口语交际策略、口语水平发展、口语课堂教学、口语测试、多媒体口语教材开发等。我国的二语习得研究是从1995年开始的，主要致力于英语口语的相关研究，所取得的成果也在语言教育领域产生了一定的影响力。这些研究成果主要有以下方面：一是对二语口语理论进行了深入探索；二是对二语口语表达的整体过程展开研究；三是对二语口语的表达结果展开了研究；四是对二语口语的因素展开了研究；五是对二语口语所具有的能力评估的特殊体系展开了研究；六是对二语口语所采取的教学方法展开了探讨。二语口语的研究取得了四个方面的成果：一是为我国的英语学习者建立起了理论发展的模式；二是掌握了我国英语学习者二语口语的学习规律以及特点；三是形成了评估学习者二语口语能力的有效手段和形式；四是令我国教育领域中二语口语的主要教学方法和手段得到了有效改进。教育学者在理论研究方面也取得了两方面的成果：一是建立起了与我国实际情况相符的大学英语等级考试的评估与测试体系；二是结合我国外国学习者的学习规律及实际特点，确立了二语口语发展的有效模式。有研究人员研究了大学英语四级、六级口语考试的效度，对比了现场考试和录音考试的效度，分析了阅卷人员的信度，还向考生发放了调查问卷，从各个不同的方面展开了调查，包括题目的难易程度、考场环境的具体情况、考试准备时间的长短、考试设计是否合理、答题时的紧张程度等，详细分析了英语四级、六级口语考试的优势及弊端。

1995年，有研究者对国内以及国外当时的几种主要口试方式进行了分析，制定了我国大学英语专业四级口语考试的具体方案，1988年制定了相应的评分标准。统计并分析了相关的评分结果。根据研究结果显示，在口试所要完成的几项任务当中，评分包括四个方面：一是试题内容；二是语音和语调；三是语法的正确性；四是口语的流利程度。这四个方面各有侧重点，但是在计算分数时不必区分权重，避免将评分的过程变得更加复杂。

有学者从某外语院校的4年级学生中筛选了60名学生进行了口语方面的测试，还向他们发放了调查问卷，访谈了其中的18名学生，其中50%的属于高分学生，50%属于低分学生。根据研究结果显示，在多元回归当中，功能操练策略能够预测口语成绩，但是监控策略以及形式操练策略则无法预测口语成绩，经对访谈的相关结果进行分析，发现虽然分数较低的学生也会努力去采用分数较高者所使用的相关策略，但是并未取得明显的成效。

交际策略指的是当学习者并未掌握足够的外语知识和第二语言口语能力的情况下，为了更便利地开展交际，而采取一定的方法去弥补自身外语词汇量不足或语法知识的缺乏。1972年，交际策略的概念被首次正式提出，它对中介语产生了重要的影响，随后越来越多的关于交际策略的研究不断展开。在学习外语的过程中，交际策略能够产生的作用：一是能够帮助外语知识的学习者对外语知识形成假设，实现外语知识的自动化；二是帮助外语学习者不断增加语言的输入量，拓展畅通的语言交际渠道；三是克服学习者的焦虑情绪，帮助他们获得语言交际中的自信。对学习者采用交际策略产生影响的因素有：一是问题的主要的来源；二是学习者的性格；三是任务活动的内容；四是语言的掌握程度；五是学习语言的环境等。学习者通过不断的训练，运用交际策略会得到明显提升。

有学者筛选出了英语专业的12名学生作为研究对象，对他们运用交际策略的情况展开了调查，分析了英语水平的提高与交际策略的使用之间的关系。其中6名学生为研究生二年级的硕士生，属于高水平的组别，另6名学生为本科三年级的学生，属于低水平的组别。研究者要求他们每人自24个概念当中选出2个具体的概念和2个抽象的概念，然后向母语为英语的对象做出解释。根据汇总，他们一共使用了220个交际策略。这些被使用的策略又分为五类：一是回避策略；二是重复策略；三是语言型策略；四是副语言策略；五是知识型策略。与高水平的组别相比，低水平的组别中的学生更愿意使用策略，但是与低水平的组别相比，高水平组别的学生运用策略的效率更高。语言型策略更多地被高水平组别的学生所使用，而重复策略和知识型策略则更多地被低水平组别的学生所使用。

1988 年，侯松山进行了一个相关课题的研究，他验证分析了学生的性别对于口语任务完成情况以及使用交际策略情况的影响。他共分了四个测试组，参加测试的学生共计 46 人，这四个组中学生的性别比例基本相同。他要求这 46 名学生都要完成两种交际任务：第一个任务是对 5 幅照片中拍摄的实物用英语加以识别；第二个任务是根据一个系列的漫画用英语讲述一个相关的故事。根据研究结果发现，有六类策略的使用会受到任务类型的影响。如，讲故事那个任务的策略并不会受到性别的影响，但是识别照片中实物的任务的策略则会受到性别的影响。

2000 年时，有研究人员对英语水平与交际策略的关系进行了研究考察。研究者组织了 164 名拥有不同英语水平的学生展开了问卷调查，这些受调查者中既有通过了大学英语四级考试的学生，也未通过大学英语四级考试的学生；既有通过了大学英语六级的学生，也有通过了英语专业四级考试的学生，主要调查了这些学生使用交际策略的情况以及对于交际所持的观念，研究者还对其中的 21 名学生进行了访谈。最后研究者认为减缩策略／缩减策略观念和成就策略／成就策略观念是交际策略的两个不同的分类。成就策略／成就策略观念又被分成四个小类别：一是副语言策略观念／副语言策略；二是拖延策略观念／拖延策略；三是求助策略观念／求助策略；四是转述策略观念／转述策略。这些不同的类别又可以分为两个不同的层次：一个是认识；另一个是行为。

从上述研究的结果可以看出，相较成就策略，中国的大学生更倾向于使用减缩策略。对交际策略的使用频率会受到不同英语水平的很大影响，而且大学生对于交际策略的相关认识也会受到英语水平的直接影响。多种策略的使用频率之间的相关系数大约在 31～37 之间。

学者王立非则是针对交际策略所获得的训练成效进行了研究。有 109 名英语专业的大学生接受了相关的训练，这 109 个学生被分成了 4 个班，一班和二班属于实验组，三班和四班属于对照组，实验组和对照组的人数相同。每星期在口语课开始之前利用 30 分钟对实验组的学生展开训练，一共进行 20 个星期。经过对比可以发现，在课堂上接受过交际策略训练的大学生使用策略的效度以及频度更高。根据问卷调查的统计结果显示，采用交际策略的教学方法更容易获得学生的认可。

有些学者针对口语的教学以及口语的学习展开了研究。他们对我国高校中英语口语教学的实际情况进行了调查和分析，得出了现阶段我国大学阶段的学生在英语口语学习中遇到的一些问题，比如他们会对口语使用有畏难情绪、学习英语口语的环境有待优化、英语口语任课教师的素质参差不齐、大学英语口语教材不尽合理等。他们还提出了相应的策略来应对这些存在的问题,并且提出了口语教学对于英语学习的意义,在他们看来,口语的教与学能增加语言实践的机会,有效提高语言知识的储备,并且能够促进语言学习中其他技能的综合掌握。研究者认为英语口语的发展因素可以通过认知心理学的方法来进行阐述,说明了在口语训练的过程中怎样控制语言信息的输出与输入,总结了开展口语教学的各种方式方法,包括如何提高学生的语言能力、如何培养学生语言运用的能力、如何激发语言的输入以及输出、如果减少学习者的焦虑感、如何提升学生学习语言的积极性、如何有效开展大班口语的教学等。

我国高校的英语教学正在经历着深刻的改革,教育部门以及社会各界对于大学生英语口语的培养给予了更多的关注。胡文仲发表有专门的论著《英语的教与学》,他认为通过口语可以形成一系列的认知心理的活动,比如理解过程、储存过程、提取过程、发送过程、传播过程等。

口语表达的过程实际上是意义的编码在人脑中的处理过程,不论是第二语言还是母语都是如此,人体的发音器官是口语的执行者,这些意义最终会转换成为声音。要想让学生开口用英语进行表达和交流,首先要克服他们的畏难情绪,不怕难为情,增强心理素质,勇于开口。同时还要引导学生保有内在的动力,因为语言学习者的交流意图会受到动力的影响,所以他们进行练习的内容应当是富有意义的。

现阶段高校开展英语教学的一个重要目标就是提高大学生的英语交际能力,而会话是进行英语交流的一种最重要的手段。学生可以借助英语口语来与他人进行思想上的沟通,实现基本的情感交流。要充分意识到英语学习中口语的练习是必不可少的,要有意识地营造出英语口语练习的语境。日常的英语教学中也应当安排适当的时间和精力来组织学生进行口语的练习,教师要有意识地引导学生利用目的语的思维来进行口语练习。

口语策略可以细分为多种:包括朗读、跟读、模拟交际、主动交际、迂回、非言语交际等策略。

(一)朗读策略内容

英语学习中不可缺少的一个环节就是朗读,这是学生学习语言的第一基本功和第一技能,在很多研究者看来,朗读应当在语言教学中居于最主要的地位。在朗读时,不仅要保持语音和语调的正确性,还要分清轻音、重音以及连读等诸多方面。英语教师强调在英语的学习中,想要取得较好的成绩,朗读课文是一个重要的方法。受到自身母语的影响,大部分中国人的发音器官和嘴里的运动肌肉习惯不了英语的发音，嘴部肌肉只有通过朗读才能得到锻炼。所以，想要让肌肉可以适应英语的发音动作，就要通过大量的朗读来对发音器官训练。

语音语调也可以在大量朗读的基础上得到改进。语言的物质外壳是语音语调，音准调准才能让交际正常进行。实际教学中，教师要激发学生的朗读兴趣可以用以下几种朗读形式：

第一，范读。范读指的是先由教师进行朗读或者通过播放录音来为学生示范朗读的方法，使学生在范读过程中找到了样板。范读次数以两到三次为宜，而且要使用不一样的速度。

第二，领读。朗读教学中，教师自己领读或者借助录音设备进行领读是不可或缺的，这关系到学生能否养成良好的朗读习惯。

第三，可以让学生们齐声朗读。全班齐声朗读可以让所有学生集中注意力，胆小害羞的同学在齐声朗读中也能发出声音，这个过程中学生可以实现自我，也有利于整个班级良好英语学习氛围的构建。

第四，可以通过轮读使学生在教师的指导下轮流朗读。齐声朗读的过程中可能有个别学生偷懒，这种方法可以避免这种情况，还能弥补个别朗读活动范围小的不足。

第五，还可以采取个别朗读的形式。教师可以要求学生进行个别朗读，以此来了解学生学习中的弱项及存在的问题，然后进行针对性的指导、督促和检查。可是这种形式的活动面太小，要同时配合齐声朗读。

第六，分角色朗读。对话材料和戏剧作品的朗读经常使用这种方法，教师或学生分别模仿作品中的不同人物的口吻来朗读。

英语不但是一门语言，同时也有较强的实践性。学生听写能力的提高都可以通过朗读来实现，还可以帮助学生增强语言意识。所以，分角色朗读可以当作有效提高学生的英语水平的一个方法。学生可以在这个过程中树立英语学习的信心，还可以全面提高英语语言素质。学生也可以在英语学习的道路上坚持下去，为将来在社会中实际的英语交流打下基础。

（二）跟读策略内容

增加语言输入的数量和类型，积累口语练习的素材是提高口语能力的首要因素。口语表达要建立在大量的语言输入的基础上，只有这样才能保证口语正常进行。只有大量的练习和认真地模仿才能确保输入的材料能够转化为有效的输出。学习者一边听材料一边跟着教师或录音进行重复，这样对于加强学生的记忆较为有利。对于跟读的材料也要有所选择，通常应当选择一些语速急缓适中，内容简短的材料作为跟读材料，选择的跟读材料如果语速较快或者信息含量过大，学习者就会因为跟读困难而承受较大的心理压力。跟读过程中，学习者要做到有意识地重复，让口部发音肌肉能够适应英语的发音方法。在熟练的基础上逐渐提高跟读的速度。这个过程中的关键环节是发挥想象力，假设情境中对话的人物就是自己并且不断对语句进行重复。经过大量的练习，遇到以前掌握的词组或句子时，自然就会顺利读出，这样才能真正提高口语能力。

（三）模拟交际策略内容

大学英语教学的主要进行场所是课堂。但是，课堂不是自然的语言环境，要保证教学活动的顺利进行，学习在这样的环境中占主要地位。因此，必须构建一种适合外语学习者的外语状态的模拟交际体系，这是很重要的一点。我国的外语学习者大部分还是需要在外语课堂上学习语言，因此就需要教师充分发挥自身的作用，利用好课堂这一特殊的场所，通过假想的交际情景来对学生的口语沟通能力进行激发和训练。学生在实际生活中，也可以仿照课堂上的情景模拟，假想出和所学内容有关的多个情景，进行两人或多人的对话，通过这种方式达到复习所学句型和提高自身口语交际能力的目的。

学习者在模拟中要尽量做到用不同句型表达同一语义。真实的交际情景中使用的对话熟练程度和模拟训练的次数成正比。学习者也可以在没有别人打扰的时候，发挥自己的想象力假想出多个情景，自己分别扮演情景中的角色，以此增加对话的机会。

（四）主动交际策略内容

学生除了高效利用课上时间，还可以将课后的时间和机会用来练习口语，以此提高外语交际能力。不能在真正的交际环境中应用所学英语是中国人学英语面临的最大困难，因此学习者要尝试自创英语小环境，可以有效提升自身的外语学习能力。

学习者自己创建英语语言小环境的方法有：第一，和几个英语学习者共同创建一个"英语沙龙"，举行的时间可以是每周一次或者每两周一次。学习者还可以尝试着邀请一些外国人士参加此类活动，这样会在一定程度上增加使用外语的必要性。活动上可以选择一些参与者喜闻乐见、愉悦轻松的话题。活动也可以是正经严肃的，甚至是某个成员的生日聚会，也可以成为英语口语练习的有利机会。讨论的话题还可以是小组成员互相给对方讲故事或者互相交流从广播上听到的新闻，或者讨论热门话题。小组成员要根据自己

口语水平的高低来决定讨论的内容,刚开始可以多选择日常对话或者复述,当口语水平提高后讨论或者辩论的次数可以适当增加。

第二,自己创建英语交流水平的方法可以是增加和外国人交流的机会。中国的外语学习者可以积极与外国人进行口语交流,包括高校中的留学生、外籍教师以及来中国旅游及工作的外国人。学生如果能够抓住这些机会,做到主动和外国人交流,就可以大幅度提高自己的英语口语水平。

在轻松自然的环境中更容易使学生的口语能力得到很好的提高。学生可以和教师在自由的环境下交谈。教师应该对学生多鼓励,采取宽容和友好的态度,使班上的所有学生的交际策略都能得到锻炼。学生在口语练习中容易胆怯,教师要帮助学生建立语言运用的信心,主动开口。

耐心和信心是教师在口语教学中必备的素质,教师在教学中最好能做到全英文课堂,对学生循循善诱,对教材深入挖掘,变换不同的形式和方法。教师还要在课堂上引导学生树立起跨文化的意识。尽管教师需要在课程上发挥重要的引导作用,但教学中的真正中心还应当是学生,教学活动中真正的主角必须是学生。教师应当成为一名"导演"和指挥者,组织学生进行多种多样的口语练习活动,要让学生成为课堂的主角,这样他们学习英语的兴趣才会浓厚,才能主动进行口语训练。

语言和文化两者不可分割,既互相依存又共同发展。文化为语言的发展提供了土壤,语言不仅仅代表着一个社会、一个团体的情感,同时也反映着这种群体成员的心态。语言最根本的基础是文化,但是文化也需要借助语言进行传承和发展。只有提升了对目标语文化的理解、对知识背景的熟悉,语言的应用能力才有可能提高。因此在学习语言的同时,教师也要向学生介绍相关的文化以及知识背景,让学生学会去观察和了解社会环境,使学生明白不同的场合使用相应的语体,对话人的身份有高低之分,也有关系远近之分,语体的关系自然不同。教师要多为学生创造鲜活的语言环境,这对学生的语言学习不但有帮助,还能同时帮助学生了解这个民族所特有的文化。要让学生了解到每个国家、每个民族都有自己特有的文化以及交际模式,所以在使用目的语时要保持跨文化的相关意识。大学英语教学的主要任务之一是提高学生口语水平。合格的大学英语教师要在有限的课堂时间里,给学生提供尽可能多的口语练习的机会。要想切实提高学生的口语运用能力,对英语学习保持兴趣,教师要多组织形式多样的口语教学活动,这种活动不止局限于课上,也可以延伸到课余时间。只有大量的英语口语练习,才能让学生适应得了社会中真实的竞争压力。

（五）迂回策略内容

迂回，就是说将想表达的意思通过更加间接的方式表达出来。之所以这样做是因为如果遇到交际障碍，一时想不到合适的词语或者句型，无法继续表达时采取的灵活应急的方法。在口语会话中，这是口语学习者在遇到表达困难或障碍时经常使用的一种技巧。学习者可以使用这种方法将想表达的意思用另一种方式表达出来，从而灵活应对交际困难，提高自信心。迂回表达可以使用以下两种方法：第一，可以用一句话来解释忘记的相应英语单词。如，当你在晚会上需要一个瓶塞钻（corkscrew），却想不起英语中的对应单词时，就可以使用释义的方法将自己要的东西表达出来："the thing you open bottles with or a device used for pulling corks out of bottles"。这个时候学习者就可将自己想要的东西准确地表达出来，将自己从尴尬的境地中解救出来。第二，英语中有许多近义词和同义词，近义词的使用同样可以让人在说话时有更多选择。

（六）非言语手段进行交际策略内容

说和写虽然都是语言输出的形式，但是说话时可以实时看到对方的反应。这种反应不仅是语言，更体现在点头、耸肩、微笑这些肢体语言上。面对面交流的优势不仅是方便，双方还能从表情、动作、姿态和手势接收更丰富的信息。所以，口语运用者也可以借助形体语言来表达自己的意思，来对口语交流中的困难部分进行辅助和补充。

说话人在语言交际过程中，想要表达自己的想法，直接向说话人传达情感时，往往有意识地使用身体语言。有时，用非语言手段表达的微妙情感远比枯燥的语言深刻得多。

第三章　PI 教学法理论概述

学生创新能力和知识构建的培养可以通过合作、互动的学习方式来实现。教育研究者要设计出合作、互动的教学方法来促进学生的有效学习。本章主要内容为：PI 教学法的理论基础、主要功能、特征分析、PI 教学法的历史、现状与发展趋势以及 PI 教学思想的现代意义。

第一节　PI 教学法的理论基础

一、PI 教学法的简介

同伴教学法（Peer Instruction，PI）由美国哈佛大学著名教授埃里克·马祖尔于 20 世纪 90 年代创立，是当今国际教育教学领域中最具影响力的前沿教学方法之一，也是一种最受欢迎的适合大班授课的交互式教学方式。同伴教学法改变了传统的课堂教学模式，坚持"以学生为主体、以教师为主导"的教学思想，坚持以"激发学生主动思考、培养学生的创新能力和锻炼学生的批判性思维"为认知理念和教学目标，坚持通过"合作学习"或"协作式学习"来促进教学环节中的生生互动和师生互动，同时注重过程性评价和终结性评价的有机结合，因此，该教学法是一种非常有效的合作学习机制和教学模式。

同伴教学法要求学生在课前阅读课程内容，在课堂上，教师使用专门设计的概念测试题，借助教室应答系统（Classroom Response System，CRS）或选项卡片，组织学生互动和讨论，变传统单一的讲授为基于问题的自主学习和合作探究，有效改变了传统课堂教学手段、教学模式、教学方法，在大班课堂教学中构建了一个学生自主学习、合作学习、生生互动、师生互动的教学环境。马祖尔教授从1984年开始在哈佛大学讲授大学物理课程时,他和大多数教师一样使用传统教学方法,在课堂上按教科书内容讲授、分发笔记、做演示实验、指定参考书目。学生在学习课程之后,可以解决难度很大的题目,学生对他的课程评价很好,因此他乐观地认为自己的课程是成功的。直到1990年,他看到哈娄恩和赫斯滕斯的一系列研究文献后开始对传统教学方法的教学效果进行反思。哈娄恩和赫斯滕斯的研究表明:物理的前概念广泛地存在于学生的头脑中,这些前概念来源于他们在学习科学课程之前的生活经验,很多是与科学概念不一致的,所以也称为错误概念。这些错误概念的存在使得学生听不懂物理课,传统的讲授方式不能有效地转变学生的错误概念,建立科学概念。研究使用力的概念测试量表(Force Concept Inventory,FCI)测试发现,学生在学习过程中可以凭借记忆熟练运用公式解题,却不一定真正理解其中的本质,一旦遇到新的问题情景,即使它比之前会做的题目简单,学生仍然不能给出正确答案。马祖尔教授认为,同样的事情不会出现在自己的课程中,为此他在自己的课程中使用同样的测试,居然得出相似的结果,这让他惊讶和失望:必须彻底改变自己的教学方法,寻找一种新的有效的教学方法!为此他开发了同伴教学法,将其应用于教学实践,同时使用科学定量的研究方法,将同伴教学方法与传统教学方法进行科学的比较。结果表明,同伴教学方法在物理概念的理解、物理定性分析和定量计算等方面的优势要大于传统教学法。成果发表后引起很大反响,很多教师接受并使用这个教学方法。

这种教学法在哈佛大学的基础物理课程中初次使用,此后二十年,这种教学法在世界许多国家和地区的不同学段的不同科目的课程上广泛应用,取得了较好的教学成果。同伴教学法的创始人马祖尔教授也因此获得首届全球高等教育最高奖密涅瓦奖。

2012年12月,在北京师范大学召开的同伴教学法国际研讨会上,马祖尔教授讲到他发明同伴教学法的思路是来源于中国孔子的"三人行,必有我师"。

讲授式教学法通常以教科书或教师教案的内容顺序组织一节课的教学,然后让学生课后进行复习和练习。同伴教学方法则首先要求学生在上课前预习课程,课堂上教师不是按照教科书或教案的顺序从头讲到尾,而是将一节课的内容分成几个小单元,每一个单元都是围绕一个课程的重要概念设计的:教师只讲授很短时间,然后让学生围绕着概念测试题进行小组讨论。

概念测试题是以课程的重点概念为依据设计的,旨在对学生头脑中一些错误的概念进行纠正,带领他们探究新的学习内容,题型以判断和选择为主。

过程是：教师给出一个概念测试题，学生看到显示器上的问题后，经过自主思考将所得答案通过"投票器"或者手机等发送，由教室的计算机接收并进行处理。学生在规定时间内将答案全部发送，再由计算机将学生的答案进行汇总并将结果输出，师生可以第一时间得到教学反馈。

紧接着，教师根据汇总的结果有针对性地对不同学生实施教学手段。教师在得到正确答案的学生人数比例为三到七成的情况下，安排相邻而坐的学生进行讨论，在解释自己、反省自己以及说服对方、反省对方的过程中互相补充信息、互相学习。学生在讨论过后，将个人答案再发送到电脑上，学生在发送答案之前会对自己和别人的答案进行反思，重新思考自己的答案，对不同的答案和观点进行比较。讨论过后，超过七成的学生能够说出正确答案，教师可以对概念精讲，接着继续下一节内容。当正确答案在三成以下，教师就要根据学生答案中的错误类型进行讲解，转变学生的错误观念，然后通过测试来掌握学生是否对概念进行了正确的理解。

当有三到七成的人给出了正确答案时，证明分组讨论成效显著；如果这个比例小于三成或者大于七成，讨论效果不理想。因为如果第一次投票全班学生的答题正确率小于30%时，意味着学生以3~4人一组进行讨论时，小组中可能没有人正确回答了问题，如果小组中的成员的答案都是错误的，在讨论过程中可能存在下面几种情况：一种情况是小组不同成员的错误不同，他们在各种错误观点之间争论。第二种情况是小组成员持有同样的错误，在讨论中彼此强化了这个错误的概念。在教学实践中，有时候学生通过长时间的讨论最后也可以得到正确答案，但是占用大量的课堂时间。如果第一次答题全班的正确率大于70%，意味着全班大多数学生已经掌握了这个概念，可以省去讨论环节，教师可以通过简单讲解解决存在于少数学生中的错误，直接进入下一个教学环节。依据这些研究，马祖尔教授给出了同伴教学法法则。

教师在传统的教学中，想要得到学生掌握概念的情况使用的手段有批改作业、考试或者测验等，不过这些都只能在教学之后；而同伴教学方法能将学生对概念测试题的答题情况第一时间反映给教师，教师在学生讨论时融入学生，通过提问或倾听对学生的答题过程进行了解。教师根据这些第一手的教学反馈及时调整教学，实现最有效的教学。

同伴教学法的主要特点是学生课前自学，实质是课上通过概念测试题，引导学生在课堂上合作学习、互动学习，加强对概念的关注。

二、相关学习理论介绍

教育研究者基于不同的学习理论设计出不同的教学方法，了解这些理论有助于教师真正理解、合理选择并有效实施这个教学方法。

（一）建构主义学习理论

建构主义的学习理论包括两方面的内容：一个内容是学习的含义；另一个内容是学习的方法。在建构主义看来，学习的本质并非是通过教师的传授所获得的，而是在一定的社会背景之下，通过他人的帮助，利用一些有针对性的资料，通过意义的建构来获得的。因此，建构主义列出了学习环境的四大要素：情境、协作、会话、意义的建构。

情境：学生对所学内容的意义构建必须在对其有利的情境中进行，教学设计时也要有针对性。这意味着，在进行教学设计时需要考虑三方面的问题：一是与教育的基本目标相结合；二是要将情境的创设作为教学设计的首要内容；三是所创设的情境要有利于学生对于意义的建构。

协作：学习的过程中始终都存在着协作。在搜集和整理学习资料的过程中，验证以及提出假设的过程中，学习成效的评价过程中，或者意义的最终构建中，协作都发挥着重要的作用。

会话：会话是协作过程的重要环节。在制定学习计划时以及完成学习任务时必须通过会话来完成。另外，会话过程也包括协作学习过程。每个学习者的思维成果都要在这个过程中分享到整个学习群体中，因此只有通过会话才能完成意义的构建。

意义构建：意义的构建是学习的最终目标。建构的意义是探寻事物的本质、内在的规律以及相互间的联系，帮助学生理解课程内容中所涉及的事物的规律以及本质，还有该事物和其他事物的关系。大脑中以"图式"的存储形式将这种理解长期存储。学习者获得多少知识不是由其记忆和背诵教师讲授内容的能力决定的，而是由学生根据自己积累的经验构建起知识意义的实际能力决定的。

建构主义认为都应当在教学过程中发挥引导和组织的作用，而学生应当成为学习的中心。这种学习方法不但重视教师的指导作用，而且对于学习者的主体地位更加关注。在教学的过程中，教师不仅需要承担起知识传授者的角色，而且还应当成为意义建构的设立者。学生不应当只是被动的知识接收者，而应当成为意义的构建者。

第一，要用探索法、发现法去建构知识的意义。

第二，在建构意义过程中要求学生主动去搜集并分析有关的信息和资料，对所学习的问题要提出各种假设并努力加以验证。

第三，要把当前学习内容所反映的事物尽量和自己已经知道的事物相联系，并对这种联系加以认真的思考。"联系"与"思考"是意义构建的关键。如果能把联系与思考的过程与协作学习中的协商过程（即交流、讨论的过程）结合起来，则学生建构意义的效率会更高、质量会更好。协商有"自我协商"与"相互协商"（也叫"内部协商"与"社会协商"）两种，自我协商是指自己和自己争辩什么是正确的；相互协商则指学习小组内部相互之间的讨论与辩论。

教师应当注意做好以下三点，通过做好对学生的指导来帮助他们顺利构建起意义。

第一，要培养起学生学习的积极性和主动性，让他们愿意去主动学习。

第二，教师要根据实际情况和教学的目标来创设适当的情境，引导学生将做好新知识与旧知识的链接，让他们顺利完成知识意义的相关构建。

第三，教师如果要想顺利完成意义的构建，需要组织学生进行协作学习，将学习过程朝着对意义构建有利的方向引导。以下是有效引导的方法：为刺激学生思考，引导学生讨论要提出适当的问题；学生在讨论过程中教师要对学生进行有针对性的指导，帮助他们加深对所学内容的理解；引导学生寻找学习过程中的规律，对学习中存在的错误进行修正，让他们所掌握的知识更加全面。

（二）元认知理论

元认知就是对认知的认知。具体地说，是关于个人认知过程的认识和调节这些过程的能力，即对思维和学习活动的认识和控制。在教学心理学中常提到"学习如何学习"，指的就是这种元认知。元认知的实质是对认知活动的自我意识和自我调节。换句话说，是学习者形成对学习策略的"执行控制"（Executive Control），而不是消极被动地接受环境的影响。

在参与认知活动时，需要认知主体将正在从事的认知活动作为自己的意识对象，对其不间断地、主动地控制、调节和监视，管理和控制认知行为就是元认知控制。这种过程在工作记忆中进行操作。

构成元认知控制的有：评价某个尝试的有效性、预测结果、检查是否理解、计划下一步动作，确定当时的动机和努力，变换或修改策略从而将困难克服等。总的来说，构成包括以下三大方面。

第一，计划，即根据认知活动的特定目标，在一项认知活动之前计划各种活动，预测结果、选择策略，想象出各种解决问题的方法，并预估其有效性。

第二，监视，即在认知活动进行的实际过程中，根据认知目标及时评价、反馈认知活动的结果与不足，正确估计自己达到认知目标的程度、水平；根据有效性标准评价各种认知行动、策略的效果。

第三，调节，即根据对认知活动结果的检查，如发现问题，则采取相应的补救措施，根据对认知策略的效果的检查，及时修正、调整认知策略。

（三）最近发展区理论

发展区理论是由苏联的教育学家提出的。这一理论认为在学生成长和发展的过程中，教育发挥着非常重要的作用。学生的发展有两种不同的水平：一种是具体的发展水平；另一种是可能达到的发展水平，表现为"学生还不能独立地完成任务，但在教师的帮助下，在集体活动中，通过模仿，能够完成这些任务"。这两种水平之间的距离，就是"最近发展区"。把握"最近发展区"，能加速学生的发展。

确立一个既让学生通过努力能够达到又不超过学生掌握能力的教学目标和过程是教学设计环节中最具挑战的一个方面。如果学生处于他们知道并且能做到的水平范畴，他们就不能学到更多知识，不能形成更强的学习策略；如果教学超出学生当前的知识能力水平，他们即使再努力也收获甚少。

（四）支架理论

一些较为复杂的问题可以通过"支架式"的概念作为框架来进行解决，学习者通过"支架"得以慢慢上升，最终理解复杂概念意义构建的一种教学理论就是支架理论。

支架理论认为，教师应当为学习者建构一种对知识理解的概念框架，用于促进学习者对问题的进一步理解。因此，事先要把复杂的学习任务加以分解，以便把学习者的理解逐步引向深入。在支架教学中，教师引导着教学，使学生掌握、建构、内化那些能使其从事更高认知活动的技能，"脚手架"是与"最近发展区"密切相关的，在支架教学这一模式中，只有根据学生的"最近发展区"搭建的"脚手架"对学生的发展才是最有效的。

支架式教学通常由以下环节组成：①搭脚手架：教师围绕当前学习主题，按"最近发展区"的要求建立概念框架；设计适合的问题引发学习过程；让学生独立探索。②合作学习：进行小组协商、讨论、相互激发、共享学习成果，完成对所学知识的意义建构。③效果评价：包括自主学习、合作学习和学习效果的评价。

将上述理论综合应用在教学实践中，对学生自主学习和合作学习的过程通过问题来引导，减少向学生讲的内容，增加引导的比例。教师以学生现有

的发展水平为出发点，为引起学生的主动性设计自学任务单和影响学生的认知能力的问题；构建一个可以激发学生学习兴趣、引导学生探究的学习环境，在这个环境中进行师生互动、生生互动，引导学生之间的合作学习，通过组织课堂讨论，鼓励学生对问题做严密的推理与分析，培养学生的"批判性思维"。通过及时的反馈，帮助学生了解自己的学习进展、思考如何才能提高推理和分析能力。教师通过反馈的了解并研究学生的水平，为学生设定在教师和同学的帮助下可实现的高标准，达到教学效果最优化。同伴教学法把学生推到教学过程的主体地位，同时引导学生进行合作学习，不断激发学生，使他们产生新思想、获得新认识，使其意志、思维和情感得到和谐发展。教师只精讲教学内容中的重点、难点、疑点和关键点，在传授知识的过程中强调激励、唤醒和鼓舞。

第二节 PI 教学法理论的主要功能和有效性研究

对教育理论的主要功能的研究不能仅限于在教育内部进行，需要放在时代的大背景下去考量。每一种教学理论都反映了当时的社会发展要求，脱离了时代发展的教学论是没有生命力的。

一、PI 教学法的主要功能

PI 教学法教学的功能是通过交往教学结构来体现的教学的潜在作用与能力。其主要功能表现在以下五个方面。

（一）PI 教学法的文化功能

文化功能是指 PI 教学法教学具有促进学生完整地理解和掌握人类经验，发展多种智慧功能，促进自身文化形成的作用。学生进入教学领域，要解决的基本问题就是对前人或别人提供的"文本"进行解读，从而在理解中获得教育意义。然而，人类经验的内容是多方面的，性质也是多种多样的，人类经验的方式也是多种多样的，这就要求学生完整地理解和掌握人类已有的生存、生活和生产经验。

人类的经验是整体的，不仅有关于"是什么"的事实知识或陈述性知识，而且有关于"怎么样"的程序性知识或智慧性知识，还有关于"为什么"的价值知识。PI 教学法教学应使学生整体地理解和掌握人类经验。这些知识经验体系能转化为人的内在的良知、力量和智慧，能用来指导人生道路，给自己创造幸福，也给人类创造幸福。PI 教学法可以让学生在学习文化的过程中完整地掌握人类的经验，发展多元智慧。

（二）PI 教学法的社会化功能

社会化功能是指 PI 教学法具有有效地促进学生社会性的发展功能。教学过程是促进学生社会化的过程，发展学生的社会性是交往教学要素、结构和活动的社会性决定的。首先，PI 教学法教学的目的就是为未来社会的发展培养合格的人才，脱离了社会需求的教学是无法存在的。PI 教学法的教学内容既反映了过去的社会经验，也反映着现代社会的政治、经济、文化、科技等的发展要求。其次，教师、学生都是生活在一定社会关系中的具体的现实的社会存在。PI 教学法教学活动本身就是人类活动的一种特殊形式，教师和学生共同的教学生活是一种"类"生活。学生的社会性发展包括如下三个方面。

第一，学生社会关系的丰富和优化。学生的社会关系是一种主体间关系，即把与自己有关的交往者的主体性作为相互理解、沟通、对话的基础而结成的互为主客体的人际关系。随着 PI 教学法的"交往"范围不断扩大，学生与更多的人发生主体间交往关系，学生的社会关系范围扩大了。个体越来越摆脱个体的认识局限性，具有更多的人类共性，其个性也会更加突出。当然，教学中的交往也有一定的度，存在优化问题。PI 教学法就是要使学生生活在积极的、健康的人际环境中。

第二，学生交往意识和交往能力的发展。交往能力包括人际沟通能力、对话能力、合作能力、自我展示能力、人际吸引力、人际理解甚至是国际理解能力等。PI 教学法给学生提供了交往的时空和条件，有助于培养学生的交往意识并锻炼学生的交往技能和能力。

第三，学生职业意向和职业能力的发展。学生毫无例外地要走出校门，并进入社会生活。谋生的能力是学生在未来社会中立足的基础，经济生活是人的基本生活形态。显然，不顾学生职业发展需要，单纯进行"普通教育"是值得人们怀疑的。传统的教学很少涉及职业知识介绍和职业技能的训练，以至于学生就业准备不足，适应社会能力差。在市场经济条件下，不关注学生未来职业生活的需要是不行的。交往教学凸显了培养职业意识和发展职业能力的功能，不仅是因为交往教学主张学生全面交往，使教师容易发现学生的潜能与特长，便于教师定向培养；而且交往教学加强了学生与社会生活的联系，加强了学生对职业生活的理解，培养了学生的职业意识，特别是通过一定的社会实践活动，可以进一步锻炼学生的职业能力。

（三）PI 教学法的个性化功能

PI 教学法的个性化功能是指交往教学具有促进学生独立人格和个性发展的功能。

第三章 PI教学法理论概述

人格就是作为人的起码资格。它具体体现为作为人必然具有的权利、地位和尊严。一旦这些权利、地位和尊严遭到剥夺、贬低或削弱，个人作为人的资格，即他作为人的存在，就会成为疑问。尊重人格就是尊重人的生命存在。

在传统的教学中，由于教师权威和权力过大，学生只能被动接受，被置于接受知识的客体地位，不尊重学生人格尊严的现象也时有发生，学生的人格独立性不可能得到充分的发展。交往教学以相互尊重、相互理解为前提，把学生放在主体地位，充分重视学生在教学中的权利，使学生感受到做人的尊严及尊重别人人格的价值。

个性可以从不同角度来理解。心理学中的个性是指一个人经常表现出来的稳定的心理倾向性和心理特征的有机结合，包括能力、气质及性格等个性心理特征和动机、兴趣、理想及信念等个性倾向性两大方面。社会学上的个性是指与社会性相对的人性。哲学上理解的个性是与共性相对的个人的特殊性。从人的主体性来看，个性包括与客体性相对的自觉性、开放性和选择性，与非主体性或反主体性相对的自觉能动性、独立自主性和主动创造性；从个体与其他主体性相区别的唯一性、独特性和差异性来看，包括个体自然潜力的差异性、个性倾向的差异性、个人心理特征的差异性以及个人的社会性特征的差异性。因此，发展学生的个性内涵是非常丰富的。

在现实中，许多人将学生个性发展简单地理解为"特长"发展，或标新立异、与众不同，或抽象地理解为"人的解放"，这是对"个性"含义的片面理解。个性不仅指个体的特殊性，更是指个体的整体特性。标新立异的个性可能导致人性的异化，或导致个人的畸形发展。

倡导个性，充分发展个性，对社会和个人进取具有积极价值。因为个性发展意味着个人社会自主能力、自觉能动性、主动创造性和自我调控能力普遍提高，这是个体生存发展的重要条件。同时，个性发展既是社会性发展的重要目标，又是社会发展的源泉和动力，也是社会充满活力的根源。传统教学是以集约化、规模化、标准化和同步化为基本特征的。由于过于追求集体至上和规范至上，忽视了个人的自由、独立人格和创新精神，结果学生个性难以伸展；由于过于强调一致性，忽视了教学主体之间在兴趣、爱好、性格、气质、才能、理想和信念等方面的差异，致使个性单调，缺乏多样性和丰富性。总之，学生的个性很少有发展的空间和时间，个性往往被共性驱赶，被社会性挤压。交往教学给学生个性的自由发展提供了充足的时间、空间，充分地保证了每个人的权利，学生可以在一定范围内按自己的方式"言说""思考"和"行动"，学生在同教师、同学的交往中摆脱了个体的局限性，获得了思维的全面性、道德的全面性、观念的全面性和自我意识的全面性；在主体间性的规约的范围内，个人的兴趣、志向、信仰和需要等得到充分展现，个人的体力和脑力水平得到全面提高，个人的气质和性格更加完美，社会形象得到优化，各种个性要素协调发展，主体性水平全面提高，个人独特性增强。

（四）PI 教学法促进学生的可持续发展能力

学生的可持续发展是指学生作为一个有机整体的持续、稳定、健康的发展，是个体与社会协调一致的发展。它是个体生活质量不断提高、生存价值不断提升的过程，也是主体性的持续发展；在发展的前一个阶段孕育着后一个阶段的构成要素，并成为后一阶段的动力。如果某一个阶段的发展方向不正确，发展结构片面，就有可能阻碍下一个阶段的发展。因为并不是学生现有的任何发展都会带来未来的顺利发展，这除了时代发展等因素外，主要与自我发展的方向和结构有关，与教育教学的模式相关。因此，促进学生可持续发展的能力的确是现代教学应引起足够重视的问题。

传统的教学结构与功能是关注学生"认知"的现时的发展，没有从人的发展的连续性和终身学习的角度培养学生可持续发展的愿望和能力。把现在的发展与未来的发展的连接当作是理所当然的事情。然而，现实教学在发展学生现实本质时，却暗暗地滋生着不利于学生今后发展的因素，如因为频繁的考试、排队、定级等而产生自卑情绪，由于过于强调某个方面的教育和训练而导致学生发展的结构失调，由于采取强制等方法而令其产生厌学情绪，由于重复他人的思维和机械地练习而造成思维保守、缺乏开拓精神等。

PI 教学法具有促进学生可持续发展的功能，除了促进学生知识技能掌握，使社会性得到一般发展外，还包括以下四个方面的可持续发展能力。

第一，提高学生的自信心。交往教学将学生置于主体地位，注意满足学生的多种需要，还给学生适当的自由时间和发展空间，使学生能感受到人的尊严和价值，体验到成功的喜悦，进而通过提高主体性而增强自信心，并使这种自信心成为今后学习、工作的动力机制。

第二，培养学生的交往能力。通过 PI 教学法的各种交往活动，如小组研讨、合作探索、组织交流、相互沟通及师生对话等，使学生学会理解、倾听、沟通与表达。

第三，促进学生终身学习愿望的形成。终身学习是根据社会与自身发展需要而不间断地进行的有意义的自我导向性学习和个性化学习。终身学习既是一种学习，又是人的生活方式之一。为了使终身学习得以进行，在现实的教学中就应培养学生自我学习的意识和能力。PI 教学法主张学生自由进行探索学习、交往学习、研究性学习，使学生不断感受到学习的乐趣，养成良好

的学习习惯，这就为终身学习提供了认知准备和学习方法基础。

第四，培养学生的创新精神和创新能力。创新是一个民族灵魂不竭的源泉和动力，也是个体发展的源泉和动力。在交往教学中，自主的气氛给学生以心灵的自由，学生可以展开想象的翅膀，从多种思维视角探寻，使问题在共同探究中得到解决；同时，还培养了学生敢于打破常规的勇气、多维思维的方式、好问的良好品质和批判性、灵活性、创造性等思维特质。这种创新意识、创新能力和创新思维品质的发展必然为学生今后的发展种下创造的种子。

（五）PI 教学法丰富教学生活

现代教学不仅可以将教学和实际生活联系在一起，而且对教学生活也十分关注。PI 教学法正是在这种情况下产生的，教师和学生的人格会在交往教学的过程中进行对话，不断沟通和交流，使生命内容变得更加丰富，更加便于彼此之间理解，使师生共同创造出新的价值，实现成果共享。PI 教学法可以很好地促进学生智力的开发和思想的引导，让他们获得情感方面的喜悦，创造出生机与活力。若将教学比作生活的话，那么，交往教学可以将这种生活变得更加丰富多彩，教师和学生都能从中感受到生活的快乐、教学的乐趣，从人与人的交往中获得愉悦和快乐，从创造的过程中获得满足感。

二、PI 教学法的有效性研究

同伴教学法在世界上许多国家已经使用了 20 多年，每年使用这个教学方法的教师人数都在不断增长，众多的教育研究者对同伴教学法的有效性进行了研究。研究涉及许多学科领域的课程，包括知识、态度和能力等多个方面，主要的研究结果如下。

（一）提高分析能力和综合能力

同伴教学法为学生创造了小组讨论的课堂环境，各个成员都有自己思考问题的角度、搜集信息的渠道，会按照自己的推理方式获得结论，会持有各自不同的观点，面对各种问题也会产生不同的结论。正因为人与人之间会有不同的认知，也就会在彼此间产生冲突，这就能够引导彼此去做更加深刻的思考，探寻事物的本质。

克劳奇和马祖尔使用标准化的评价工具——力的概念测试量表和力学基准测试对同伴教学方法与传统教学方法进行科学的比较，研究使用了哈佛大学物理课程 10 年的数据，结果表明：在物理概念的理解、物理定性分析和定量计算等方面，相较于传统的教学方法，同伴教学法的优势更加明显。经过对国内外同伴教学法的调查，有很多物理课教师认为在同伴教学法中进行定量测量是十分有效的。

除了物理课程外，在大学生理学课程、计算机编程课程、微积分课程、地质学导论课程、细胞生物学课程等众多不同学科中的教学效果研究都表明，同伴教学方法有助于学生深入理解概念，有助于提高学生的分析能力和综合能力，提高学业成绩。"听到的，会忘记；视听结合，能记住；与人探讨，加深理解。教给他人后才能真正明白。"西尔贝曼的这段话很好地解释了同伴教学法的有效性。在2012年研究同伴教学方法中的学生讨论环节对物理概念学习的有效性时，研究者使用同伴教学法讲授大学物理课程，要求学生课前阅读教材，在课上用概念测试题来组织学生讨论。其过程是：要求学生先给出个人答案（讨论前答案）；邻近同学之间讨论（2～3分钟）；再次给出个人答案（讨论后答案）概念测试题中涉及的概念都是教师没有讲过的，平均经过2～3分钟的同伴之间的讨论，概念测试的正确率平均升高27%，占最大可能实现增益的49%。在讨论中同学之间的分歧增加个人结论的不确定性，学生需要组织相应的知识对双方的论据进行分析、形成联结、加以评论，这些可以帮助学习者加深理解、扩展知识，做出高质量的决策。

（二）发展高水平推理和批判性思维

在传统课堂的学习中，学生大多数时候是被地动获得知识；在生活中，人们从各种媒体上获得信息，在网络上看新闻，在社交媒体上获得并分享信息和知识，有问题上百度，百度会给出答案……生活中人们也是被动地获得知识，并且技术的进步使知识的获得和存取变得越来越容易，因此，借助网络人们会认为自己可拥有和可调用大量的信息，可以"无所不知"。但是知识和信息的易于获得和被动获取带来了一个非常大的问题，就是盲从和懒得思考。当人们在社交平台获得一种观点，很少有人判断信息来源的可靠性，也不去检查是否有足够的证据支撑这些观点。因此，遇到社交平台上的网络谣言，很多人不仅自己轻信还乐于转发给更多的人。当人们发现有许多自己曾经信以为真的信息是谣言时，他们会怀疑他人，却很少质疑自己的判断力，很少反思自己的盲从和轻信。

教育对于培养批判性思维和独立判断的能力、摆脱盲从有着至关重要的作用。同伴教学方法中学生通过讨论和推理而主动获得知识，在同伴之间讨论的过程中，所有人都需要对自己的观点进行阐述，用搜集到的证据来证明自己的观点，并且要说服他人；与此同时，还要对他人的质疑和说明进行倾听，从中获取有用的信息并且对自己以及他人的观点进行反思，对各种概念以及观点是否具有有效性进行评价，在此基础上获取新的结论。通过这个过程不仅能搜集到更多有用的信息，而且还能令自身的洞察力大大提高，令思维更具创造性，所做的决策也具有更高的质量。

课堂教学应该和现实世界的工作更接近，因为学生学习的目的是准备进入社会。穆拉迪安在口腔健康课程中使用同伴教学法，可以有效地培养学生在形成一种观点之前检查证据的质量和数量的习惯，这对提高医学专业的学生的诊断能力至关重要。鲁杰罗认为，高水平推理和批判性思维的教学并非取决于教学内容而是教学的方法，他认为："教学方法改革是解决问题的唯一途径，合作学习是有效的方法。"

大学教育在为毕业生提供继续学习的能力的同时还使他们能够以批判性的态度对待生活中遇到的一切，使用最基本的方法——采用证据、进行推演、发现概念之间的联系、得出结论。大学教育的重要价值在于使学生能对碰到的问题秉持一种怀疑的态度。

（三）激发学习兴趣和学习潜能

学习兴趣指一个人对学习的一种积极的认识倾向与情绪状态。学生对某一学科有兴趣，就会持续地专心致志地钻研它，从而提高学习效果。学习兴趣的产生与教学有密切的关系，当学生获得了良好的情绪体验时，对其学习兴趣的培养和提高则会产生很大的作用。使用同伴教学法的课堂上，在小课堂内外的讨论中，学生会持有不同的意见和观点，这时候就会产生一些观念上的分歧、失衡，但由于保有对体验认知的好奇心，则可以调动起其学习兴趣，促使他们去查找更多的学习资料，投入更多的学习时间和精力。

基于问题的合作学习是激发和保持兴趣的一种有效方法，学生相互讨论的过程是一个不断提问和解答问题的过程，为了回答问题而学习，使学习带有明确的目的性。学生通过学习成功解答问题，会产生积极的情绪体验，从而激发学生的学习兴趣，使他们将更多的学习时间投入深度的学习中。学生不可能进行深度学习却不热爱学习；反之亦然，也不可能热爱学习却不去深入钻研它。托尔斯泰说过："成功的教学所需要的不是强制，而是激发学生的兴趣。"能使学生在愉悦的气氛中学习，唤起学生强烈的求知欲望是教学成功的关键。

同伴教学法可以提高学生到课率，保持学生课堂注意力的持续性，降低学习焦虑，增强学生的学习潜能和自信心。自信心能够反映出个体对于自己完成一项任务的能力的信任度，这是一种心理特征。要想培养并提升学生的自信心，就不能让学生单纯地处于竞争的学习环境之中，也不能采用单一的、呆板的教学方法,要让学生进行主动学习,与他人合作开展学习,在学习的过程中体会到更多的成功,获得教师的认同、同学的尊敬。只有建立起了足够的信心,学生们才能有勇气面对各种挑战。

(四)有利于知识的保持和记忆

要进行综合水平的思考,学生需要记忆一定量的背景知识。例如,如果要评价干细胞研究是否合乎伦理,首先必须知道干细胞研究、神经形成、动物和人类细胞以及基础生物学等相关概念。医生对病人病情的正确判断也依赖于一系列的医学基础知识,他们需要学习很多课程,如解剖学、药理学、生物化学、中医学、病理学、生理学、内科学等,都需要大量的记忆。除了医学外,法律、生物、化学、语言等专业都要求学生记忆大量的知识。

学习信息的方式强烈地影响学习之后对信息的回忆。传统教学模式中教师在课堂上传授的知识是静态的、无生命的、独立于学习者的,学生在听讲、阅读之后很难长时间记住所学的知识。在学生第一次学习时,对信息进行精细加工有利于长时记忆中信息的存储和提取,在同伴之间的讨论可以使学生拓宽学习广度、深度和细节。学生在讨论中,通过交换信息、评价信息可靠性、向同伴提出疑问、多角度向同伴解释自己的理解、理清概念之间的相互关系,将新知识与已有的知识建立联系,完善和建构知识。学生对新思想精细加工得越多,就越能"把新思想变为自己的东西"对新思想理解越深,记忆就越好。同伴教学法在医学、生物、化学、语言等要求学生记忆大量的知识的学科中得到广泛的应用并获得成功。大量的研究结果都证明:同伴教学法利于知识的保持和记忆。

(五)减少男女生学习差异

根据研究显示,在学习科学课程时,男生得到的分数往往会比女生高,男女生在科学学习上存在着一定的差异。从20世纪80年代开始,就有学者致力于降低男女生科学课程中的性别差异的研究。根据研究显示,在互动性较强的教学过程中,或者是竞争不激烈的氛围中,女生的学习效果要更好。因为女生更擅长语言表达,而男生则更擅长独立开展工作。

同伴教学法中设置有专门的讨论环节,在这个环节中学生可以彼此间进行互动,并阐述自己的观点。有专门的研究机构关注到了这种教学方法,并认为其产生的教学环境能够有效降低男女生在物理学习中的差异,其中女生所获得的学习效果则更加明显,用这种教学方法教授物理课程,可以明显降低男女生的学习差异。这个结论在其他学校的非物理学科也有研究,研究表明,在计算机科学导论课程中使用同伴教学方法,女生进步比男生更显著。

上述研究结果说明，同伴教学法在许多方面都具有优势，但这并不意味着同伴教学法绝对比传统教学方法好，教学方法本身没有好坏之分，正所谓"教学有法，但无定法，必须得法"。教师需要依据课程的教学目标和内容合理地选择教学方法，同时一个教学方法能否获得成功，关键还在于教师如何将理论付诸教学实践。

第三节 PI 教学法的特征分析

要想将 PI 教学法引入到课堂教学中来，首先要对课堂教学中存在的不足和问题加以改进，转变课堂教学的基本观念，挖掘 PI 教学法的本质内涵。一般而言，PI 教学法具有以下几种明显的特征：一是具有一定的目的性；二是互为主体性；三是可以成为语言文化的中介性；四是具有双向互动的特性；五是具有实践性；六是具有互利互惠性；七是具有创造性。这些特征是 PI 教学法的显著特点。

一、PI 教学法的目的性

人们相互之间进行的交互都是有意识的行为，也都具有一定的目的性，是一种自觉的行为。这是人与人同生物与生物彼此交互的本质区别。教学交往也是一种自觉进行的，有意识、有目的的活动，其目的是完成教学的任务，实现教学的目标。人与人的交往能够提高彼此的素质，也能促进主体的全面发展。在教学交往的过程中，人们可以参加创造性的交往，这种交往具有完整性，能够提高学生各方面的能力以及自身的智力，提升他们的观察力，增强他们的记忆力，丰富他们的想象力，强化他们分析问题、解决问题的能力。学生通过参加各种社会交往，令自身的社会关系得到丰富和发展、促进学生的社会化、增强他们的社会性、挖掘他们的潜能、发挥他们的个性、突出他们的主体意识。

二、PI 教学法的互为主体性

PI 教学法是一种存在于课堂领域的特殊现象，揭示了教师与学生、学生与学生间建立起来的课堂关系及社会关系，属于能动性的一种活动，是主体自我实现的过程。这种教学法与普通的生产活动不同，在普通的生产活动中，生产工具是一种中介，这与人与自然之间发生的能量与物质的交换有所不同。生产劳动中，主体与客体有着明确的区分，主体部分是人类，客体部分是自然界。但是在 PI 教学法中，主、客体并未被明确地区分开来，PI 教学方法中的各方都是彼此的主体，即便有时看上去有一方是交往的组织者，但是只要交往活动一开始,那么各方都会成为彼此的主体。之所以存在这样的情况,原因在于同伴交往式的课堂教学是一种现实化的课堂社会关系,体现了教师与学生、学生与学生间的一种课堂社会关系,课堂社会关系实际上体现的是主体间的具体关系,所有的关系都是一种以自我为中心的关系。在PI课堂教学法中,这种以自我为中心体现在课堂上的各种互动都是能动的、积极的,彼此间都会主动去产生互动关系,在各种课堂关系中不断对自己进行确认,对对方产生影响,形成特定的教师与学生、学生与学生的社会关系。

三、PI教学法的语言文化中介性

有了必需的媒介交往才能实现,交往者之间要想发生相互间的各种关系也必须借助一定的手段,彼此之间的沟通和影响也要通过一定的信息载体来实现。这种交往关系的中介是物质,它能帮助人与人建立基本的交往关系。但是PI教学法则将文化、观念作为中介。在教学的过程中,语言是一种基本的存在,并构成了一定的法则,能够传达特定的意义,让课堂教学中的各方对话有着普遍认同的意义。语言能够通过自己的语言系统来为人们提供声音;通过自己的词汇系统来表达人们积累的经验;通过自身的语法系统来规范人们认识世界的方式。

第一,语言作为一种媒体,是人们相互交流与沟通的手段,是教师和学生相互作用的基本手段。教师的教学目的及课内课外的要求都需要借助语言来传达,还有其他教学手段可以作为辅助,来引导学生,帮助他们掌握知识。同时,语言也可以帮助学生将自己的想法传递给教师或同学,让学习过程变得更加顺利。

第二,语言作为信息的载体,是师生、生生之间进行精神交往的内容。教师与学生、学生与学生间都可以借助语言分享彼此的成果、态度和知识,令自身的知识结构得到改善,视野得到开阔,认知方式得到提高,认知态度变得更加积极。

第三,语言作为人存在的方式和状态,是教师和学生生活状态和存在方式的直接反映。在教学的过程中,教师和学生生存的具体状态可以通过各种表现来反映,比如说话、聆听,甚至有时是沉默。教师和学生具体以什么样的方式来说,具体说了什么内容,有多大的勇气,都可以体现出他们的生存质量及方式,还能反映彼此交往的深度、广度及效率。

总之,PI教学法有着自己的中介,那就是文化和语言,有了这两个中介,师生之间才能更顺畅地开展交往,这是同伴交往与其他交往方式最本质的区别。

四、PI 教学法的双向互动性

交往实际上是各种主体间彼此沟通、交流，从而产生相互作用，形成相互理解的一种活动。在这个过程中，主体的行为可以被导向他人，成为一种双向的互动。只有双方都积极主动地参与合作，才能称其为真正的交往，失去其中的任何一方，交往就会中断。处于交往中的双方，都需要根据自己的兴趣、态度及要求来对待他人，理解和接纳对方的意图和态度，将自己的态度和观点反馈给对方，对对方产生影响。在教学的过程中，人际交往是一种人际的互动，可以实现主体之间的沟通和交流。这种互动的过程是双方的，也是呈动态的。虽然表面上看是由教师决定着交往的方式、交往的内容、交往的性质，教师可以对学生的行为进行指导以及控制，但是，学生同样也能在此过程中发挥自己的作用，他们也对通过意见反馈、对教师的评价、对课堂的模仿来影响教师的行为。实际上，整个教学交往中，人的心理活动始终贯穿其中。师生间最重要的一种互动就是教学，如果失去了这种互动，那么也就没有了真正意义上的交往，教育性的教学过程也就不复存在。

五、PI 教学法的实践性

教学实际上就是一种具体的交往过程，是一种人与人对话的过程，也是教师与学生通过交往来共同创造事物意义的一个过程。从教师的层面来看，所进行的教学活动是履行社会所赋予教师的培养人才的职责的过程，而且教学活动也是教师证明自我、表现自我的一种生活实践。从学生的层面来说，参与教学能够帮助他们更好地汲取人类的文化成果，促进自身的发展与进步。从社会的层面来说，教学是一种社会历史的实践，在这个过程中教学能够实现对自我的复制，对自我的创新。尽管教学活动是一种对自然界、对社会、对自我的认识过程，但归根到底，教学是一种实践活动，PI 教学同样也是一种实践性的活动。这说明对于教学所形成的认识需要在实践的过程中进行检验，并且要在实践的过程中发现新的问题，解决新的问题。

六、PI 教学法的互利互惠性

教学中所呈现出来的主体间彼此交往的关系并不是抽象的，这种关系是实际存在的，是彼此需要的，有着直接的利益关系，所以同伴交往教学中的主体是互利互惠的。

教学交往关系实际上是呈现出来的一种彼此需要的关系。在交往时，参与交往的双方都希望自己的需要得到满足。在教与学的过程中，教师与学生间存在着较大的差异，比如知识方面的差异、能力方面的差异、智慧方面的差异、个性方面的差异等，正是因为这些差异的存在，彼此的互利互惠才有了产生的可能。在交往的过程中，教师凭借自己所掌握的知识、所具有的学识、所拥有的人格魅力对学生产生重要的影响，引导学生完善自我、发展自我。学生通过自己的行为来影响和鼓励教师以及同伴，让他们感受到自己所付出的劳动拥有相应的价值，从而实现自己的理想与抱负。因此，同伴交往教学不仅可以令学生和教师个体受益，而且会产生多向的益处。

教学交往关系实际上是一种利益方面的关系。在社会关系当中，利益以及因利益而产生的关系是社会关系发生变化的根本动力。教师以及学生不仅在物质方面有需求，在精神方面也有着一定的需求，满足这两方面的需求是他们参与教学的动力。教师获得物质资料的方式是自身创造的智力性活动，这种物质方面的资料，学生并不能直接为教师提供，而是由社会向教师提供的。所以我们并不能回避同伴交往教学中师生所需要的物质利益。不过，同伴交往教学中的利益关系主要是精神利益关系。教师要尊重学生，学生要尊重教师，学生同伴之间也需要互相尊重，这样才能满足和发展各自的精神需要。

教学交往实际上也是一种价值层面的关系。这是从主体的角度出发所观察到的客体的价值。教师的价值就在于可以凭借自己所掌握的学识、积累的经验、构建的人格、形成的道德来引导学生的发展，满足他们成长的需要。而当学生能够认真学习，成绩及综合素质不断得到提升时，则可以令教师看到自己付出后得到的回报，感受到自己理想的实现。教师必须要不断地提高和完善自己，这是由价值关系决定的。在采取PI教学法的教学过程中，发生交往的主体都需要努力通过自身去影响对方，而在对方受到影响的同时，自身也会受到相应的影响。在PI教学法教学中，教师作为主体和学生作为主体是完全不同的，因此教师和学生、学生与学生这些交往的主体间都会存在着差异性，主体间的交往正是因为这种差异性的存在才有了相应的基础，也才会有互补的意义，凝聚力也才能随之产生。正是因为有了凝聚力，PI教学法才更能显现出其有效性。

七、PI教学法的创造性

尽管从历史的长河中可以看出，人类历史是由自己所创造的，但人类生存的环境必然会对其产生影响和制约。采取PI教学法的教学活动，实际上也是师生之间相互配合的一种带有集体性质的创造活动。不论是教师还是学生，在彼此交往的过程中都发挥着各自的作用，他们有着各自不同的创造性、主动性以及积极性，也有各种各样新的活动方式被不断创造出来，使学生融入各种智力活动中去，轻松地完成学习任务，感受到学习所带来的快乐。教学的过程实际上就是师生彼此交往的一种过程。教师与学生通过沟通与交流，创造出新的关系，包括社会层面的关系、人与人之间的关系、教学中的各种关系等。借助同伴交往教学，教师与学生间的关系会以从以往的疏远、陌生逐渐转化为和谐与亲密，各种新的知识、新的能力、新的兴趣、新的道德被创造出来。采取 PI 教学法进行的教学活动是一种实践的发展过程。

上述的七种特征反映的都是 PI 教学法的本质，它们相互间存在着密切的联系，是同伴交往教学最明显的特征。

第四节 PI 教学法的历史、现状与发展趋势

PI 教学法在我国很早就开始兴起了，在古代著名思想家孔子的教育思想中实际上已经有体现同伴教学的观点。一些西方发达国家自 20 世纪 70 年代起开始对同伴教学理论进行探讨和研究，并且已经将这些理论付诸教学实践。教学改革的全面推进不仅为在我国的教育情景下研究同伴教学提供了契机，而且推动了新教学方式的实践过程。

一、国外 PI 教学法的发展历史

（一）早期的贝尔－兰卡斯特制

贝尔－兰卡斯特制对教育状况的改善起到了很大的促进作用，教育经费匮乏的问题得到了较为有效的解决，师资短缺的问题也得到了改善，扩大了接受教育的范围，为大家学习知识提供了一种便捷的途径，提高了学生学习的积极性和主动性，对成绩的提高具有显著的作用。但是在工业革命完成之后，英国的教育制度化逐渐得到完善，教育变得更加规范，这种"导生制"的教学方式在英国兴起 30 年后也开始走入低谷。

（二）PI 教学法在美国的复兴

美国的教育界于 20 世纪 60 年代开始对学困生给予了更多的关注，PI 教学法在这一时期也被越来越多的人所重视。梅兰拉格和纽马克面向少数民族低收入家庭的学生专门设计了一门"辅导社区"的课程，该课程包括通过对 PI 教学法的培训和评价体系。

加德纳认为对于学困生实行 PI 教学法是新时期对抗贫困的补偿性教育的重要措施，并且他还对 PI 教学法在学生的情感和态度的影响上很感兴趣，并开始进行探究。随着美国复兴的兴起，PI 教学法在美国获得了肥沃的土壤，如雨后春笋般纷纷新起，新的研究领域逐渐硕果累累。

（三）PI 教学法在英国的复兴

1979 年，英国教育开始了对 PI 教学法的研究。1998 年苏格兰心理学家出版了《同伴辅助学习》一书，象征着有关 PI 教学的研究已经开始了一个新的阶段，此书籍包括了该世纪所有与 PI 教学有关的优秀论文。

二、我国 PI 教学法的发展历史

（一）我国古代社会 PI 教学思想的萌芽

《学记》中记载"相观而善之谓摩""独学而无友，则孤陋而寡闻，燕朋逆其师，燕辟废其学"。从中可见 PI 教学法思想的发端。孔子虽没有直接阐发 PI 教学的问题，但他非常注重同伴之间相互纠错和学习的必要性，《论语》载曰"益者二友，损者二友"，又曰"三人行，必有我师焉；择其善者而从之，其不善者而改之"。到了汉代以后 PI 教学逐渐成为一种比较普遍的教学现象，据《汉书·董仲舒传》记载："董仲舒……下帷讲诵，弟子传以久次相授业，或莫见其面。"虽然古代时期我国就已经有了 PI 教学法，但教育在当时是统治阶级巩固政权的一种工具，并和政治紧密结合在一起，因此在这种情况下 PI 教学法很难得到发展。

（二）我国近代 PI 教学发展

20 世纪 30 年代，中国的教育还是以私塾为主，著名思想家陶行知根据实际在全国推行"教知即传人"的"小先生"制，也就是动员小学生做教学先生。这与 18 世纪流行于英国的导生制有相似之处，都是同伴教学的方式；但是导生制是当时的资本主义国家为了增加技术工人数量而产生的一种教学方式，而中国的小先生制则是为了救国于危亡时期，是为了让更多的平民接受教育，寻找强国之策和兴国之路的一种探索。二者的存在目的上有着明显差别。另外，导生制只限于学生之间的互相学习，他们具有相同的教育背景，而小先生制则不仅限于学生之间，小学生也可以去教愿意接受教育的人。所以说小先生制是中国历史上 PI 教学法诞生的标志，也是一种真正意义上的实践。

三、我国 PI 教学研究的现状

（一）我国 PI 教学研究的分类

第一，一般性评介型。《同伴教学的理论与实践》是作家肖旻婵所著，这部著作系统研究和阐述了国外的 PI 教学法，该书就是这种类型的代表作。

第二，思想政治管理类。《导生制——当前高校学生管理的一种新模式》

是作家魏景柱等人所著，他们在此文中分析了导生制存在的意义，并且探讨了考评和选拔导生的方法。

第三，与具体学科相结合。《同伴教学方法与我国大学英语精读教学改革》是由朱凌云和燕燕编写的，此书从认知的角度解释了PI教学可以为大学英语精读教学提供帮助。

第四，同伴性教育。目前所发表的文章中占大多数都是与同伴性教育相关的，例如在《同伴教育：促进健康性行为的有效教育途径》一书中，王佳全论述了同伴教育者对青少年健康性行为的作用，由于同龄人年龄、生活环境和社会地位的相似，相互之间可以进行理解，青少年间危险的性行为会因同伴教育的开展而大为减少。

（二）我国PI教学存在的问题

在对PI教学法开展的研究中，我国呈现出两种特点：一是高校及高校的学生是研究的主要对象，很少有涉及中小学及中小学生的研究；二是根据研究者发表的成果文章来看，对于PI教育的评价较多，倡议较多，但是具体的研究过程以及实验操作较少，缺乏系统性和科学性；三是同伴教学缺乏系统性并游离于主流教学法的边缘，其研究尚未走上正轨化道路。

目前在PI教学中有几个亟须解决的问题：第一，需要进一步确定会对PI教学产生影响的决定性因素。有研究者认为这种教学法要想取得成功，首先要做好培训工作，实现对学习者的有效监控，要对学习成果进行经常性的测量。但有些研究者则认为要想取得PI教学法的成功，最关键的是要做好学生的筛选，对他们进行有效的培训，并且组合与搭配要科学合理；第二，需要对PI教学法的技术、技巧进行有效的分类。PI教学对知识记忆和技能掌握方面的积极作用已经被证实，但是其对学生的认知能力的影响以及提高方面需要进一步认证；第三，发展中国家对于PI教学法的研究还处于初级阶段。因为发展中国家的师资力量都相对薄弱，教师仍是课堂教学的核心，而学生在教学的过程中则处于被动的状态。

四、PI教学研究的发展趋势

PI教自学20世纪90年代以来，发展趋势表现为：

第一，同伴教学理论逐渐与心理和实验相结合，基础理论由浅入深；

第二，不再局限于阅读领域，而是扩展到其他学科；

第三，涉及PI教学的范围逐渐扩大，所涉及的对象从高年级的学生开始向着低年级的学生扩展；

第四，教学中引入了更多的科技设备及手段，比如网络、计算机、多媒体等。

第五节　PI 教学法的教学思想和现代意义

当代社会对人才的要求越来越高，高等院校作为培养优秀人才的载体，培养出来的人才不仅需要掌握牢固的专业知识，而且还需要掌握有效的学习方法。近些年来，我国的高等教育改革取得了一定的成效，但仍然存在着许多问题。例如，课堂授课仍是以教师为主，学生并未在学习积极性上表现出明显变化；学生在自主学习方面的能力还较弱，难以独立去发展问题和解决问题；学生群体存在"同伴少、朋友少"，大学生之间个性突出，不能融入集体的现象等。这些都是高等教育工作目前比较突出的问题。

一、PI 教学法中包含的教学思想

（一）关于教学相长

"是故学然后知不足，教然后知困。知不足，然后能自反也；知困，然后能自强也。故曰：教学相长也。"

这段话是说：通过学习才能知道自己的不足，通过教导别人才能知道自己理解不了的地方。知道自己学业的不足，这样以后才能自我反省；感到困惑，这样以后才能自我勉励。所以说，教与学是互相促进的。

"教学相长"一词呈现出了一幅同伴教学的画面，这其中展现出的学习方法是新型的。这种方法将学生作为教学活动的主体，学生主动去学习、去讲解，就会很清楚自己的不足之处，不仅可以加强对知识的理解和掌握，还可以促进同学之间的相互交流，解决自己的困惑，提高同学们的学习积极性。这种教学方法突出的是学生，学生是整个教学活动的中心，实行这种教学方法能够明显增强学生的自主学习能力，帮助他们更扎实地掌握所学的内容。

（二）关于乐群取友

"一年视离经辨志，三年视敬业乐群，五年视博习亲师，七年视论学取友，谓之小成。""独学而无友，则孤陋而寡闻。"

"第一年考查分析文章义理，断句分章，辨别志向所趋的能力；第三年考查学生是否尊敬学长，能否和学友和睦相处；第五年考查学生是否少广学博览，亲敬师长；第七年考查学生在学术上是否有独到的见解和择友的眼光，称之为'小成'。""自己一个人冥思苦想，不与友人讨论，就会造成学识浅薄，

见闻不广。"

在当今的大学校园之中，学生都强调自我个性，平时交流较少。《学记》中的这两段话讨论的就是学生间进行交流的重要性。评价学生是否优秀是从两个方面来看的，首先，要看他能不能与同伴和谐共处；其次，要看他能不能与同伴进行学习方面的交流。这两个方面都是需要考察的，而不仅仅是考查学习成绩。但现阶段我国高校所建立起的有关学生的评价体系中，这两方面的考察内容经常是缺乏的。

PI 教学提倡同伴之间的相互教学、相互交流，解决了目前高校存在的短板，不仅使同学们学到了理论知识，而且也提高了学生的交流表达能力，促进了学生之间的和睦相处。

二、PI 教学思想的现代意义

从对《学记》的分析中，可以看到 PI 教学的极大益处，不仅体现在学生的学习方面，同时也表现在学生的生存、生活方面。同伴教学的优越性除了表现在学生个体上，也表现在学校整体上。

（一）学校整体视角的 PI 教学思想的现代意义

高校如何营造良好的校园氛围、构建和谐校园文明是近年来一直困扰着众多教育学者的问题。对此问题专家指出，现如今高校所出现的这类问题，主要与学生主体存在重大关系。学校的学习风气和校园氛围会随着学生对于学习的态度，也就是学生学习的主动性发生变化。学校作为一个整体，学生就是其构成主体，所以学生的精神文明程度和学习习惯是影响学校氛围的重要因素。校园氛围和学生个人的精神文明是相互影响、相互作用的，要想营造出和谐积极的校园氛围，就需要帮助学生养成良好的学习习惯，注重学生的精神文明建设。

PI 教学可以在培养学生学习主动性上起到推动作用。它的教学特点就是将学生作为整个教学过程的主体，需要学生充分发挥主体作用，多渠道寻找资源来进行自主学习。学生自觉进行学习交流，有利于学校营造积极进取的校园氛围。与此同时，学生之间通过同伴教学模式，可以在学术交流中产生思想上的碰撞。通过一个课题或学术问题来引导和带动一批学生开展自主学习，营造出良好的学习氛围。

（二）学生个体视角的 PI 教学思想的现代意义

1. 知识促进优势

所谓的同伴教学，最大的特点就是学生可以在这个模式下进行知识吸收。首先，这种模式要求每个学生不仅要成为学习者，更要成为他人的施教者。学生在这个过程中可以更大程度体会到学习的乐趣，增加学习热情，而且因为兼具施教者身份，学生不得不积极主动地进行知识学习，这就会进一步促进学生自身的主观能动性，在学习过程中主动自觉地理解知识，甚至愿意去主动涉猎更多的知识领域。其次，学生作为同伴教学模式中的主体和中心，需要不断提高自己的能力才能够适应，这就会使得学生的学习变得更加高效、更加有动力。而且在这个过程中由于学生之间会潜移默化地形成一种隐形竞争，学生就会不自觉进行比较，那么就理所当然会对学习产生更大的热情，这也是有利于校园良好学习氛围的营造。在这样的模式下，不仅会促进学生成绩和学业的发展，还会在学生的学习习惯上产生正面影响。当学生成为一个施教者就会在督促别人完成课业的同时意识到自己的不足，进而提高自身的能力。

2. 情感和社会性发展

在个体发展的过程中，情感是最为重要的。在人的一生之中，友谊是非常重要的情感之一，而在我国的学校教育中，恰恰缺少情感的教育。在当前的大学生活中，学生大多是享受高度的时间和空间的自由，而缺少长时间的相处和凝聚力，所以当今大学生往往会产生一定程度的孤独感，朋友也会减少。而 PI 教学的特点正好能够弥补这方面的不足，学生在进行自主学习的过程中，可以和其他人进行更多的交流，学生们相处的时间增多，自然也会在情感上获得更多，也会获得更多选择朋友的机会。在这样的模式下，学生不仅能够增长知识，还可以加深友谊。

在 PI 教学的过程中，学生通过与同伴间的共同学习与互相帮助，建立起自己的责任心，也能增强自信心，提高自身的综合素养。培养人才是高校一直以来最重要的课题，但是所谓人才，不应只是知识技能上面的人才，而应该是全方位的，其中就包括更为重要的个人素养问题。学生在今后的工作和生活中是否具有责任心和自信心对于学生的个人发展是十分重要的。在 PI 教学中，学生作为施教者，会努力去表达自己的观点，也会主动去与人合作沟通。通过学校学习这一方面不断影响到学生今后的生活，甚至是整个人生。

PI 教学区别于传统课堂的最大特点就是能够增加学生之间交流的机会，这样就可以潜移默化地提高学生的交际能力。学生所学习到的并不只是学科知识，还包括查找和整理资料的方法、如何和他人进行更好的交流、如何清晰表达自己的想法。在进行 PI 教学的过程中，学生的交际能力不断得到锻炼和提高，尤其是那些性格相对内向的同学，更是可以通过这样的机会督促自己进行人际交流。人际交流这一能力是现在高校应该培养的重要能力之一，更是学生在进入社会之后的重要能力。

在《学会生存》一书中，作者提出了作为当今社会的一员最基本的四个要求，即学会做人、学会做事、学会学习、学会与他人共同生活。而这四种能力在 PI 教学中都能够得到锻炼和提高。正是因为 PI 教学对于教育事业的重要意义，也使其逐渐进入高校的视野并得到重用。

第四章　PI 教学法的应用与英语听说课堂教学组织方法分析

同伴教学（PI）法适合任何学科，在大、中、小学都有应用，是一个广泛应用的教学方法。本章主要介绍 PI 教学法的操作流程与课堂组织、PI 教学法的完善实施过程、PI 教学法实现策略分析、PI 教学法应用于大学英语听说教学的可行性分析。

第一节　PI 教学法的操作流程与课堂组织

同伴教学法非常容易融入大学课堂教学，很容易嵌入传统教学中，因此教师可以轻松开始，先在传统教学中选出一部分教学内容尝试使用同伴教学法，然后再扩大使用范围，逐步实现使用同伴教学法讲授全部课程。

同伴教学法是基于概念测试题，实现在课堂上师生互动、生生互动的教学方法。教师为了可以在课堂上即时得到学生答题的总体情况，并以此为依据组织课堂教学，需要选择一种在教室中信息交互的方式，以实现在教室中教与学之间的有效互动和信息反馈。

教师可以选择使用教室应答系统（Classroom Response System，CRS）。教室应答系统由三部分组成，即每个学生手中都有一个答题器、一个接收器和普通的计算机，当然还需要一个专门的软件，接收器直接插接在教师使用的计算机上。每个学生手中的答题器都有一个特定的编号，教师可以将这个编号和学生的学号对应上，当学生使用答题器答题时，他发送的答案和他的学号信息一同被接收器传输给计算机。

上课时，教师利用计算机将问题展示在大屏幕上，选择学生思考的时间间隔，学生可以将自己选择的答案用答题器传递（无线传输）给接收器继而传递给计算机，答题结束后，计算机将汇总学生答案的分布等信息反映到大屏幕，教师和学生可以立即得到答案分布的柱形图。学生或许在电视台的娱乐节目中看到过观众用这个系统投票，学生还可以选择使用手机或平板电脑（iPad）利用网络投票工具实现同样的功能。

如果教师没有相应的技术设备，也可以选择一种简易的方法获得学生的反馈。统一发给学生彩色的、印有字母的卡片本，制作时注意印在每一种颜色卡片上的字母相同，例如粉色的卡片印A，黄色的B，蓝色的印C……上课时，学生选择自己的答案对应的字母卡片，将它举起——用举牌的方法呈现自己的答案，教师就可以立刻看到所有学生的答题情况。

一、同伴（PI）教学法操作流程

使用同伴教学法，教师首先要改变教学工作流程，传统的教学流程：备课（准备讲课内容）→上课（讲全部内容）→布置课后作业→下一节课→测验，如此循环。教师按照教材内容顺序备课，在课堂上使用讲授方法讲授课程的全部内容，然后布置家庭作业，每个学期中间可能有1次期中考试或者1~2次测验。

第一次使用同伴教学法的教师可以按如下流程进行：备课（课前预习任务单、课上讨论的题目、课上讲解的内容）→上课（检测预习效果、组织学生讨论讲解的课程内容）→布置作业（课后作业和探究问题、下次课预习作业）→下一节课→测验。教师可以在使用的过程中逐步完善。使用同伴教学法，教师需要让学生在课前预习，布置一些预习作业要求学生在课前完成。教师还需要准备一些课上讨论的题目，组织学生在课堂上分小组讨论。学生已经预习了一些课程知识，再经过课上同学之间的讨论，可以巩固和加深对这些知识的理解。因此，使用同伴教学法，教师上课时无须讲授课程的全部内容，如学生通过自学和互学后已经掌握的课程内容就不需要教师在课堂上讲解。使用同伴教学法，并不意味着教师完全放弃讲授的方法，如果课程内容太复杂，不能通过学生自学和相互合作解决时，教师的讲解仍是必不可少的。

（一）教师设计测试题目

同伴教学法可以用于任何主题、概念或者观点的教学。使用同伴教学法，关键是设计出好的测试题目，其目的是用来激发学生之间对问题的有效讨论，共同解决学习中的问题和促进错误概念的转变。有效的概念测试题应该围绕课程的核心内容，当涉及学生有困惑或有错误认识的概念时，在一个题目中最好只包含一个核心概念。

编制出好的概念测试题并不是一件容易的事，第一次使用同伴教学法的教师，可以选择使用已有的题目，这包含两种情况：①从已经使用同伴教学法的教师那里分享一些题目；②在传统教学中使用过的测试题中挑选少量的题目。一般来说，这些传统的题目并不完全适合同伴教学法，因此，这只是一个临时替代的办法，教师可以在之后的教学实践中积累经验改进这些题目使之适合同伴教学法的课堂讨论。如果教师愿意在第一次使用同伴教学法时尝试自己开发新题目，应该遵循一些选择或开发概念测试题的简单原则：①选择课程中的重点内容；②涉及学生的疑点、难点和错误概念；③问题难度适合学生学习能力；④能够引发学生之间的讨论。

（二）要求学生课前准备

为了实现学生之间在课堂上有效的交流和互动，教师必须要求学生在课前做必要的准备。要求学生在课前完成阅读教材、观看视频或者其他学习活动，引导学生在课前自学课程内容，为课上讨论做准备。教师可以利用网络平台发布预习作业，要求学生在上课的前一天完成预习作业并在网上提交，教师在上课前可以从学生预习作业的情况获得学生课前学习活动的反馈，分析他们共有的难点或者错误概念，选择上课时需要讨论的问题，高效地组织课堂教学。

二、同伴教学课堂教学组织

首次使用同伴教学法的教师，可以先在每次的课程内容中选出一两个概念，先让学生完成相关预习作业。然后在课上使用概念测试题让学生讨论，其余的大多数课堂时间和课程内容仍然使用原来熟悉的方式教学。待积累经验后逐渐增加学生自学内容和课堂讨论的时间，减少自己讲授的内容和时间。

教师可以围绕一个概念、观念或主题，使用同伴教学法的规则。但需要注意的是，概念测试题的目的是让学生讨论、深化理解和扩展他们自学后的成果。与传统教学方法先讲后练不同，同伴教学法是先学后讲——翻转课堂，所以，概念测试题是用在教师讲授相关概念之前。一个概念测试题用在讲解之前，会暴露学生很多的错误和疑问，同学之间的讨论会比较激烈。他们在相互提问和解答彼此问题时，将知识应用到不同的问题情境中，利于知识的迁移从而有效地学习新知识，取得好的学习效果，这是同伴教学法的真正价值。初次使用同伴教学法的教师容易沿袭传统的教学习惯，把概念测试题用在自己讲完相关概念之后。这样做的结果是，学生凭记忆使用教师刚刚讲解的结论做题，在讨论中学生把教师讲授的内容当成权威的答案，很快达成共识，使讨论流于形式。一个非常有效的概念测试题，它的作用是激励学生合作学习获取新知识，如果将它用于复习讨论通常不会带来好的学习效果。当然，同伴教学法的学生讨论法则也适用于复习课，但是讨论题目的设计和题目难度等都要进行相应调整。

第二节 PI教学法的完善实施过程

改变教学方法意味着教师必须转变教学理念，改变长期以来的教学习惯，掌握一些并不熟悉的新教学技巧，这比改变教学内容要付出更多的努力。一般而言，让一个教师同时面对教学理念、教学方法、教学内容和评价方式等诸多教学环节的改变不是一件容易的事情。然而同伴教学法是一个非常容易嵌入传统教学模式中的方法，它不用改变教室结构和桌椅的位置，不用将大班授课形式拆成小班，不用对学生进行编组和固定座位，只需要让学生在课前自学课程内容，然后尝试性地在传统课堂教学中使用少量的概念测试题，参考同伴教学法的规则让学生在课堂上小组讨论。一旦课堂中响起学生相互讨论的声音，就意味着同伴教学法在课堂教学中已经起航。

接下来便会发现学生有能力自学课程中的许多内容，并且能够在相互讨论中有效地互教互学。在传统的教授过程中，教师在讲授的同时观察学生的反应，一旦"发现"（一种粗略的感觉）学生没有理解正在讲授的课程内容时，就要尝试多角度解释这个内容，这样做会很有效。使用同伴教学法后，通过聆听学生的讨论，会发现学生的困难往往是不同的，再有经验的教师也很难在课堂讲解中覆盖学生头脑中的所有疑问，这使得无论教师多么努力地讲解，还是会有部分学生听不懂。在巡视课堂听取学生之间的讨论时，学生的错误想法随之暴露出来，从而有机会获得小组同伴有针对性的讲解，而且不同的学生常常从不同的角度解释问题，他们的讲解有时候比教师的讲解更适合同伴理解。

实践证明：一旦教师开始使用同伴教学方法，学生的出色表现会让教师心甘情愿地放弃在课堂上喋喋不休的讲解，更多地思考如何才能更有效地激励学生自己去学习，如何更有效地组织他们在课堂上合作学习以及如何细致地讲解使他们再提高。

教师在使用同伴教学法进行教学改革的过程中可以分成开始、改进和完善与再提高三个阶段。在这三个阶段中，教师讲的内容越来越少，学生学的内容越来越多，逐渐完成从"以教师为中心"到"以学生为中心"的过渡。

一、开始阶段

首次使用时，教师可以只选择课程中的少量、容易的内容交给学生自学，选择对应内容的概念测试题来组织学生在课堂上讨论，其余大部分课程内容仍然使用自己熟悉的讲授法。这个阶段的工作重点是：对学生的自学和互学的能力有一定的了解，熟悉同伴教学法的教学流程。教师在第一次使用同伴教学法时，可以只选择20%的课程内容，即最容易的部分让学生自学和互学，教师使用教授法讲授其余80%的内容。

二、改进教学阶段

初步熟悉同伴教学后，再次使用同伴教学法讲授同一门课程时，就可以增加学生课前自学和课上互学的内容，减少课堂上灌输内容的时间。在这个阶段中的重点是，逐渐了解课程中到底有多少内容是学生通过自学和相互讨论可以掌握的，教师如何做才可以使学生在课堂上讨论的效果达到最好，以及课程中哪些知识内容是学生的疑点和难点等。在第二次使用同伴教学法讲授同一门课程时，增加了学生自学的比例，选择了大约40%的课程内容让学生自学和课上讨论，教师讲授其余60%的课程内容。在第三次使用同伴教学法讲授课程时，教师要求学生自学所有的课程内容，同时让学生自评他们学会了多少内容，难点出现在哪些地方。加强对学习效果的检测，目的是得到学生自主学习成果的反馈。通过自学作业、预习测试和学生课上对概念测试题的讨论结果等反馈，可以发现学生通过自学和相互学习可以掌握大约60%的课程内容，也基本了解学生的错误概念和学习难点。

三、完善与再提高阶段

同步教学法还应考虑增加学生课后探究的学习内容。因为自主学习和相互讨论过程中学生思考的广度和深度常常会超出课程要求的程度，自学让学生带着问题进入课堂，同学之间的讨论又可以激发出许多新的问题。解决这些问题需要的知识有时候会超出课程要求，引导学生在课后探究这些问题是非常有价值的。

使用同伴教学法改革传统课程，不需要教师做颠覆性的改变，按照上面三个步骤，教师可以非常从容地从原来自己"一讲到底"的传统教学方法逐步过渡到让学生"课前自学—课上讨论—课后探究"的同伴教学法。

第三节　PI 教学法实现策略分析

一开始就让学生了解为什么使用同伴教学法是非常重要的。学生已经习惯传统的教学方法，当教学方法发生改变时，他们必然要问需要我们做出什么样的改变，这样的改变有什么样的益处。

教师可以直接告诉学生，同步教学法是一种新的教学方法，然后介绍这个新的方法，在课程开始的第一节课上用一些时间和学生讨论一下"以前的教学方法中存在哪些问题"是十分必要的，教师可以设计一些相关的问题让学生回答、讨论和反思，下面给出一些例子。

讨论题一：学生是否可以在整节课的时间中一直都专心听讲？

测试题：在听课的过程中，学生的注意力保持在教学活动上的时间占课堂总时间的比例（注意力保持率）是多少？选项为：① 低于 20%；② 20% ~ 40%；③ 40% ~ 60%；④ 60% ~ 80%；⑤ 80% ~ 100%。

使用教室应答系统，让学生给出自己的答案，然后让他们在邻近座位的同学之间讨论一下上课过程中自己注意力保持率不能达到 100% 的原因。

使用这个题目，对课堂纪律非常好，学生看上去都在全神贯注地听课，对几个班级进行调查，一共有 312 名学生回答这个问题，多于 80% 的学生认为自己的课堂注意力保持率低于 50%，为了进一步证实这个结果，教师还使用课堂观察的方法做相关研究，其数据也表明，在整节课中，平均只有略少于一半的课堂时间中，学生注意力集中在课堂活动上。

教师还可以告诉学生一些文献中的相关研究，以及这些研究可以在哪里找到。越来越多的脑科学研究表明：人们对外界信息资源所产生的持续高度注意力最多保持 10 分钟甚至更短。即使是最有趣的课，10 ~ 15 分钟以后听众也会失去注意力。通过让学生自我评价、相互讨论和向他们介绍文献研究结果，他们可以理解：使用传统的教学方法，无论教师和学生如何改进，学生上课注意力不能完全集中，常常出现分神的现象是一个客观规律，不可避免。

讨论题二：教师上课讲得越多，学生学到得越多吗？

测试题：在听完一节课（50 分钟）后，学生能记住教师讲过的多少内容？选项为：① 低于 20%；② 20% ~ 40%；③ 40% ~ 60%；④ 60% ~ 80%；⑤ 80% ~ 100%。

同第一个问题一样，使用教室应答系统，让学生做出选择。在学生答题结束后让他们对测试结果有一个短暂的讨论和交流。测量数据表明，大多数学生回答说他们能记住课堂教师讲授的内容的比例不超过 50%。这个研究结果是：学生在一节课结束时只能记住42%的课堂信息，1周后仅能回忆起20%的信息，1个月或者1年以后，学生保留和记忆的内容会更少。告诉学生这个研究结果，引发学生的反思。

教师还可以选择几个在上个学期已经学习或者在期末考试中出现过的内容，编制成选择题，让学生使用教室应答系统给出答案。测试的目的是检测学生还能记住多少在上个学期学习掌握的知识，来验证上述研究的结果。

是否教师在课堂上讲得越多学生就学得越多？对于这个问题，鲁尔·休斯和施洛斯在1987年进行了一项研究。研究使用实验班和对照班，在实验班中，教师在课堂讲课时每15分钟左右就停下来2分钟，让学生彼此讨论一下或修改一下自己的笔记，每节课中间停顿3次。对照班还是使用传统的讲课方法，中间没有任何停顿。此研究进行多次，测试数据表明，在学习过程中有更多机会参与互动和讨论的学生，在日常测验和考试中表现更好。这个研究结果意味着：教师在课堂上少讲一会儿，学生会学到得更多。通常教授认为课堂讲的内容越多，学生就学得越多的观点是不正确的。为了证明这一结论，医学院教授设计了一个研究课程，他们就同一个课程内容准备了3个版本的讲稿实施课程教学，第一个是包含有90%新内容的讲稿，第二个是包含有70%新内容的讲稿，第三个是包含有50%新内容的讲稿。在课程讲解中，当不涉及新内容时，教授通过重复重要观点、强调材料的重大意义、鼓励学生给出课程内容中与现实生活紧密相关的例子等方式强化授课内容。通过测试比较3种课程的效果，统计结果显示：新信息容量越低，学生能够学习和掌握的效果越好。在固定时间内，学生能够学习到的知识容量是一定的，超出这个范围我们就不能实现教学目标。换句话说，教师如果只呈现适量的关键信息，利用课堂剩余时间组织学生参与各种帮助他们强化知识的学习活动将会取得较好的教学效果。

讨论题三：学到的知识越多，获得的能力越高吗？

2009年，有学者针对这个问题对中美大学理科一年级学生的物理知识水平和科学推理能力做了一个对比研究。该研究使用三个国际公认的测试量表——力的概念测试量表、电磁学概念测试量表和劳森科学推理能力测试量表，分别对中美大学一年级学生进行测试。FCI测试结果：中国学生的平均得分为 85.9 ± 13.9，美国学生的平均得分为 49.3 ± 19.3。BEMA测试结果：中国学生的平均得分为 65.6 ± 12.8。美国学生的平均得分为 26.2 ± 10。比较结果可知，中国学生的物理知识水平比美国学生高很多。由于测试样本是中、美大学一年级还没有学习大学物理的学生，所以测试结果的解释需要了解和分析他们在中学学习的情况。中国有统一的课程标准，要求所有学生在完成两年的初中物理课程之后在高中还要学习三年共六个学期的物理课程。美国是一个多元化社会，多元化的价值观和地方自治意识决定教育的多元化。美国没有统一的教育模式，各州有自己不同的教育法规和政策，在教育理念、教育模式、教材选用、教育评定和教育管理等方面都有不同程度的自由和独立性。美国高中的物理课程与化学、生物等一起包含在科学课程之中，学生可以根据个人兴趣和大学入学专业选择的需要选学其中的课程。根据相关统计，在美国的高中生中有1/3的学生选学两个学期的物理课程。研究样本中的中国学生比美国学生在高中阶段学习物理课程的时间长很多，学的内容也多很多，因此，在知识纬度的测试中的得分比美国学生高很多。

该项研究同时测试两国学生的科学推理能力，那结果如何呢？教师在动员课上，不直接告诉学生研究结果，而是先让学生猜想一下结果会是什么。

问题：基于上述信息，你认为美国学生的科学推理能力比中国学生（　　）。

选项有三个：高、低、差不多。

在学生投票后，让学生与邻座同学之间做一个短暂讨论，然后再告诉他们文献中的研究结果。在科学推理纬度上，中国学生的平均得分为 74.5 ± 15.8，美国学生的平均得分为 74.2 ± 18.0。两国学生得分基本相同。教师接着向学生提问："是否学到的知识越多，获得的能力越高？"认知心理学家对此给出的解释是"被动填鸭式的教学和作业练习固然有助于学生记住一些规则和概念，并让学生运用所学知识解决与习得知识背景类似的问题，但无法教会学生将知识迁移到新的问题情景中，对培养学生的推理能力作用不大"。许多研究表明：合理设计问题，让学生基于问题在小组内互相教学，可以有效提高学生的批判性思维能力和推理能力。

教师还可以选取一些内容和学生讨论。在这节动员课中，教师设计一些讨论题目，使用同伴教学法的法则引领学生讨论，让学生自己意识到原来教学方法中的问题，同时有机会了解即将使用的同伴教学法，并产生期待。然后，向学生宣布，教学必须放弃"一讲到底"的教学方式，使用一种新的教学方法——同伴教学法，这个方法被世界许多著名大学广泛使用，历经几十年的教学实践，被证明是一个非常有效的方法。接下来教师可以简单介绍这个教学方法，告诉学生使用新的教学方法可以让他们在学习知识的同时，提高推理能力和批判性思维能力，学会与人合作和交流思想，可以增强自信心，在学习中获得快乐。

第四节 PI教学法应用于大学英语听说教学的相关分析

同伴教学法应用于大学英语听说教学能否有效避免传统教学方法的诸多问题；能否促使学生积极参与到课堂教学并提高他们对知识的理解力和语言应用能力，同时能否提升他们的考试成绩。下面将从大学英语听说教学进行分析。

一、分析大学英语听说教学的目标

2007年版的《大学英语课程教学要求》（下文简称为《课程要求》）中提出了大学英语的教学目标：着重培养学生的英语应用能力，尤其是听说水平的提高，以便他们在以后的工作和社交中都能灵活运用英语，并且要注意对他们的自主学习能力进行培养，为以后适应国际交流和社会的需求做准备。对英语听说能力的要求在大学教学中体现为一般、较高和更高三个层次的要求。

（1）一般要求：学生对日常的英语对话、教师的授课内容和较普通的英语讲座能做到听得明白，语速在每分钟130～150单词的英语电视节目和英语广播，能够理解和掌握主要意思和重要内容。此外，还需要学生可以将基础的听力策略和技巧，灵活运用在听力过程中。针对口语表达来说，需要学生可以用英语进行基本的日常交流，在课堂中可以用英语与教师和同学进行交流和沟通，能进行主题性讨论，并通过整理思维后，可以就话题进行简单总结，且表达清楚、发音准确、语速语调都符合标准，对各种会话策略和技巧可以做到灵活运用。

（2）较高要求：要求学生能听明白一般的英语讲座和日常对话，对于较熟悉的题材可以听懂平均语速在每分钟150～180个单词之间的英语电视节目或广播，可以理解中心意思，能够掌握重要的细节含义。此外，对于英语专业课程要听得懂。针对口语表达来说，需要学生可以针对专业性不是很强的主题进行比较顺畅的讨论，能将自己的意见和想法进行清晰的表达，并对事实、理由进行表述，发音基本准确，语速语调正常且准确。

（3）更高要求：要求学生对国外的广播电视节目做到听得懂，能理解其核心意思，重要细节可以很好地掌握；对于国外人士正常语速的交流也要听得懂。此外，可以跟上英语专业课程的讲授节奏。针对口语表达方面，需要学生可以对专业性的话题进行讨论和交流，能用精简的语言概括较长篇幅的英文文章和讲话，而且需要学生在专业性的交流和国际会议中能够进行论文表述，并能参与到讨论中。

从以上阐述得知，《课程要求》提出的这三个要求，不但反映了国内大学英语教学的实际情况，而且体现了发展性的要求，还为国内的大学英语教学改革指明了道路。《课程要求》中，针对培养听说能力所提出的建议和要求，对现存的教学问题进行研究和分析，改进教学手段和方法，从而确保学生英语听说水平的提高，增加其英语交流能力，以此来全面提升学生的英语综合应用水平。

二、分析大学英语听说教学的原则

教学原则的制定，可以指导教学活动和行为的有效开展。教学原则始终贯穿于整个教学过程，在制定教学大纲、确定教学目标和教材的选择、教学方法的采用上，都具有非常大的作用。教学原则首先要求科学、合理，能结合实践要求，以激发学生的主动性和积极性、提高他们的技能水平和知识掌握为目标。教师在教学中，结合英语听说的基本要求，需要将以下五项原则贯穿到日常的教学中。

（一）交际性原则

社会功能是语言最重要的作用。语言最重要的特点是发声，写出来的东西，严格地说不算语言。有美国专家就提出：语言表现的是一种交流行为，声音是它的媒介，语言是通过听和说来表达的。美国专家通过统计调查发现，在人们的日常交际中，听是最重要的，占到45%以上的比例，其次是说，占比30%。因此可以得知，听和说是语言最重要的功能，所以语言教学的最终目的就是提高学生的交际能力。这一目的就表明，所有的教学活动都是为了满足语言教学的要求，也就是说不管是音标、单词、词汇或者是语法等教学，其最终目的都是满足语言教学的要求，让学生通过语言学习后，获得一定的实际交往能力。其实质也是为了社会交际功能的发挥，教学的目标是让学生在学习语言后，可以掌握并能灵活运用语言，并非只是让他们对语言进行了解，所以说应该转变教师和学生的整体认识，让师生能清楚知道，语言能力不单是要掌握词汇和语法，最重要的是能根据各种社会环境灵活运用英语进行实际交流。

（二）实践性原则

从认知的层面来看，听说能力的培养活动，同时也是感知技能的提升过程。这种技能的获取与法律、历史等知识有所不同，并不是经过学习就能掌握，而是要像弹钢琴和踢足球一样，日积月累地练习和训练才能最终掌握。唯有经过反复的听力练习,才能掌握不同场景和不同口音的语言;只有反复地说,才能保证语言的运用更加准确和流畅。因此,只有提倡学生们在学习时尽量去说去听,才能更加高效地提高学生们的听说能力。通过反复的、大量的练习,学生才能自然而然地学好一门新的语言。长期的学习、操练和积累,有利于学生将语言技能理论运用到实践操作中,从而系统地对新的语言进行理解和运用,最终将其内化成自己的知识体系,能用新的语言清晰地表达自己的想法,进行较顺畅的交流。

(三)情景教学原则

语言学专家克鲁姆认为:英语课堂教学中,需要创造不同的场景,让学生拥有更多的机会,将已经学到的知识进行灵活运用,这能在很大程度上保证英语课堂教学的效果。听是一种重要的交际能力,是进行英语学习的基础能力,说是学生将自己所掌握的知识进行表达和传递的一种能力。英语听说能力的提高,需要一个长期积累的、复杂的过程,学习时要求精力高度集中,不然有可能导致"视而不见,充耳不闻"现象的出现。所以,教师在听说课堂教学的时候,要尽量地为学生创造各种各样的场景,以供学生进行模拟对话,让学生身临其境地进行学习,有利于学生兴趣的激发,使得教学活动变得生动有趣。这种方式就是情景教学法,这种方法能让学生通过扮演、模拟等方式,来进行原本比较单调无趣的英语知识的学习,而教师通过采用这种方式,也可以有效地丰富自己的教学课堂内容,并且活跃课堂气氛,将说和听结合在一起,充分调动学生的语感。情景教学运用得当,不但可以调动学生的学习热情和主动性,让其自主地进行语言探索和思考,还能将学生的兴趣和情感维持在最好的状态,让他们能真正地融入英语教学环境中,从而全面提高自己的英语综合能力。

(四)听说结合原则

听和说是语言交际的重要媒介,两者之间相辅相成、互相作用。听的过程相当于是进行语言信息的输入或接收,说则是将输入和接收的信息进行语言输出即表达。这两种能力的发展有着密不可分的联系,所以对听说能力的练习要一起进行。听力锻炼能在学习者大脑中形成知识的框架,是进行顺利表达的基础,而通过说,可以将学习者掌握的知识转化成语音能力。所以听和说是密不可分的两种重要能力。教师要将听和说的教学有机结合,才能确保学生英语听说能力的提高。教师不但要对学生进行大量的听力训练,对学生输入各种各样的英语材料,并且还要利用实际的交际情景,让学生更好地掌握特定语言环境下的语言知识,逐步形成语感。如此不断地积累和尝试,才能让学生更扎实地掌握英语这一学科知识,能够更加顺畅地进行表达,可以在正常语速情况下跟其他人进行英语交流,从而逐步使外语达到母语的水平。总体来说,大量的能够理解透彻的语言信息的输入,是听说能力的前提条件,而进行顺畅的表达即语言输出是学习的目的,因此听说两者是紧密联系的。

(五)以"读写"促"听说"原则

语言学科是一门综合性很强的学科,这种综合性表现在语言的听、说、读、写各项技能之间的关系是相互依存、相辅相成、密不可分的。这里一再地强调对学习者听说两种能力的培养,并不是说可以完全不顾读写两项能力的训练。恰恰相反的是,听说能力的提高也需要大量的读写能力练习来促进,培养读写能力是提高听说能力的重要途径。制约听说能力发展最重要的因素就是整个语言环境的影响,若是语言环境比较缺乏的话,读写能力对其发展也会产生更大的影响。国内大学生在学习英语时,最大的一个受限条件就是很少有机会能够长时间地和英语母语者进行交流和沟通,所以只能通过各种各样的书面语来进行英语学习,以达到交际的目的,从而也在一定程度上避免因语言环境缺乏而造成听说能力的减弱。此外,大量西方学者经过研究探索发现,读写能力对听说能力的提高有着不可忽视的作用,它能更好地帮助学习者提高对听力的理解和对口语的加工。由此可见,教师对读写能力的重视,最终也是为了提高学生的听说能力,要充分重视听、说、读、写之间相互促进的作用和关系。作为教师更应该认识到,英语的读写能力是听说能力的基础和前提,若是过于重视某一项技能的培养,而忽视其他技能的提升,则必然会制约学生的英语综合能力发展。

三、分析大学英语听说教学现状

(一)语言学习环境匮乏

当今社会,语言是一种重要的沟通工具。如果想要进行良好的语言学习,就必须拥有良好的语言环境。外语的学习内容,不仅仅包括语法规则或者语音,也不只是掌握海量的单词或者句型,这样学习到的语言是僵硬固化的。语言跟其他工具是一样的,不仅要了解它,还要会灵活地使用它。可是语言这种沟通工具,是被多种因素影响的,最常见的就是学习语言和使用语言的环境。如果没有一个良好的语言环境,英语是无法被真正运用的,学习使用

语言的过程其实是一个交流的过程。假如没有交流，那知识只会躺在书本上，理论永远无法得到实践，这样的形态若无法转变，英语的学习目的必将无法实现。经过调查发现，现阶段我国的大学英语听说教学中缺乏自然的、良好的语言环境，并且教学的资源也十分有限。英语是一种外来语言，我国主要以汉语为主，对于本土大学生而言，无论是先天的还是后天的英语语言环境都没有，这对于大学生是非常困扰的，他们无法顺利进行语言实践，又怎么能要求他们的英语交际能力有显著提升呢？再者，由于我国现在正着力推行高校扩招，英语教师本来人数就有限，这样便更加不能满足学校师资需求，所以高校只能开展大型教室授课。这样的措施，只会让教学难度加大，何谈营造真实的语言交流环境。教师的英语听说教学只能流于形式，学生多半是听和学语言知识和内容，却没有实际的交际，无法进行课上语言实践活动；教师和学生之间没有互动，教师也无法组织学生之间进行语言交流，课堂教学呆板乏味缺乏意义。这是现在我国大学内普遍存在的语言环境缺乏现状。

（二）教学观念有待提高

归根结底，英语是一种语言，最广泛的应用便是口头交际，需要通过发声让对方了解自己的本意，同时通过收听获取对方的准确意图。学习语言的终极目的就是提升语言交际能力，从而灵活准确地进行跨语言交际。由此可知，各高校应该在实施语言教学时有意识有计划地加大有声、真实语言教授的比例，只有这样才可以有效地帮助学习者们，使得他们的语言交际能力和应用能力得到显著提升。可是，实际的情况并不乐观，现阶段在我国完全是相反的做法。比如，应该进行的英语听说教学，却被词汇语法的学习和篇章的分析代替，大多是纸上谈兵，极少实践，因此根本无法进行实际的听说能力锻炼，课堂上的学生只是语言知识的被动接受者，课堂内容枯燥乏味，所学知识难以被学生吸收，直接表现为学用脱节。不仅如此，部分大学教师为了提升学生成绩，在课堂上的教学竟然直接使用四、六级素材，以其考试内容作为授课核心，特别是听力方面，应试教育的目的昭然若揭。这样的做法，虽然使得很多学生获得了很高的学分，但是他们却不能自如地使用英语交流，高分低能的现象比比皆是。大学的这些授课内容和方式直接影响了广大的学生，而且是一种很不好的影响，刻板的教学和应试的倾向，弱化了学生在学习中的主体地位，没有调动起学生的积极主动性。被动的学习和强硬的知识灌输，让学生难以吸收和学以致用。由此可知，大学的英语课堂上，学生没有机会去锻炼自己的听说技巧，因此"哑巴英语"就成为一种普遍现象。

（三）教学形式缺乏灵活性

在进行语言学习之前要先了解，学习语言是一个完整的过程，首先要由教授者传递给学习者，然后学习者进行吸收，再然后将所得进行灵活运用，这个过程才算结束。所谓大学，便是操作这个过程的机构。所以大学在开展英语听说教学的时候，一定要注意把握好整个流程，尽可能地为学生创造这样的好机会，让学生可以充分地接收语言的输入和进行语言的输出，利用一切资源为学生营造良好的学习环境，提升学生的积极主动性，在实践中去验证学到的知识和信息，以求加深理解，最终让知识和信息变成自己的一部分，从而可以灵活准确地运用。虽然这样的教学思路非常清晰，但是实际操作却总是差强人意，我国的多数大学，在开展英语听说教学的时候，很多教师都是照本宣科，并没有注意到学生的主体地位，完全就是忽略语言学习规律，将语言知识传授给了学生，但是很少给学生开口的机会，这样的教学就将正常的语言学习过程拦腰斩断了。只有输入没有输出的语言学习是畸形的，严重影响了学生英语听说能力的提高，这样的教学形式应该尽快整改，如若不然，知识的输入和输出将很难进行互相转化。除此之外，还有一个现象也应得到注意，一些教师在上课时采用刻板教学，一直沿用老套的教学方法，没有新意，非常枯燥，很难调动学生的兴趣。常见的情况就是在进行听力教学的过程中，教师通常都会先分析题目，然后就会让学生直接去听教学材料，最后简单地"对答案"，一遍一遍地进行几次之后，听力练习部分就结束了。假如课上需要学生练习口语，教师们采用的方法则是先让学生把学习内容复述一次，接着就是机械刻板地练习。这样的教学方式，无法真正调动起学生学习的积极性，也难以引起他们对英语学习的兴趣，甚至会使他们产生逆反心理。学生如果不能在课堂上应用语言、创造语言，在课下就更加难以开口，遇到交际的机会也会非常尴尬，语言交际能力是很难得到提升的。

（四）教学评价方式有待完善

在教与学的过程中，需要对教学进行科学、准确、客观的评价，这样教与学的主体才能得到全面而及时的反馈，对教学活动产生积极的作用和影响。根据相关规定，针对学习的评价被分为两种：一是形成性评价；二是终结性评价。现阶段我国高等教育阶段的英语听说教学中，存在着一些明显的问题：一是评价的方式较为单一；二是评价体系不完善；三是评价结论无法体现出实际的效果。大学英语听说课的学习目的，是提高学生的英语听说能力，增强英语作为一种语言的交际能力，其重点并不在于英语的阅读和写作。在实际的教学过程中，不少教师在评价学生时，并未意识到英语的听说教学具有

特殊性,而是和其他课程一样,简单地通过解答一张试卷就对学生的听说能力做出评价。过于注重考试成绩,评价方式单一而不合理,不仅无法对学生实际的英语听说能力做出反应,而且他们学习英语的积极性也有可能受到挫伤。在大学阶段的英语教学中还存在一种问题,那就是对听与说的考核流于形式。教师简单地以课文背诵来代替对听与说实际能力的考察。这种考察方式不仅难以反映学生运用语言的能力,而且会导致学生一味地模仿课文,用死记硬背来代替对语言的灵活运用,无法达到大学英语中对听与说能力培养的要求。

四、分析同伴教学法应用于大学英语的优势

(一) 不同教学法相比较

教学方法指的是在教学的过程中,师生的各种行为方式,其目的是完成既定的教学任务。采用的教学方法不同,则会获得不同的教学效果。因为同伴教学法与问题教学法、合作教学法有着近似之处,所以在这里将主要对这三种教学方法进行比较。

1. 同伴教学法与问题教学法

问题教学法是一种在建构主义基础上形成的教学法。这种教学法通常会借助提问题的方式将课程中的知识传递给学生,引导学生通过思考问题、分析问题、解决问题来掌握其中的知识,开发自身的智力,增强基本的技能,提升处理问题的综合能力。问题教学法直接关系着教师与学生这两个方面。在采用应用问题教学法开展英语教学活动中,教师需要结合所要开展的课程类型来营造适当的语境,将教学的内容呈现在课堂上,同时还需要引导学生主动去寻求问题的答案,在学生发现问题、解决问题时,教师应当及时为他们提供有针对性的帮助与指导。在这种学习的过程中,学生应当将自己遇到的困难和问题反映给教师,以便于教师有针对性地调整教学内容及方式,让教学中的互动变得更加有效。总而言之,问题教学法就是将教学中遇到的一些问题作为主要教学内容,教师指导学生去分析问题,并且解决学生遇到的各种问题,提高他们运用英语的综合能力。

问题教学法是以问题作为主线,贯穿于教学活动当中,但是问题教学法也存在着以下三点不足之处。

其一,问题教学法主导的是通过解决问题来完成教学内容,但是这种教学方法未强调课前的预习过程,学生在头脑中无法提前形成相应的概念,也无法提出有针对性的问题,所以不论是课堂上的讨论过程、学习过程,还是

所提出问题的质量、所获得的学习效果,都难以达到理想的状态。

其二,在采用问题教学法进行课堂授课时,教师通常会引导学生先查找自己在自学时遇到的困难和问题,进而去学习教材里的内容,在对问题进行讨论的基础上去理解问题,然后结合学生遇到困难较多的点去进行讲解。但这种在学生自学和自行讨论后再进行知识点和难点讲解的方法,会令学生头脑中的知识碎片化,不利于对知识的系统理解,特别是一些学习能力较差的学生,如果教师未提前进行知识的讲解,那么这些学生就很难真正掌握知识点,在随后进行的讨论和学习中,效果也往往不理想。

其三,应用问题教学法中一直有一个较难解决的问题,那就是难以将共性的问题同个性的问题有机结合在一起。

2. 同伴教学法与合作学习法

合作学习会将目标设计作为教学活动和学习活动的先导,这是以心理学和社会学作为基础的一种学习方式。这种教学方法主要研究的是,在课堂教学过程中建立起来的人际关系,其动力是促进教师与学生、学生与学生的互动,其最基本的教学方式是以小组为单位进行的学习活动,其评价标准是学生团体的总体成绩,其目的是令学生团体的学习成绩得到综合性的提升,令班级的氛围得到改善,帮助学生建立起良好的、健康的心理素质。

合作学习法,旨在让学生更多地参与到课堂教学中来,增强学习中的积极性和主动性,由过去的被动学习转向主动学习。但是合作学习法也同样有着自己的不足之处:第一,合作学习表面上看是合作,实则并非是合作。尽管按小组进行学习有可能让学生取长补短,但是在实际的操作中,很可能因为分组不合理,导致学习能力较差的学生被分在一组,使学习任务不能完成。也有可能把不善于交流的学生分在一组,造成学习氛围死板沉闷。而一些活泼好动的男生都被分在同一组,学习则变成了闲聊和游戏。所以,合作学习很容易变成一种形式,无法达到预期的学习目的。第二,虽然合作学习能够让学生有更多自我表现的机会,但是也可能会偏离目标,比如一些学习成绩好的学生拥有更多的话语权,他们会成为小组的主导,决定着小组的活动,而学习成绩较差的学生只能被动地跟随与迎合,甚至直接享受他人的学习成果。这种情况下,学习成绩突出的学生可以有更多的机会去表现自我,去提高自身的能力,而成绩较差的学生,则会对这些优秀学生产生更强的依赖,无法从教学活动中获益。第三,合作学习是一种特殊的教学方式,它将学生组织成学习小组,制订共同的学习目标,这种学习方法与同伴教学具有一定的相似性,但是从本质上来看,又有着明显的区别。合作学习的过程中没有

固定的程序,而同伴教学法更关注的是教学的具体内容,合作教学法没有明显的教育者和被教育者,对学生独立思考的能力并不像同伴教学法那样关注。合作学习中,全体学生使用的是同一种学习资料,教师是唯一能够给予信息指导的人,学生身边并没有其他的帮助者。这就很难实现因材施教,也很难培养学生的自主学习能力。

同伴教学法不仅具备合作学习以及问题教学法的长处,而且对于上述两种教学法中的缺陷还能起到弥补作用。在同伴教学法中,教师所应有的主导作用能够充分得到体现,而且学生在教学过程中的主体地位也得到了巩固,同时还能结合实际情况,引导学生通过问题学习法,投入到教学活动中来,使合作学习的氛围更好,有效提高学习的积极性,因此就我国高校英语教学的实际情况来看,更适于采用同伴教学法。

(二)同伴教学法的应用优势

同伴教学法是一种交互式的教学方法,它是为大学阶段课程学习专设的,更便于操作,适应性也更强。现阶段我国大学阶段英语教学中师资缺乏的问题,也能通过运用同伴教学法得到一定程度的改善。因为这种教学方法可以让更多的学生获得课堂发言的机会,锻炼他们的语言表达能力。而且与传统的教学模式不同,同伴教学法之所以能够被运用到大学英语教学中,还因为其具有以下三方面的优势。

1. 创设良好的语言学习环境

心理学家约翰逊曾指出:"在课堂上,学生之间的关系比其他任何因素对学生的学习成绩、社会化和发展的影响都更强有力。同伴教学法的创始人马祖尔也一再指出:课堂上需要有相互协助的精神和协作的气氛。同伴教学法的基本目标就是利用课堂上的学生互动,通过说服同伴的讨论,来打破传统教学中不可避免的被动学习,促使他们用语言把想法表达出来。通过实际教学可以发现,将同伴教学法引入大学英语教学中来,让学生多与同伴进行交流与合作,能够有效提高他们的英语对话和交流的能力。

在采用同伴教学法进行教学的过程中,因为要进行合作学习,所以应当为他们营造出一种真实而完整的语言情境,学生在与他人的沟通和交流中提高英语会话能力,达成与他人进行英语语境交流与交际的目的。尽管是按小组来进行学习,但是学生与学生的良性互动,能够防止学生在心理上养成依赖他人的习惯,克服羞于说英语、不敢说英语的心理,让他们主动参与到学习英语的活动中来。合作学习既是学生与学生的合作,同时也是教师与学生的合作。教师在学习的过程中并不是局外人,而应当是学习的管理者、组织者。

教师可以在学生的学习过程中，起到联系和沟通的作用，而且还可以参与到学生讨论的过程中去，成为学生的学习同伴。因此采用合作学习的教学方式，不仅有利于完成教学任务，还可以对学生展开情感方面的教育，引导学生在课堂上参与讨论、亲身体验、共同实践，在此基础上提高英语会话水平，增强对语言的运用能力。

2. 新的教学观念和模式

同伴教学法的主旨精神就是通过学生相互说服，主动参与教学过程，从而轻松、容易地接受教学内容。而且近年来，人们已经意识到同伴之间的交流和对话可以促进学习，而且这一理念已经在二语习得领域广泛传播并得到验证。采用同伴教学法不仅能够有效提高学生对英语的理解能力，而且能够增强他们使用英语进行交流的能力，有效提升他们的英语交际能力。在同伴教学法中，与同伴共同参与讨论，能够令学生的学习成效明显提高，原因在于一些学生新近掌握了知识点，对自己学习中的知识点和难点记忆得还十分清晰。这些学生很清楚应当讲解哪些重点，需要强调哪些内容，而其他的同伴则会从中受益，得到的帮助十分精准。学生与学生在一起合作学习，要比仅仅听教师授课获得更多的语言交流的机会。

学生在与自己同龄的伙伴在一起学习时，他们会将语言当作是一种工具。在与同伴进行交流的过程中，学生能够使用一些特殊的话语，这种语言建构是学生单独学习时无法使用到的，所有同伴都能通过这种互动与交流获得语言使用方面的锻炼。一些能够熟练运用英语的学生，尽管所使用的语言大多是他们已经掌握的，但是通过与同伴的交流与讨论，他们能够将新旧知识进行重新整合，对语言的理解进一步加深，语言的应用能力得到进一步的提升。正所谓"教然后知困""知困，然后能自强也"。而对于语言不太熟练的学生而言，同伴交流则可以弥补他们对学习内容掌握的不足，使他们在发音、句法和词汇等方面都得到提高。而且同伴教学法也会帮助他们进一步了解学习过程中的思维进程，有利于他们学会如何学习和思考。通过同伴教学法，会令学生间的互动更加活泼，能够让学生对于语言的使用更加熟练，更加有效地提高语言运用能力。

3. 多元化的教学评价体系

同伴教学法中，有一个非常重要的内容，那就是及时进行测试，在课堂教学的整个过程中，都应当贯穿着这种测试。因为及时的测试能够让教师掌握自己的教学效果，并根据学生成绩的反馈来调整教学方案、内容以及节奏。从学生的角度出发，对教学的效果及时进行测试，可以让他们对自己的学习情况更加了解，在此基础上有针对性地调整自己的学习策略和重点，令其自主学习的能力得到提升，树立起学习英语的自信心。通过参与测试，学生能够了解自己实际的学习成效与预期目标的差距。他们会主动对自己的学习进行完善和改进，这样能有效提高自己的能力，不断跟进优秀学生的水平。他们会对自我进行激励，提高学习的积极性和主动性，也会对自己做出切合实际的评价，不断努力提高自己学习的效率。而且当学生解决了测试中遇到的知识难点后，会发自内心地树立起学习的信心，给予自己肯定的评价。在对自己的思维能力进行控制的过程中，自信是其中非常重要的一个因素。学生有了自信心，他们就会在课堂上表现得更加积极与主动。当他们建立起了自我的效能感，那么课堂教学就会更容易取得成功。也可以说，同伴教学法具有可以进行实时测试的优点，让师生都能在教学的过程中，对自我的行为及时加以反思。师生不仅会相互进行评价，而且也会对自己做出评价。同伴教学法不仅对于学习的过程十分重视，而且对于学习的结果也非常注重。这种教学方法更加符合语言学习的规律，还能最大程度地发挥课堂教学的效果，既能培养学生自主学习的意识，还能让他们形成终身学习的习惯。

第五章　大学英语听力教学方法与多样化教学方式的选择

在日常教学过程中，教师虽然意识到了听力教学的重要性，但往往对听力教学中的各种方法与技巧感到困惑。教师对问题的思考，无不影响着课堂决策的制定和实施，因为教学方法与策略的选择对听力教学效果起着至关重要的作用。本章主要论述听力教学方法与教学策略的选择、多样化听力教学方法策略解析、大学英语听力教学策略训练模式、现代教育技术背景下的听力教学导向。

第一节　听力教学方法与教学策略的选择

任何一种教学活动，无论教师是否有意对之加以探究，必然有一定的方法。区别在于教学方法的优劣，即教学方法是否能够产生好的教学效果。其实，任何英语教师都具有一套支配其教学活动的关于语言学习的理论或原则，教师正是依靠这些理论或原则在日常教学中进行课堂决策的。只是这些理论或原则或许并不明显，即教师自身并未意识到这些理论或原则对自己的教学行为起着支配作用。

一、听力教学策略

教师以教学思想和教学方法为指导，分析思考教学任务中的具体任务和具体情景，并对自己之前的教学经验进行总结和反思，达到对教学活动有利调节的策略，就是教学策略。由此可知，教学策略不但包括静态的理论内容维度，还有动态的教学活动维度，两者使教学策略带有明显的双维度特点。

两个维度中,后者受到前者的指导,具体表现为教师在相关理论内容的指导下,灵活处理教学活动中遇到的不同问题;前者是后者的反映,也就是静态的理论内容的来源,是动态的教学活动的总结,在教学实践中不断完善。相关理论最终又对实践起到指导作用,可以让教学方式灵活多样,使教师在教学实践中可以根据自己的实际情况选择教学方法。

教学思想具体化体现出来就是教学策略,可是定义不应该止步于此,否则就会让教学策略止步于浅显的理论阶段,前沿的教学理念转化为教学实践的过程就会受到很多阻碍。哪怕是受同一种教学思想指导,因为教学主体和实际教学环境的不同,生成的教学策略也会有很大的差异。

比如,同样是课堂教学活动设计,主题均为保护地球环境的内容,同一年级的不同班级的四位教师在经过集体备课、讨论、修改、提高等教学设计活动后,通过实践,充分展示了自己不同的教学经验、教育价值观、教学理念和教学风格。以下是新知识导入阶段的教学活动简介,四位教师均将听力活动与口语、阅读、写作活动融于一体,但是实际的课堂各自有各自的特点。

A 教师:第一步,进行小组活动,带领学生复习上节课所学单词,之后通过巧妙的提问,将一部分新单词引出。第二步,将新单词呈现在幻灯片上,对学生的发音进行纠正,依次对单词意思进行讲解,而且出示句型示范。第三步,让学生再次进行小组活动,将句型中的单词用新的单词进行替换,让学生更清楚新单词的含义及日常用法,并对学生常犯的语法错误进行及时更正。

B 教师:第一步,将所有新单词展示到幻灯片上,依次对每个单词的发音、用法和意义进行讲解,并向学生解释这些单词能够对我们生活的地球进行描述。第二步,布置两个任务给学生:第一,将幻灯片上刚学到的单词填到教师出示的句子中;第二,将幻灯片上的新词变换适当的形式填空。学生将两个任务做完后,起立回答教师的问题,在这个过程中教师依次对题目进行讲解。

C 教师:学生观察地球图片,并针对此图进行简单的讨论,从而引出保护地球的主题;学生分成小组,教师出示新的词汇,要求学生在描述地球环境的时候使用新学的单词;学生练习后,每组选出一名同学登台讲解,面向全班同学用新词对地球图片进行描述。教师在学生的描述过程中,随时纠正学生的语法和发音错误。

D 教师:第一步,利用幻灯片向学生展示一副带有圆形图案的图片,让学生对这个图形所代表的事物进行猜测,并鼓励学生积极讨论,让学生意识到本节课是"保护地球"的主题。第二步,分别出示秀美的风景图和被污染后的图片,而且在各个图片上都将相关的英语单词和短语进行标注,不但让学生掌握了新的词汇,还记住了本节课的知识点。学生分成小组,并在教师

第五章 大学英语听力教学方法与多样化教学方式的选择

的启发下，使用这些单词或者短语对图片内容进行描述。第三步，教师任意选择二到三名学生，让其使用新内容对这些图片进行讲解。学生在讲解时，必须使用图片下方的单词或短语，不过可以适当自由发挥。第四步，教师点评学生的表现。

这四位教师的教学，共同遵循教学规律和遵照教学内容的前提，不过每个人的教学步骤又有所不同，个性突出，效果也不一样。但是，即便四位教师使用不同的教学策略，对其教学行为进行分析后，能够找到四堂课的相同之处。

（1）在学习新知识前，引导学生通过听、说、读等方式复习刚学过的内容，有助于新旧知识的联结；

（2）充分利用图片、幻灯片、填词游戏等方法吸引学生的注意力，激发他们参与课堂学习活动的兴趣；

（3）学生的文化背景知识、常识以及对篇章语境知识的理解能够促进学生对新单词、新句法的学习和掌握；

（4）语言输入和课堂互动是语言学习的前提，必须为学生提供丰富的语言输入；

（5）设计各类课堂活动，学生参与活动的过程就是学习语言的过程。

这五个方面着重指出了真实交际环境下，从意义出发的教学策略的特点。四位教师在课堂上所做的语言输出都是丰富的，而且从意义的角度出发，对学生提出的语言输出的要求，和以意义为目的的策略相符。与此同时，要让学生有充足的时间去了解和掌握新的语言形式特点，让学生对语法、语音有更深入的理解。这种反复输入信息的教学手段，也能更加集中学生的注意力。

要重点强调的是，教师要提醒学生使用新知识或者新规则来进行语言输出。以意义为出发点的输出活动，哪怕在单词的导入活动中也要使用，要始终坚持以语言为第一准则；整个活动都离不开听说读写的相互联系和相互作用。因此，听力教学不仅仅要重视对学生听力的培养，还要将其说、读、写的能力培养结合起来考虑，也就是使学生的英语综合能力同步提高。

听力教学策略中要求从意义出发和克拉申提出的第二语言习得理论，两者不谋而合，这个过程包括"情感过滤假设""习得与学习假设""监控假设""输入假设""自然顺序假设"，重点突出了学生交际沟通能力培养的重要性。该理论认为，隐形教学是英语学习中的首要任务，显性教学（即有意识的学习）指的是对语言习得的发生没有有效促进作用，它只能发挥"监控器"的作用，对语言的输出进行检验和修正。克拉申的"i+1"原则这样理解语言的输入：教师要根据学生现有的知识技能水平，将可理解的技能和知识适当增加，将重点放在可理解性输入上。教师在呈现语言的过程中，可以借助课堂上的物品和图片。而且，以意义为出发点的听力教学中，教师创设一个愉快、活跃的课堂氛围，是非常有利于学生的学习效果的，并在一定程度上缓解了学生的焦虑心理。

同样，以意义为出发点的听力教学，和"联结认知理论"相符合。这个理论的观点认为，语言习得过程中，语言输入处于核心位置，输入为语言学习提供动力。语言输入的频率确定了语言习得的效果，并对学生的大脑神经形成强烈的刺激和激活，大脑记忆的建立就是以这些联结网络形成的复杂系统为基础。学生语言结构的习得是通过交际来实现的，记忆交际场景中的所有对话，和归纳这些话语规则的出现频率，结合成了创造性的语言能力。

简单地说，以意义教学作为听力策略训练时，强调了学生对听力材料的理解，使得学生能够在听力中获取到新的单词和语法。而且，学生在理解听力材料和获得新知识的过程中，会有成就感和满足感，这种感觉会让学生对听力的兴趣越来越浓。意义教学的主要形式包括了让学生进行泛听，可以是教师来讲一个英语故事，或者播放故事录音，或者是学生面向其他同学读故事，还能通过英语原声电影的播放来重现真实的语言环境等。

需要注意的是，以意义为出发点的英语课堂听力教学，不能对听力理解材料进行设限。师生在课上只要发生交流，如聊天、课堂管理、学生对学习活动态度的描述和对上一节课的复习，都带有以意义为出发点的色彩。教师可以通过灵活的设计，使学生在以意义为出发点的听力教学活动中有所收获。教师、学生和教学环境三者在实际的教学活动中持续互动，使教学目标得以实现。

比如，建立良好的课堂环境，保证良好的课堂活动秩序，是课堂管理的重要关注点。另外，从本质上讲，课堂活动要关注师生之间和学生之间的对话，因此，课堂管理的有效形式是实现整个课堂的互动和交流。让学生持续发展是课堂活动的最终目的，所以课堂从本质上来说，也有持续发展的特点。教师要为课堂注入活力，将一切有利的因素调动起来，如教师常常用课堂基本用语组织课堂学习活动、鼓励学生积极参与学习任务、维护课堂秩序、检查考勤以及评判教学行为等，并以此引导学生进入以意义为驱动的课堂学习活动。这些面对面的交流活动具有高度的真实性，学生并不认为参与此类活动是在刻意"学习"英语，因此，参与此类活动时心理压力小，能更多地将注意力集中在语言意义的表达上。

学生熟悉和理解课堂上的常用词语，对于顺利开展课堂教学十分有利。没有英语基础的学生，也能通过简单的表达方式实现简单而真实的交流活动。

除此之外，学生使用英语交流也能体会到语言实践的成就感。在英语课堂上如果只使用汉语进行管理，就浪费了帮助学生在真实语境中提升听力能力的机会。除了真实的英语课堂，教师也可以给学生布置背诵英语中常用短语和句子的任务，只要能够提升听说能力即可，不必精讲句中的语法构成。

通过背诵，学生可以完整地记忆整个句子，到需要交流的时候，能进行完整的输出。虽然使用了机械记忆的方式，获得了这些英语惯用法，但遇到真实的交际环境，学生也可以运用这些语句实现交流，使学生对话的互动得到有效控制，增强自信心，如此一来，学生在以意义为目的的课堂上进行的听力活动就会更加有作用。比如，真正的交际过程中，可以灵活运用"Pardon？Please say that again. Please speak more slowly. What does the word/phrase mean？"等句式。实际上，学生真正的交际过程中，词汇的选择和语法结构的使用，深深受到学生对目的语中约定俗成的知识的掌握程度。比如，对别人说时间可以使用"It's twenty to six."和"It's twenty past six."，可是如果使用"It's forty to six."和"It's forty past six."就是不对的。虽然后面这两种是符合表达语法的，但是英语语言中是没有此类表达方式的，所以不能被用在真正的交际语篇中。

学生如果没有这方面的知识，说出来的语言就可能不符合语言中的约定俗成，真正的交际过程中就会出现尴尬，别人也不能很好地理解自己。还有别的例子也可以证明，如"a pair of trousers"指一件物品，但是"a pair of shirts"却指两件物品；在英语本族语者的意识里，"a toothache"和"a headache"这种表达方式是地道的，而"a fingerache"这一语言形式是错误的；另外，英语本族语者在表达日期时使用的是介词"on"，如"on October 1st, 2000" "on May 1st" "on a summer evening" "on New Year's Day"等，但是在表达"在圣诞节假期"时，却是用的介词"at"。

交际语中别的方面，也能反映出语言有约定俗称的特点。

（1）约定俗成的问候用语。英语中常用"How are you？"或者"How do you do？"问候别人，而不是"Are you well？""Are you good？"或"Are you in good health？"。

（2）固定套语。有些约定俗成的形式仅用于某些特殊场合，如"Check, please."这一固定表达方式仅在饭店结账时使用。

（3）礼仪套语在人际交往中必须使用一些约定俗成的礼仪短语，如在请客人先于自己进入房间时要说"After you"；在偶遇多日不见的熟人时要说"How nice to see you!"等。

英语中有很多的表达方式看似一样，但是真正理解起来却要结合特定的社交场景来对待。而学生通过大量地运用这些固有模式的语法，能自然而然地形成地道的英语交际表达方式。而且，学生有效的交际策略的发展，可以通过熟练运用这些固定表达方式来实现，英语水平也可以因此提高。教师要向学生解释清楚这种类型的知识，启发学生关注这些知识中的不同。

研究表明，学生良好的语音辨析能力可以通过大量的发音练习来提高，也能促进以意义为目的，对听力活动的发展。语音辨析能力的组成有四点：①对发声部位掌握良好而且能发出准确语音的能力；②将不同声音正确区分的灵敏听觉能力；③分辨听到的语调特点，从而进行掌握；④对发声运动的协调能力。人体都具备生物和生理两方面的特征，这对语言能力的影响是非常大的。学生当中有的善于模仿，对声音有天赋；还有的学生甚至能达到英语本族语者的发音标准。当然，大部分的学生是没有这方面的特长的。因此，在进行意义为目标的听力教学过程中，教师要关注学生语音能力的培养和发音的练习，这样做可以使这些学生的听力水平提高很多。

在对第二语言习得的研究中发现，正确的语音和语调只有在完整、综合的句子或话语语流中才能被掌握和理解。听、说或者朗读活动中，不会以单独的因素和单词展开。实际的交流活动中，单独的音素和单词的发音，极有可能发生很大的变化。学生应该借助交际情境中的句子和语篇的语流来练习自己的语音和语调，然后从语流中分析出单词的发音，再到音素；教师可以通过模仿和音位讲解相结合的办法帮助学生掌握正确的音素和单词的发音，最后再回到综合的语流中运用，以达到使学生掌握自然、流畅和地道的语音、语调的目的。

当然，语音训练必须本着激发学生兴趣的原则进行，也就是在学生对语句和语篇有一定的理解的基础上，结合需要学习的内容，展开多种形式的语音练习，比如谚语、游戏、歌曲等，让学生在游戏和娱乐中，体验英语带来的美好感受。这在提高学生语言能力的同时，对其在听力过程中感知语音的灵敏度也有极大帮助。

英语中的节奏感是重音赋予的，英语口语要将重音摆在重要位置。调群是讲话者进行意义表达的基本信息单位，构成了英语中的口语语流，每个调群中都会包含一个带音调的重读音节，这也突出了调群中的高音和重音，结合相邻音节形成音高变化，语调由此形成。语调能切分连贯的语流，而调群就是这些切分后的语流片段，和语法层面的句子结构在意义上相呼应。如果从语音层面上分析，多个调群组成了听力语篇中的话语。如果学生对语音知识、规则不了解，在听力活动中完全忽视语调对意义理解的提示作用，不是有选择地获取信息，而是将注意力平均分配到听到的每个单词上，就难以捕

捉到语言意义表述中的核心内容,也就跟不上交际对话语流中的信息变化。因此,教师应指导学生有重点地听,抓住听力语篇的主旨大意。

而且,真实语境下词与词之间发音的模糊引起了发音的简化现象,更是增加了以意义为驱动的听力活动的难度。布朗曾指出,这些语音知识和规则在日常交际中常常出现,即使是受过良好教育的讲话者,在话语交际过程中也会采用这样的简化规则。简化后的发音能让英语本族者听得明白,因为他们对自己的母语非常熟练,对发音中的细微变动可以很快地捕捉到并感受出说话人细微的语调变化,并能做出相应的回答。我国的英语学习者受英语学习环境的限制,分辨出连续语流中单个单词的发音是一件十分困难的事。所以,教师在设计以意义为出发点的听力活动的同时,也要重视训练和培养学生进行语音分辨的能力。

二、选择听力教学方法与策略

总体而言,听力教学方法与策略的选择要考虑以下三方面的因素:听力教学目标;学生的认知因素和非认知因素;听力材料选择、活动设计、学习策略、各项语言技能的综合训练以及教学效果评价等方面的因素。

首先,选择听力教学方法与策略的最终目的是实现特定的教学目标,帮助学生掌握课程规定的学习内容。从这个意义上看,听力教学方法与策略的选择是达成学习目标的一种方式。每个学习阶段甚至每一堂课都有具体的教学目标和教学内容,教师需要根据不同的教学目标,选择相应的听力教学方法与策略。当在某一阶段需要完成多个教学目标时,教师应当根据学习内容的特点,将数种听力教学方法相融合,以取得更好的教学效果。例如,使学生掌握某一语法规则与使学生具备就某一具体情景进行会话的语言能力是两种不同的教学目标,教师应选择与之相适应的听力教学方法和策略。如果要使学生掌握语言规则就需要以讲解为主的教学方法,并辅之以丰富的语言实例,促使学生建立相应的语法概念。在这种情况下,听力教学方法和策略应关注学生所听到的内容的准确程度,听力教学活动是促进学生学习语法的有效手段。而使学生具备就某一具体情景进行会话的语言能力则需要建立真实语境的教学方法,在这种情况下,听力教学方法和策略应更关注学生听力发展中的流利程度,让听力教学活动成为提高学生语言使用能力的有效途径。

其次,在选择听力教学方法与策略时,教师也要考虑到学生的认知因素和非认知因素。从一定程度上说,教师对学生原有知识状态和当前认知特点的合理估计与预测决定了课堂教学的成功度。心理学研究早已证明,人的感觉、直觉、记忆、想象、思维等心智功能的发挥都会受到非认知心理因素的影响，如情感、兴趣、动机、意志、自信心以及在群体中的合作意识等。例如，积极的情感态度能够促进大脑中信息的组织、加工和储存，而消极的情感态度会对心智功能产生抑制作用。教师应将积极的非认知心理因素作为选择教学法的一个重要原则，在培养学生听、说、读、写能力的同时促进学生的心理健康发展。

再次，除了考虑教学目标及学生的特点，教师还应考虑听力材料选择、活动设计、学习策略、各项语言技能的综合训练以及教学效果评价等因素对听力教学方法与策略选择的影响。以下分项论述各项因素对听力教学方法与策略的选择的影响。

（1）方法与策略的选择应遵循听力材料选择上的"可理解性原则"与"细化原则"。"可理解性"指听力材料作为语言输入在难度上应以学生现有的知识结构为基础，但又稍微高出学生现有的语言能力。教师需采用多种方式和渠道为学生提供大量的"可理解性"语言输入，以激活学生大脑中已有的、与当前学习活动相关的内容图式，减少学生在接下来的任务完成阶段中的认知负荷。同时，也要注意对语言输入的"细化"，即不忽视学生对听力材料中的重要词汇、句型、语法规则、篇章特征以及文化差异等方面的细节化处理。例如，教师让学生听录音或观看录像中的简短对话，听前将对话中的关键词或短语写在纸条上发给学生，要求学生听后根据纸条上的提示线索写出对话内容。这类听力练习的目的是帮助学生借助听到的真实对话巩固所学知识和技能。

类似的活动还可以采取另外一种方式开展。例如，教师给学生读一则听力语篇材料或播放听力语篇的录音，引导学生对所听内容进行讨论，根据学生的英语水平，讨论可以用英语也可以用汉语，但原则上鼓励学生用英语交流，目的都是为了鼓励学生积极参与，集中注意力理解听力语篇中的关键信息。在接下来的活动中，教师可以鼓励学生将自己听到的关键词写在一张纸上，同桌互相交换。教师再次读这一语篇或再次播放听力语篇的录音，要求学生核对同桌记录的关键词，鼓励学生根据自己的理解添加或者删减，然后再次交换写有关键词的纸条。这次学生拿到的纸条上记录的是自己和同桌汇总的关键词。教师第三次读语篇或播放录音，要求学生核对关键词，继续进行添加或者删减，并让一名或几名学生把自己记录的关键词一一读出来，供全班讨论哪些是关键词，哪些不是，并说明原因。

（2）方法与策略的选择应遵循听力活动设计过程中的"强迫原则"与"协作原则"。听力过程的复杂性要求学生高度集中注意力来处理相应的语言信息，如果学生心不在焉，那么无论教师如何巧妙地处理听力材料，听力活动

第五章 大学英语听力教学方法与多样化教学方式的选择

开展的效果都不会令人满意。为了能激发和保持学生的学习兴趣，在教学活动过程中，教师应时常扮演督促者的角色，要求学生不满足于听懂，而是要根据听到的信息进行更多的语言输出活动，这类语言活动被称为"强迫性语言输出"（pushed output）。

"强迫性语言输出"活动能促使学生意识到自己在语言表达方面存在的问题和不足，因而会更加有意识地关注语言输入中的相关信息，发现自己的语言表达方式和规范的目的语形式之间的差异，从而触发第二语言学习过程中的认知加工过程，生成新的语言知识或者巩固原有的语言知识。但是，过分的强迫行为也可能导致学生产生过高的学习焦虑，因此教师又要结合"协作原则"，信任、鼓励和分享学生的学习过程和结果，形成融洽的师生关系。教师还要鼓励学生在学习中互相合作，在完成任务的过程中，使每名学生都有均等的机会参与讨论并回答问题，让学生分享彼此的思考、经验和知识。设计听力活动时尽量安排丰富多彩的教学活动，如根据听力信息对相关内容排序、绘制地图、填空等，达到理解听力材料信息和训练听力技能的目的。

（3）方法与策略的选择应遵循听力活动过程中的"意义/形式相匹配原则"与"技能综合原则"。

语言输出非常有利于二语发展，学生通过语言输出对语言进行语音、词汇、句法以及篇章层面的分析，而非仅仅停留在对语义的理解层面上。在此策略的指导下，在听的过程中，即使遇到听力障碍，学生也可以通过重复听录音、教师提示或与同伴进行意义协商等方法，不断调整自己的学习方法，从而尽可能多地理解输入的语言，并在此基础上提高语言输出的可理解性、得体性和准确性，使语言的意义与语言的形式相匹配。例如，可以说"Please borrow a book for me"或"Would you mind borrowing a book for me？"但是不能说"I request you to borrow a book for me"或"It is my desire that a book should be borrowed by you"，因为后两句虽在语法上是正确的，但是在真实语境下，英语本族语者从不用这种表达方式。

而且，听力技能的应用离不开其他的技能应用，如仿说、写作、阅读、动手做、计算、绘图、填表、判断以及角色扮演等，即"技能综合原则"。事实上，听力技能应用也只有与其他技能的应用相结合才能显现出其交际性的本质特征，主要体现在以下三个方面。①本着"在做中学"的原则，将学生的英语学习兴趣和动机维持在较高的水平上；②学习活动丰富多彩、寓教于乐，听、说、读、写技能的使用比例尽量反映出英语本族语者使用语言的习惯；③语境真实，语言用法地道，引导学生以积极、自信、轻松的心理状态参与学习活动。

（4）方法与策略的选择应遵循听力活动过程后的"评估原则"和"反思原则"。评价旨在获取有关学生目前状态的信息，根据收集的信息对学生的语言知识和技能加以评估，为教师提供即时反馈，以便教师及时了解学生对听力信息的理解程度、存在的困难等。要想准确评价、记录、反馈学生在学习过程中取得的进步，教师应尽可能多地搜集信息，信息本身也要精确、可靠。

当然，不可否认，测试也是一种了解学生进步程度的有效手段，听力测试的方法包括回答问题、判断对错、完成选择题、完形填空、词汇或句子意义匹配、听写以及面对面互动交流等。听力活动完成后的评估应该包括测试，但是又不能局限于测试。听力活动完成后的评估方式主要包括教师评估和学生自我评估两种。教师评估是指教师通过课堂观察和对听力理解任务完成结果的了解，对学生的整体学习状况或学习进步进行的主观性的评估。有些教师仅根据听力测试成绩对学生进行听力评估，这往往是不可靠的，还应将学生在课堂上的具体表现包括在内，可以采用学习文件夹的方式记录学生在听力理解方面的进步及具体表现。

学习文件夹是指汇总学生学习记录的文件夹，主要用于存放反映学生的学习过程和进步的各类学习成果，如查询资料的汇总、作业、试卷、评语、调查记录以及照片等，这些学习记录由教师和学生共同收集，按照一定的顺序形成档案，用于学生的自我评价和其他形式的外部评价。

学生自我评价是指学生自己客观地评价自己的学习状况和在学习中取得的进步。教师应制定清晰的评价标准和权重体系，引导学生对照这些标准回顾自己在听力理解过程中的表现，反思自己采用的听力策略，从而学会分析、监控自己的学习过程。

当然，任何一种方法和策略的选用和实施都无法脱离实际的教学环境，并且不存在适用于一切教学活动的最优教学方法和策略。面对不同的教材、不同的学生，任何一位教师都无法采用单一的教学方法和策略。因此，就听力教学方法和策略来说，"选择"是整个听力活动设计的精髓所在。教师应掌握多种教学策略理论，取其精华，然后结合具体教学环境的特点，选择恰当的教学方法和策略。

第二节　多样化听力教学模式策略解析

教学方法的理论基础主要结合了各种心理学、语言学、教育学和其他各种学科理论，立足于这些理论基础之上，形成了自己独有的教学方法，在实

第五章 大学英语听力教学方法与多样化教学方式的选择

际运用时还结合了一些适用的教学技巧等。所有的教学思想都需要通过特定的教学方法来实现，教师需要结合一定的教学规律、遵照既定的教学目标、遵循相应的教学原则来对教学做出思考。也就是说教师在实施教学行为时，需要有两个出发点，一个是要对教学规律和教学目标有基本的认识，贯彻执行各种教学原则，使得教学方法具有相应的科学性；另一个是以具体的教学方法为基础，将其归纳总结成相关的理论，并且思考这些理论与教学的具体规律，考虑既定的教育目标以及教育的原则是否相符。教师需要按照这种规律来对教学方法和教育原则做出思考，将具体的教学方法上升为更高层次的理论，这样才能保证这些理论能够被有效运用到教学实践中去。

就英语听力的教学来说，也经历了一个较长的发展过程。教育理论的研究者，以及处于教学前沿的英语教师，都在持续对大学英语听力教学的方式方法进行着探索，通过教学和理论的实践，他们不断促进着英语听力教学领域新的思考和变革。比如最早开始听力教学的目的，只是为了让学生能够听懂教师用英语授课时的知识讲解，帮助学生学习和掌握新的英语语法知识及规则，它是一种工具和手段。

一、早期听力教学模式

在听前阶段，教师需要向学生讲授听力课程中出现的一些新的单词。这个阶段的听力练习可以分为两类：一类为泛听。泛听就是让学生对整个听力教学的资料做一个大概的了解和认知，该阶段的问题主要是针对谈话的中心意思来设置的，涉及谈话者所表现出来的情绪及精神状态，谈话者具体的身份信息等。例如：

（1）Who are the people？

（2）What are they talking about？

（3）How are they feeling？ Angry？ Happy？ Disappointed？ Annoyed？ Humorous？

另一类为精听。在这个阶段，学生在倾听学习资料时可能会用到暂停、重复听取，教师会要求学生回答听力资料中涉及的一些问题。进行精听教学是为了让学生集中注意力，尽快掌握所学语言的发音规律、发音节奏和发音音调。教师可以根据学生掌握发音和听力的具体情况来调整教学内容和方法。

在传统的英语听力教学模式下，教学主要是围绕着文本的听力展开的。在最初的阶段，教师需要引导学生以听力材料为中心，回答一些主要的问题，随后范围逐渐缩小，将关注点放在听力教程中的一些具体事实和细节上来，对语言进行详细的分析。这种教学模式较为固定，也便于操作，因此现阶段还有很多英语教师采取这种教学模式。

近些年来，我国教育界对于英语听力教学的研究，变得越来越深入，国际上的一些学者，也深入研究了英语听力活动的本质特点，在他们看来，英语教学中，听力教学和练习是最常见、最有效的教学方式。英语听力理解的学习和掌握是非常复杂和细致的过程，它主要包括了学习单词、掌握语法、标准发音、理解语义以及语言的使用，而且关系着学生交际能力的提高与发展。

随着对于英语听力教学研究的深入，一些新的观点和理论开始出现，因此不少专家对早期的大学英语听力教学方式提出了质疑，其表现主要有以下四点。

（1）早期模式认为，学生只有完全掌握了听力材料中全部或所有的单词才能开始听力练习。而新观点认为，在现实交际中，学生不可能先学会生词再参与交际活动。而且，现实交际中讲话者的面部表情、肢体动作等非语言交际信息非常有助于听者对信息的理解。

（2）早期模式认为，精听与泛听非常有助于学生加深对听力材料内容的理解。而新观点认为，重复的听力活动对听力理解并不会产生太大的促进作用，只有教师先提出问题，引导学生带着问题有目的地倾听，学生才会更准确地把握信息。

（3）早期模式认为，听后进行听力材料分析与讲解非常有助于学生听力水平的提高。而新观点认为，对听力文本的语法分析占用了听力课堂上的很多时间，把听力课变成了语法课，这样反倒会令学生失去听力训练的机会。

（4）早期模式认为，跟读并模仿能够帮助学生更好地适应目的语的发音特点和规律。而新观点认为，这种"鹦鹉学舌"的做法有可能导致学生失去参与英语听力活动的兴趣，而且，学生如果仅仅是机械地模仿，并不能理解语言的意义，其听力水平也不会有相应的提高。

二、当前听力教学模式

随着听力教学理论研究的不断深入，听力教学的模式发生了较大的变化。当前的听力教学模式也包括三个阶段。

听前的这个阶段中，教师应当先向学生扼要讲解听力教材的概要，目的是为了模拟出更加真实的英语语境，因为学生需要提前了解交际对象的基本情况，包括他的身份、所处的环境等信息，所以事先对交际情境有所了解，有助于学生更加有效地开展交际练习。

当然，对听力材料的介绍要简明扼要，以避免学生因此而产生厌烦情绪，失去学习的兴趣。如果听力材料是一篇与"jogging"有关的文章，教师可以事先向学生介绍说："Now, you will hear a woman talking about how she jogs in order to keep fit."在这个阶段，教师可以向学生介绍起关键作用的单词或短语，如果学生不了解这些词或短语就无法理解全文。如果学生不知道"jog"这个动词的意义，就不可能理解一篇关于"jogging"的听力材料。一般来说，一篇听力文本中大约有四到五个关键词，学生对这些关键词的掌握程度决定了他们对听力语篇理解的深入与全面的程度。

听前阶段听力资料的简介以及关键词的提炼，有着十分明显的作用，主要表现为如下三点。

（1）帮助学生了解相关语境信息，如谈话发生的情景、话题内容、语体类型等；

（2）帮助学生掌握关键词语；

（3）有助于学生根据介绍的人名、地名更迅速地把握听力材料的内容。

听前阶段的一个非常重要的任务，就是要调动起学生对于英语听力学习的兴趣，使学生可以在教师的引导下预测新的学习内容，这对于提高听力教学的效率十分有益。教师可以通过板书的方式，将听力资料中的内容概要提炼出来，带领学生预测更加完整的听力教学内容，并且将学生预测的内容也标注出来。随后对听力内容进行播放，让学生对自己的预测准确性进行验证。教师可以说："John thinks there will be something about noise pollution in the recording. Jennifer doesn't agree. Let's listen and see who is right."这样的引导式语言能在学生之间营造一种竞争的氛围，学生会积极参与，渴望确认自己对听力语篇内容的预测是否正确，学习兴趣也随之提高了。下面是一个听前阶段的案例。

教师：Boys and girls, you're going to hear somebody talking about camels. He's a zoologist who studies them. Do you know the word "zoologist"?

学生1：动物学家。

教师：Yes. What do you think he'll talk about?

学生2：Desert.

教师：Yes, he might mention desert.（转身将"desert"一词写在黑板上）Anything else?

学生3：Water. I know there is water on the camel's back.

教师：Yes, he might mention what the camel has on its back, its hump.（教师用手势表示出驼峰的样子）The word is "hump".（转身将"hump"一词写在黑板上）Any other ideas, class?

学生 4：Hot，hot temperature.

学生 5：Sand，a lot of sand，very hot sand.

学生 6：Walk，walking must be hot，I mean the camel.

教师：Yes，he might talk about the heat in the desert.（转身将"heat"一词写在黑板上）Do you know how to measure that？

学生 7：By degree.

教师：Yes，in degrees. Anything else？

学生 8：Walking. Camels walk for a long distance，to carry something，food or…

教师：Yes，he might mention how far the camel walks in the desert，the distance.（转身将"distance"写在黑板上）Any other ideas？

学生 9：I think the camel walks very slowly.

学生 10：No，the camel walks very fast.

教师：Yes，we don't know how fast the camel walks，that is，the speed.（转身将"speed"一词写在黑板上）

（在接下来的对话中，教师继续引导学生积极参与）

教师：Well，some of you guessed correctly and some of you are wrong. Let's listen carefully and see who is right.

可以看出，这样的师生互动体现出听前阶段的三个重要作用：建立语境、导入关键词、激发学生的学习兴趣。通过听前阶段的对话互动，学生的积极性被充分调动了起来，讨论的过程就是语境建立的过程，而且，师生真实而有趣的对话自然而然地引出了一系列的关键词（如"desert，hump，heat，distance，speed"），学生对生词的学习是个自然的过程，而非通过枯燥的讲解或操练，因此这种方式更容易激发学生的积极性和主动性。而且，为了突出这些关键词，教师将这些关键词一一写在了黑板上，强化了学生对这些单词的理解和记忆。

在泛听环节中，依然需要学生通过回答问题来提高英语的听力水平。但对于精听来说，教学方法有所不同。

第一，教师事先结合听力课程，设计出相关的问题并事先告知学生，让学生的学习更加具有针对性。要对录音教材进行精听时，教师应当引导学生将听到的信息概要记录在笔记中，以作为后期用于回答问题时的提示。因为如果学生未能事先获知需要回答哪些问题，那么就无法对相关问题引起注意，当教师所提的问题较为深入、内容较多时，学生的回答就无法保证正确率，也就无法反映出学生真实的听力水平。

第五章　大学英语听力教学方法与多样化教学方式的选择

第二，教师让学生回答之前，可以先给学生一些时间，让其通过听到的资料，对想到的问题进行梳理。因为学生的角色从被动的聆听者转换成主动的问题回答者，心理上需要一个适应的阶段。并且有些学生希望能够在回答问题之前先对自己的答案进行检测和核对。如同在阅读活动中的习惯，当缺乏听力材料的文本时，学生就会对自己的回答没有把握，表现为在课堂上回答问题不积极、不主动。对此，教师可允许学生先用英语讨论问题的答案，然后再给出自己的答案。

当前的听力教材绝大部分是以对话的方式展开听力训练的，所以，除了巩固新近学到的知识以外，听后阶段还有一个非常重要的任务，那就是根据听力训练内容营造出相应的语境，让学生加深对语言功能的认识，学会道别、致谢、问候、介绍等基本功能，提高他们运用语言进行交际的实际能力。学生在听之前会对一些重要的词汇进行了解，不过新的单词还是要放在具体的语境中来进行识别的，听之后，教师要将如何结合语境来预测生词含义的方法传授给学生。特别需要指出的是，在听后阶段，教师还可以将听力训练的相关资料制作成课件用于课堂教学。在听力训练的过程中，每个学生会遇到不同的问题，这是一种非常具有个性化特征的教学环节，当有了课件或文本的提示，学生更容易查找自己听力训练中存在的问题。例如，通过阅读听力文本，学生可能意识到是英语中的一些功能词（如"is，was，are，the"等）的弱读现象导致了自己的听力困难，从而在以后的学习中主动强化这方面的训练。

听力教学模式还有着另外两方面的变化：一方面是通过布置任务来检测学生听力水平是否有提高，提高的程度如何；另一方面是采用了更多真实的音像教学资料。

采用布置任务的方式，在传统的教学方式下，一度采用的都是理解式的问题，但通过这种方式测量出来的听力理解能力并不准确。学生回答错误有可能是未能理解所学的内容，也有可能是对教师设计的问题本身就不理解，还有可能是自身的语言表达能力较差，所以需要采用布置任务的方式来进行教学。利用任务的方式来开展教学时，教师要注意所布置的问题难度要与学生的实际语言水平以及认知能力相当。针对初学语言的学生，教师可以设计一些完成句子的任务，要求学生把句子中所缺的词组或是单词填写完整。针对具有较好英语水平的学生，教师可以采取填空的方式让其将英语文章进行补齐。采取这种分别对待的方式有两方面的益处：首先，可以使得学生不受阅读和写作能力的制约，提高学生的听力水平；其次，因为这种教学方式更具趣味性，也更加真实，因此能够更好地调动学生对于英语的学习兴趣。

真实的音像资料实际上指的是一些可用于听力训练及教学的材料，并非是专业的语言授课教材，而是一些目的语的真实事件，有着真实的语境。这种更加真实的资料，能够帮助学生更真切地感受到英语口语的使用语境（如语速变化、犹豫态度的表达等），从中体验到的学习经历更近似于真实语境下的学习。

总体来说，这些教学模式上反映出来的变化，是语言教学研究者以及教师们教学理念转变的一种真实体现，表现在以下三个方面。

（1）对听力重要性的认识不断深入。在语言技能当中，听力是其中非常重要的组成部分。听力的提升能够帮助学生更好地理解语言教材，而且对于学生语言能力的整体提升具有至关重要的作用。听力活动不仅仅是为了理解相关材料的内容，更是促进学生英语交际能力发展的重要手段。

（2）课堂听力活动与现实交际活动之间的联系更加密切。为了与真实的语境和英语交际活动更加接近，教师在课堂上选择的听力资料应当尽可能真实，将更多的真实信息引入到情境教学中来，带领学生去模仿真实的任务，引导学生尽可能去猜测新词汇、新单词的意义。

（3）注重激发学生的学习兴趣。在课堂上教师应当引导学生积极参与互动，大胆将自己的猜测表达出来，教师带着他们根据查找到的问题来进行学习，最终帮助他们一起来验证这些猜测是否正确。教师也可以事先将自己要提出的问题告知学生，让他们带着这些问题去听录音，听完录音后组织学生进行讨论，在此基础上得出相应的答案。采取这种回答问题的方式，考察的不仅仅是学生对于学习内容的记忆力，而更多的是他们真实的听力水平。这些都使听力活动更有目的性和针对性，更有利于提高学生的听力水平以及英语交际能力。

更早时期的大学英语听力教学中，我们更加关注的是听力训练的结果，那时考察学生的听力水平大多采用的是理解问题后进行回答的模式，且每个问题仅有一个正确的答案。不过最近这些年，听力策略训练越来越被重视，大学英语教师也意识到，在大学听力教学中，不仅应当让学生简单、被动地学习听力教材中的内容，而且还应当帮助学生建构起相应的语言信息的基本框架。因为并不是学生听到了多少信息，他们就一定会注意到所有的这些信息。那些被学生重点关注的语言信息，能起到激发学生的作用，促使他们在自己原有的知识框架中不断融入新的知识。但这种纳入的过程，并不是简单的知识叠加和罗列，而是通过特定的方式和模式，来将这些信息纳入各自的知识体系中来，并且经常会令自身的知识体系发生整体的变化，也就是重新构建起新的知识体系。这些被学生所注意到的语言信息，会在他们随后的学习中被注意应用，只有这样，被纳入的新知识才能更好地融入学生的知识框架中，这是因为引起学生重视的内容能很好地提升学生的语言能力的培养。

正因如此，教师在进行听力教学的过程中，要特别关注两个循环的过程：即注意活动与重构活动。通过注意活动，教师引导学生根据听力训练教材来展开学习，查找自己理解的内容与听力教程的不同之处，教师还可以安排学生根据听到的内容来完成一些完形填空。在知识重构的过程中，教师可以组织学生对听力教材中出现的内容进行练习，这种练习可以是口头的，也可以是书面的。比如组织学生练习听力教材中的内容，根据教材安排学生扮演不同的角色。

目前大学英语听力教学中，对意义建构的作用也越来越重视了，也就是要检测学生对听力理解问题回答的准确性，同时要做到知其然，也知其所以然。若学生回答正确后，教师应当继续进行提问，目的是了解学生之所以回答正确，是因为掌握了相关的知识，还是在特殊的语境中，正好猜中答案。当学生回答错误时，教师要有针对性地提醒学生问题所在。如果在同一个问题上，很多学生都出现了错误，这说明遇到了学习中的难点，教师应当对此开展有针对性的辅导，加强学生的练习，避免再次出现此类问题。这种针对不同的情况采取不同的教学方法，表面看起来比较简单，但实际上对于教师的专业素质、教学经验以及责任心都有着较高的要求。若是从表象上来说，学生听力上的问题可能就是不认识一个单词或词组，有些教师就会认为帮助学生掌握这个单词或词组就能解决问题，学习中的障碍就能被排除。但实际上，因为生词所造成的听力训练中的障碍，是由多方面的原因造成的，主要包括如下六点。

（1）学生的确不认识这个单词；

（2）学生只认识这个单词的书写形式，但以前从未听过这个词以口语形式出现；

（3）学生把这个词与另外一个在发音上非常相似的词混淆了；

（4）学生虽然知道这个词的口语形式，但是在连续的语流中却无法将其分辨出来；

（5）学生虽然听出了这个词的发音，但是想不起来其具体意义；

（6）学生虽然听出了这个词的发音，但是对其意义的理解并不正确。

可以向学生发放问卷，让他们对自我进行评价，这样更容易查找到学生听力训练中出现错误的原因，掌握学生辨认词汇的习惯和特点，找到学生出现听力障碍的原因所在。

只有真正确定了学生错误的原因，教师才能够提供切实有效的帮助。而且，通过填答问卷，可以引导学生认真思考自己的学习过程，增强语言学习和使用的意识，在教师指导下不断改进自己的听力策略，培养自主学习能力，逐步形成适合自身认知特点的学习风格。

以上所述的听力教学模式变化完全符合教学法的发展历史。最初的语法翻译法坚持认为，语言是一种完整的体系，它描述的是特定的语法及其规则，学生只有对这些规则加以理解和使用，才能掌握这门语言。语法翻译法坚持要求语言输出要具有相应的准确性，听力是一种手段，用来听懂教师的授课。随后出现的直接教学法、听说法、交际教学法、任务型教学法等都开始注重学生听力的培养和提高。

直接教学法对于语音的教学十分注重，要求学生的英语发音清晰准确；并且将掌握英语口语交际能力作为英语教学中最重要的目标，在学习的过程中，会尽量避免学生使用母语。

按照听说法则的要求，学习英语就是要培养使用语言的一种习惯。听说法则要求学生对语言进行反复的模仿、训练和记忆，学习英语时要以教师作为中心，先要学会听和说，努力进行模仿，不断增强对英语口语的记忆，尽量少使用母语，充分利用各种视听教具和语言实验室。

在交际教学法看来，不论学生接触到什么样的语言规则，这种规则最终的目标就是帮助学生借助目标语准确地表达自己的意思。交际教学法的关注焦点主要有两个：一是它的社会交际功能；二是它的语言所代表的结构功能。其中最本质、最重要的功能是社会交际功能，相同的语法结构在不同的语境中能够行使不同的功能，例如，"I'm cold."可以起到"陈述事实、抱怨身体不适、要求到温暖的环境中去、建议关上房间的门窗"等多种作用。不同的语法结构在不同的语境中却能够行使相同的功能，如向别人打听时间可以采用下列说法。

（1）Excuse me, could you tell me the right time, please?

（2）What time is it. Please?

（3）What's the time?

（4）Time?

这些表达方式都是完全合乎语法的，也符合英语本族语者的语言表达习惯，关键是要在不同的交际场合下选择合适的表达方式。上述四种表达方式的正式程度依次降低，以交际者之间社会关系的密切程度作为选择使用的标准。例如，第一种表达方式适用于向陌生人询问时间（如在车站候车时向其他乘客询问时间），但是不适合用于向关系密切的人询问时间（如朋友之间询问时间）。

第五章 大学英语听力教学方法与多样化教学方式的选择

任务型教学法是以固定的学习任务为目标,整个学习过程都是围绕着教学任务来展开,而教学任务的完成程度,也是检验教学效果的唯一方法。任务型教学法有以下三个特点。

(1)任务型教学法强调学习过程,通过引导学生完成真实的学习任务、积极参与学习过程来培养其运用英语的能力;

(2)任务型教学法不仅重视培养学生的听、说能力,更强调培养学生运用语言的综合能力;

(3)任务型教学法认为,培养学生的语言运用能力固然重要,但也不能忽视对语言知识的教授,即倡导以语言运用能力为目的的语言知识教学。

在任务型教学法看来,语言是一种特殊的工具,它可以表达使用者的思想,传递使用者的情感,解决所遇到的问题。语言使用的过程就是学习语言的过程,如果仅依靠机械式的训练,则无法真正达到提高语言能力的效果。并且我们学习语言并不仅仅是为了学会使用一种语言,掌握这种语言的简单技能,更重要的是使用这种语言来解决遇到的问题,完成特定的任务。

我国的高校英语教学自二十世纪八十年代开始,已经不再照抄照搬国外的教学方法,自这个阶段开始,我国的英语教学开始形成了有本国特色的教学观念。有学者提出了一些新的教学法,鲁子问和王笃勤对此进行了较为详细的探讨。张正东提出的立体化教学法将语言教学视为一个由学生、目的语和教学环境组成的三维整体,构建以经济发展为底、跨国文化为顶的立体化结构,强调树立根据具体国情、因地制宜地开展教学的理念。

应该说,无论是国外的研究还是国内的研究,都对我国基础阶段的英语听力教学产生了重要和积极的影响。根据相应的教学理念的指导,教师应当结合既定的教学任务,来选择最适宜的教学方法和策略,这已经成为体现教师专业素质的一项重要指标,也已成为教学实践过程中一个无法回避的重要环节。

当下教育界提出,教师不仅应充当教学任务的具体执行者,而且应充当教学决策者的角色。每个教师的教学风格都不尽相同,在教学过程中处理问题的方法以及取得的教学效果也不相同。教师需要在不断变化的教学活动中,根据具体的情况制定适宜的教学决策,进入新时代后,教育手段越来越多样化,各种各样的英语教材也越来越丰富,教师的教学活动有了更多的选择空间,在这种情况下有了综合法。这种方法融合了多种教学方法,将学生的听力视作为互动能力的重要内容,因为只有具备了相应的听力水平,学生的思维能力才有可能得到提升。综合法认为听力水平的提高,有利于学生情感的正常发展,也有利于促进他们心理的健康成长。所以在采用听力教学法时,要充分考虑学生的心理特点以及情感实际。

以下是举例说明综合法涉及的一系列听力活动。

（1）听前阶段。向学生展示一幅图片，让学生自由表达对这幅图片所涉及话题的个人感受；引导学生根据话题预测听力材料的大致内容，组织学生开展一个关于本话题的小型讨论或辩论；然后给学生读一篇关于本话题的材料，目的是增加学生关于本话题的知识，丰富其对本话题内容的图式知识。

（2）听的阶段。要求学生理解听力材料的主旨，如能根据听力信息绘制图表等；要求学生理解听力材料信息的细节，如能根据听力信息填充所缺单词或短语等；要求学生认真辨析听力材料中讲话者的发音特点。

（3）听后阶段。引导学生表达自己对听力材料中的观点的意见；针对某些具体的单词或短语，要求学生再听一遍，并进行详细的释义，将听力材料的书面形式发给学生，或者以幻灯片方式展示，要求学生阅读或者跟读。

显然，听前活动充分调动了学生投入学习活动的主动性，激活了学生大脑中关于本话题的先前知识，为听力理解活动做了充分的准备工作。而且，综合法强调学生互相讨论、交流自己的理解和听力策略，强调协作式学习。后续的一些听中、听后活动则是围绕听力材料展开的，能促使学生对内容的理解更加准确和深入，同时也减少了学生的心理压力，因为他们不用担心教师要求他们只听一遍就记住所有的内容。由以上分析可以看出，综合法把听、说、读、写四项技能全部整合在了一起。

即使是饱受争议的语法教学法也在综合法中得到了体现。语法教学法要求学生在开展听力活动时阅读一篇书面语篇，然后完成数项任务，诸如确定一组词语在句子中的恰当位置，找出单词与短语之间的关系，利用上下文提供的信息线索进行语法关系推理，以及根据语境提供的线索进行认知层面（短语搭配、语法规则等）的猜测。目前大学英语听力教学中经常采用语法教学法，仅仅将听力练习视为课堂活动而已，没有密切联系真实交际情境，学生完成的听力任务也不具有真实的交际功能。但是，类似的听力教学法对学生语言知识的掌握具有重要的促进作用，有助于实现听力教学的第一个目标，即巩固语言知识，因此在一定程度上仍可采用。

语法教学法之所以被广泛采用，还有一个重要的原因就是，许多测试，甚至是大规模的权威英语测试，都采用基于语法的听力测试。如国际上采用的托福考试（TOEFL），在听力部分大量采用这样的测试方法来考查学生的英语语法知识。考试引发的反拨效应（wash-back effect）使一些教师的教学理念和方法难以更新。因此，教学方法和策略的选择与听力测试环节密切相关。

第五章 大学英语听力教学方法与多样化教学方式的选择

第三节 大学英语听力教学策略训练

第二语言的学习理论研究得到非常深入的发展，第二语言或者说是英语教学的理论研究核心发生了一些改变，从以往的研究教师应该怎么教，正逐渐向学生应该怎样学转变。理论研究者和教师本人都越来越清楚地认识到，学生的主动学习才是较好地掌握一门语言的重要前提，语言的学习需要学生对各种各样的学习资料和机会进行把握。也就是说学生能否灵活运用各种语言学习策略，是能有效提高学生学习语言能力的方法和技巧。对学习策略的科学合理的运用，能促进学习者对语言知识的吸收和内化，并可以随时随地进行运用。基于前期对语言学策略的研究，大量的实践研究表明，学生经过多次反复的听力策略训练后，能很大程度上提高其科学地采用学习策略来进行学习，将每一次的听力理解都建立在自己已有的知识体系上，因此也更便于对新知识的理解和内化。

一、听力策略类型

"学习策略"这一概念最早可追溯到20世纪60年代或70年代。不同的学生运用不同的推理方法来学习英语，这些方法被称为推理策略。推理策略分为三种类型：语内线索推理，即利用对目的语已有的知识进行推理；语际线索推理，即利用其他语言的知识进行推理；语外线索推理，即利用真实世界的知识进行推理。这三种策略的内涵表明，语言学习过程是一个不断解决问题的过程，在这一过程中，学生不断运用以往的经验和知识解决语言学习过程中所遇到的问题。

人们对学习策略的深入研究，是在推理策略研究大力发展的前提之下，一般英语学习较好的人，都能根据自己的需求对学习策略进行运用。学习策略概括来说，就是学生为了完成对语言信息的获取、存储和内化而使用的操作方法、计划等。也可以理解为，学习策略就是学生在学习中所进行的具体活动，从而更便捷、轻松、高效以及灵活地掌握一门语言的学习，而且还能在全新的环境下进行自学。

在研究者看来，学习策略其实就是一种心理过程的体现，其包括的主要内容有：大脑会对输入的语言进行一种假设，然后再对这种假设进行验证；在各种交际场合能实际运用语言知识。根据学生策略，对英语学习的效果是否产生直接影响和影响的程度来划分的话，可以分为三个种类：第一是学习策略，是指学生自身进行组织发展语言能力的一种策略方法；第二种是交际策略，是指当学生的表达无法被听话者所理解，甚至产生误解时，用来进行弥补的一种策略；第三种是社交策略，是指学生通过创造新的机会去运用英语进行表达时所采用的策略。

学习策略还可以分为元认知策略、认知策略和社会/情感策略三种类型。元认知策略指的是较高级、执行性强的技能，主要包括了学生所做的计划、评估等活动，是为了完成某一个学习活动的目标，比如对语言进行理解。认知策略是对输入的信息进行处理的一种策略，比如推理、细化、总结等技能都属于这一类。社会/情感策略是指的学生在参与交际活动时对自己情感的控制，对自己不良情绪的消除等能力。仅仅从听力教学来说的话，对听力策略的分类可以参照学习策略来进行，也就是从宏观上来说，听力策略的分类跟学习策略的分类是完全一样的。不过不同之处在于，听力从微观上来说，因其听力理解的实质不同而具有自己的特殊之处，因此又不能笼统地认为其与学习策略的分类是一样的。综上所述，又将学生的听力策略具体分为听力的元认知策略、听力的认知策略和听力的情感认知策略三类。

（一）听力的元认知策略

元认知知识指的是学生在进行听力活动时所获得的一类知识，也可以说必须具有这种特有的策略和技巧才可能去达成某种听力任务，是在未进行听力理解时就必须掌握的一种知识，主要包括的内容有：对听力任务的难易程度进行认知、对个人能力进行认知，和对听力资料特征的认知。学生具备这种能力的话，才可能较好地对听力理解时遇到的问题进行很好的认知和解决。元认知调控指的是学生利用的各种调节、解决听力理解时所遇到的问题的方法，主要内容包括了对学习目标的确立、学习计划的制定、学习过程的自我监控、学习策略的及时调整和完善、对学习效果进行检验及评价等。

显而易见，对认知策略发展产生制约作用的最关键因素是元认知的发展，它可以指导、调整和整合学生的认知策略；对元认知调控的把握，必须先具备一点元认知知识，学生必须充分了解自己的听力任务要求、学习语言的能力以及如何能够完成听力任务后，才可能使制定的学习目标适合自己，才能够对学习中遇到的问题及时地发现并找到解决方法。

元认知策略包括计划策略、监控策略和评估策略三大类。计划策略是说学生在进行学习之前就计划和安排好自己的学习目标、实施过程和步骤等。例如，对学习目标进行确定，对听力的重难点进行事先猜想，对可能遇到的问题进行预测，计划好怎样完成学习任务、对学习时间进行计划等。监控策略说的是学生在进行学习活动时，自主地、积极地监管好自己对学习计划和方法的实施是否到位。评估策略是说学生进行学习后，要对自己的学习成果做一个自我评估，以利于制定接下来的学习目标和学习任务，并可以及时地完善和改进自己的学习策略。

元认知策略是在进行英语听力活动的计划和安排时采用的策略，在实际进行英语听力活动时一般不会使用该类策略，主要是起到引起学生的注意，并保持较好的状态，能很好地对听力信息进行认知、理解和储存，并对策略的选择具有一定的目标性。元认知策略具体有以下七点内容：

（1）语言意识：对英语语言特征的注意、感知与运用。

（2）计划：根据特定情境确定听的目标，安排时间，选择最佳策略。

（3）预先组织：听前从心理上和材料上做好准备。

（4）选择性注意：将注意力有选择地集中在上下文的关键词语、语言标记、停顿、强调以及语境因素上。

（5）自我管理：听前、听中与听后对自己、听力任务和听力活动高度自治。

（6）自我监控：监控自己的理解情况和所选策略的有效性，并进行适当的调整。

（7）自我评价：评价是否已达成听力理解目标以及所使用的策略组合的有效性，并进行相应的调整。

听力理解中元认知策略的本质就是有意识地计划、安排听力活动，并对听力行为实施监控，对听力理解进行自我评价。因此，帮助学生在听力理解过程中学会运用元认知策略就是培养学生的听力元认知策略意识。

（二）听力的认知策略

认知策略与具体的语言任务有关，是学生利用原有知识等对输入的信息进行加工处理时所采用的特定技巧。听力认知策略包括下列内容：

（1）记笔记：用缩写、图表或数字的形式记录关键词语或概念，从而将注意力集中于讲话人的思路，使听与说同步进行，保持听的积极参与性，这有助于记忆所听的内容，可节省时间和精力，保证听力过程中注意力的集中。

（2）利用资源：善于利用环境资源来获得更广泛的信息，扩展所学知识。

（3）激活语言知识：利用关键词、各种语法知识和固定搭配帮助理解材料内容。

（4）记忆：把需要的信息储存在长期记忆中，并能在出现交际需要时提取。

（5）预测：在听前或听中预测听力材料的结构与内容。

（6）推理：利用上下文情境来推断和预测词义、句意、文章的主旨意图等。

（7）联想：联系背景知识、常识和听到的信息领会词义、句意、文章的主旨大意等。

（8）分析：运用各种表示逻辑关系的词语理解文章内容。

（9）意象：对获取的信息在头脑中形成一个视觉图像。

（10）听觉重现：听录音之后，为了验证和判断在头脑中再现听的情景。

（11）重组：把听到的独立词语重新组成句子和段落、概念、事件，并将信息重组、编码，形成有意义的命题。

（12）演绎应用：利用所学的词法、句法等语言知识推断生词、句子意思，如利用同源词、关联词、信号词等。

（13）新旧知识联结：联系已经掌握的知识，以理解新的知识。

（14）归纳：根据听力内容的细节、层次归纳主旨大意。

（15）重复：有声或默默重复听到的内容。

（16）迁移：利用母语知识帮助理解。

（17）翻译：将某些词句翻译成母语，再理解其意义。

（18）总结概括：总结获取的信息，将主题信息与支撑信息、事实与意见进行分类。

（三）听力的情感认知策略

大量的教育心理学研究结论表明，在教学中，学生会呈现出积极和消极两种主观情绪。良好学习效果的获得，需要积极的主观意愿来促进，而消极的情绪是不利于学生获得较好的学习效率和效果的。并且经过英语教学的实践也发现：学习的效果主要受学生主观情感的影响，并会产生正面作用或负面作用。若剔除了学生的主观情绪的作用，即使有良好的学习潜力，学生的积极性也难以调动起来。

对英语听力学习起到正作用的，是两个方面的积极主观因素。一方面是学生的自信心、动机和焦虑等个性化特征。学生若是具备想学好英语的主观动机，就比较有利于其明确学习目标。而且在学习过程中，学生具备较强的自信心，是非常有利于保证学习效果的。而在学习时经常感到焦虑的学生，其情感障碍也比较大，就不利于语言的输入；焦虑感较弱的学生，则可以相对较多地接收语言输入。另一方面是针对师生之间和学生之间的课堂交流，和课堂移情等情感交流因素。学生和教师的互动以及教师的教学活动，主要是通过课堂来完成的，因此课堂上师生关系的融洽，是保障课堂听力教学的重要因素。不容置疑的是，学生想要具备较好的英语听力理解能力，不但要学会对自己的情绪进行有效把控，还必须具备一定的人际交往能力，这样才能获取越来越多的机会去完成英语听说能力的习得。听力理解中一项非常重要的策略就是社会/情感策略，具体内容表现在以下 8 点。

（1）激发动机：动机是促使学生取得成功的主要因素。

（2）培养兴趣：通过各种方式体验学习英语的乐趣。

（3）增强信心：从成功与进步中发展把握听力内容的能力。

（4）自我鼓励：失败时不灰心，鼓励自己继续努力就会成功。

（5）减轻焦虑：自我舒缓，克服学习过程中的焦虑感。

（6）互换立场：指对待语言群体的态度，如与同学交流时充分考虑对方的感受。

（7）合作学习：与同学合作完成听力任务。

（8）澄清问题：寻求解释或澄清疑问。

学生对听力元认知策略、听力认知策略以及听力社会/情感策略的掌握和运用，都是为了能更好地提高自己英语综合水平，并由此具备一定的独立学习能力，对学习中遇到的困难能做出具体的解决方案。这几类听力策略都带有强烈的主观意识，并有很强的可操作性，不过却不可能时时刻刻都能感觉得到，把握得住。当然，通过学生积极主动的参与，并遵循一定的规则和方式进行练习，提高听力策略能力的目标也是可以达成的，而且不但能够提高学生的听力理解能力，对其英语综合水平的提高也非常有利。

二、听力策略训练的原则

传统的英语听力教学，通常是以教师为课堂的主导，而且主要是通过语言来完成的，因此很多人会误以为英语听力是一种不可教的被动过程。而且也有很多的教师觉得，在学生理解的基础上，进行大量的语言输入，日积月累地渗透和灌输后，自然就能提高学生的听力能力。不过事实却并非如此，很多实践研究已经给出结论：听力理解的过程，其实是学生个性化的预测能力、记忆能力和概括能力的综合表现，这个过程需要学生进行语义的重新组合和构造，因此要求学生可以自主地、积极地参与进来。学生的语言熟练度越高，运用听力策略的能力可能就越强。国内外众多语言研究者提出，要求教师在进行听力教学时，必须重视听力策略的训练，促使学生灵活运用各种听力策略，这是因为，成功掌握一门语言会受到策略意识和合理运用策略这两个因素的影响。教师还要督促学生对自己的学习过程进行把握，避免学习时过多出现焦虑、烦闷的情绪，将学习状态保持在最佳水平，或者是不断改善其学习态度，为学生的学习注入强有力的动力。这些要求的提出，需要教师改进自己的教学方法，在听力教学中有意识地培养学生，在听力策略上树立自己的目标和制定自己的计划，但是，采用什么样的训练方式，运用什么训练模式，是本节重点要解决的问题。当然，听力训练方式与模式的选择会受到各种各样因素的影响，如国家的教育政策、地方教学环境、学生所处的学习阶段、语言水平、认知风格、教育文化背景、对策略训练的看法等，尤其会在很大程度上受到听力教师策略训练理念和原则的影响。

从语言教学与学习理论的角度来看，教师首先应该提高策略训练意识，认识到听力学习策略训练是使学生提高听力理解能力的重要方面，引导学生做好准备，接受听力理解策略指导。也就是说，策略训练不能流于形式、浮于表面、简单应付了事，而应被视为一种切实可行的、有效的英语听力学习的手段；另外，不能走极端，不是所有的听力课堂教学都必须建立在策略指导的基础之上，更不能因为过于注重策略训练而忽略了大量真实听力材料的输入。

但是，加强策略训练意识有时可能导致某种错误观念，即认为听力学习策略是灵丹妙药。而事实上，策略训练固然能帮助学生提高英语学习的效率，但不能替代英语学习本身。英语学习需要花时间、下苦功，即便掌握了学习策略，也不能改变英语学习应该循序渐进、日积月累的本质；况且，成功学生使用的策略不一定适合所有的人，策略会因人、因时、因事而异，学生的学习方式、学习动机、学习态度、学习时的忧虑程度等方面的因素也会导致策略使用的差异。听力策略训练种类的多少和频率的高低，在很大程度上取决于学生的语言水平和任务的难度。需要强调的是，有些策略是双刃剑，既有积极的作用，也有消极的影响。如果教师把所谓好的策略不加区别地向学生介绍，策略训练效果也不一定理想。

认识到以上几点以后，教师在实施策略训练前还要做好动员工作。首先，要调动学生学习英语的积极性，激发他们参与策略训练的强烈愿望，即策略训练必须以"我要学好英语"为前提。缺乏这方面的动机，再完美的策略训练课程也不会收到理想的成效。此外，正式训练前应尝试性地进行一些策略训练活动，让学生初步认识到策略指导的价值，实实在在地感受到运用策略的益处，知道何时运用何种策略是有效的。有了上述基础，再精心考虑如何设计策略训练的方案，才会收到事半功倍的效果。

听力策略训练应从何处着手？听力策略种类繁多，严格来说没有穷尽。但从各类策略的作用和目标来看，策略训练应从社会/情感策略和元认知策略入手。众所周知，英语听力理解过程是一个比较复杂的心理活动过程，学生的情感因素对学习效果会产生正反两方面的作用。如果没有情感上的积极作用，即使有良好的学习潜力，学生的积极性也难以调动起来。具体来说，如果没有良好的动机，学生的学习目标就不明确，会直接影响到学习效果。

第五章 大学英语听力教学方法与多样化教学方式的选择

如果对英语听力学习缺乏自信心，学习进步就会较慢；在听的过程中，如果情绪处于紧张或厌倦的状态，就会产生对抗心理，难以听懂任何内容。因此，在听力策略训练前，应该帮助学生把握好各种情感因素，鼓励他们既大胆尝试有用的听力策略，又相互交流、互相学习、共同进步。

元认知策略虽然并不直接涉及英语听力活动，而是要通过其他认知策略的使用来影响听力过程，但它却能帮助学生确定学习目标、制定学习计划、监控学习过程、调整学习策略、检验学习效果、评价学习效率以及激发听力自主意识，从而对听力活动的组织和安排发挥有效的作用，即以培养学生的独立学习能力为最终目标。

学生是学习的主体，因此，听力策略训练的中心问题是如何把听力学习策略传授给学生。教给学生策略的目的是使其具有"一双更加实际的眼睛、一对接受能力更强的耳朵、一条更加灵活的舌头、一颗更加专注的心和一个反应更加灵敏的大脑"。可见，听力策略训练的重点是帮助学生更有成效地提高英语听力理解水平。因此，策略训练的方式与模式都应根据学生的学习阶段、语言水平、教育背景和心理状态来设定，训练活动的设计与材料的选择应围绕学生如何认识策略、理解策略、使用策略等实际需要来展开。

从国内外对听力教学的研究来看，要成功地进行听力策略训练，教师除了将策略训练上升到一个理性的高度外，还必须遵循以下六个原则。

（一）目的性原则

进行听力策略练习，是为了让学生在教师的指导下，根据自己的时间和情况安排好自己的学习计划，并始终保持大脑的兴奋状态，确保听力练习效率。为了达成这一个目标，可以通过"注意"和"自主学习"两个手段来完成。

"注意"指的是对学生自主听和分析进行有效引导的一种行为，这种行为，能将学生的大脑信息向长期记忆进行转化。所以说"注意"是保证学生听力策略练习中，获得高效率和高质量的重要前提。"自主学习"是学生进行语言学习的一种主观能动性，是对自己进行管理的能力。其最突出的特征是，学生要根据自己的实际情况来进行学习目标的确定、学习进度的安排、学习方法和技巧的选择等，同时对自己的学习效果进行自我控制和评价，并能对各种现代化的学习技术和学习资源进行有意识地利用，能很好地分配自己的学习时间。由此可知，听力策略练习可以促进学生自主地进行语言信息的接收，让其维持较好的学习兴奋度，学习时可以高度地集中自己的注意力，有效提高自己的学习效率，而完成以上学习目标最关键的手段就是学生的自主学习。

（二）系统性原则

听力策略不是独立存在的，所以对其训练也要有系统性，不能单独地训练某一个策略。准确地说，认知策略和情感策略是较低级别的策略，元认知策略是较高级别的执行策略，因此认知策略和情感策略的发展，受元认知策略的影响比较大，这两类策略的运用效果，在很大程度上受制于元认知策略的选择。所以说，听力策略训练时若只给学生制定学习计划，而不能让他们切实履行的话，学习计划和目标也只能成为一纸空谈。当然，若只重视学生较低级别策略的训练，而忽视了较高级别策略，会导致学生无法充分建立语言意识，对其自主性和独立性的调动都是非常不利的，这也会阻碍学生听力理解能力的提高，导致学生无法完成学习任务。

（三）文化性原则

语言是一种重要的文化载体，不同的文化环境可以产生不同的语言。所以，学生在学习英语之前，有必要先对英语国家的文化历史背景进行一定的了解。教师在对学生进行听力理解训练时，对与听力材料有关的文化、风俗和社会知识要进行一定的讲解，这将更有利于学生理解听力材料，并不断地掌握和积累一些常用的英语套语，从而有效地解决听力理解困难的问题。

（四）以认知过程为基础的原则

根据认知心理语言学家研究，听力理解是一个靠听者主动积极参与的语言信息解码过程和意义重构过程相结合的复杂认知过程。这个过程可分为三个互相依存的阶段：感知、解析和运用。

在感知阶段，声音被转变成词语表征。听者主要是辨认英语的语音、词汇及句法部分的特征，即按照英语特有的语音和语法规律将听到的声音破译并编成语言信息，暂时保存在对形与声的短期记忆中，以备进一步加工、理解。

在解析阶段，词语表征被转变成意义表征。听者将短期记忆中的信息重组、编码，使之形成有意义的概念，并根据自身的经历和知识在长期记忆中建立起各种图式，然后从语音、语义、句法三个层面上理解所形成的概念的意义。

在运用阶段，听者将信息的意义加以运用。当形成的概念与长期记忆中的已知信息发生联系时，大脑便通过积极的思维活动去分析、归纳、合成这些概念，使其成为连贯的语言材料，从而完成意义重构，并将重构的意义储存在长期记忆中。

这三个阶段虽然不能完全呈线性分布状态，但对以汉语为母语的学生来说，因不像以英语为母语的听者那样会自动编码处理听到的信息，需要首先

顺利通过感知阶段，才能对所听的内容进行解析与应用。因此，听力策略训练必须遵守从"感知"到"解析"再到"应用"这样一个循序渐进的认知过程。

（五）以能力培养为中心的原则

对于一个接触英语不久的学习者来说，听力策略的训练可以很好地辅助其进行听力理解能力的培养。从这个角度来说，听力策略训练的目的，就是为了英语听力中涉及的各种技能的提升，而并非只是单纯地为了训练。具体包括如下三种能力。

（1）辨音能力。单词和句子等的发音并非是一成不变的，因此教师要引导学生辨别不同语境中的不同发音，对其代表的意义和内涵加以区别。

（2）用英语思维的能力。很多学生在进行听力理解的时候，都会有一个不好的习惯，那就是将听到的内容先翻译成母语，再进一步理解其意思，这样一来，就很难满足听力的速度要求，不利于快速全面地把握听力材料。针对这个问题，教师在听力策略训练时，要引导学生适应纯正的英语语法结构，使学生形成纯正的英语语言逻辑。

（3）口语表达能力。很多学生在听听力材料时表面上感觉听明白了，但是若要其对听力材料进行表述时，则往往不能准确表达其中心意思。针对这种情况，教师在进行听力策略训练时，要引导学生注意听力材料中的语音和语调，以及一些重要的、关键的词汇和短语，并对存在问题的地方进行适当讨论，这样一来，就有利于他们把握听力材料中的主要内容，而且还能锻炼他们的口语表达，提高学生学习英语的热情和积极性，营造一个活跃、轻松的课堂氛围。

（六）"自下而上"与"自上而下"结合的原则

英语初学者在进行听力理解时，往往会比较注重对单个的词、短语进行理解，然后再经过综合，变成对整个短文的理解，这便形成了自下而上的学习方法。等到学习了一段时间后，有部分学生就能转换到自上而下的阶段，开始可以从听力材料的知识背景上去把握其中心意思。这两种方法作用在学习的不同阶段，具有同等重要的意义。在进行听力理解策略训练时，要针对学生的年龄、基础等实际情况，综合运用这两种学习方法，扬长避短，充分发挥其有利作用。

听力策略的训练方式有很多种，教师要对国内外的策略方式和策略研究进行充分了解，并依据不同的学生、不同的教学目标、不同的教学条件和需要，来选择合适的方法。

1. 短期和长期训练

根据训练时长的不同，可以将策略训练划分为短期训练和长期训练。一般短期的策略训练需要时间不长，通常在三到五个星期甚至三到五天就能完成。为了能训练学生对某一个或者是某一系列的策略进行掌握，教师可以制定合适的听力策略训练方法，准备好听力材料和相关的练习。并且为了强化学生的运用，短期训练中可以采用一些非真实的材料，这样有利于学生在短期训练后，能从整体上灵活运用策略。

长期策略训练需要的时间比较长，一般需要一个学期甚至是两到三年。进行这种训练的话，教师可以将其融合到正常的语言教学中去，不需要特意地制定计划和安排，也不需要特意准备听力材料。该训练的作用是能让学生具备起码的策略意识，并能拥有较强的听力策略能力，这样一来，学生就能够边学边用，灵活运用策略来提高学习效率。

2. 分离式与融合式的训练

顾名思义，分离式策略训练指的是策略讲座等与日常教学相脱离的一种训练方法。该方法的实践一般会设置在课后，课堂上不会采用，有时也会特意地抽出一个时间来进行集中的训练，而且训练时间和策略选择，都需要根据实际情况来制定。融合式训练则是穿插在日常教学中的一种训练方式，或者是将其作为英语教学的一个组成部分。这种形式的训练不受时间长短的限制，教师可将对策略的指导体现在教案中，能够逐步地、比较系统地向学生讲解不同听力策略的作用及使用，而且学生能在课堂听力学习实践中领悟并体验到运用策略的益处。

3. 隐性与显性的训练

根据学生是否清楚这是在进行听力策略，或者是正在采用哪些策略来划分，可以将听力策略训练分为隐形训练和显性训练。隐形训练中，学生不会被告知这是在进行策略训练，也不清楚采用的是何种策略，他们只是通过教师的指导，在听力练习时选择该种策略；显性训练指的是在训练之前，教师就会向学生介绍这是策略的训练，并详细说明策略的功能和使用方法。隐性训练大多是融合式的、无控制的、长期的，训练的重点是提高学生的策略意识，使他们在正常的听力理解活动中感受策略运用的有效性；而显性训练大多是分离式的、有控制的、短期的，训练的重点是帮助学生学会运用某些策略，并即时审视策略使用的频率、效度及其与听力成绩的关系。

4. 集体训练与个别训练

根据训练活动如何进行组织，可以将听力策略训练分为集体训练和个别训练。集体训练是指训练规模是一个班、几个班甚至一个年级的，或是结合到课堂教学中的训练。而个别训练指的是从学生中挑取一个或几个学生，进行专门的听力策略训练。集体训练的优势在于可以营造一个积极活跃的整体氛围，使得学生之间拥有更多的交流机会和学习机会，其缺点体现在：学生的年龄、英语基础和水平等都各不相同，因此训练无法有针对性地展开。而个别训练的对象只有几个甚至是一个学生，这就使教师采用的训练计划可以更具有针对性，教师的指导也能因材施教，可以短时间内有效地提高学生的听力理解水平，但缺点在于这种训练没有一个整体的大环境，不利于学生竞争意识的产生，而且整体氛围也缺少积极性和主动性。

5. 有控制与无控制的训练

按照教师是否对训练时间和数量进行控制，以及是否采取评估、比较的手段来划分的话，听力策略训练可以分为有控制的训练和无控制的训练两种。有控制的训练需要教师进行适当的干预，预先制定好训练的要求和方案，并准备好相关的听力材料，对训练教学的各环节都要事先安排好，让学生可以对策略进行比较和评价，对各种策略的作用和效果有清楚的认识。通常情况下，这种训练方式是短期的、分离式的和显性的，不过也不完全排除长期的和融合式的。无控制训练下，教师和学生对训练时间、听力材料和活动形式均不做任何安排，这种训练是为了对日常的课堂教学以及在没有教师进行管理的情况下，学生对策略的使用情况进行了解。通常这种训练方式也是隐性的、长期的、融合式的训练。

以上阐述了听力策略训练的五组方式，包括策略划分的标准和原则，策略训练的理念、重点、目的以及训练所受的种种限制。根据时间安排，教师可以选择短期或长期训练；如果受课时的制约或为了检验课堂内外训练的不同效果，教师可以采取分离式或融合式训练；为了对比受训者知情和不知情两种情况下的训练效果，教师可采用显性或隐性训练方式；如果训练的目的是考查一般和个体训练的差异，教师可以视情况进行集体训练和个别训练；假如训练的重点是探讨某些策略使用的过程，训练者可能有意识地控制一些因素，这便是有控制的训练，相对的则是无控制的训练。上述这些方式从总体上反映了听力策略训练方案设计的基本依据和倾向，但具体到如何制定一个适合自己所教学生的听力策略训练方案，教师还需要在具体教学实践中探索与特定训练方式相适应的训练模式，在教学实践中加以验证，并不断改进。

三、听力策略训练模式

在听力策略训练实践过程中,教师可以参考下列六种模式。

(一) 八步策略训练

关于语言学习策略研究的重要论著《语言学习策略:教师必读》中,提出了策略训练的模式,共包括以下八个步骤。

(1) 确定学生的需要和可以支配的时间。

(2) 确定好要训练的策略。

(3) 采用整体策略训练的方式。

(4) 考虑学生的动机等情感因素。

(5) 准备听力材料,设计听力活动。

(6) 选择完全知情的训练方式。

(7) 评估策略训练的效果。

(8) 修订策略训练方案。

(二) 基于学生的训练

这一模式是苏远连进一步完善而成的,更有针对性和可操作性,包括以下六个步骤。

(1) 判断学生的策略需要:找出学生的困难;评价学生现有的策略。

(2) 选择要教的策略。

(3) 编写策略训练计划。

(4) 进行控制性策略训练:定义策略和说明训练理由、示范新策略、练习新策略、评价练习和策略使用情况。

(5) 评估策略训练方式。

(6) 修订策略训练方案。

(三) 与语言技能相结合的训练

这一模式将对策略意识的训练与对语言技能的培养融为一体,采用课内与课外训练相结合的方法,以培养学生的独立学习能力、自我评价能力和自我调控能力为最终目标,进一步验证听力学习策略的可教性,同时探讨一套适合我国英语听力教学实际情况的合理、有效、清晰的策略训练操作程序。该模式包括以下六个步骤。

(1) 通过测试和问卷判断学生的听力水平,了解他们的听力困难和策略使用情况。

(2)根据问卷结果判断学生的策略需要,并确定要教的策略(所选策略至少要包括能促进听力理解的认知策略和帮助学生监控听力学习过程的元认知策略两类)。

(3)根据学生现有的听力材料编写策略训练计划。

(4)实施控制性策略训练,每次课的训练分五步进行:准备——学生完成一项听力活动,讨论遇到的困难和解决的方法,教师进行评价;示范——教师介绍一种新策略,解释其用法及重要性,并进行示范;练习——学生练习使用新策略;评估——评价练习和策略使用的情况;巩固——运用包括新策略在内的多种策略完成几项听力活动。

(5)通过测试、问卷、自我评估报告和访谈,评估策略训练的效果。

(6)根据训练结果修订或完善策略训练方案。

(四)以任务为基础的融合式训练

这一模式是聂越华设计的与日常英语教学融为一体的听力策略训练模式。在此模式中,教师首先要结合教学内容演示策略的作用与使用,然后有意识地让学生在完成学习任务的过程中练习使用所学策略。具体步骤如下:

(1)学生分组讨论母语环境下听力理解的过程,以提高在听力过程中使用听力策略的意识。

(2)教师筛选听力材料,口头模拟英语听力理解的过程和策略使用的思维过程,每节课向学生展示两个新策略,并讲解在什么情况下如何使用这些策略。

(3)学生结合具体听力任务练习使用新策略,填写听力策略表,以此对自己使用策略的情况进行评估,在训练中学生分组讨论策略使用的效果。

(4)学生自我评价,记录每次训练的情况,包括如何使用策略、有何进步和困难以及如何进一步提高策略能力等。

(5)学生做课后拓展练习,以巩固听力策略使用的效果。

(五)以学生自我效能为目标的策略训练

以学生自我效能为目标的策略训练模式是在前人研究的基础上创立的听力策略训练模式。其中的"自我效能"是指学生对自己所取得的成绩进行归因的一种信念,如果成绩归因于自己可以控制的因素,例如"努力程度加大"或"某种策略的使用",学生就会有更强的自我效能感,也会有更强烈的学习动机,从而乐于从事同样的学习活动,甚至会尝试其他学习策略,以继续体验这种自我效能感。如果成绩归因于自己无法控制的因素,例如"任务难度大"或"自己能力差",那么结果就会相反。该模式是长期的、显性的、融合式的训练模式,以长期效用为目标,主张教师以提供支架的方式干预学生的策略学习过程,旨在引导他们增强策略意识,最大限度地体验成功与可控因素(即策略使用)的必然联系。这一训练模式包括以下内容:

(1)在调查学生策略需要的基础上设计策略训练方案。
(2)确定策略测量工具,如日记、学生评价表、教师对策略的反馈等。
(3)鼓励学生寻找其使用的策略与学习成效的关系。
(4)鼓励学生评价策略使用的成效与下一步完成的学习任务的关系。
(5)采用随后的或延迟的听力测试。
(6)听力测试的任务类型不同于策略训练活动。

(六)以任务和教学循环为基础的训练

这一模式一般是比较长期的、且多策略使用的模式,可以很好地对真实语境的元认知策略进行控制。同时它也是以听力任务为前提的,在各个教学阶段都要选择合适的、科学的教学策略,让学生对训练策略有整体的了解,对策略的计划、完善、评价和解决等过程进行了解。一般情况下会分为五个层次:

(1)听前阶段,预测听力内容:学生根据话题内容和语篇类型预测即将听到的信息和词汇类型。

(2)第一遍听,即证实预测的第一阶段:学生如果证实了初始的假设,就去注意其他的信息,体验选择注意、调整注意和评价的过程,然后与同伴比较对内容的理解,进行必要的修正,确定需要解决的问题,并选定需要特别注意的细节。

(3)第二遍听,即证实预测的第二阶段:学生首先证实原先没有把握的要点,修正、记录已理解的细节,然后通过讨论交流各自重构的语篇的主要内容、相关细节,并穿插回顾自己是如何抓住语篇中某些词或部分的意义的。

(4)第三遍听,即证实预测的最后阶段:学生仔细听大家讨论中普遍反映的先前没能听懂的信息。

(5)反思阶段:根据讨论交流的体会,学生确定使用哪些策略有助于理解听不懂的内容,以此为基础制定新的目标,为下一个听力活动做准备。

在长期的教学实践中发现,综上所述的六种模式是比较有效的听力策略训练方式,是教学者和研究者设计出来的,是针对专门的研究目的和教学环境的策略训练模式。不过,策略训练的模式跟策略的分类一样,无法进行详尽的描述。尽管以上几种模式具有一定的实践效果,但是教师在教学时,切

忌生搬硬套,而是要根据学生具体情况的不同,如年龄、学习基础、学习目标、学习环境等,进行适当的选用、完善和重组,这样才能真正地帮助学生进行有效的策略训练,达到学习的目标。

四、英语听力训练方法

英语学习的过程中,提高学生的听力水平需要同时运用多种措施与手段。结合教学实践,笔者总结出了以下八种以提高英语听力为目的的训练方法。

(一)"听""说"结合

在日常生活中,听与说密切相关、缺一不可。这种内在联系的不可分割性也使得听说能力的培养成为提高英语听力能力的一个重要途径。这是源于听话者最终目的是为了听懂说话者的意思后,做出相应的反馈。听话者经由耳朵获取各种各样的语言信息,并对大脑形成刺激,进而表现出说的欲望,这是听话者经过听来获取说的欲望,从而也有利于提高其说的能力;同时,也会寻找更多听话者来听自己说,这样一来,就扩大了交往面,不但有利于获取到更加广泛的语言,而且对其听力理解的提高也是大有益处的。教师每天通过利用上课的前几分钟时间,抽取一名学生针对当天的日期、天气、新闻等做一个总结性的报道,或者是要求学生讲一个自己非常熟悉的故事和笑话等,这样既督促了学生多进行口语表达,也给其他学生提供了听力锻炼的机会,而且还可以从中获取一些新的知识点。另外,在开始放录音之前还可做一些热身活动,如让学生讨论大家所熟悉的或感兴趣的话题。活动中,教师可适当给出关键词。这种活动既锻炼了学生英语表达能力,又练习了听力,而且,由于学生口语表达中使用了这些词,从而对这些词的印象很深,记得也牢。

(二)"听""读"结合

听和读结合具有两个方面的表现:其一,通过大量的阅读,可以帮助学生获取更多的词汇量,并对大量的词汇、短语和句型都有所了解,这也在一定程度上扫除了听力过程中的各种障碍;其二,大声阅读对听力理解能力的提高也大有益处。这是因为阅读时,能同时调动口、耳等多个器官,形成对大脑的强烈刺激。而通过对大脑的反复刺激,会使大脑形成一种条件反射,一旦听到该发音就能自然而然地联想到其含义了。所以说,听力理解能力的提高也是建立在单词、句型的准确发音上。若是发音不够准确,大脑可能就无法做出准确的条件反射,容易造成理解上的偏差。而且准确地阅读一些固定句型,也是非常有利的,有利于培养学生的语感。句子不同的语气和发音代表着不同的含义,对其有准确的把握,有利于学生对整篇文章中心意思的把握。因此,匀速、准确和顺畅、大声地朗读,其实也是听力训练的一种重要方式。

(三)"听""写"结合

"听"与"写"相结合是教学活动中经常用到的一种训练方法,也是各种不同类型的测试中常见的题型。在"听写"练习或测试中,听者都体会到有些词汇或句子听懂还容易,但要写下来就有些困难。即便能写一些,也往往由于反应和速度跟不上,导致写下来的东西错误百出。因而结合"写"来"听"是对听力准确性的检查,也只有通过"写"的结合来提高听力,才能使听到的与说出的达到高度的一致和完全的统一。听写训练可大致分为:标准听写——根据播放内容准确写出原文;部分听写——类似完形填空;干扰听写——有背景杂音;听写作文——凭记忆写下听到的内容。根据以上的分类,在教学实践中可采取:常规听写——教师念,学生写;竞赛式听写——分组听写,组长念,组员写;模仿真实语境听写——分组听写不同内容,互相有一定干扰;摘录式听写——教师讲一篇短文或小故事,学生记笔记,然后复述。

(四)"听""译"结合

将听和翻译进行结合的话,不单单只需要听懂,能写,还需要具备将所听到的内容用别的语种进行表达的能力。从这个层面来说,翻译的重要前提就是能听得懂。因此听和译结合的最高造诣,就是同声传译了。不过,直接用同声传译来进行听力训练显然是不妥的,对于刚刚接触这一语种的学生来说,最好的方法,是先选取一些比较容易听得懂的材料,进行一句一译,然后再逐渐向口译过渡。不可否认的是,这种训练方式需要具备较好的听力理解能力,不但要求学生可以准确地把握听到的材料,同时还要对大段的非母语材料进行记忆。因此在练习时可以采取循序渐进的原则,这样的话,在提高了翻译能力的同时,还有利于听力能力的培养。

(五)"精听""泛听"结合

将精听和泛听相结合,是指在教学中既不能单独采用精听的方式,也不能单独采用泛听的形式,而是要注意两者的有机结合。这是因为两者之间的本质和目的都不同而造成的,精听侧重的是对听力材料的质量要求,能有效提高学生的基本技能,并对英语国家的人的发音和语调有准确的认识,对基本的词汇和基本的句型有准确的发音；而泛听侧重的是对听力材料数量的要求，旨在提高学生的听力技巧，对精听的效果进行有效巩固，使得学生能更加广泛地接触各种语言环境，从而提高听力的反应速度。在课堂教学中，教师应该注重对教材内容的教学，这样有利于在比较短的时间内，让学生认识到一些比较典型的、在相对固定的语境中的词汇、短语以及句型。不过，学生听说能力的高低，往往反映在泛听和泛说水平上。所以，在课堂教学过程中，教师也要增强学生对泛听的重视程度，因为听力能力的提高基础在于精听，但其目的却是为了泛听。对这两者的选择，要根据教材内容和教纲来决定，要求选择的词汇、短语和句型都是依据教学的要求来确定的。对需要精听的内容必须引导学生多听、多看和反复的阅读，而且还可以做一些替代性的训练。这样才有利于保证学生的听说能力在实际交往中获得不断地提高。

（六）"视""听""说"结合

听力理解过程是一个复杂的认知过程。它不仅是一种单纯的语言信息解码过程，而且还涉及许多超语言因素。超语言因素指超语言语码（extra linguistic codes），是指"包括手势、讲话的姿态、交流时与对方保持的距离、纸质和装帧，这些伴随口头语和书面语的特征"。教师可以利用各种教学工具，如电影、录像和幻灯片等，给学生创造一个生动有趣的交际环境，使得学生能在这种模拟化的语境中，去了解英语国家的风土人情和生活习俗，这样既有利于开拓学生的眼界，也有利于其英语综合水平的提高。教师还可以设计一些有关的话题，来引起学生的热烈讨论，这往往也是视听教学的一种重要方式。通过录像、录音和游戏的手法来吸引学生进入课堂学习，让其通过英语学习，体验感受一种不同的生活氛围，这也有利于增加他们的学习兴趣，对听力理解能力的提高也是很有意义的。

（七）"文化语境""情景语境"结合

在《思维方式》这本书中，学者田运就曾指出：大脑对于熟悉信息的接收能力往往要大于不熟悉的甚至是不相容的信息。说汉语的国家和说英语的国家受文化背景和地域因素的制约，往往会出现思维上的不同。所以，对于以汉语为母语的学习者来说，对英语国家的地理环境、文化背景知识的了解，会大大提高其听力理解时的效率。听力教学的过程中，教师也应该着重给学生输送文化语境和情景语境的意识，在语境中对听力材料进行理解，是一种非常有效的策略。比如在对"The river had been dry for a long time. Everyone attended the funeral."这两句话进行理解时，初看这两句话没有什么内在的联系，一般的学生也无法准确把握其意思。不过要是学生事先就了解过非洲加纳人的河神传说等文化背景的话，就很容易对以上英语进行理解——加纳人认为，河里长期断水的话，会造成河神的死亡。人们为河神举办葬礼的时候，每个人都必须要参加。

（八）统一授课、个别指导结合

视听课教学的一个关键因素，是要学生密切地配合教师的教学。这也要求教师重视自己的主导地位，做到有针对性的教学。这样才能有效提高学生的参与热情和学习激情。教师的授课要实事求是，依据学生的接受能力来进行，避免训练手法的千篇一律；讲的时候要精简，练的时候也要有成效；并且以练习为主要内容，辅之以讲解。教师讲解的同时，就可以要求学生进行练习，可采取分组或单人练习的形式。并对不同的学生采用不同的练习手段，例如针对英语基础较好、接受能力较强的学生，教师可以进行单独的讲解和练习，使学生能充分利用好课堂时间。教师采取这种边讲边练习、边指导边检测的方式，是为了让学生在听的过程中获取能力的提高和知识的扩充。

五、听力策略训练流程

国内外大量研究证明，英语听力学习策略是可以训练的，而且对听力学习成绩的提高起着举足轻重的作用。训练的步骤对训练效果是至关重要的，而训练步骤的确立必然要受训练理念和原则的支配，受训练方式和模式的制约。因此，要成功地进行听力策略训练，英语教师应该综合利用前人的研究成果，结合实际教学环境和教学目标，设计出切实可行的训练方案来。

经过长期的教学实践活动，越来越多的专家认为，在国内这种环境下学习英语，长期融合式的训练方式具有效率更高、更便于操作的优点。而且还应该将听力策略的训练作为一种检验教学目标和教学任务的重要过程，并在教学实践中不断地创新教学方法。所以说，需要基于本章的听力策略训练方式的要求，制定出一套行之有效的听力策略的训练方案。这套方案主要包括对学生的实际情况进行了解，对策略训练进行明确，对训练方案进行设计，实行训练方案，对训练成果进行评估，对训练方案根据实际情况进行修正和完善等六个步骤，因此也将该方案称之为"六步听力策略训练模式"。

（一）了解学生情况

教师在进行听力策略训练之前，要对学生的听力水平和听力中遇到的困难进行一些有效的摸底工作，可以采用小组讨论、个别了解以及听力测试等

第五章 大学英语听力教学方法与多样化教学方式的选择

手段来完成。教师可以在学生没有准备的情况下进行一次听力水平的测试，这样能有助于教师掌握学生真实的听力水平。接下来再组织学生针对听力测试来进行讨论，从讨论中，教师可以把握学生的一些学习问题和困难，并了解到这些问题产生的原因。而且还可以采用个别交流或问卷的形式，帮助教师对学生的学习困难进行了解，从而有利于教师制定更加有效的听力策略训练计划。

学生毕竟处在母语语言环境下来学习英语，语言环境会给学习带来很多的障碍，主要表现在以下五点。

（1）听力材料本身的特点。学生对听力材料的理解，受材料发音的语速、语调、语音等各种因素的影响。在这些制约因素中，语速是最关键的因素，若语速超过了学生的理解水平，往往使学生跟不上节奏，不利于学生对听力材料的理解；但是语速太慢也并非就能完全被学生接受，因为这样一来，会给学生带来非真实语境的感觉，从而产生厌烦等不良情绪。

（2）学生听力习惯问题。很多学生在听力理解过程中，想要清晰理解每一个词、每一个句子的意思，若在听力过程中遇到了不能理解的词或句，往往会不自觉地停顿下来去想，造成后面材料都没有认真去听；还有部分学生在听力理解的过程中习惯先翻译成母语，这样一来，时间上会有所浪费，导致跟不上听力材料的节奏；更有甚者，很多学生在听力理解过程中，往往对关键的词句把握不准，从而无法全面掌握听力材料的中心意思和基本内容。

（3）文化背景知识障碍。一个国家的文化，很大程度上是通过语言来进行传承的，因此对英语国家的文化历史知识的掌握，有利于英语的学习。学生对英语国家的文化历史背景、生活习惯和民族风俗进行一定的了解，将有助于提高其对听力材料的理解。比如给学生准备两篇听力材料，一篇介绍中国中秋节的，一篇介绍西方万圣节的，通过测试后发现，学生表示介绍中秋节的听力资料更容易听懂，这是因为国内的学生对中秋节较熟悉，但对万圣节却知道得很少。

（4）语言意识问题。语言意识无法进行明确的界定，不过概括来说，国内中学阶段的学生很少具备以下几个重要的意识：首先是不具备语音、语调的意识，也就是在词句升降变调对语义产生转化时，不能很好地把握；其次是语块意识，也就是还没有形成将整段材料，根据语法规则划分成较短的语块，进行辅助理解的意识；再次是语篇体裁意识，也就是说不能对不同类型的语篇是怎么开始、论述和结尾进行把握；最后是语用意识，就是无法对词面的内涵意思进行把握。这几个意识的缺乏，都导致了学生在听力理解过程中会遇到重重困难。

（5）心理情感因素。听力理解的整个过程是比较复杂的，若是学生没有保持良好的心理状态或出现紧张、焦虑不安的情绪的话，是极不利于对听力材料进行理解的。有部分英语能力较弱的学生往往缺乏自信，进行听力理解时会出现畏难的心理，这对其理解听力材料是非常不利的；还有的学生在听不懂时出现焦虑、紧张的情绪，这对其把握整个听力材料的中心意思也是非常不利的。

在调查学生英语听力中的障碍的同时，教师还可以通过讨论、访谈、问卷调查等形式，了解他们目前已经在使用的听力策略。事实上，在听力理解过程中，部分英语水平较高的学生已经能运用自己关于世界的认识以及所学语言的知识来猜测词义，利用词汇、句法及视觉上的支持来推断所听短文的内容；或者在听的过程中主动记笔记，借助语音、语调、时态、词序等线索判断说话人的身份、态度等，或者进行互动交流，在即时解码时进行批判性的思考，或默默地与说话人进行"听—想—说"的意义协商，以最大限度地获取短文或对话的主旨大意。

当然，学生在听力理解过程中遇到的困难远远不止以上几个方面，而且会有很大的个体差异性。有的学生抱怨自己整体英语语言水平较低、记忆能力较差、平时练习听力的机会少、知识面狭窄、不熟悉听力内容、某些词汇和习语的意义较难把握、不知如何集中精力倾听以及不会判断说话人的交际意图等；有的学生缺乏良好的英语学习动机，或仅注重阅读而放弃提高听力的努力。但是具有良好学习动机的学生却在尝试使用各种策略，力图克服这些听力障碍。因此，在进行听力策略训练之前，教师应重视了解学生情况这一环节，以便更好地选择下一步要训练的策略。

（二）确定训练策略

选择训练策略时，最重要的是对学生的实际学习情况进行了解，不但需要实际解决他们遇到的学习难题，而且还要综合考虑如何培养他们每一个阶段必备的听力技巧，比如在六级英语考试中，听力理解要能把握材料中的重要词和短语，清楚材料的逻辑关系；对普通的要求和指令做到能听懂并能进行相应的操作；英语叙述文和英语故事能厘清中心意思，能理解人物关系和事件发生的起因结果；能从一些听力材料和英语讲座中，提取有用的资讯，并能表达自己的看法。

训练策略的选择并非是一成不变、硬性要求的，而是应根据学生的实际学习能力和情况进行有针对性的选择，当然还可以综合前人的经验和教训来进行抉择。

比如，在语言技巧的策略训练研究中，选取了15项策略，涵括了策略训练的三大类型，分别包括了制定计划、自我监督、自我管理、自我评价和选择性注意5项元认知策略；新旧知识联系、关键词的利用、预测、推理、笔记、总结概括和听觉重现7项认知策略；相互合作、寻求解答和自我调节3项情感策略。

再如，在以任务为基础的融合式训练模式下选择策略。在一项大学英语听力教学策略训练的研究中，同样选取了15项策略进行训练。

以上两项研究均选择了包括元认知策略、认知策略和社会/情感策略三个类型共15项听力策略来进行训练，但是在具体项目上有差异。这些策略基本能够反映学生的需要，也为下一步训练计划的设计奠定了基础。

（三）设计训练计划

教师在制定策略训练计划时，应该把学生的实际情况和准备进行的策略训练充分结合，这个步骤的合理设计是整个策略训练过程的关键，主要涵括了以下三点内容。

（1）制定训练目标。训练目标有长期训练和短期训练两种选择。长期训练的听力策略目标可能贯彻学生的中学时期或者是一个学年、学期；而短期则是较短时间内的听力训练目标，如一个月、一个星期甚至是一节课。当然，不管这个目标是针对长期的还是短期的，其首要原则就是要求详尽具体并清晰，根据教学大纲的要求来制定。若是目标的制定期限在一个学年的话，则策略的制定至少要有明确的计划，如何进行推断和协作等都要详细地安排；若是目标只是针对一个星期或者是一堂课的时间，则确定详细清楚的策略目标是首要前提。这种短期的策略目标可以是通过训练，让学生可以根据上下文的语境来推断出词句意思和全文的中心思想；或者是在已掌握的词和句的基础上，利用一些信号词、关联词和同源词来推断出新的词和句的基本含义。只有确立了长期或短期的训练目标之后，教师才能够选择相应的听力材料，有的放矢地教授训练策略。

（2）选择听力材料。随着互联网技术和信息的发展，教师和学生获取听力资源的途径越来越多，可获取的听力材料也越来越多。尽管如此，国内教学中对听力材料的选取还是以教材中固有的内容为重点的。尽管教材中的资料都是根据各章的主题来编制的，可是毕竟信息量有限，在进行策略训练的时候，往往达不到信息输入的数量、形式和内容的要求。因此这也需要教师根据实际的策略训练目标和计划，进行合理的听力材料筛选。

选择的材料应难易相当，适合学生的心理特征和认知发展水平。如果所选内容过难，学生会跟不上录音的速度，不能理解所听内容，容易产生挫败感，从而放弃努力；如果内容过于简单，则又容易使学生失去挑战自我的兴趣。内容应具有多样性，尽可能覆盖不同体裁、不同话题。内容应具有趣味性，如选择英语时事新闻、英美电视节目片段或英文影视片段等材料，以激发学生的学习兴趣、开阔其视野、拓展其思维。将所选材料合理安排到以教材为主的听力教学中，可使学生接触来自不同渠道的信息，不但能够增强英语听力教学的开放性与灵活性，还可避免以策略训练为目的的听力课堂上容易产生的单调乏味的课堂气氛。

（3）编写策略训练计划。设计策略训练计划，要基于所选听力材料来进行，这项工作也是非常重要的，有利于科学有效地展开策略训练活动。当然，计划的编写也并非天马行空、胡乱编造，而是要根据学生的听力理解基础、实际遇到的听力障碍和已经可以熟练掌握的策略等实际情况来考虑如何编写。这样一来，有利于督促教师切实执行好策略训练，从而使得训练方案详尽具体。一般情况下，以下七点内容是编写策略训练计划所必需的。

第一，明确训练策略。将要训练的策略按类型制成明晰的策略总表，发给学生；然后，按听前、听中和听后三个阶段划分出听前策略、听中策略和听后策略，以备教师指导学生时使用。

第二，确定训练方式。即确定采用长期的还是短期的、分离式还是融合式的方式。

第三，制定训练目标。包括长期目标和短期目标。如果所选训练方式是长期的、融合式的，要考虑是将训练的策略平均分散在整个高中阶段的三年时间内，还是集中在一个学年或一个学期内完成；短期目标是长期目标的阶段性目标，即为了实现长期目标，在短期内如一个月或一个星期内应教授的策略的数量。

第四，拟定训练频次。即确定每月或每周策略训练的次数。

第五，确定训练程序。即确定每次训练任务完成的顺序，如按照"策略介绍—策略教学—策略训练—策略运用—策略评估"的顺序。

第六，安排训练活动。即结合听力材料内容和当前听力任务，设计选择与要教的听力策略相匹配的课堂活动，包括在师生之间和生生之间进行的各类听力活动。

第七，设计评估清单。教师应设计评估清单，发给学生，以帮助学生在听前和听后按评估清单所列项目计划、监控和评估自己完成学习任务和使用策略的情况。

整体来看，设计训练方案一般要有科学合理的目标、难易程度适中的听力材料和编写合适的计划等几个重要部分,这也是策略训练必不可少的一个重要步骤,是确保策略训练计划得以顺利执行的重要前提。

(四) 实施训练计划

策略训练计划的落实到位是听力策略训练方案的重中之重,无论多么完美的策略都需要落实来呈现。因此教师要根据策略训练的要求和原则,针对学生的听力准备阶段、听力过程中和听力结束后这几个不同阶段的策略,进行对应的训练。而且各个阶段的主要策略也各有不同,主要包括以下六项。

第一,介绍策略。教师向学生演示某些策略,包括下定义、解释、说明何时使用该策略及其益处。

第二,教授策略。教师通过示范,举例说明如何使用所演示的策略。

第三,训练策略。结合听力任务,提供机会让学生练习使用所学的策略。

第四,运用策略。通过进一步的听力活动,让学生学习独立使用所学的策略。

第五,评估策略。通过小组讨论、个别访谈等,使学生对策略的练习和使用情况进行自我评价。

第六,巩固策略。安排课上规定练习或课后自选练习,让学生巩固已学会的策略,以养成策略使用的习惯。

以上这些活动可以分成三个阶段具体操作,这是策略训练计划实施的重点。

(1) 第一阶段,听前策略训练活动。听前策略训练活动是实施策略训练计划的准备阶段的活动,主要目的是帮助学生从情感上、心理上和时间规划上做好听的准备,识别听力目的,了解听力任务,以保证第二阶段听中任务的顺利完成。如果训练对象是刚入校的高一学生,他们在听力过程中遇到的问题可能较多,在初次训练时,要训练的策略也相对较多,因而训练活动相对比较复杂。

这一阶段重点训练部分情感和元认知策略,包括动机、兴趣、计划、预先组织以及联想/预测。训练活动主要有:

第一,教师通过讲解、视频、图片、地图、图表等辅助材料设置一定的情景,激发学生良好的动机和浓厚的兴趣,让他们认识到学习英语不仅仅是为了考试,也是为了理解西方社会与文化,为了更好地与英、美等英语国家进行各方面的交流,为了更好地为我们的国家服务,而要达到这一目的就要先培养用英语听的能力。

第二,教师向学生演示"计划""预先组织""联想/预测"等策略的运用,包括下定义、解释以及说明何时使用这些策略等，以初步培养他们的策略意识。

第三，教师通过示范，举例说明如何使用这些策略，引导学生思考听力的目的是什么（比如是要了解文章的主旨还是说话人的态度；是需要从整体上识别所论及的话题还是要具体理解某些细节信息），以及选择哪些策略来实现听的目的等。

第四，教师向学生展示听力任务，提供机会让学生练习使用上述策略；

第五，教师让学生围绕听力任务讨论任务要求，学会设置目标，安排时间，联想/预测要听到的语言材料的题材、体裁及结构顺序等，旨在引导他们有的放矢地去听，以提高听力效果。这一步教师可以采用头脑风暴或小组讨论的形式，力争激活学生大脑中的背景知识，必要时还要给他们讲授一些相关的文化背景知识，以帮助他们更好地利用预测策略来提高自己对语言材料的整体认知。

（2）第二阶段，听中策略训练活动。完成听前阶段的准备活动后，策略训练就进入了听中阶段。在此阶段，教师应根据学生的实际情况，重点训练与听力理解任务直接相关的认知策略。

结合听力任务训练这些策略的目的是帮助学生理解所听材料的内容。在此过程中，教师必须指导学生对听力过程进行自我监控；学生在听的过程中要着重学会随时监控自己是否理解所听内容、采用的学习策略是否适当、注意力是否集中、注意和理解方面是否出现了问题，以便及时进行自我纠正和调整。

为此，只有合理安排该阶段的活动，才能取得理想的策略训练效果，比如可以采用下面的步骤。

第一，预听。让学生初步验证他们的计划策略和预测策略的使用效果，即能否做到一边听一边记笔记，能否记忆关键内容，注意力是否能有选择地集中在关键词句、关键语言标记和特定信息上。

第二，听第一遍。通过完成选择题、回答问题、填空、填图表等练习，让学生检查自己是否记住了重要信息，是否能利用上下文情境来推断或预测某些词义、句意或文章的主旨意图，是否能利用世界知识和所学语言知识帮助理解新知识等。

第三，听第二遍。通过有选择地注意某些细节来纠正选错的题目、确认没有把握的地方；评价巧妙使用某些策略的效果，查找没能听懂的语言点；帮助不成功的学生舒缓一下情绪，让其默默地自我鼓励，克服紧张感和焦虑感，然后心平气和地再听一遍。

第四，听第三遍。放慢录音速度，或在大多数学生未能理解的某些关键点处停顿，让他们根据语音、语调特征进一步推断其意义，同时解决遇到的其他问题。

（3）第三阶段，听后策略训练活动。听后活动是策略训练计划实施的反馈和经验总结阶段。在该阶段，应主要让学生学会使用总结评价、合作学习以及澄清问题等策略。

这一阶段的主要活动是，教师组织学生进行自我评价和自我反思，总结哪些策略是成功的、哪些策略需要改进以及如何改进、哪些策略较难掌握需要进一步练习等，具体活动如下：

第一，教师引导班级讨论，以写提纲、填图表、回顾笔记等形式，总结、重现所听材料的要点和大意。

第二，结合读、说活动，巩固所听的话题内容，如谈论生活中类似的事件、阅读相关的材料、扩展相关的知识、制作艺术作品或分角色表演所听的内容等。

第三，分组讨论，交流成功的经验和失败的教训，分享策略使用的心得。

第四，进一步反思，学生通过写日记的方式记录每次训练后的体验与感受，判断自己的听力水平经过一段时间的训练是否有所提高、仍存在哪些问题以及运用哪些策略去解决这些问题等，同时计划好下一步的听力活动。

第五，巩固策略训练效果，安排课上规定练习或课后自选练习，让学生巩固已学会的策略，以养成使用策略的习惯。

这一阶段的自我评价和自我反思意义重大，一方面可以帮助学生发现自己英语听力策略使用的不足之处，及时找出解决问题的方法；另一方面可以帮助他们系统地评估自己的听力学习，并根据具体学习情况调整学习策略和方法。

（五）评估训练效果

当策略训练实施一段时间后，一般以一个月或者一个学期为一个阶段，教师就应对策略训练的效果进行合理客观的预估和评价，对训练的成效做一个阶段性的总结，对学生的听力水平、听力策略技能、学习态度上的转变和策略训练的关系进行一个综合性的分析，让学生能够正确认识策略训练的积极作用，以及看到自己的进步和不足之处。对训练效果的评估，可以采用以下四种主要的形式。

第一，听力测试。训练前的听力测试目的是了解学生的英语听力水平，阶段性的听力测试主要是为了考查他们接受训练后听力理解水平的提高情况。

第二，问卷调查。设计调查问卷，了解学生使用听力策略的情况，对比训练前后总体进步和个体进步的差异。

第三，个别访谈。跟踪训练前听力测试在不同分数段内的个别学生，根据阶段性的听力测试结果，调查他们在听力理解过程中策略运用与他们成绩的关系，以及他们对策略训练的态度。

第四，评估表。让学生填写自我监测评估表，以判断自己策略使用的数量和倾向、评价和反思自己在听力过程中的表现等。

对策略训练的成效采用各种形式的评估，不仅能帮助学生对听力理解策略进行合理运用，促使学生根据实际情况进行适当的调整，还能培养他们在进行听力时自觉使用策略的意识和观念，从而有利于提高听力理解水平；而且还有利于教师不断完善自己的策略训练方案。

（六）修正训练方案

学生的听力理解水平将获得持续提高，听力训练中遇到的障碍会越来越少。显而易见，策略训练方案不能一成不变，而是要根据学生的具体情况进行相应的调整和完善。从具体操作上来说，教师在经过一个阶段的策略训练后，就应该对其训练成效做一个合理、客观的评价，以确定该阶段的策略训练是否有效，并对不足之处进行及时的修正和完善。这种评估工作既能有效地对上一阶段的训练进行总结，又是开启下一阶段活动的重要前提。如此循环，可以使策略训练方案得到最大程度的完善和更加到位的执行，对下一个阶段策略训练的开展也具有重要意义。

根据以上论述，结合前人学者的研究结论和成果后，相关学者制定出了一套行之有效的"六步听力策略训练模式"的听力策略训练方案，具体包含六个步骤：①了解学生情况；②确定训练策略；③设计训练计划；④实施训练计划；⑤评估训练效果；⑥修正训练方案。

这六步策略训练过程中，了解学生情况和确定要训练的策略这两点，是整个策略训练的前提条件和基础；设计训练计划和实施训练计划是整个过程的中心；而评估训练效果和修正训练方案，既是对训练效果的总结，又是确保训练计划可以获得持续实施的关键环节。

第四节　现代教育技术背景下的听力教学导向

在现实交际中，"听是最重要的一种语言技能，人们花费大约60%的时间通过听来获取信息"。听力活动已成为当前英语课堂教学中不可或缺的一项内容，教师一般会抽出特定的时间来开展听力活动，目的是提高学生的听

第五章 大学英语听力教学方法与多样化教学方式的选择

力水平。而且,随着科学技术的飞速发展,教师在课堂上选择多媒体等形式的听力材料,极大地增添了英语学习的语言输入渠道的丰富性,兼顾图、文、声、像,语音、词汇、句法以及语用信息,这些因素让学生更积极地获得信息,也使学生更乐意参加听力活动。现代教育技术辅助下的英语教学具有形象、生动的特点,能够吸引学生的注意力并激发学生的学习兴趣,因此,在英语教学中的地位和作用越来越受到大家的重视,逐渐成为优化英语教学环境、推动英语教学改革的重要力量。

英语课程的目标之一就是培养学生主动扩展和利用学习资源、多渠道获取信息并利用信息进行有条理的表达的能力以及较强的自我评价和自我调控能力。现代教育技术在听力教学中的运用是实现课程目标的重要途径。

以更加贴合现实教学情境为目的,首先了解基础教育阶段英语教师的教学实际,通过采访观察等方式,获得他们关于听力教学活动的理念与教学行为的实施,并获得教师对使用现代教育技术辅助进行英语听力教学的看法。

一、建构良好的听力活动交际语境

现代教育技术是以计算机技术、微电子技术、通信技术为核心的,并利用集成电子技术、光盘技术、网络技术、自动化技术等的综合技术,是产生、存储包括转换和加工图像、文字、声音及数字信息的现代高新技术的总称。

(一)现代教育技术对英语教学的影响

现代教育技术对英语教学的影响及在英语教学中的应用主要表现为英语教学的多媒体化、网络化和智能化三方面。

1. 教学的多媒体化

对音频、图形、图像等多媒体信息进行综合和处理的技术被称为多媒体技术,是实现人机交互式操作的一种信息技术。它融合了图、文、声、像,使其成为一个整体,让学生能身临其境地了解语言和文化。多媒体文本的灵活性表现在教师能够就同一文本设计不同的电子练习,供学生选择使用,而且这些练习可根据学生的反馈和要求随时修改,从而创造一种灵活的、不断调整以适合学生认知特点的学习环境。

2. 教学的网络化

互联网为英语教学中的"教"提供了最便捷的平台,恰好能满足英语教与学的目标——交流。计算机互联网,作为全球性的网络,将不同地区、规模各异的网络连接到一起,形成了一个全球化的信息平台。通过这个平台,学生不仅可获得各种所需的信息,而且能够发布信息。

3. 教学的智能化

目前开发出来的一些智能辅助教学软件具有与优秀英语教师相媲美的功能，软件可以通过学生信息了解该学生的知识水平和接受知识的能力等特性；可以根据不同学生制定不同的教学方法和内容；能进行个别指导，允许学生用自然语言与计算机导师进行对话等。

（二）现代教育技术改变着传统听力教学环境

关于听力教学，现代教育技术也在三个方面改变着传统的听力教学环境，使其更加丰富。

1. 多模态的信息输入方式

随着科技的发展，听力材料已经改变了它的传统形式，可视的、多模态的、互动的听力形式，取代了最原始的录音形式。多模态信息成为当今信息加工中最受欢迎的表现形式，调动听觉、视觉等多种感官，通过语言、图像等多种方式，使人们更加形象地获得信息。多模态信息通常将多个感官调动起来，通过不同的方式和媒介，把静态的信息（包括服饰、发型、脸型、图片、文字等）和动态的信息（包括声音、表情、动作、姿势、目光交流等）都放入听力材料里，激发学生的联想能力，使学生全方位地体验，让学生身临其境。通过实践发现，大脑的记忆与联想有密切的联系，记忆深刻与否与联想更是分不开。输入媒体的表现形式丰富，使学生更能体会到得输入内容的真实性，更有趣味的互动方式也使学生在玩中学到知识，教师利用网络获取听力材料后，再进行筛选，使材料更有针对性，更能贴合学生接受知识的水平，最后确定合理的教学内容，斟酌每天做练习需要的时间。

2. 个性化的学习

在英语学习过程中，学生的个性也会体现在英语学习中，有些人口语表达能力很强，有些人善于倾听别人的话，有些人善于阅读，有些人乐意与自己的伙伴一同进行学习等。这些因为学生个性产生的小差异，都会影响到最后的学习效果。现代教育技术能提供全方位立体化且更加丰富多样的学习环境，同样，也能使拥有不同学习习惯的学生，选择适合自己的学习计划和内容，为不同类型的学生打造一个具有巨大包容性的学习环境。

个性化学习过程主要分为四个部分，即预测学生是什么学习水平——确定该学什么——完成需要学习的知识——对此次学习任务进行审评。首先预测学生学习水平的目的，是了解学生当前的知识水平、学习习惯和学习方法等，以便更好地树立起可完成的学习目标；在完成学习任务时，学生可利用自己喜欢的形式选择学习方法和内容，寻找如何完成学习任务的方式，可以让学生更加了解自己。学生的选择，在现代教育技术的普及中变得更加丰富和自由。多媒体教室、互联网等，为我们提供了教学环境的硬件，学生可根据自己的能力水平和学习习惯进行媒体的选择。教师也是现代教育技术中的受益者，有了计算机、多媒体和网络等技术，可以让学生进行自主学习，改变传统教学模式，使学生获得专门属于自己的学习计划和内容。

3. 真实的交际情境

除了给学生提供自主学习的条件以外，现代教育技术也给听力教学提供了良好的交际环境。交际学习环境的建构包括人机互动和人际互动。人机互动是指学生运用计算机及网络进行学习的过程，而人际互动指学生和教师、同学进行交流学习的过程。在人机互动中，由于多媒体计算机已具有一定的语言识别能力，许多英语学习软件都具有对话功能，学生也可访问相关的英语学习网站，找到适宜的学习内容与计算机对话，以提高听力水平和口语表达能力。教师可以利用多媒体语言实验室，开展多种趣味活动促进学生和同学、教师的交流。以小组形式进行自主学习，打破了传统的教师授课形式，是能够落实以学生为主的自主化教学模式。教师还可以利用基于校园宽带网的教学网络为学生提供多样的具有教学时效性的资料，借助调动多种感官又有趣味性的多媒体教学资源，教师也可以利用多媒体，举办让学生真正融入当时情景的学习活动。

在英语课堂环境下，教师应该利用现代教育技术为提高学生的英语听力水平建构良好的听力交际情境。

（1）合理利用视频资源为学生创建真实的交际情境。多媒体等动态影像通过某种媒介被储存的形式叫视频。视频也是当今社会在互联网的支持下，受人们喜爱一种交流方式，视频可以让交流双方真实地看到和听到对面的情景。视频材料将真实场景中的信息带入课堂，能使学生身临其境，听到英语本族语者使用英语时的语音和语调，看到以英语为母语的人们说英语时的表情和动作，有利于调动学生多种感官进行学习，能够加深记忆。因此，将多媒体融入英语听力教学设计，调动视觉和听觉两种感官双管齐下，让学生在不知不觉中接受录像、图片等作为意义表达的辅助方式，可以激发学生交际的兴趣和热情。

视频教学要考虑的重点是如何利用字幕。许多教师认为用字幕会影响学生听的效果，但实际上，合理利用字幕能帮助学生有效地关注内容，并激发他们最大限度地从视频中获取知识。常用的字幕设计有三种形式：①传统方式（英语声音，汉语字幕）；②双模式（英语声音，英语字幕）；③反向传送（汉语声音，英语字幕）。

现在有很多双语配音和带字幕的视频，这些视频的广泛使用可以有效地提高学生的听力理解能力，很多同学一开始在观看影片时，肯定选择看汉语字幕，但是在多次观看进行记忆后，会逐渐选择看英语字幕，到了最后阶段可以达到不需要观看字幕的水平。

视频中人物的表情和肢体语言可以给学生营造语言环境，教师可以根据学生的爱好选择符合学生趣味的影片，可以开展让学生为电影配音的活动。提高学生的英语水平有多种方式，如模仿视频中的声音和行为，使说和做保持一致；先听后看，听后猜测说话人的动作和表情。还可以采用结合精听与泛听的方式，例如教师获取原声电影的一个小片段，让学生利用准备好的材料模仿电影人物主角进行跟读，最后将电影消音进行表演可以查阅生词，目标是学生不看原文就能够彻底听懂。精听每一个片段之后，再让学生不看字幕，完整地泛听一遍电影，接着将消音版的电影进行播放，让学生根据图像配音，然后再播放原声电影进行比对，看学生配音是否与视频的原声大致相同。教师也可以为学生播放一段有深度的视频影像，让学生根据这段影像思考更深层的含义，再将自己的理解写下来，这样既锻炼了学生的听力能力又锻炼了写作能力。

（2）利用广播和网络资源创建交际环境。广播节目涉及各种主题，拥有取之不尽的材料。例如，可以让学生听话题节目、流行文化节目和当代名人节目，一方面能激发学生学英语的兴趣，另一方面还能使我们的听力课堂与外在世界紧密相连。广播节目的另一个好处是题材、体裁丰富，我们可以根据不同的学习目的选用不同种类的材料。

网络多媒体英语教学是指运用多媒体和互联网，让学生高效进行英语学习的过程。随着互联网的推广，很多网站可供教师搜索到适用于听力教学的材料。另外，互联网为英语学习提供了很多方便，比如有免费的在线词库和翻译工具等，学生可以运用在线词典等功能来改进自己的拼写和用词等。

（3）利用文学语篇创建交际情境。各种文学语篇改编一下都可用于听力教学。许多篇幅较短的诗歌和短篇小说内容完整，完全适用于听力课堂；改写后的戏剧、节选的小说都可以作为非常好的听力资源。一方面，教师可以结合作品内容设计多种形式的听力任务，并引导学生对各种类型的文学作品进行思考，既能够提高学生的文学鉴赏水平、陶冶其情操，也能够培养学生的批判性思维。比如，在完成听力任务时，学生能够表达对作者或文学作品中的人物的看法，比如产生共鸣或有不同观点。另一方面，文学作品包含

第五章　大学英语听力教学方法与多样化教学方式的选择

多种文本类型，适用于培养和训练学生的各种听力技能。如一部小说或戏剧中可能包括记叙、描写、说明以及指令性语篇等。如果在课堂上使用文学语篇，教师可选择多种处理方式，如课上朗读、课前录音、利用"有声电子书"进行听力练习等。

但是，毕竟基础教育阶段的学生尚未掌握足够的英美文学背景知识，因此，教师在选择听力语篇时要注意以下三个方面。

第一，要根据学生的年龄段来选择，以便学生能理解语篇的主题；

第二，要选用文体简单的语篇，因为我们的目的是用这些语篇来设计听力任务，不是单纯用作理解或进行语言分析，所以，不应该选择难度太大的语篇，以免在听的时候给学生带来加工负担；

第三，要考虑文化因素对学生理解的影响，比如学生是否有足够的背景知识来理解所选择的语篇，以及如果选择该语篇需要给学生补充哪些文化背景知识。

可见，网络像一个电子图书馆一样，收纳着图像、文字、声音等电子材料，又拥有政治、经济、文化等各种方面的英语教学材料。这些材料大多都是以英语为母语的人所建立的，具有真实性。因此，利用这种取材于生活的、自然又生动的材料，可以让学生在多种文化共存的环境中，得到更深程度的成长，接受和了解多种语言，了解不同国家的人的文化差异。练习听力时，通过人物对话内容及情景，可以让学生建立自己的语言知识，语言能力也得到了提高。

当然，教师进行教学也不能只考虑学生兴趣，应根据教学大纲选择话题，举办营造英语交际氛围的活动，可以稍加一些内容辅助大纲，但不能脱离大纲，以防教学失去系统性与合理性。

二、培养学生的自主性

现代教育技术的使用，改变了传统的听力学习环境，也会影响学生的学习方式。语言学习中的自主性是指学生管理自己的学习的能力。自主性是学生的特征，学生的自主性不是单一的行为，也不是学生获得的一劳永逸的稳定状态，它是一个不断积累、生成、调节、完善的动态发展过程，会随着学生的学习和进步而形成和发展。学生的自主性不是教师强加给学生的，学生需要在教师指导下发展自我管理和自我监控能力。

具备学习自主性的学生应该具备以下基本能力：能够主动、独立思考自己的需求，思考自己应该学什么、选择何种方式进行学习、要以什么速度去学，最后对自己这一阶段的学习进行评价。从英语听力学习来讲，学生的自主性表现在这几个方面：在英语学习中，学生能根据自己的英语听力水平，主动并独立地分析自己的听力学习需要、独立思考自己的需求，思考自己应该学什么、选择何种方式进行学习、要以什么速度去学，最后对自己这一阶段的学习进行评价。

与学生自主性密切相关的是自主学习。自主学习是一种学习模式，大致可以通过五个方面来介绍：意识，即学生要了解自己的需求、内容和方法；参与，学生要以切实的行动投入到学习中去；干预，即教师进行指导，督促学生订立学习目标和方法；创造，即学生确立自己的目标和计划；超越，即学生能够在课堂之外独立学习。

由此可以看出：自主学习带有自我指导的特点，与传统的师生关系相比，自主学习体现出教师与学生间的独特关系。在自主学习过程中，学生具有一定的选择权和决策权，如设定学习目标、确定学习内容、选择学习方式和评价方式等。他们为自己的种种决策承担责任，这就要求学生在做出决策之前要认真地思考，要对自己前期的学习情况进行评估、要向教师咨询相关问题、要了解其他相关的信息，在此基础上进行比较科学的决策。

在自主学习教育理念的影响下，教师除了要帮助学生获得知识和技能之外，还要帮助他们提高自主意识、确定并完成自己独立的学习任务以及帮助学生监督和评定他们的学习情况。就教师而言，课堂教学的关键是培养学生的自主学习能力，进而发展学生的学习自主性。

自主学习这种能力不是天生的，它可以通过有意识的学习而获得。教师要建构自主学习教学模式，以此来鼓励和帮助学生逐渐养成自主学习的习惯。自主学习教学模式是以学生为主体的教学模式，强调教师应该为学生提供和建立自主学习的环境，有意识地遵循系统而稳定的教学结构来引导学生开展自主学习。

下面将探讨利用现代教育技术建构听力课堂自主学习环境，培养学生的自主学习能力。

（一）构建自主学习环境

从本质上说，听力理解是一项社会活动。在课堂上，教师应该尽力为学生建构能促进听力理解的真实交际语境。课堂上使用现代教育技术创建的真实交际活动有助于创建丰富的语言环境，并能够给学生提供真实的目标语社区环境，让学生仿佛置身于真实的交际语境中；给学生提供互相交流的机会，使学生参与到对话中去；通过提问或评论对所听内容做出回应，使对话交流继续下去。教师应教给学生一些反馈语，如"Really？""I don't think I understand you." "Could you say that again?"等,学生进行小组活动时,教师可以注意他们使用这些反馈语的情况,还可以及时提醒学生练习使用这些反馈语。

从教学材料的选取与补充方面来看,教师应充分利用多媒体资源,以丰富英语课堂教学。多媒体信息的自由传输使得英语听力资源在全世界的交换、共享成为可能。教师可以随时从网络上下载有利于建构交际情境的资源,为学生补充听力语篇,这种与多媒体相结合的新型教学模式集知识性、趣味性、易操作性于一体,能大大激发学生的学习兴趣,培养学生的参与意识,让学生在真实的交际情境中提高英语听、说能力。采用真实听力语篇的作用主要表现在两个方面:①使语言学习机会能够满足个体学生的需要和兴趣;②学生能最大限度地利用这些机会来学习。而且,在情感层面,如果在学习初期就使用真实语料,学生在面对目标语真实语境时就会更有信心,不会感到过分焦虑;在心理层面,真实语篇更加有助于学生发展语言运用的能力。

从学生自主性的发展方面来看,广泛和恰当地设计与真实语篇相关的课堂活动对促进学生形成积极的学习态度起着关键的作用,能够促进学生听力技能的提高,让学生不再依赖教师而能够独立学习。开展合作聆听是建构课堂自主学习环境的有效手段,因为学生在面对一至三个人讲话时会觉得更容易、更放松。教师可以让学生结成三至五人小组,在课后合作完成一项学习任务,比如从网上查找与课文相关的英文资料,包括查找背景知识、查询关键词语的意义等,小组成员先通过邮件或者在 QQ 聊天室交流沟通,然后在班级论坛上发布他们搜集到的信息。全班学生都可以在班级论坛上分享并查询信息,还可以在论坛上进行"面对面"的讨论。以查询关键词的意义为例,教师可以引导学生比较一下各组发布的关键词意义阐释,看哪些阐释更准确。在这样的小组活动中,因为大家先是在小组内讨论,然后才在班级论坛发布信息,能力较弱的学生就有机会向能力较强的学生学习,他们既可以在小组内分享自己听懂了的内容,又不必担心自己犯了错误会受到大家的嘲笑。

(二)培养学生的自主学习能力

多媒体网络环境下的英语教学突破了传统课堂的时空限制,学生面对的不再是一成不变的课堂和枯燥乏味的课本,而是现代化的视听设备和软件资料。学生可以根据自己的英语水平选择适合自己的学习材料并安排合理的学习进度,也可以根据自己的具体情况来安排自己的学习时间;再加上教师适当地监控、检查,这些都有助于取得较好的听力学习效果。

在英语信息化条件下,要达成自主学习、培养学生的决策能力应从以下两个方面来进行。

第一，学生要掌握获取信息的硬件知识，即学生首先要学习和掌握现代信息技术的操作技能，能与教师或者同学通过网络技术进行实时交流。例如，在学完一课或经过一周的学习之后，结合自己的听力学习状况，学生反思自己的学习过程和学习效果，通过日记的方式对自己的听力学习过程、学习活动以及内容等做出评价、发表见解、提出问题，并提出下一步学习的建议等；定期通过电子邮件发给教师，请教师点评；教师将点评和指导意见通过电子邮件反馈给学生。

第二，要提高学生掌握获取和利用信息的能力，使学生能根据某项学习任务，通过现代信息技术即互联网多媒体等手段采集信息，再把搜索来的信息运用到实际生活中去，锻炼语言能力。最后利用互联网等手段对其进行评价，包括学生自主评价与他人（教师或其他学生）评价。

综上所述，计算机技术的智能化发展使教师能够针对学生遇到的不同问题设计相应的学习任务，从而增强学生的学习动机，提升其自我概念，拓宽其文化意识。具体来说，借助于多媒体所提供的网络化虚拟课堂，教师可以提供各种模拟式"真实"交际情境，学生不再只是知识的被动接受者，而是听力理解过程中意义的自主建构者。他们以自己的整个身心去感受听力语篇中呈现的事实、问题、情感和价值，并通过网络生动地传达自己的思想，积极参与学习交互活动。

另外，多媒体通过模拟环境调动学生多种感官，改变了学习空间的封闭性，让学生在模拟世界与多个个体和群体进行信息交换。在虚拟的环境中，不用顾忌礼貌和交际，学生能无压力地专心学习，学生个性也能最大化地表现出来。教师作为参与者、鼓励者、引导者，鼓励学生主动思考、求索和探究，促使学生主动分析自己的学习期望、学习风格、学习状态和学习水平，从而主动认识自身的学习需要，发现存在的问题，并合理安排学习活动来达到预期的学习目标，不断提高自我管理能力。

但是，以现代教育技术辅助听力教学，并不是说教师的作用就不重要了。恰恰相反，在教育技术的迅速发展为英语教学带来一系列重要变化的今天，应该更加强调教师在教学过程中的主导作用。

三、发挥教师的主导作用

（一）师生角色发生了改变

首先，教师的角色发生了改变。在基于网络与多媒体的英语自主学习中，传统意义上的教师的作用被削弱了，但教师又由此被赋予了更多新角色。在英语自主学习中，教师扮演着信息提供者、学习活动组织者、学习策略引导者以及学习效果评估者等不同的角色。教师要适应现代信息技术的发展，鼓励学生进行自主学习，转变传统教师的角色，做一个指导者而不是约束者，同时教师作为一个管理者更要制定合理的教学目标，加强和学生的交流，对学生自主学习的过程进行评价和指点。

其次，学生也要学会适应多媒体教学环境，改变自己原始被动接受知识的角色，积极进行自主学习。学生可以利用多媒体听力教学设施，确定最适合自己的学习目标。这样可以激励学生更高效更主动地学习，使他们的自我反省和综合评审能力在自主学习中得到提升。

虽然现代教育技术对英语听力教学有积极的促进作用，但是在实践中也出现了一系列值得我们关注的问题，教师和学生角色的改变也使许多教师和学生感到不知所措。从教师角度来看，面对现代教育技术迅猛发展、听力教学资源异常丰富的局面，教师中间存在顾虑重重、全盘接受、过高估计、浅尝辄止等现象。有些传统课堂经验丰富的老教师，对多媒体网络技术存在"恐惧"心理，担心网络多媒体教学的实施会使他们失去对课堂的控制权、主动权，于是仍固守传统的教法，以课本为主，不想"越雷池"一步。而有些教师则过分依赖多媒体技术，对网上材料采用"拿来主义"的办法，不加分析地使用，听得多总结得少，致使学生对听的内容一知半解，结果造成听力训练的无目的性和无序性，违背了听力教学的规律，造成听的时候热闹、但听力能力的提高甚微的局面。还有些教师高估了多媒体教学的作用，认为多媒体教学能迅速提高学生的听力水平，而一旦实施之后没有达到预期效果，便对多媒体教学失望，甚至彻底否定其作用。更多的教师认为，只要在课堂上应用了多媒体或是课件就是进行了信息技术与课程的整合，就是进行了教学改革。以上种种，教学效果不一。

在多媒体教学环境中，多媒体只是课堂教学的一个组成部分。如果只有多媒体而没有教师与学生的积极合作与参与，很难实现最终的学习目标。教师应该做到：有能力合理使用多媒体；认识到自己是学习的指导者，发挥自己的指导作用；引导学生运用综合的学习方法。

而从学生角度来看，多媒体教学的开放性要求学生必须具备一定的信息技术基础知识和一定的自主学习能力，才能有效地学习。而在传统的教育管理体制下，学生很少有时间通过自学来发展自主学习的能力，因此自主学习能力普遍较差，缺乏自主学习的习惯，不知道如何选择听力材料、如何有计划地练习，更不知道如何检查自己的听力水平是否有了提高。有的学生只图新鲜，选的听力材料杂而乱。由于多媒体课堂缺少传统课堂上教师对学生的直接监管，很难保证自觉性较弱的学生能专心学习。在多媒体环境中，学生所表现出的兴趣、兴奋及好奇心会随着他们对环境的熟悉而逐渐减退。显然，技术的魅力是短暂的，要保持学生的注意力和学习热情，学习内容才是本质和关键。

由此，可以看出，尽管基于网络与多媒体的自主学习能发挥一定的作用，但它不能够完全代替传统的课堂教学，只能作为传统课堂教学的补充。我国当前英语课程改革提倡的自主学习，是以学生的主体地位为前提的教师进行指导、学生主动参与的学习，而不是没有教师指导的完全意义上的自学。如果以学生学习为中心的、基于网络和多媒体的课堂教学设计忽视了教师的作用，忽视了师生交互的设计，这种教学设计必定是失败的——学生的学习将会成为没有目标的盲目探索，讨论交流将成为不着边际的漫谈，意义建构将会事倍功半。

（二）如何发挥教师的主导作用

在现代教育技术条件下，听力教学中如何发挥英语教师的主导作用，这是必须要探讨的一个关键问题。

第一，教师要利用现代教育技术提供的优势，精心选择听力材料。现代教育技术使师生选择材料的自由度和自主性越来越大，学生很容易迷失在浩如烟海的网络资源中，教师的引导就变得尤为重要了。面对数量激增的语篇，教师要做出明智的选择，并对语篇进行创造性的加工和使用。除了教授课本知识以外，教师还可以通过多媒体技术适当给学生补充课外材料，录制或下载内容新颖的听力材料，比如当日新闻等。其后教师要给出讨论问题，让学生听后进行讨论，以增强学生对所听内容的理解和记忆。还可以引导学生在课外自主进行听力训练，教师可以向学生介绍适合听力训练的网站，同时还要提醒他们根据新课程标准要求的话题选择听力材料，如选择学校生活、兴趣与爱好、节假日活动等话题范围内的材料。

第二，教师要利用现代教育技术合理引导学生关注英语国家的文化现象。例如，教师可以推荐学生看原版电视剧或教学影片，如《走遍美国》等。《走

第五章 大学英语听力教学方法与多样化教学方式的选择

遍美国》不只是简单的对话，还包含着有趣的剧情，而且剧情与美国当前社会环境和现象有着密切的关系。听力语篇中会包括诸如食品类型、工作实践、历史典故、宗教信仰与价值观等各种内容，学生可能会对这些内容感到陌生，对此教师可以组织讨论，让学生将自己民族的文化因素与语篇中的文化因素进行对比。教师还可以从剧情内容引出有关文化差异的话题，讨论丰富的社会现象，有利于克服文化冲击（cultural shock）现象，降低因母语文化与目的语文化之间的差异给学生带来的焦虑感，激发其学习目的语的兴趣。同时，教师要对学生的在线学习给予指导，引导学生对从网站下载的资料进行筛选、分类和整理，引导学生对资料进行比较分析、去伪存真。

网络具有交互性的特点，包括实时交互（如 BBS 系统、聊天室等）和非实时交互（如 E-mail 等）。实时交互和非实时交互为学生提供了以意义为中心的交际机会，并将语言的听、说、读、写技能融于一体，有利于更为广泛的个体和群体之间的直接信息交换。这种形式的交互更加需要教师的指导，需要教师设计合理的教学活动，以更加有效地促进学生的学习进步。例如，教师可以利用现代教育技术的优势，采用教学主体置换模式，将主控台变为语言交际活动的"看台"，学生电脑变为语言交际活动的"舞台"，给学生布置交互任务，所给题目都从教材中提炼，让学生结合丰富的网络资源，围绕学习任务，在网上自由组合并进行交互练习。教师作为参与者、鼓励者、指导者，鼓励学生主动思考和探究，促进新知识与大脑中的先前知识的联结，更加有效地促进学生对语言知识的掌握及其语言能力的发展。

教育技术永远也不可能取代教师在听力教学中的主导作用，教师不应仅是听力活动过程中的录音播放者或者听力答案的核对者，而应是现代教育技术的合理使用者。当前，许多学生已经习惯了填鸭式的教学方法，如果想在现代教育技术辅助下的英语学习中获得成功，就必须积极地去适应以学生为主体的认知心理听力环境。但从目前来讲，教师应清醒地认识到，完全基于网络的认知心理听力环境仅仅适用于某些精心选择的课程内容以及那些自我导向意识较强的学生，它只是对传统学习方法的有效补充而已，还谈不上对传统课堂的取代。因而，在以现代教育技术辅助英语听力教学的过程中，应充分发挥教师的主导作用。

第六章 大学英语口语教学方法与实践

我国的大学英语教学改革工作在不断开展与深化进行,涉及大学英语的教学理念、培养目标、教学模式、课程建设等诸多方面,是一场深层次、大范围的改革与实践。改革的主旨是努力提升在校大学生英语运用能力,转变教学观念,调整培养目标,改革教学模式,提倡新的语言教学和语言学习理念。本章主要探讨大学英语口语课堂教学实现路径、同伴反馈类型与大学英语口语教学效果、同伴互评在英语口语教学中的应用实践、英语口语自主学习中的同伴支架和互动模式。

第一节 大学英语口语课堂教学实现路径

随着经济全球化日益加深以及我国改革开放力度的加大,中国与世界其他国家展开了更加频繁、密切的交流,相应地,社会对懂英语的复合型人才的需求也越来越大。英语教学是培养英语人才的一个主要途径,因此英语教学也受到了社会各界的广泛关注与重视。

一、口语的特点

(一)口语是综合性的语言素养

口语并不是一项单纯具体的语言技能,它与许多问题处于交叉重叠的关系状态。在课堂教学中,有时难以将口语教学目标与其他教学目标区分开来,比如,当我们进行口语教学时,其他目标就会涌进来,教师可能要帮助学生获得某项语言知识(某个语法规则、发音类型),或是教给学生口语教学的技能(比如节奏感、语音语调等),或是教给学生一些社会语言或实用会话技能(比如,如何在会话中有礼貌地打断别人的话,如何有礼貌地回复等)。

也就是说英语口语的发音和功能是内在融合的，当学会讲一种语言的时候，除了会用发音表达意思之外，还掌握了大量的其他方面，如语言所在的文化、社会交际方式以及礼仪规范等，真正的语言交际应当是所有这些素养的综合体现。虽然在文本中可能会分别分析话语、语法和发音，但这仅仅是为了分析的需要，在实际运用中它们应融为一体。

当然，需要特别注意的是，教学口语与通过口语教学并不是一回事，虽然我们在课堂教学中要运用大量的口语，但并不等于是口语教学。

（二）口语与写作的功能区别

在听、说、读、写四项语言技能中，听、读是接受性语言技能，口语和写作则是产出性语言技能，口语教学与书面教学的起源相比要年轻得多。第一阶段，人们以为口语教学就是教学生孤立地发音；第二阶段，又加上了音调，如重音节等，即认为口语就是用口头语表达书面语；第三个阶段，又强调口语教学中的听力教学，要求学生能够听懂磁带中的重音，同时大声说出听到的句子；第四个阶段，人们认识到只是将书面语作为口语交际的材料太有局限性了，于是，他们摒弃了原来的做法，把书面材料放置一旁，将一些原生态的对话材料，像广播、演讲等作为口语教学的素材。

休斯以图例的方式（图 6-1、图 6-2）展示两种输出性语言技能间的区别：

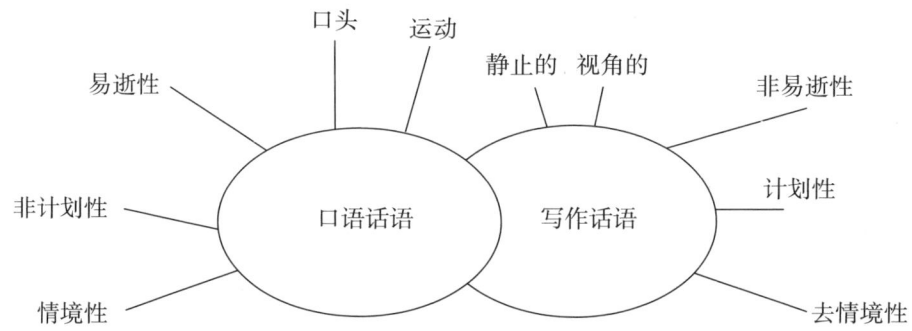

图 6-1 口语话语与写作话语的比较

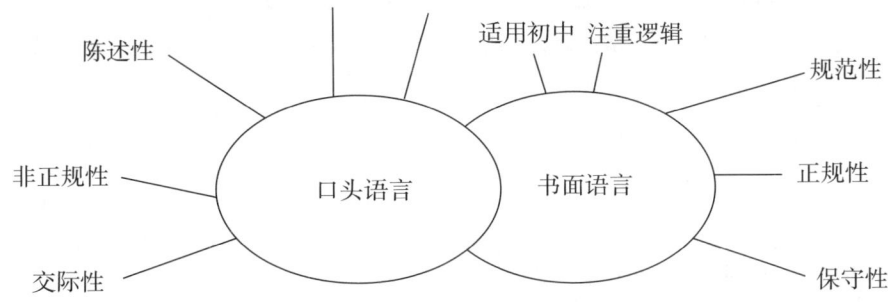

图 6-2 口头语言与书面语言比较

书面语言是一种规范性较强的语言，表达也较为丰富，在表达时要遵循一定的语言规则，且较为稳定，可以数千年保持稳定，任何接受过良好教育的人都应当掌握这门语言。

著名语言学家哈奇指出，口语与书面语至少有以下的不同。

（1）口语的主要特点是交互性比书面语强。凡使用口语的人都有面对面的对象，说话人与听话人随时交流，互相提示与补充。

（2）大量的口语是无计划、无准备的，而书面语则通常是有计划、经准备而形成的。

（3）口语比书面语更依靠交流时特定的情景与场合。

（4）书面语语体一般比口语正式。

为此，左焕琪教授指出，功能上口语与书面语的区别是以下几点。

第一，口语具有鲜明的言语行为功能及格式。主要功能项目有：问候、介绍、告辞、请求、致谢、赞美、祝贺、道歉、原谅、建议、同意与不同意、批准与不批准、承认与否认、同情、鼓励、劝说、允许、许诺等。

第二，在语言结构上，书面语更严谨，使用独立句与复合句较多；而口语中则较多地使用短语、并列从句、问答与祈使句，且允许出现重复、停顿、补充、修正等现象。

第三，口语是通过语音的变化来表达文本意思的，它有不少为表达方便而采用的语言形式，如简化、缩写、代称等，都是书面不常用的。此外，口语在年龄、性别、社区，特别是文化方面的差异往往比书面语更突出。

在实际中，经常看到教师在口语教学中总是从发音或语法的角度纠正学生语言，以句子为单位要求学生进行交际。但是，母语口语往往是即兴脱口而出的，语言单位往往要比句子短些，是以词段方式出现的。因此，口语教学要求一定要区别于书面语言的要求，像母语那样要求学生是不可能也是不合理的。

口语课的目标是表达自己的想法或需要,能够处理一些基本的日常交际信息,比如问候、感谢、致歉、寻求帮助等。这样的课型往往没有严格的结构,其他教学结构是以"语言形式类型"为取向的,而口语课型结构则以"行为类型"为取向。

下面简举一例予以说明。

例1:

a. Hello, what are you doing?

b. Hey, what're yuh doin?

例2:

a. I do not know.

b. I dunno.

例3:

a. Give me a second, would you?

b. Gimme a sec, would ja?

显然,这三组中 a 句的英语较为正规,多以书面的方式进行表达,而 b 句则多出现在口语中。

再看一组对比:

例1:

a. I'm going to the store.(Grammatical)

b. I'm gonna the store.(Ungrammatical)

例2:

a. I'm going to go swimming.(Grammatical)

b. I'm gonna to swimming.(Grammatical)

例3:

a. Going to the game tonight?(Grammatical)

b. Gonna the game tonight?(Ungrammatical)

例4:

a. I'm going to go dancing tonight.(Grammatical)

b. I'm gonna go dancing tonight.(Grammatical)

这一组中,为何 1-b 和 3-b 不符合语法规则,而 2-b 和 4-b 却是符合语法规则的呢?仔细分析便可知道,句子 2-a 和 4-a 中的"going to"拼读得很快,"going"和"to"混合成一体,便形成了"gonna"。相反,在句子 1-a 和 3-a 中,"to"被整合到介词短语"to the store"和"to the game"中,在这种语境中,[t] 并没有弱化。可见,有时英语语音系统是与语法特征相交织和相互影响的。

二、口语能力的要素

对口语能力这个概念的不同理解会直接影响口语教学的效果。简单回顾一下英语语言教学的历史，我们不难发现英语教学的理念在不断地发展。早期，人们一直认为语言教学就是帮助学生发展语言能力，即帮助学生掌握语音、词汇与语法形式，以为学生掌握了这些知识，就会自动把这些整合起来运用，进行交流。然而，实际情况并非如此，这种认识所带来的弊端也日益显现出来。20世纪七八十年代，随着移民的不断涌入，在美国、加拿大、新西兰、澳大利亚等国，语言学者与语言教师对语言学习的看法发生了极大的转变。他们认为仅仅帮助语言学习者掌握语音、词汇与语法还不足以帮助他们把英语讲好，在社会上谋生。20世纪70年代中期，语言学者和语言教师开始把语言能力看作交际能力的一个部分。交际能力就是语言学习者与其他说话者之间进行互动，从而生成意义的能力，它区别于做语法知识选择题的能力。然而，学习者要获得较强的交际能力还需要了解语言使用的社会文化环境。

（1）社会语言能力就是语言使用者在不同的环境下使用语言的能力，它涉及语域（语言的正式与非正式程度）、用词是否恰当、语体变换与礼貌策略等。比如，一个人在正式场合下讲话，就会注意自己讲话要合乎语法规范，发音要清晰，选用的词汇也要更正式一些，比如，在说"father"这个词时就不用"dad"替代，用"child"比"kid"更正式。又如：

例1：

a. I don't know.（Grammatical, formal）

b. I dunno.（Ungrammatical, more casual）

例2：

a. Hello, what are you doing?（Grammatical, formal）

b. Hey, what're yuh doin?（Ungrammatical, more casual）

语体变换是指说话者需要根据情况使用不同的语言形式。比如，国家领导人在做政治报告时，为了让大部分民众都能听懂，体现亲民的形象，也会使用一些俗语，如"打铁还需自身硬"等；当说话者在不同的场合遇到不同的对象时，会说"劳驾""谢谢您""对不起"等礼貌用语。例如，教师为了让学生帮忙分发试卷时，采用不同的句型可以表示不同的礼貌程度，而核心的结构就是"hand out the papers"。

a. Hand out the papers.

b. Please hand out the papers.

c. Would you please hand out the papers？

d. I'd appreciate it if you would please hand out the papers.

第一句话为祈使句，命令语气，比较生硬，由谓语动词词组"hand out"和直接宾语"the papers"构成；第二句话只加了"please"这个表示礼貌语气的词；第三句话用疑问句式"Would you...？"将表示礼貌的标记词嵌入了进去；第四句话则使用了"if"条件从句来表达语气。这四句话的语气由生硬到客气，不断弱化。

（2）策略能力是指说话人在交谈时运用语言策略来弥补自己的不足的能力。比如，在你不知道用哪个词来表达你的意思时，你用什么方法来把你的意思表达出来？举个例子：

有一位客人在宾馆打电话给前台服务员，想要吹风机把头发吹干，但是她不知道吹风机怎么说，她可能会运用以下策略与前台服务员进行对话。

例1：

It is，uh, the thing that makes the hair hot. You know，when you clean the hair and then after that thing that makes the hair hot when the hair has water. It's，um，it uses electric to make the hair hot. It is not in the room and I want to use it.

例2：

So，uh，now，my hair is wet. And I must go to the party. So now，I need that machine，that little machine. What is the name？ How do you call it in English？

例3：

We say in Spanish secadora——the dryer，but is for the hair. The dryer of the hair. Do you have a dryer of the hair？ I need one please.

例4：

（Imagine that this guest is at the hotel's front desk talking directly to the clerk.）

Yes，uh, please，I need, you know the thing，I do this（gestures：brushing her hair and blow-drying it）after I am washing my hair. Do you have this thing？

在例1中，这位房客把吹风机解释成"the thing that makes the hair hot"；在例2中，客人把吹风机解释成"that little machine"，同时还向前台服务员询问"How do you call it in English?"。在例3中，房客先是用自己的母语西班牙语"secadora"描述了一遍吹风机，然后再过渡到英语"Do you have a dryer of the hair？"。在例4中，房客由于与前台服务员进行面对面的交流，直接用手比画着，来说明自己需要一个吹风机。从上述四个例子中可以看出，尽管说话者外语词汇不足，但是并没有影响这位客人与宾馆前台服务员之间的交流。由于恰当地使用了交际策略，这位客人顺利地进行了交际，并达成了自己需要一个吹风机的交际目的。

（3）语篇能力是指讲话者所言的句子的连接关系，内容包括衔接与连贯两个层面。衔接指的是"一句话中各成分之间的语法和/或词汇之间的关系"，它包含指代、运用同义词等多种手段。例如：

Tina：Hey, Cheng, how's it going？

Cheng：Wow, I just had a test and it was really hard!

Tina：Oh, what was the test about？

Cheng：Algebra! All those formulas are so confusing!

Tina：Yeah, I don't like that stuff either.

在这段简短的对话中，有这么几个表示衔接的例子，来分析一下。在Cheng的第一次应答里，"it"指代他刚参加完的"test"；在Cheng的第二次应答里，"algebra"（代数）和"formulas"（数学公式）表达了同样的意思。这些手段的运用，使得Tina和Cheng之间的谈话衔接顺畅。

连贯指的是语篇层面话语意义或语段中句子意义的关系。一般来说，如果一段话的各个句子都围绕中心大意展开（即主题句和展开论述的有关句子），这段话就具有连贯性。话语的连贯性可以帮助听者把握讲话人表达的意思。日常生活中，即使在母语环境下，人们也经常会碰到这样的情况：有些人滔滔不绝地讲了很多，但是却很难把握对方想要表达什么意思。这不是因为自己的听力出了问题，而是因为说话人所言确实缺乏连贯性。

连贯性不但与语篇中每句话密切相关，与说话人以及听话人之间的背景知识也有很大的关系。有些话语虽然从字面看来是跳脱的，但整个意思却是连贯的。例如：

Lisa：Could you give me a lift home？

Sarah：Sorry, I'm visiting my sister.

Lisa的提问与Sarah的回答之间没有任何语法与词汇的联系，但由于Lisa和Sarah都知道Sarah姐姐的住处与Lisa家方向相反，因而对话具有连贯性。

上面对口语能力的诸要素进行了梳理。社会语言能力要求人们视不同的场合、不同的对象把想要表达的意思恰当地、得体地传达出去，维护好与对方的人际关系。策略能力就是将不会说或不便说的事情运用多种方式，语言或者肢体动作等，将其表达出来。语篇能力要求人们将要表达的意思清晰有效地传达出来，便于听者明确言说者所要传达的意思。

三、口语教学活动的原则

（一）体现意义协商的交际策略

母语使用者在与外语学习交流时会采取两种手段：一种是输入简化，另一种是话语修正。这些沟通技巧被称为交互修正，之后有学者将其称为意义协商，不同的语言学家又从不同的角度对这个术语进行了不同的解释。本部分侧重介绍在意义协商中，说话人根据听话人的水平对自己的话语进行调整修正，使得听者理解原本不理解的话语。在意义协商过程中，说话者为了让对方听懂自己的话，必须关注语言的准确性，如，选择正确的词汇、运用正确的语法规则、将单词发准音等。同时，他们也会关注自己想表达的和能表达的之间的差距。一般来说，信息沟（information gap）和拼图式（jigsaws）一类的活动最适合体现意义协商的交际策略。

所谓的信息沟活动就是指参与会话活动的双方或多方，每一方都有自己知道而其他方不知道的信息，彼此之间需要通过询问对方来获得对方的信息。下面来看一个例子：课堂上教师和学生在进行角色扮演，运用信息沟的设定与填充，达到交流目的。学生想买一个"round cork coaster"，但是他不会说"coaster"这个词，看他是如何与教师进行交流，最终买到这个"coaster"的。

学生1：Uh, hello. Where is Mr Lim？

教师：Mr Lim isn't here today. May I help you？（Smiling expectantly）

学生1：Uh, I must buy something-uh-（Laughing）. My grandmother said to buy something.

学生：（Laughter from his classmates as he glances around the room）

教师：What do you need to buy？（Said with an encouraging tone）

学生1：I dunno know how to say this thing. I don't know the name.

教师：Okay, what is it for？

学生1：Uh, okay, okay, it is for drinking.

教师：Oh, how about this？（Pulling out a canned soft drink from behind the barrier）

学生1：Oh, no！（Surprised tone）

学生：（More laughter from his classmates）

学生1：It's for having a drink—it's not the thing to drink.

教师：Oh, okay! Here you go！（Pulling out a plastic drinking glass from the podium shell）

学生：（More laughter from the class）

学生 1：Oh, no, it's not this, is, uh, how to say（Turns to the class, asks them a question in Chinese; they laugh and the teacher smiles and waits）. Oh！ It is going under the drink. We put it under the drink so no water on the table.（Gesturing by sliding one hand under the other）

教　师：Oh, I understand!（Looking hopeful and pulling out a paper napkin）

学生 1：Oh, no！（His classmates laugh uproariously）

教　师：This goes under the drink to keep the table from getting wet. Isn't this right？（Looking hopeful）

学生 1：（Laughing and shaking his head）No, not this thing.

教师：Oh.（Sounds disappointed and looks crestfallen）

学生 1：（Turns and speaks to his classmates in Chinese）

学生：Cork! Cork!

学生 1：It is cork. This thing is cork.

教　师：Oh, cork！ Okay, here it is！（Looking pleased, pulls out a single cork which has been removed from a bottle）

学生：（More laughter and some coaching in English and Chinese）

学生 1：Oh, okay, no.（Laughing）It's not this thing. It's, uh, okay—it's, uh, for under the drink so no water on the table. But it is flat. Not paper. Is cork. Is flat cork for under, eh, the drink. It is like this.（Making a round shape about three inches in diameter with the thumb and forefingers of both hands）

教　师：Oh！ I understand! You want to buy coasters！（Pulling out a round cork coaster from the bag of hidden items）

学生 1:（Obviously relieved and pleased）Yes！ Yes！ This is the thing!（His classmates laugh and applaud his effort.）What is the name？

教师：What is it called？ Coaster. We call these coasters.

学生 1：How to spell it，please？

教师：How is it spelled？ C-O-A-S-T-E-R-S.

学生 1：Can you write it please？（Gesturing to the whiteboard）

教 师：（Giving him the whiteboard marker）I'll spell it and you write it for the class, okay？ C-O-A-S-T-E-R-S.

学生 1：Oh, okay, okay. Coasters.（He prints the word on the whiteboard as the teacher spells it aloud.）Coasters.（Holding up the coaster triumphantly to show his classmates) This is coaster! (Announced dramatically)

学　生：Coasters, coasters! (Prolonged applause as the student resumes his seat)

在这段对话里，学生与教师不断进行意义协商，一轮一轮地对自己需要的物件进行描述，每一次都在修正自己对"coaster"的定义，关注自己使用语言的准确性，最后得到了自己想要买的"coaster"。在对话中，虽然学生的口语不够准确，有很多错误，但是教师没有立即去纠正他，而是在某些地方用正确的说法进行了反馈，比如，学生说："What is the name？"教师纠正说："What is it called？"这样，没有因为关注形式而影响意义的交流。

拼图式活动非常适合合作学习，它有点类似于拼图游戏中将一张完整的图片拆分为一块块的"组件"，然后再进行组装。

下面举个例子，利用拼图式活动来教语法，将语法教学与口语教学结合起来。如何掌握词性对学生来说是一个难点，难学易忘。这个例子是利用拼图式活动来教英语中八种词性的教学设计。

教师课前要稍微做一些准备，准备好关于词性例子的材料。

例1：Form teams and assign a leader. Each group should be four students. There are eight parts of speech and each student will become an expert on two of the parts of speech.

例2：The leader should help the group members each choose two parts of speech. You will probably need to group the parts of speech into two sections. Although you may determine what goes in each section, I prefer to use the following：

• noun, pronoun, adjective, verb

• adverb, preposition, conjunction, interjection

Then tell your kids that they are to find out the following about each part of speech：

• Definition

• Ten example words

• Rules about using the part of speech

• Unique qualities about the part of speech

• Use two examples of a part of speech in a sentence and under line the part of speech

例3：Once the students have found out the information about the two parts of speech, you may want to set up four stations in the room (noun, pronoun, adjective and verb). Then, you can have four of the eight parts of speech experts meet together and then switch to (adverb, preposition, conjunction, interjection).The experts need to talk to each other and make sure that they have their information correct.

例4：Students go back to their original group after the two expert group sessions. Each expert then shares what he or she learned.

例5：After each group member or expert has presented, ask students to study their notes for a quiz over the information on the following day.

（二）体现会话的社会交际性与事务性

在课堂教学之外，与他人之间的交谈往往出于两种目的：一是社会交际，二是处理事务。这里所说的社会交际性就是指交流的目的是建立与维护人与人之间的社会关系；而事务性是指交流的目的是处理事务，比如，交流信息等。这两种会话又有各自的特点。社会交际性会话比较随意，话题涉及各个方面，你一言我一语，所以相对来说，对于接下来的话轮转换以及会话往哪个方向发展具有不可预测性。事务性会话却不同，话题处在一个相对限制的范围里，话题的转换与会话方向具有可预测性。

下面看一个有关社会交际性会话的例子。这是一段饭前发生在家庭成员之间的会话，说话者转换话题很快，会话方向难以预测。

人物：

Ashley—mother, junior high school history teacher; 42 years old

Cheney—father, gas station attendant; 47 years old

Abby—daughter, college sophomore and receptionist in art gallery; 20 years old

Larry—son, high school junior; 16 years old

Ashley is in the kitchen finishing the preparation of dinner—lamb chops, Cheney's favorite, though she does not care much for them. Abby is going through some CDs. Larry is reading one of his textbooks.

Cheney comes in from work and throws his jacket over the couch; it falls to the floor.

Cheney: (Bored but angry, looking at Larry) What did you do with the car last night? It stunk like rotten eggs. And you left your school papers all over the backseat.

Larry: (As if expecting the angry remarks) What did I do now?

Cheney: You left the car looking a mess. Can't you hear?

Larry says nothing and goes back to look at his book but without really reading.

Ashley: All right everybody, dinner's ready. Come on. Wash up and sit down.

(At dinner)

Abby: Mom, I'm going to go to the movies Friday night with some friends from school.

Ashley: Okay.

Cheney: Like hell you're going. No more going out with that group.

Ashley: Cheney, they're nice people. Why shouldn't she go?

Cheney: Because I said so, okay?

Abby: (Mumbling) I'm 20 years old and he's giving me problems.

(Turning to Cheney) You make me feel like a kid, like some stupid little kid.

Cheney: Get married. Then you can tell your husband what to do.

Abby: I wish I could.

Larry: But nobody will ask her.

Ashley: Why should she get married? She's got a good life—good job, nice friends, good home. She's still young. Listen, I was talking with Elizabeth and Cara this morning and they both feel they've just wasted their lives. They raised a family and what have they got? They got nothing.

Cheney: Well, they're idiots.

Ashley: (Snidely) They're idiots? Yeah, I guess they are.

Abby: Joanne's getting married.

Ashley: Who's Joanne?

Larry: That creature who lives with that guy Michael.

Cheney: Watch your mouth, Larry. Don't be disrespectful to your mother or I'll teach you how to act right.

Ashley: Well, how do you like dinner?

(Prolonged silence)

Abby: Do you think I should be in the wedding party if Joanne asks me? I think she will; we always said we'd be in each other's wedding.

Ashley: Sure, why not. It'll be nice.

Cheney: I'm not going to any wedding, no matter who's in it.

Larry: Me neither.

Abby: I hope you'll both feel that way when I get married.

Larry: By then I'll be too old to remember I got a sister.

Ashley: How's school?

Larry: I hate it. It's so boring. It's just test after test and classes are getting bigger and bigger. Nobody knows anybody hardly. I really feel like nobody knows I'm alive.

Cheney: Get yourself a woman and you won't feel lonely, instead of hanging out with those potheads.

Abby (Looking to Ashley, giving a sigh as if to say, "Here we go again.")

Ashley: (To Abby, in whisper) I know.

Abby: Mom? Do you think I'm getting fat?

Larry: Yes.

Ashley: No, I don't notice it.

Abby: Well, I just thought I might be.

Larry: (Pushing his plate away) I'm finished; I'm going out.

Ashley: You mean we both work all day; it's just that I earn a lot more than you do.

Cheney: No, I mean I work and you babysit.

Ashley: Teaching junior high school history isn't babysitting.

Cheney: Well, what is it then? You don't teach them anything.

Ashley: (To Abby) You see? You're better off single. I should have stayed single. Instead…Oh, well. I was young and stupid. It was my own fault for getting involved with a loser. Just don't you make the same mistake.

Cheney: Go ahead. Leave the table. Leave the house. Who cares what you do?

在上述对话中，Cheney 下班回来埋怨儿子 Larry 把车子弄得一团糟，这时妈妈 Ashley 过来叫大家吃饭。女儿 Abby 向妈妈提出周五要和同学去看电影，妈妈同意，爸爸反对。爸爸生气地说让她早点嫁出去。后来，又谈到 Abby 的同学。Abby 的同学受到了 Larry 的谩骂，继而讨论起参加 Abby 的同学的婚礼。一会儿又谈起 Larry 的功课，爸爸说他功课不好不如找个女人结婚。Abby 与妈妈讨论发胖的问题……话题不断转换，难以预测会话的方向。

（三）符合学生所处的环境、兴趣与学习目标

英语口语教学活动的设计要符合学生所处的环境、兴趣与学习目标。学生所处的环境指的是本地区、本校，甚至本班的实际情况。在活动设计中将本地区具有特色的活动纳入口语教学活动，这样学生在认知上不存在困难，便于激发学生的认知图式，使学生有话可说，能够用英语表达自己身边发生的事件，学以致用，在用中学，又能激发学生的学习兴趣。学生有了学习兴趣，又会加快学习目标的达成。为了使口语教学活动设计贴近学生的实际，教师偶尔也可以请学生参与活动内容的设计，请他们提供话题和活动形式。教师可以在学生提供的环境背景下设计诸如角色扮演等活动，或采用学生喜爱的歌唱等形式来设计活动。

例如，教师安排学生介绍自己所熟悉的旅游景点——离海口市约20公里的石山镇的"火山群国家地质公园"（Volcanic Cluster National Geopark）。教师之所以这样做，是因为学生对本地的风景名胜有直观的感受，向外地的朋友介绍时，学生会觉得有话可说。

教师问各组学生海口的哪些景点值得向外国游客介绍："What are the places of interest that you think worth visiting? Can you say some of them?" 学生回答比较踊跃，但大多数学生都是用中文说出各景点的名称，如位于海口市区的主题公园"热带海洋世界"，教师在黑板上将学生不能表达的英文名称写出来"Tropical Sea World"；石山镇的"火山群国家地质公园"（Volcanic Cluster National Geopark），俗称"火山口公园"（Volcanic Geopark）；"热带野生动植物园"（Tropical Wildlife Park and Botanical Garden）；"海瑞墓"（Hai Rui Tomb）；"五公祠"（Five-Lord Temple）；还有个别小组提到定安的"南丽湖"（Nanli Lake）和"热带鸟世界"（Tropical Birds World）等。

各组提到最多的两个景点是"热带海洋世界"和"火山口公园"，其中有三个小组还分别向全班展示了这两个景点的图片。他们推荐"热带海洋世界"的主要理由是"You can find a lot of fun there."；推荐"火山口公园"的主要理由是"It's the most beautiful place in Haikou."。教师让全班学生进一步讨论这两个景点对外国游客来说是否值得一看："Which of them do you think is most worth visiting to foreign visitors and why? Can you say more about it, for example, what's special? What can foreign visitors see or do there?"

在教师的提示下，有学生说到"火山口公园"比"热带海洋世界"历史悠久，并展示了附有中文说明的图片。一张图片显示"这一火山群形成于2.7万年至1万年前"，教师让学生用英语说："The Volcanic Geopark was formed between 27,000 and 10,000 years ago."另一张图片显示"热带海洋世界建成于 2000 年 11 月",教师引导学生说:"The Tropical Sea World was established in November in 2000." 或 "The Geopark is much older than the Sea World." 还有学生谈到"火山口公园是自然景观(natural landscape),在那里既可以看风景,还可以爬山,而热带海洋世界是人造风景(man-made scenery)、儿童游乐场(children's playground),可能不具有代表性"等。学生最后一致同意推荐"火山口公园"。教师帮助学生归纳选择该景点的原因:① a wonder of the world(它是一个世界奇观,既属于海口,更属于世界,外国游客应该感兴趣);② a geological learning(它具有地质学意义,作为世界上最完整的死火山口之一,外国游客可以从中学习到关于火山类型、熔岩和熔岩隧道等许多关于火山的科普知识);③ typical subtropical scenery(除了火山石构成的奇特景观,外国游客还可通过那些独特的建筑、石阶、古树、园林了解海南的亚热带风情及其特点)。

教师接着问去过"火山口公园"的学生印象最深的是什么:"Have you ever been to the Volcanic Geopark? When did you go there? What impressed you most?"然后让学生根据自己对"火山口公园"的印象(最熟悉、最有兴趣表达的内容)自拟题目进行叙述;对于没有去过"火山口公园"的学生,教师允许他们从课堂中大家提供的各种中英文资料和图片中选择自己感兴趣的内容;对之前提到的景点实在没有兴趣的学生,也可以选择自己所熟悉的海口其他旅游景点作为题目进行叙述。

四、口语教学的基本方法与实现

从历史角度来看,口语教学在教学法的层面经历了三个阶段:语法翻译法、直接法和听说法,以及交际语言教学法。

(一)语法翻译法

在语法翻译法中,教师向学生分析语法并将之从一种语言翻译成另一种语言。这一方法的主要目标是让学生阅读某一文化的书面语言。根据理查兹和罗杰斯的分析,其特点是:

(1)关注阅读和写作。
(2)根据阅读材料研究词汇教学。
(3)教学和语言练习的基本单位是句子。
(4)注重语言的准确性。

（5）采用演绎式教学法，即先提供语法规则，然后通过语言替换进行语言规则训练。

（6）教学用语大部分是母语，通过翻译自查教学质量。练习方式有句子填空、造句、背诵课文和作文等。

可见，语法翻译法并不能真正训练学生的口语能力，也不可能真正提高他们的口语技能。事实上，在这种教学法中，学生主要掌握的是语言结构的理解和阅读能力，不是流利口语的能力，即现代经常遭到批评的哑巴语言。在语法翻译法中，口语就是指学生大声朗读阅读材料或是做语法口头练习，学生很少有机会表现自己的真实想法、情感和个人需要。

（二）直接法和听说法

与语法翻译法关注书面文本不同，直接法关注的是"日常生活中的词汇和句型"，完全用目的语（target language）进行教学，排除干扰，朗读和写作结合起来。因为外语学习应与母语学习一样，起始于接受生活的口语，而不是文学作品中的书面语。教学重点是让学生说与听，通过按年级进度仔细规划的师生问与答的交替，逐步提升学生的听说能力。

左焕琪描述了这种方法在课堂教学中的基本程序：

8：00～8：10 讲授新词：教师进入课堂后用英语问候学生，并就日常生活题材与学生（David）进行简单的问答式会话。然后自然进入讲授新词阶段。先利用教室内与新词有关的实物引出新词，再出示课前准备的图片，用英语简单描述新词意义。学生理解后，再与教师在对话中使用新词。

8：10～8：25 语法练习：通过学生活动进行。教师先请一学生起立，然后用动词现在进行时描述：

T：David, please stand up.（After David stood up）

T：（To the class）Now David is standing, but you are all sitting.

T：（To David）David, please go to the door.

T：（To the class, while David is walking to the door）Now David is walking to the door.

直接法直接影响了听说法。在听说法中，主要强调让学生重复句子和记诵课文中的对话材料。重复操练是听说法最显著的特征，目的是让学生熟悉语音和语言的形式结构，教学的基本程序是：呈现—练习—输出。这一教学法的理论假设是学生操练语法结构以达到自动化程度，学生因此能够自然地展开对话。这样，教学口语便意味着，学生不仅能够掌握重复性的语言口语结构，而且在关注语法和语法准确性的同时，兼顾流利性。

听说法的理论基础认为好习惯的形成需要不断地反复操练，"如果要形成学生良好的语言习惯，那么就需要在课堂上不断重复和纠正错误，教师应不断识别学生的语言错误，以防止学生不良语言习惯的养成。一旦语言错误没有及时纠正，那么，班级中的说话者和其他同学就会内化错误的语言形式"。

在课堂教学中，常见的类型有两种：

类型1：

8：00～8：10讲授新词与对话结合：教师进入课堂后在黑板上画男女两个学生，在他们后面画一个超级市场入口处。教师用英语介绍情景：他们在商店门口相遇，开始了一段对话。教师边表演对话边解释语言难点，再让学生听两遍录音。

8：10～8：25熟悉课文：教师先找一名学生和他对话（重复上述课文），然后全班两两练习对话（重复课文）。练习完毕后请几对学生上讲台对话。

8：25～8：45句型操练：

（1）教师简单讲解然后说，"Now Sally is talking to John"并讲解动词词组："ask John a few questions, wait for her sister, plan to buy lots of things..." 要求学生根据动词词组做模仿练习。

（2）教师说出主语"Sally, Mary, Cathy, David, Tim, she, he, we, they"等，要求学生仿照做替换练习。先每个学生做，再小组做并互相检查。

（3）用同样方法做动词练习，直到学生掌握方法为止。

8：45～8：50听录音然后要求背诵课文对话。

布置作业：拼写单词，听课文录音；做动词替换书面练习。

类型2：MMC教学法

8：00～8：10同类型1。

8：10～8：20同类型1，但两人一组对话时间要减少。

8：20～8：30句型操练——机械操练：同类型1句型操练，但减少每一步骤时间。

8：30～8：40句型操练——有意义练习：教师给出情景，要求学生用动词现在进行时的形式表达。

情景（1）：一学生表达后，教师提问："What is he/she doing？"另一学生回答。

情景（2）：教师拿出一幅外国家庭父母与子女一起学习的图画，要求学生用动词现在时进行描述，并互相提问。

8：40～8：50句型操练——交际性活动，先两人一组就照片内容进行交谈，再将几张照片做成PPT，让全班学生逐张谈论照片内容（经准备后请几个同学到讲台上讲述），要求使用现在进行时肯定句、否定句和疑问句等形式。

布置作业：同类型 1。

这种教学方法是让学生在语言实验中，听取简化了的、与学生所学的语言结构和词汇相配套的语音磁带，这些语音磁带一般发音清晰，准确性的保险系数较高，并不是现实生活中纯粹的、自然化语言。在语言实验室中，学生跟随语音磁带进行重复发音，不需要表达自己的想法与感受。也就是说，在听说法中，虽然也强调学生的口语训练，但是强调的口语表达基本上是被控制了的，学生没有机会表达自己的思想，口头语言训练的目的仍然是指向语法规则的熟练掌握而已。显然，这样的口语训练是无法形成在教室以外自然语境中的口语能力和进行流利的口语交际的。而且这样的口语训练比较机械乏味，学生容易失去英语学习的兴趣，再说，机械僵化的记忆式听说训练，并没有真正达到预期的自动化和流利有效进行语言交际的效果。

（三）交际语言教学方法

20 世纪七八十年代，出于对听说法忽视儿童学习主动性和创造性的不满，并受婴儿习得语言特点的启发，语言获得机制的研究取得了突破性进展，人们认识到语言的掌握并不是先学习语言的片段然后再将之拼合起来进行对话，而是在人与人交际互动过程中形成的，学生掌握一种语言需要有一个交际互动的过程。于是，交际语言教学法便应运而生。

某些语言教学法，像全身运动法（Total Physical Response）是让学生先经历一段时间的听力训练，然后再开口讲话。这个方法注重的是以语言输入作为基础性活动。比如，学生先是用身体对教师的语言做出反应，经过一段时间后，才是用语言进行反应。与此不同，交际语言教学法是让学生置身于较高水平的对话情境中，是互动性的活动，像以角色扮演和信息差任务进行语言交际。课堂教学中最典型的教学组织形式是结对活动和小组活动。

交际教学法的方法十分多样，其基本精神是开展师生之间有意义的对话，也称"语言意义的谈判"，上课经常采用两人结对进行对话、3～5 人为一组进行小组活动和全班讨论的形式。情景设计要尽量真实。由于是用外语进行交谈，学生在进行有意义的交谈时必然要遇到希望表达想法，却又缺乏词汇或语法结构的问题，为了使交际有效进行下去，就非常强调交际策略的运用，具体的方法多种多样，下面列举几例。

策略一：音译。

（1）近似法。运用学生知道并不正确，但却有助于表达意义的某一目的语词汇或语言结构，比如"pipe for waterpipe"。

（2）造词。学生造一个新词以传达一个概念，比如用"airball"替代"balloon"。

（3）迂回。学生描述某物或行为的特征或元素，而不是运用目的语或语言结构。（像"She is, uh, smoking something. I don't know what's its name. That's, uh, Persian, and we use in Turkey a lot of."）

策略二：借用。

（1）逐字翻译。即学生用母语逐字翻译出来。

（2）语言转换。学生直接用母语而不用翻译出来。（如"Xiangyan for "Cigarette"）

策略三：寻求帮助，即学生寻求正确的表达。（如"What's this？"）

策略四：仿效，即用非语言策略表达意义，如拍手表示祝贺。

策略五：回避。

（1）主题回避。比如学生不要谈论目的语中的概念。

（2）放弃信息。即学生表达一个概念但不要讲述具体的信息。

由此可见，交际语法所强调的不再是准确性与流利性的标准，而是有效性、可信性、恰当性和实践性，直指语言交际的实用性目的——口头交际，最终归结为一点便是强调语言交际过程中的目的性。但是，对于英语作为外语学习的中国学生实用理性的思维方式而言，学生并不存在因为要生存下去而产生必须学习英语和用英语进行口头交际的强动机性和强目的性，许多教学情境的设置在其日常生活情境中只是虚拟的英语需要场景，学生进行交际时的话题意义感和第二语言学习相比就要差得多。所以，只是简单地提供相应的外语学习情境以刺激其学习，仍然带有较强的虚拟性和想象性，并不能真正促进学生进行有意义的话题交流，学生参与的积极性、主动性可能都值得怀疑。所以，交际法对于中国学生学习英语仍然是有局限的。

第二节　同伴反馈类型与大学英语口语教学效果分析

外语教学中同伴反馈的研究多局限于二语写作，涉及口语教学活动的同伴反馈研究不多，尚有很大的研究空间。因此，探讨同伴反馈在大学英语口语教学中的改革与实践具有重要的理论意义和现实需求。

一、同伴反馈类型

同伴反馈是纠正性反馈的一种形式，其纠正和被纠正的主体均为同辈，有别于自我反省和教师反馈。总结出六个纠正性反馈类型如下。

（1）明确纠正：明确指出学生的错误，并提供正确的形式。

（2）重述：在意思保持不变的情况下，对学习者回答中的一个或几个部分进行重新阐述。

（3）要求澄清：使用"Excuse me？""Pardon？"等提示学习者的回答有误，并期待其更正。

（4）元语言反馈：针对学习者的错误提出问题或给出评论、信息，但并不提供正确的形式。

（5）引导：通过给出一些提示或提问引出正确答案或要求学习者重述。

（6）重复：重复学习者的错误并用升调来引起学习者的注意。

纠正性反馈的研究较多地关注了纠正主体的差别性，即自我反馈、同伴反馈、小组反馈、教师反馈；本部分从一个新的研究视角对纠正性反馈的方式（面对面式同伴反馈和计算机辅助式同伴反馈）在大学英语口语教学中的应用展开对比研究，以期对日后的教学有所启发。

探讨在大学英语口语教学中更适合学习者并更有效的同伴反馈形式，故研究的主要问题如下：

（1）大学英语口语教学中的面对面同伴反馈有哪些利弊？

（2）大学英语口语教学中计算机辅助式同伴反馈有哪些利弊？

（3）学习者对面对面同伴反馈与计算机辅助的同伴反馈的评价如何？

二、不同反馈类型的利弊与评价

通过对学生的学习记录、问卷调查以及访问资料进行整理、分类、分析和统计，梳理出不同反馈类型的利弊，以及学习者对两种同伴反馈类型的评价如下所示。

（一）面对面同伴反馈的优劣势

面对面同伴反馈的优点：第一，表现在学习者可以比较清晰地告知对方自己的想法，对方不懂的地方也可以及时地做出解释，进行思想的交流。第二，面对面同伴反馈形式督促了双方的学习，由于双方要决定好时间地点面对面开展反馈活动，会有压力和动力及时完成任务。第三，面对面反馈时除了反馈活动外，在双方都有充足时间的条件下，还可以交流双方的学习经验，并且可以给予对方适当的评价。

面对面同伴反馈的缺点是碍于同学面子，一般不会给予太差的评价。诚如一位被采访者指出："当着同学的面，不太好直接批评，不过要是留言给他好像没有那么伤面子。"

（二）计算机辅助式同伴反馈的优劣势

方便是计算机辅助式同伴反馈的第一大优点。计算机辅助式同伴反馈，随时随地可以进行反馈，信息也更准确。当听完同伴的发音有不确定的判断时，运用计算机辅助可以反复地听，来确定自己的判断，反馈信息当然也因此变得更加准确。当然，计算机辅助式同伴反馈也有它的缺点，比如：语音文件出错，时间的灵活性也让懒惰的人一再推迟自己的评价和练习的任务，还有留言的不准确或歧义让同伴不理解其评价。

（三）学习者对两种同伴反馈形式的评价

抽取的一些学习者都在前六周或者后六周分别进行了面对面式同伴反馈和计算机辅助式同伴反馈。利用问卷调查的形式，让学习者们对两种反馈方式进行评价，研究者发现：虽然大多学习者认为两种反馈方式（计算机辅助式同伴反馈98%，面对面式同伴反馈96%）都对提高自己的口语水平有帮助，但84%的学生更喜欢计算机辅助式同伴反馈，而只有16%的同学更喜欢面对面式同伴反馈。这一发现也与当代大学生在生活中习惯运用手机和网络有关。

根据研究调查发现：计算机辅助式同伴反馈和面对面式同伴反馈也是可以相互辅助的，这两种形式都对提高学习者的英语口语水平有帮助。鉴于信息时代的特征，当代大学生的生活习惯，以计算机辅助式同伴反馈为主，并与面对面式同伴反馈两种方式同步进行，也许是最合适的方法。

第三节　同伴互评在英语口语教学中的应用实践

同伴互评(Peer Assessment)是学生考虑和他们学习阶段相近的学习结果，或者是学习产出的数量、水平、价值和质量的活动。同伴互评的对象多种多样，包括写作、口头演示、档案袋、考试成绩等其他体现语言技能的行为。各种课堂活动和课后作业中，我们也可以以小组为单位进行互相评价，并能够给学生及时的反馈，教师也给予指点，真正做到外语教学以学生为中心，提高学生外语水平的综合实力，学生互相点评可以让学生更积极地完成学习任务，也让学生在评价他人的过程中，反思自己有没有同样的错误。

二语习得、语言测试和外语教学等领域都在利用同伴互评进行研究，但是目前人们大部分研究都侧重于英语写作，只有很少一部分研究涉及英语口语。但其实英语口语和写作都在英语学习中有着同样重要的地位，也是在运用英语时十分重要的一部分，英语口语同样也需要结合同伴互评。因此，在整理和分析了近十年（2007—2016年）对于同伴互评和英语口语教学的27篇研究，从研究的主要内容和主要发现得到同伴互评在英语口语应用中的重点和难点，对将来的研究提出建议。

一、同伴互评应用于口语教学概述

2007—2016年，将同伴互评应用于口语教学的研究中，同伴互评的形式既有总结性的，又有形成性的，研究者们对于形成性的同伴互评更有兴趣。总结性的同伴互评指学生参与对其他学生的口语水平的判断和评估。杰罗蒂耶维奇-蒂斯和丹妮卡进行了课堂同伴互评的实验，在口语课堂上，学生要对同伴的口语展示打分（1～5分），并且要对每个给出的分数进行简要描述。形成性的同伴评估目的是引导学生在交流和帮助下完成学习任务、认识到自己口语的优势和劣势，并想办法来提升自己的口语，培养自己的语言能力。形成性的同伴评估，对口语教学具有重要的教学意义，因为它能促进学生运用英语口语进行互动，在玩中不知不觉提高自己的口语能力。

随着计算机辅助语言学习的发展，基于网络平台的同伴互评得到了研究者的关注。有研究者将电子档案袋系统作为同伴互评的平台与大学英语口语教学相结合。实验结果显示基于网络的同伴互评可以激励学生对同伴的评论。还有研究者将同伴互评与概念图辅助说话系统（the Concept Mapping-Assisted Speaking System）结合起来。他们比较了在普通英语口语练习和概念图辅助说话系统上使用同伴互评的效果。越来越多的实验将新技术和平台与同伴互评结合起来，比如学习领导能力综合评估（The Comprehensive Assessment of Leadership for Learning），促进学习过程。

二、同伴互评的作用

对于学习者来说英语口语比英语写作更难，因为在实际生活和交际中准确地组织好要表达自己意思的外语真的很难。此外，英语口语表达应该是自然流利的，这对外语学习者有很大挑战。同伴互评对于英语口语教学的重要作用主要表现在以下三点。

第一，同伴之间没有交际的隔阂，教师也只是起引导作用，没有直接参与，学生能更自信地表达自己，而且能大胆地提出同伴的不足，并且接受同伴对自己提出的意见或建议。

第二，同伴互评一般是以小组为单位的，可以促进学生的合作能力。在合作中也提高了英语口语的辩论能力，在辩论中，产生的分歧他们可以一同商讨解决，在商讨的过程中，学生也构建了属于他们自己的论证知识。

第三,在评价他人时,学生也可以进行自我反思,认识到自己英语口语学习的优势和劣势,了解到自己词汇语法的不足,从而寻找真正提高自己口语水平的办法。通过他人对自己的评价,能获得对英语口语学习的新认知,让自己对英语口语的认识进一步加深。

三、同伴互评英语口语的质疑和效度验证

虽然同伴互评的形式具有趣味性,也有利于提高学生的口语交际能力,可是这种形式的公正性、可信度和效率并不高。教育研究者认为当下很难让学生个体的标准获得统一,同伴互评并不能全部表达个体的看法。同伴互评的群体性也有较大差异,如低年龄段的儿童一般没有较为明确的看法也很难做出合理的同伴互评。研究发现同伴互评的作用也会因教学手段的不同而发生改变,此外,有些教师并不能公正又严格地履行在同伴互评中指导者的身份,无法完成自己所应该完成的任务。大部分学生无法改变自己的传统师生授课观念,无法接受同伴对自己的评价,并且认为教师对自己口语的评价才是最具有权威最可信的,只有教师的评价才能真正让自己学到更多知识。而同伴给出的评价只能作为参考,并不能真正提高他们的英语口语能力。但也有研究说到,教师、学生和家长等利益相关者对于同伴互评的信任度低的原因是同伴由于无压力无管束使用英语口语较少。许多教师和学生并不十分明白同伴互评的操作流程。随着同伴互评在口语教学中的推广,相信教师和学生会逐渐接受它。

在与同伴互评是否有效的研究上,最常用像进行比较学生同伴互评的分数与教师评阅后的评分的实验。结果显示,二者平均分具有很强的相关性。阿汉格里通过实验证明了学生和教师评分结果是十分相似的,学生对他们同学的口语能力做出的判断和英语教师十分相似。可是,也有实验发现,同伴互评效度也让人失望。艾莉亚杜斯特设计了口语互动活动,研究发现,学生对异性同学的评分要高于对同性同学的评分,异性同伴的口语得到了并不客观的评价。此外,学生对于相同专业的同学的评价要低于不同专业的同学,导致相同专业同学的口语能力也受到了不公正的评价。研究还发现了同伴互评在性别、专业、口语活动、小组人数等很多方面都存在着或多或少的差异。

目前,同伴互评应用于口语教学的多姿多彩的形式,同伴互评对口语教学的重要意义,以及师生、学生家长等利益相关者对同伴互评信用较低成为人们最为关注的问题。同伴互评在英语口语教学中的应用,依然具有它的劣势。怎样让标准实现统一,怎样让同伴互评和课本知识融为一体,如何将同伴互评推广,可以考虑如何在未来利用新的理论和技术解决。研究中,关于

同伴互评有以下三个方面的问题没有解决。

第一，教师在同伴互评中的作用和定位不清晰。虽然教师是同伴互评的指导者和设计者，但是很难用实证方法分析出教师本身对于同伴互评的影响。

第二，学生对于评价标准的理解存在群体和个体偏差。这也为同伴互评在外语教学中的广泛运用造成了困难。

第三，同伴互评的概念不清晰，无法界定同伴互评是一种测试手段还是一种课堂活动。当下同伴互评的定位清晰问题、标准统一问题和效度验证问题仍存在困难，希望未来的研究可以突破这些难题。

第四节　英语口语自主学习中的同伴支架和互动模式分析

人与社会、语言与文化，是不可分割的整体，这是以维果茨基为代表的社会文化理论坚信的观点。语言是人类社会发展到一定阶段的产物，它是一种重要的交流工具。维果茨基认为评估一位学习者的发展水平，包含实际发展水平和潜在发展水平两个方面。有些学习者可以独立地解决问题，而有的学习者必须要有同伴或者他人的帮助指导才可以解决问题，这就是实际解决问题的水平与潜在解决问题的水平之间的差距，称为最近发展区。

据调查研究显示，大多数中国外语学习者遇到问题时，更喜欢向同伴请教而不是教师。他们在课堂上更喜欢与同伴进行互动，同伴之间的互动，不仅能交流学习经验，在互动中提高外语水平，而且可以加强同伴之间的感情交流，通过搭建同伴支架，可以激起学习者的最近发展区，促进学习氛围。与教师相比，同伴互动是在同一个语境下产生的语言交流，学习者没有焦虑和压力，并且大家是平等的同伴关系，可以共享集体的语言知识，可以润色语言环境提高交流乐趣。而教师独白显得相对枯燥，不容易使人深入其中，导师的严肃也会使学习者产生压迫感，另外，同伴之间的交流指正更容易被学习者接受和改正，学习者继续交流的意愿更强烈。

一、相关文献

据国外研究表明，通过搭建"集体支架"平台，可以使同伴之间进行互动学习，对学习者的双语发展有促进作用。一方面，学习者可以通过互动模式、学生语言水平和同伴支架或策略运用等途径与同伴进行交流，加深同伴互动交流学习的效果；另一方面，不同的互动模式对学习者产生的学习效果是不一样的，由于专家／新手模式和协作模式实施方便，便于大家接受，所以可以为学习者提供更多的话语机会和语言相关情节。中国研究学者杨苗的调查显示，中国外语学习者不仅要肯定教师的反馈，也应该肯定同伴的反馈，双方应该是一种互补关系。蔡基刚研究了网络环境下，大学生英语写作的同伴反馈和教师反馈之间的差异，表明同伴反馈比教师反馈更有益处。徐锦芬和叶晟杉指出，同伴互动不仅可以加强学习者之间的交流，而且可以提高学习氛围，在课堂环境下更有利于二语学习。通过分析学生分别与教师协作完成写作任务时的交际话语与同伴交流之间的不同，观察支架在中国学生二语习得过程中的影响特点和发展模式，李丹丽总结出二语协作任务中的同伴支架，并且指出同伴互动存在不足之处。

二、研究实例

（一）解决的问题

学生口语学习中同伴支架有何特性？不同的同伴呈现什么样的互动模式？学生在自主学习过程中感受如何？

（1）研究对象选择。研究者选择大学社团为研究场所，选择四名大一学生作为研究对象主体，包括一位英语专业的学生 Qiu，三位非英语专业学生 Yan, Hong 和 Ling。这四名女学生虽然英语高考成绩相当，但口语水平差别很大，其中 Qiu 的水平为 A（优秀），Yan 和 Hong 为 B（良好），Ling 为 C（中等）。该社团通过英语朗读和对话环节来进行英语口语学习，首先学生自主朗读和背诵学习四篇语言短文，然后两个同伴之间通过对话学习，加深对学习内容的掌握和理解，并且相互之间可以交流指正错误；最后依据口语水平四人组成四对进行互动，分别命名为组 1（Qiu 对 Ling），组 2（Qiu 对 Yan 或 Hong），组 3（Ling 对 Yan 或 Hong）和组 4（Yan 对 Hong）。经过六个月的观察研究，通过观察、采访和学生日记来收集学生英语口语对话录音、学习日记，及多种形式的采访材料，进行定性分析，针对学生日记和采访数据得出相关的结论。

（2）数据收集和分析。数据主要通过学习日记和访谈获取外，还可以通过录音的形式获得。首先，学生自主学习外语过程中的感受、变化和经历都记载在学习日记中，通过获得学习者的学习日记，可以全面获取学习者学习的活动过程。其次，学习者在学习的时候碰到问题如何通过同伴之间进行解决，以及他们在互动活动后的受益情况进行访谈记录。最后，对十四名学生在完成口语练习活动中的对话进行录音。通过这些方法，一共收集了 24 份口语对话材料，65 篇学习日记和一些访谈记录。

数据分析不仅需要对录音材料进行转写和分析，还要包括对访谈内容的分析。对话语转录的数据分析包括两个部分：一方面，通过反复研读文本来识别同伴支架和互动模式；另一方面，需要进行后期检查，来增强数据分析的有效性。

三、相关结果分析

（一）同伴支架的特性

参照十二种支架行为，从转写材料进行编码，为便于分析，24份转写文本分别标记，并识别出几种同伴支架：有意性、适时回应性、情感参与和共同立场、赞扬和鼓励、任务管理性、变化和意义突出性。

1. 关于有意性

有意性，即在互动中，同伴有意引起对方的注意或引发对任务的兴趣。譬如："So are you ready？""Can we start now?"或"You can ask me now!"

例1：

Y（Yan）：Can I ask you some questions about your daily life？

H（Hong）：Yes!

Y：OK！What time do you usually get up？

H：I usually get up at 6：50.

Y：Do you often set your alarm?

在这节中，Yan对Hong提出问题，而Hong的回答"可以！"表明同伴的问题引起了她的注意，并开始了对话。

2. 关于适时回应性

适时回应性是"一种能观察到同伴心理和情感方面的需求，然后及时给予恰当的回应的能力"。如"OK, maybe we can just forget about it"。

例2：

L（Ling）：And what do you think the adventures of the English movies？

Q（Qiu）：Adventures？Pardon？

L: Er…（停顿）益处，有利的 adventure？No！er…（又停顿并露出焦虑）

Q：Oh！Oh！Oh！It's OK！I got it. Er, I think when listening to foreigners speak English, I like it, especially in the movies, er…en…I think…it's more native.

L: Yes, I think you can learn some words before you don't know.

在例2中，Qiu"读"懂了同伴Ling的尴尬和焦虑，于是适时做出了回应"Oh! Oh! It's OK! I got it"，表示对同伴的小错误的理解，促使了对话任务的继续进行。

3. 情感参与和共同立场

情感参与，表示对同伴情感的尊重和得体的态度，使得双方维持友好的关系和共同任务目标的追求。共同立场性指的是"试图用被指导者的视角来看待任务，且用'we'来表明对这个任务的'共同考虑'，是双方共同从事的经历"。例3就体现了搭档之间的情感交流和共同立场性。

例3：

Y（Yan）：Hi! Honghong（昵称），miss you baby!

H（Hong）：Hi! Yanzi（昵称），miss you too.

Y：Oh, oh, no, miss you more! Haha…

H：Oh, really? Thank you!

Y：Yes, of course.

H：I love to practice English with you.

Y：Oh, baby, baby, baby…（唱歌）

H：Hehe…

选择以双方的昵称开场，不仅增强了英语学习的乐趣，缓解了压力，而且提高了学习者的交流兴趣，促进了彼此之间的融洽交流。另外，双方之间互动和谐，一方表示喜欢跟同伴交流和练习口语，另一方以唱英文歌（正是她们在这个社团一起学习的其中一首）作为回应。双方之间投入了交流热情，愿意进行对话，对同一学习任务有共同的立场和目标。另外双方情感的涉入，坚定了主体间性，同伴之间可以熟练进行交流，相互理解和帮助，尝试以对方的立场看问题。在共同立场和认知的基础上推进了互动的顺利发展，也是能够促进最近发展区的关键因素。

4. 关于赞扬和鼓励

赞扬和鼓励指"参与者双方用语言或肢体语言交流来赞扬和鼓励对方，维持自尊"。

例4：

Y（Yan）：Yeah, so? You are great, you know? You got a beautiful voice when speaking English. Come and join us. Do you remember that time when you were addressing the speech? It was just wonderful.

L（Ling）：Yes？

Y：OK，tomorrow…Oh，no，no! Tomorrow we will go…

L：Next week.

Y：OK，next week，on Monday，I'll look forward to it，to seeing you in the morning and practice English with me. OK，see you.（击掌）

L：OK！ See you！ （击掌）

例4中，双方询问彼此的学习近况后，Yan得知Ling在学习上的松懈，从而赞扬她一次演讲的表现很好，击掌的形式鼓励她一起练习；而Ling亦给予了语言上和非语言形式的反馈。

5. 任务的管理性

任务管理性是指通过启发式的示范讲解，将自己所具有的处理这个问题的知识告知同伴掌握运用并举一反三，扩展使用。

例5：

Q（Qiu）：OK，what kind of music do you like？

L（Ling）：Er…Music？ I like… 轻快的音乐，咦？

Q：OK，maybe you can say you like all kinds of music. It doesn't matter，if you don't know what to say…or you just get blocked and don't know how to say，you may say the easiest one or maybe ask me，ask your partner. Just like you know the case we met just now，you can say，"OK，I like all，or how about you…something like that".

L：Oh！ OK，I see！ （点头示意）

在这一节里，当Ling一时想不起"轻快"的英语单词之时，Qiu转向任务管理，向其示范指导可以回答"我喜欢各种各样的音乐"，以后碰到卡壳等类似情况时也可以采用同样的规则。最后Ling也点头示意有学到东西。

6. 意义的突出性

例6体现了另一种重要支架"意义突出性"，即通过向对方发问，引起对方注意，突出值得注意的地方。

例6：

Q（Qiu）：OK，I see. Today I get up at half past seven. I usually get up at six twenty，because we have to read English in the morning as usual and my hand teacher came to read with us. So er…I think it's crazy. Because some of my friends in college say that they almost cannot see their hand teacher during a whole term.

L（Ling）：Er，excuse me？ What is the "hand teacher"？（她正模仿 Qiu 的口音）

Q：OK…Hand teacher is a kind of teacher who manage our daily life and handle…our…our daily management，yes.

L：Oh，come on，guy！ It is head head teacher.（她重读 head）

Q：Ah，you mean…I…I？

L：Yeah！ It's head not hand.

Q：OK，I'm sorry，head teacher.（双方均笑）

在这个片段中，Ling 听到 Qiu 误读了"head teacher"后转向了"意义"并询问"什么意思？什么叫'hand teacher'"，引起 Qiu 注意她的发音错误，最后这个误读得以纠正并以笑声来缓解尴尬。

（二）互动模式的特点

如果依据角色地位和互动程度，可以把互动分为四种模式，分别为协作模式（角色地位平等且互动程度高）、专家/新手模式（互动程度高但角色地位不平等）、强/强组合模式（角色地位平等但互动程度低）、强/弱组合模式（角色地位不平等且互动程度低）。如果根据前面对二人组合的互动进行分类的话，可以将其分为三种模式，分别为协作模式、专家/新手模式和强/弱组合模式。

1. 强/弱组合

下面这个例子组合呈现的互动模式为"强/弱组合模式"。Qiu 在试图纠正 Ling 的口音。

例 7：

Q（Qiu）：OK，what time do you usually get up？

L（Ling）：I usually get up on six forty. Because I'm a not a…not a early bird like…you.

Q：Nike me？（模仿 Ling 的口音）

L：Huh？

Q：Just now you said I'm not an early bird nike you. L-i-ke，n-i-ke，能分辨，能听出来两个不一样吗？

L：哦。

Q：Can you say 'like'，'like' please？

L：Oh，Hehe…讨厌，就是注意的时候我就会讲得对，但有时候我就会忘了。

Q：哦，那来嘛！试一下嘛！我听听。

L：Hehe…

Q：OK. Forget it！

L：Hehe…

这段对话一开始就是 Qiu 主导，即对 Ling 发问。当 Qiu 发现 Ling 发音错误之时，对其展开纠正，Ling 不愿配合，是在扮演一种消极的角色，且她的回答都是比较敷衍型的简短语气词，如"哦""呵呵"，因此称之为"强/弱组合模式"。

2. 专家/新手组合

来自 Qiu 跟 Hong 的对话，她们正讨论各自的起居生活，她们的互动体现了专家/新手模式。

例8：

Q（Qiu）：I usually get up at 6：20，because er…I have to do the morning reading.

H（Hong）：I also have the morning reading，but I usually run to the classroom，because I often be late the class.

Q：So…It's "so"，not "because" I often…I mean dust now you you…

H：Oh，对，呵呵！

Q：So do you have the…er…shower in morning?

H：No，I…I don't have the habit，and you?

Q：No，me too. I don't like to have the shower in the morning，because it's so hurry.

在这节中，从她们的话语转换便可得出两位学习者的互动参与程度相当，而当 Qiu 指出 Hong 误用两个连词"because"和"so"时，正扮演指导者或称为专家的角色，Hong 表现出积极接受的态度，扮演所谓新手的角色，所以为专家/新手模式。

3. 协作组合

协作的互动模式，考虑篇幅，只举一例，下面的例子是组 3 Yan 和 Ling 的对话。

例9：

Y：And do you often use your hairdryer？

L：No！ Never！

Y：Why？ Why not？

L: Because I think it has a lot a lot...

Y: I guess you want to say because it is harmful for your hair, right?

L: Yeah! Right! It's harmful...harmful for my hair. So I don't like it.

如果一种合作可以使同伴具备高度的热情和配合度，那么这种合作被称为"舞蹈的艺术"，上面的例子就是最好的说明。例子显示，二人在交流中可以为对方提供支架和帮助；从互动模式的角度来说，在协作和专家/新手两种模式下，支架行为出现的频率比较高。

（三）学习日记与访谈结果分析

通过研究四位学习者的日记和访谈结果可以看出，虽然她们都认为在此次自主学习活动中学习到了很多，但是她们也会担心接受不纯正的口语表达。根据她们的日记记载，同伴之间进行互动学习与在课堂上听教师讲课完全不同，是一种全新的学习体验过程，并且，出于尊重，大家不会当面指出同伴的错误，避免处于尴尬的境界。访谈的时候，Yan 和 Ling 都用了"fresh/new experience"等相似的词语，来总结此次活动,她们之所以敢在公众面前讲英语，很大程度上是因为同伴给了她们莫大的精神鼓励，使得她们具备更大的表达激情和自信。Qiu 对恺撒大帝名言的改编"I come, I speak, I conquer"，正是学习激情昂扬的最佳象征。

访谈结果表明，由于大家的口语水平差别较大，所以进行口语交流过程中，她们对同伴的看法不一。首先，Qiu 作为一个英语专业的学生，口语水平相对较高，她总会主导对话的方向，扮演指导者的角色，在交流的过程中表现得很积极，但是她认为 Ling 不愿意进行交流，整个对话不是特别和谐；其次，Yan 和 Hong 口语表达水平相差不大，Yan 在采访中对同伴持中立态度；最后，Ling 的口语水平相对较差，本身就不太自信，尤其是碰到高水平的人如 Qiu，在交流的过程中，她能感受到与 Qiu 的互动有种"压迫感"，非常自卑。可能是因为与 Yan、Hong 的水平相差不大，所以与其他两人合作却相当"轻松"。

当然，互动活动虽然可以为学习者提供学习的环境，但是在此次活动中，由于大家都不是正规的英语教师，口语发音都不太纯正，受到语言能力的限制，英语作为第二语言，在受益的同时不能保证语言的准确性，譬如她们举例的"Chinglish"和其他不地道表达。没有专家或教师指导的情况下，学生们有时会输出错误的语法形式。

以上就是对学生自主学习对话活动中的同伴支架特点和互动模式的总结和阐述。通过进行互动交流，不仅表明同伴之间可以通过共同搭建支架来达到建构自己的语言体系进行解释语言形式和意义的目的，而且也表明学生有能力去创造一定的语言学习环境来提高学习乐趣和氛围。因此，该研究不仅对英语教学有一定的参考意义，而且对以后的二语学习的研究心得也有促进作用。

第七章　PI 教学法评价体系在大学英语听说教学中的构建

同伴教学法（PI）有利于大学英语听说教学摆脱传统的教学方法和教学模式的影响和限制，能够满足"培养学生的英语综合应用能力，特别是听说能力，使他们在今后的工作、学习以及社会交往中能够用英语有效进行交际"的教学目标和要求，同时能够满足个人和社会发展的需要。本章主要探讨 PI 教学的基本策略、大学英语听力与口语教学评价原则、大学英语教学评价类型与评价模式、大学英语听说教学评价体系，以及 PI 教学法在大学英语听说教学中的应用及其效果。

第一节　PI 教学的基本策略

同伴，即儿童与之相处具有相同社会认知的人。同伴交往，是指年龄相同或相近儿童之间的共同活动以及相互协作的过程。同伴交往教学是指在课堂教学中运用同伴交往的心理和物理规律，促进学生身心发展并培养学生走向主体社会化的教学活动。

一、同伴交往概述

所有人都不可能孤立而单一地存在于社会中，每个人必然都会与所处的环境、与周围的人，发生各种各样的关系，社会本身就是因为人与人发生相互的关系才产生的。尤其在进入现代社会后，海量的信息不断产生，社会变得更加多元化，各种关系变得愈加开放，若想正常地生存、快速地发展，每个人首先都要进行人际间的交往。当人处于儿童阶段时，也必须要与周围的人与事发生频繁的交互，才能得到成长，周围接触到的人与事，会对儿童成长产生重要影响。

　　经过了对群体社会的研究，有学者认为，同伴交往对于儿童所建立起的人际关系网，具有非常重要的影响，决定着他们的社会发展。对于儿童来说，其主体性的发展大多是在同伴群体中完成的，周围的同伴以及由此建立起的同伴关系，对儿童主体性的发展至关重要。儿童所具有的主体性的发展，在很大程度上是由人际交往决定的，儿童要实现社会化，进行人际交往必不可少，在这个过程中，儿童与自己的同龄人进行交往已被视为儿童主体性发展的精神家园。就拿在二战集中营里出生并成长的六个儿童来举例，这几名儿童虽然没有机会与父母、与成人进行交往，但是他们在成长的过程中可以相互进行交往，到后来他们的社会性也发展得较为正常。但是通过观察一些从小未能与同伴进行交往的儿童，他们的主体性则发展得不正常。

　　因此，同伴间的交往是同一些与自己的年龄相仿、心理发展水平相当、社会地位近似的同伴的交往，这种交往与亲子间的交往以及师生间的交往不同，它更具平等性。因为儿童在与家长、与教师的交往中，常常处于较低的地位，而父母及教师是处于高位的，这种交往地位的不平等，也决定了所传递的信息是从上而下的单向运行，这种状态下的交往，通常不具有平等性。而在同伴交往过程中，儿童间的身体及心理状况基本相同，相互间是以一种平等的状态来进行交往，而且这种交往都是双向的，彼此的心理及行为会受到对方的影响。他们相互间会加以认同，进行内化，将其纳入各自的心理结构中去，令彼此的心理得到相应的发展。因而，儿童更容易和乐于接受其影响。

　　在进行交往的过程中，首先要进行的是信息的相互沟通。如果不先进行信息方面的交流与沟通，彼此间就无法进行知觉，也无法达到理解，更谈不上相互间产生作用。进行信息沟通的双方，首先要有着互通的经验领域，这样才能顺利进行信息的传递与交往。也就是说，发出信息的一方与接收信息的一方必须要有着共同的经验空间。所以与同伴进行交往时，儿童会本能地将语言作为工具，把自身所产生的意念、形成的思想、发生的情感、具体的要求，全部传达给对方。在参与交往的过程中，儿童会努力去了解对方所持的观念、表明的态度、传递的情感以及内在的行为动机。儿童了解了对方，才能更加主动地发展与对方的关系，也才能对彼此共同参与的活动进行预测。另外，儿童也会较为在意对方对自己的看法，对自己在双方交往过程中的地位较为注重。这两个侧面都需要儿童在与同伴的交往中，持续传递各种信息，并且将在对方那里收集到的信息加以内化和自我认同，逐渐促进自身的主体性发展。儿童与自己的同伴，在行为和思想上会具有相似性，因为儿童更容

第七章 PI教学法评价体系在大学英语听说教学中的构建

易认可来自同伴的经验。从同伴那里获得的知识，会体现在儿童的一些外显行为上，比如待人处事的方式及态度等，久而久之，这种作用会影响到儿童深层次的心理结构，儿童的个性发展以及价值观，会受到同伴的观点以及意见的影响。

所有儿童都需要集体的归属感，也需要得到同伴的认可和接纳。如果这种归属需求及认同需求长期得不到满足，那么他们就会产生焦虑情绪，有的甚至会产生心理方面的疾病。在与同伴的交往过程中，儿童的成就感更加容易得到满足，特别是一些儿童，在通过其他的交往方式得不到他人的认可时，更加需要在与同伴的交往过程中，得到他人的尊重和重视，确定自己在团体中的地位，以期得到心理上的平衡和满足。在与同伴进行交往的过程中，儿童会逐渐学会体察他人的情感，理解他人的情绪，寻找到自己的朋友和真正的友谊，得到情感上的安全感、满足感和信任感。

在与同伴进行交往时，儿童经常需要去处理自己与同伴的关系。一旦出现矛盾，若双方无法相互理解，彼此宽容以待，那么彼此交往的关系会就此中断，所有儿童都不愿意面对这种情形。所以儿童间彼此交往程度不断加深后，他们能够学会遵守相应的规则，也会为了照顾对方的情绪，而改变自己原有的行为习惯和待人接物的方式，不断对自己的行为做出调整。如果一名儿童习惯于以自我为中心，不懂得站在他人的立场上考虑问题，不善于与他人进行合作，那么他就会逐渐失去同伴的信任。实际上，人从一出生就已经在与他人产生交往，比如同父母的交往，只是这个时期的交往还未被主体所意识到。到了小学阶段，儿童不仅会与自己的家庭成员产生交往，而且还会建立起与同学、与邻居同伴之间的交往关系。成长到少年时期，他们会产生更加强烈的内在交往需要。在这个阶段，青少年的自我意识会更强，也更加渴望独立发展，仅仅与家庭成员间进行交往，已经不能满足他们的交往需求，他们更加希望建立起与年龄相仿的伙伴间的关系。原因在于，与同龄人的交往会让他们体会到更多的稳定性，得到更明确的认同感，他们的能动性会通过与同龄人的交往而得到更好的发挥。在我国实行计划生育的这一历史时期，大多数家庭只有一个子女，他们没有与兄弟姐妹交往的机会，也就没有了与同伴交往的经验。大城市中，邻居间的交往很少，孩子们也难以有更多的机会接触到周围的小伙伴。在学校中虽然有很多同龄的同学，但是由于课业负担较重，而且父母也担心子女与同学过多交往会影响学习，所以会在儿童和青少年的正常交往中，人为设置重重障碍。

综上所述，在儿童主体性的发展过程中，同伴交往会产生非常重要的作用。儿童通过与同伴间的交往，会从他人的身上发现自我的不足和问题，学会处理人与人之间、人与团体之间的各种关系，突破自身狭隘的自我意识，学会融入团体中去，融入社会中去，在集体中寻求自我的发展，让自己的主体性变得更加丰富，不断得到升华，借助自己的主体性去改造所处群体，去改造客观世界。

二、同伴交往教学的制约因素

儿童智力的发展需要与他人交往之间的相互刺激。语言是交际的工具，通过社会交往可以帮助儿童摆脱自我中心状态。从别人那里获得丰富的信息，而且与同伴共同合作、相互学习，能集思广益，使学习效果更佳。

学校组织的功能不仅是传授科学文化知识，还应该为青少年学生的交往提供适当的环境和条件。中小学生的需求是多方面的，不仅仅是对学习知识的需求，更多的则是心理上的需求，如好奇心满足、情感满足等。其中有些可以通过课堂教学达到满足，而有些则必须通过与同伴之间的交往来满足。特别是现在的独生子女，在家庭以及居住环境中没有多少交往，其渴望交往的期望应在学校学习中满足，在一个非常宽松、没有约束的环境中通过与同伴的交往来实现。而学校环境中，在学生的社会化进程中，他们与同伴间的各种交往活动会影响到其社会化的进程，有助于形成自身健全的人格。学生会在彼此的交往中不断影响对方和受到对方的影响，彼此学习与模仿。所以学校管理与建设的一个非常重要的目的，就是为促进学生间的交往和为学生学习营造一个有益的环境。

儿童生活在他们自己的世界，同伴、同龄人及他们的朋友共同影响着他们的成长。其不存在什么一定要去学习和接受他人的思想和态度的压力，因此，在交往中没有任何负担，他们可以很自由地展示自己，很积极地在交往学习中参与各种角色扮演，更好地适应和学习如何与各种不同的人打交道，比较自由地进行思考、判断和批判性思维的训练，并做出自己的选择。

学校为了促进学生间有效的交往与学习，应当为他们提供充足的机会和宽泛的空间，帮助学生去了解自己的同伴，了解周围遇到的其他人，了解所处的社会；要让学生进行自我的教育，在交往中实现相互的教育，对自己的行为不断做出调整；帮助学生树立起足够的社会意识，构建起必要的法律意识，明确道德感和责任意识，增强对社会的适应能力。这种引导学生成长的方式虽然是间接进行的，但是要比直接的宣教更有效果，与儿童健康成长的规律也是相符的。

对学生社会化的过程，必须让学生通过与同伴之间的交往去实践、去自由发展。而学生的这种自由发展并不是放任的发展，学校要有目的地去设计和营造这种有利于学生同伴间自由交往的宽松环境。那种认为宽松的环境会涣散学生的学习纪律的认识，是学校工作的一个误区。不重视同伴交往的功能，等于放弃了学校教育的一个重要部分，这不仅会影响学生的社会性发展，而且会直接或间接地影响其智力发展。研究者通过研究发现，制约学生同伴交往的因素情况如下：

（一）外部制约

第一，座次排位。借助于课堂中的座次排位，学生之间的互相接纳和互相渗透开始成为可能。即使座位排列在一段时间后重新加以调整，增加了选择的成分，学生的互动仍可能受原先座位的影响，遵循先前的互动模式。在这个意义上，要强化选择性座位，即强化座位的社会属性，让同伴交往外部有个良好的环境。

第二，性别差异。研究发现，中小学的学生同伴交往存在男女性别之间的差异，而且随着学生年龄和年级的增加，男女学生即异性之间的交往逐渐减少，同性之间的交往则逐渐紧密，这就使得学生同伴交往呈现交往群体的单一性和交往圈的窄化特征。

第三，家庭背景因素。家庭背景对儿童同伴影响更为直接，其表现有：①互动对象的影响，那些具有良好家庭背景的学生与其同伴间交往互动较多；②互动内容的影响，丰富的家庭生活阅历，将增加学生同伴间交往的内容，有助于拓宽学生同伴间交往的视野；③互动方式的影响，良好的家庭背景可以为儿童同伴交往提供灵活多样的交往方式，同时也给儿童交往提供更多的取舍机会。

第四，成就动机的高低因素。在实践中可以发现，具有高成就动机的学生其交往的同伴数量较多而且交往的质量较高，而具有低成就动机的学生其交往的同伴数量较少而且交往的质量较低。因而，学校和教师需要在教育教学中引导学生建立高成就的学习动机，以促进学生同伴间的有效交往。

（二）中介制约

在课堂教学中，学生同伴交往的中介制约因素既包括师生间的眼神、手势、言语频率和表情等"暗示因素"，也包括教师对那些具有逆反心理的低成就动机的学生与高成就动机的学生开展交往的"操纵因素"。而在实践中，教师对学生同伴交往均兼有外部"间接操纵"和内部"暗示指挥"的双重成分。

（三）内部制约

一般而言，学生主要是在学校这一时空范围内开展交往的。而学校内部的时空相对于学生的成长而言，又是具有一定的局限性的。因而，同伴交往教学的实施需要突破学生同伴交往的内部制约，把学生互动交往的时空扩展到校外，构筑学生同伴交往的学校、社区、社会和家庭的立体交往时空，学校要引导学生在这一立体交往时空中互相交往，提高学生同伴交往的选择与比较水平。

三、同伴交往教学的策略

基于对同伴交往教学中制约学生互动因素的情况分析，研究者在实践中提出以下一些同伴交往教学的策略。

（一）合理利用座位排列策略

第一，实施同伴交往学习策略，旨在树立课堂教学交往观：①重视师生交往，更重视生生交往；②充分信任每一个学生，帮助他们在交往中寻找各自恰当的位置；③面向全体，促进生生直接交往；④交往要为实现一定的教学目的服务。

第二，座位排列。可以实行4～6人一小组的座位排列方式，每过一个月调整一次，让学生之间充分交流。

第三，对学生进行组间同质和组内异质分组。

第四，教学基本形式：①基本式，教师主讲小组互助形成性测验小组奖励；②拼盘式，层层讨论，深入交流；③游戏竞争式，教师主讲，小组合作游戏竞争。

（二）小队学习方式策略

同伴交往学习亦即学习者的联合，是学生个体之间的合作学习。建构主义理论认为，教师和学生都是带着自己已有的知识和经验来到教室的，教师和学生通过互相指导和学习，共同分享对方的这些知识和经验。因此，在同伴交往学习中，教师既是知识的传授者也是知识的学习者，学生和教师一样，他们也兼具知识的传授者和知识的学习者双重身份。小队学习的基本方式是以小组为单位的，在一定时段内开展小组成员间的同伴交往学习。通过开展小队学习，建构一种在教学与学习以及工作与娱乐中合作学习的新途径，形成一种同伴交往的综合性的、合作性的教学文化。

第七章　PI教学法评价体系在大学英语听说教学中的构建

（三）同伴作用的发挥策略

第一，求助于伙伴。学生在同伴交往中，可以求助于同伴作用，解决以下一些问题：完成简单作业；解释刚学过的概念；重新陈述教师交给的作业；提出一到两个供班级讨论的问题；共同概括本堂课的主要内容，等等。

第二，伙伴间的训练。①伙伴间相互测试，教师适时鼓励；②同伴间开展合作学习。

第三，同伴相互阅读。学生伙伴之间可以相互阅读或相互概括他们阅读过的材料，或者相互之间提问一些清晰问题，或者为对方解释一些不太熟悉的词汇、概念或思考，等等。

第四，家庭作业查对。家庭作业查对就是学生同伴间相互比较和检查他们的家庭作业。通过家庭作业查对，讨论并得到一个公认的答案，也可对家庭作业中的答案进行描述，并解释如何得到新答案。

第五，习题查对。习题查对的基本环节是阅读→记录→解答。其关键步骤在于记录答案，并在记下之前，两名伙伴必须确认一种合理的答案，即讨论出最优答案。

第六，概括伙伴。学生同伴间交替合作，对所学的知识运用不同的方式进行概括。其概括的方式一般以口头概括为主，必要时辅以书面概括。

第七，复习伙伴。一名同学读同伴的作业，用不同符号标出认为对的地方，用问号标明不懂或是不同的地方，并进行讨论，以提高同伴的复习效果。

（四）合作与竞争策略

合作，就是人际关系的交往过程中，两个以上的人或单位，为了共同的利益，为了同一的目标奋斗，互相配合。合作的生命力在于能扩大劳动的范围，提高生产率。学校广泛开展合作学习、合作游戏和合作思考，让学生充分体验到合作的作用以及合作成功所带来的喜悦；引导学生创建宽松、和睦、团结、友善、合作且其乐融融的新型学生集体。有了这样的集体，就能为儿童更好地适应社会和与人交往做好心理准备。

竞争，是两个以上的个体为了满足自己的需要在一定范围内相互争取，夺取共同需要而又相对稀缺的对象的过程。竞争，是自然界生物进化的主要动力。

一个人不能以竞争的精神参与社会生活，同样很难拥有幸福的生存空间。学校不仅要教会儿童怎样与人合作共事，还应教会儿童在合作中积极探索、勤于思考，充分利用可能条件，不断发展和提高自己，使自己在充满竞争的社会中游刃有余。竞争需要合作，合作蕴含竞争；竞争促进合作，合作优化着竞争。

（五）合作学习教学策略

第一，教师教学活动时间占每一课时的 1/3～1/2，按编制方案进行。

第二，学生小组学习时间占每一课时的 1/3～1/2。按教师所布置的任务，各小组进行讨论和学习。教师向学生讲明以下几个要求：只有每一个小组成员都完成了规定的任务，才算整个小组完成任务；每一个成员在学习中遇到问题时，要先向小组其他同伴请教，不能解决时再向教师求助；小组成员之间要相互检查自己和同伴完成任务的情况和存在的问题，以便及时改正。

第三，单元测查，以小组为单位评定。包括两方面：小组成绩，以小组成员的进步分数的平均作为小组成绩；个体进步分数，即此次与前一次相比较，按小组成绩奖励。小组分数最高的两个组标为最佳组，可获得奖励。

（六）同伴中的优秀者策略

教师在交往教学中，要注意做好学生同伴中的优秀者培养工作，发挥他们在学生同伴交往中的积极作用。首先，注重培养学生良好的学习品质。在校内，教师可以引导学生把字写好，把话讲流利，让学生得到鼓励，促进学生自信。鼓励学生听取别人意见，还要调整好心态。读书要多，催人奋进的书要读，令人知足的书也要读。要培养兴趣，有时也要让其承受挫折。如：学生向教师借书，教师向学生提要求，在阅读中培养学生思维的广度、深度、独立性、敏捷性和逻辑性。其次，教师需要提倡学生利用可以利用的条件进行博学多思，提高学生的校外学习实效。得法于课内，得力于课外，校外学习的空间大可利用。博学多思有助于提高学习者的自我效能，提高学生社会化水平，使其形成科学的世界观和价值观，并促进学生建立创新的思维模式。另外，应注意培养学生的兴趣，兴趣广泛的学生往往会成为学生同伴交往中的优秀者。兴趣会促使学生形成一种无意识行为，并促进其行为的自动化、高效化。最后，教师要做开放型的"园丁"，重视对学生自我生涯设计的引导和指导。作为"园丁"的教师，其职责不仅仅是修理学生的"枝蔓"，还要引导学生自我设计和选择有意义的、有教育价值的人生方向发展。教师要让学生从获得一时的"成就"中走出来，放眼于学生一辈子"成人"事业，这样的教育才会更有成效，这样的教育才会更加高效。

四、同伴交往教学的主体特征、开展方式和评价指标

同伴交往教学中的教学模式，侧重于建立主体—主体的关系结构，这种关系结构区别于传统的主体—客体的关系结构，主体—主体关系结构也正体现出了人与人在进行交往的过程中所体现出的本质关系。在现行的教育体制

中，主体的创造力以及个性逐渐成为教学重点。同伴交往教学中的教学方法，可以有效保留主体个性的发挥和弘扬，同时有效的同伴交往教学，还能显著提升学习质量以及教学质量，并且交往教学已经成为现代教学领域发展的重点方向。下面是针对学生同伴交往教学研究过程，总结出来的一些评价指标。

（一）交往主体的特征

1. 互主性特征

学生作为同伴交往教学的主体组成部分，学生的注意力直接影响了教学质量以及知识的吸收，那么如何提升学生的注意力呢？针对学生注意力的提升，教师应当积极营造自主的学习氛围，如建立学习兴趣小组以及开展学习活动等，借助这些自主性的学习活动来提高学生的动手、动脑能力，从而提高学生的学习质量。在同伴交往教学中，教师主要起到指导作用，特别是对学生心理方面的指导和关注。

同伴交往课堂教学时，教师的主要任务是让学生们集中注意力。学生们要有足够的时间和空间，进行小组活动或者自行安排，激发学生们主动的学习热情。教师在课堂的主要作用是引路者，以不同学生的不同特点为基础，抓准时机和选择合适的方法让学生们参与交往。充分启动、引导、维持、辅导和评价学习活动，使学生能够感受到沟通交流所带来的快乐与成功，减少学生们的学习压力，让学生们怀着轻松的心情上课，各抒己见，不懂就问，积极主动地参与到课堂交往中。

（1）教学观现代化，树立参与意识。树立"三个自信"的教育观，教师相信并引导学生们相信不同的个体具有不同的特点，每个个体都有自己的兴趣爱好，人与人之间要相互尊重、关心和信任。相信每位学生都会学习，不同学生的学习质量、学习效率和学习成绩有差异，但是从学生本质上讲，不区分好和差，教师要关心每一位同学，并且对他们耐心地教导；相信每位同学都需要成长，所以要向学生们提供思索、表现和成功的机会，促进学生们的自我成长。

（2）教学目标明确化，引导参与方向。课堂教学的目的，就是实现既定的教学目标，课堂上，教师通过教学，学生们通过学习，达到需要的要求，教师和学生以教学目标为原则，进行沟通交流。教学目标对课堂教学有引导、激励、评价和调节的作用。所以，要根据学生的整体情况，分层次地制定教学目标。

（3）教学方法科学化，创设参与条件。设计问题激发学生的参与热情，引导学生积极参与。教师设计的问题既要有趣、吸引人，还要切中核心知识，并引导学生进入问题的情境之中,让学生保持饱满的精神状态,全神贯注地分析问题,教师根据课堂的情况对学生进行指导和评价,促进学生间的交流和讨论,对问题进行深入分析,在课堂上将知识点消化。将生活引入课堂,激发学生的参与热情。将课堂的知识与生活相结合,用学生生活中所见所闻来揭开知识的奥秘,既让学生感到亲切和自然,还能够快速地掌握知识。利用合适的方法激发学生的勇气,教师要利用启发式的教学思维,采用一种方法为主,多种方法相结合,按照提出问题、分析问题、质疑权威和解决问题的思路来学习新知识,教师要教导学生抓住关键信息、核心问题,鼓励学生提出问题,不怕错,要勇于提问。让学生感受提出问题的成就感,鼓励学生积极参与,在课堂教学时,教师面对的学生不同,学生层次也不同,所以教师要一视同仁,帮助学生解决问题,促进学生信心的建立。

(4)课堂教学民主化,营造参与氛围。课堂教学通过交流来激发学生的学习热情,营造平等、和谐和民主的课堂气氛。一改传统课堂的紧张气氛,让学生们在欢乐中学习。教师要融入学生群体中,与学生进行平等的沟通交流,引导学生间的沟通交流。教师还要把握学生们的不同特点,根据学生的实际情况来提问或者解答,尤其是对学习成绩不好、学习能力一般的同学,教师要挖掘他们身上的优点,选择合适的时机多进行表扬,让他们树立信心。

(5)教学手段多样化,提高参与效率。课堂教学要充分利用投影、录音、录像、幻灯片及CAI课件等教学媒体,将复杂的教学内容化繁为简,生动形象地表达出来,动静结合、远近结合;使单向的"教师、学生"交往的课堂教学模式发展为"教师、电教媒体、学生及其同伴"的立体交往教学形态,充分调动学生多种感官参与学习。将问题化抽象为具体,化繁为简,由静态转化为动态,增加趣味性,揭示知识的奥秘,提高课堂教学的质量和效率。

2. 平等性

平等性主要体现在课堂教学中,教师和学生的关系应该是一对一的关系结构。只有始终坚持这种平等性的教学结构,才能最大程度上保证学生的主体性发挥,才能更加有效地完成交往教学。

首先,教师要特别注意对学生的尊重,这表现在教师不仅要尊重学生的主体地位,尊重学生的自主学习行为,而且还要保证学生的自尊心不受到伤害,不仅如此,对待学生的个性学习习惯要给予鼓励和支持。

其次,教师在日常的教学行为中,要针对不良的学习习惯做到及时修正和改进。

再次,教师要学会和学生进行角色互换,用一种全新的方式给学生带来新鲜感,帮助学生提升学习兴趣。

最后,要做到民主教学。民主教学主要表现在观点民主以及教学民主两方面。教师在一些教学观点上要学会与时俱进,并且善于倾听学生的想法和心得,通过对学生学习想法的理解,采取不同的教学方法和教学策略,从而提高学生的学习效率,同时,在教学中要做到民主,重点要做到不以教师的身份去打压学生,要学会尊重和理解学生的行为和习惯,帮助学生进行学习能力的挖掘和吸收。

3. 合作性方式

作为教学参与主体的教师和学生,需要培养多维互动的意识,在整个传授过程中依靠的是学生和教师之间的信任、学生与学生之间的互助。分组合作学习,是教学过程中采用的一种模式,以小组为单位可以激活学生的学习热情,积极参与到小组讨论中,小组内按照责任分工有序进行,既不会缺位也不会越位,形成了有组织的团队氛围,也有利于增强学生的竞争意识。教学理念的核心就是让学生不懂就问,不会就听,学会把知识融会贯通,提高学生的综合学习能力。教师在教学交往中,把"不求人人成功,但求人人进步"作为教学所追求的一种境界,同时也将之作为教学评价的最终目标和尺度,形成"组内成员合作,组间成员竞争"的新格局。

4. 自我控性能力

在教学过程中,教师应当通过促进相互间的交往,帮助学生提高自主学习的能力,学会自我评价和自我反省。这样使学生不仅学会了知识,而且还能建立起自主意识,能够根据新的形势来对自己的情绪和认识结构做出调整,采纳有益于自我发展的意见,建立起与他人交往的有效渠道。教师要做好教学内容的设计,突出学习重点,选择有效的教学手段,规划好学习的步骤;要科学利用好时间,结合学科的特点有效地开展学习,引导学生学会科学用脑;还要认真主动地查找自身学习中存在的问题,并采取有效的措施积极加以解决;帮助学生在学习中遇到困难和问题时,有效地调节自我心理。

(二)同伴交往教学的开展方式

交往活动对于学生学习来说,是具有特殊性的,是在教学中培养学生综合素质的一种手段,也是学生主要实践的一部分。同伴互动教学从根本上说是一个教学互动的过程,这一互动过程的实质,是教学主体通过持续的教学信息获得双向的相互反馈。

1. 交流方式

通过师生之间的合作和交流，学生可以在平等、独立、和谐的学习氛围中实现个人和群体的协调发展。

第一，让学生参与课堂教学的全过程。学生在课堂上的参与，不应局限于独立思考和实践，而应体现在教学的各个方面。

第二，让每个学生都有机会参与教学，在原有基础上发展，并体验成功参与带来的满足感。

第三，引导学生充分参与，不仅是智力因素，还包括非智力因素，不仅是思维，还有其他感官。

第四，引导学生参与学习和教学，不仅使学生具备学习的主动性，也使学生具备教学的主动性。教师和学生将在教室里互相教、互相学习、互相启发。

2. 互促方式

在整个教与学的过程中，教师与学生之间保持着一种和谐与平等的关系，相互交往活动中需要有效的促进者，也需要活动的指导者，这个角色应由教师来承担，同时在交往的过程中也需要有合作者，这个角色需要由学生来扮演。教师要通过自己的组织和管理，让学生感受到自己拥有权利，享有尊严，自己的灵感和热情有用武之地。在教学交往的过程中，教师和学生都会不断遇到新的问题，也是扩展自身知识和能力的一个过程，教师应当与学生一起学习知识、一起创新发展、一起提高能力，教师应当与学生保持平等的关系，与他们一起探讨问题、一起查阅资料，共同发现问题，共同解决问题。教师只有切实提高自身的自主学习能力，才能切实提高学生的自主学习能力，从而实现师生的共同提高和共同进步。

3. 互馈方式

在课堂教学交往中应主张由评教师教转变到评学生学，由评学生知识掌握度到评学生的全面发展等，在课堂评价上试着用"创设了哪些活动方式进行交流、课堂教学交往的分布与掌握、学生的学习交流状况、教材的运用情况、学生喜欢该课的程度、教师的教学思想和观念是否转变"六条指标来引导教师的课堂教学行为，甚至让学生评课，促进教学活动的开展。

4. 互惠方式

教学交往的主体可以通过交往来满足自己的需要，从而提高自己、发展自己。由于课堂教学交往涉及的主体不同，课堂教学交往涉及的主体，会在交往中交流信息，从而表现出互利互补的特点。因此，在教学过程中，应该满足学生交往的愿望，鼓励他们尽可能地说与众不同的话，使用与众不同的

方法，向他人提出不同的问题，鼓励他们不要害怕错误，大胆思考和创新。在教学和交往中，应该在教师和学生之间，建立良好的相互接受和尊重的人际关系，互相学习和理解，从而在小组交往中实现个人自我发展的目标，实现对每个人的教与学的目标，促进学习者全面深入地掌握和理解知识。

（三）同伴交往效果的评价指标

同伴交往教学，在课堂教学上，主要以沟通的方式来体现，并且同伴交往教学有助于提高学生的沟通能力。

1. 层次性指标

层次性指标旨在按照不同学生来制定教学计划，针对不同基础的学生采用相对应的教学方案，有助于提高学生的学习积极性，同时还能显著提高教学质量，下面这五点是课堂教学层次划分的标准。

第一，知识分层。充分了解学生的不同潜力以及学习基础，对学生的学习习惯以及学习能力进行分层。

第二，目标分类。按照不同学生的学习基础，制定不同的教学目标，要求有突破有达标。

第三，分层施教。在日常教学中，教师要全面了解学生的学习情况，对待个别落后的学生要给予积极的帮助和引导，对待学习能力较强的学生要适当给予鼓励和激励。

第四，分层训练。分层训练的核心是保证不同学生都能接受到适合的学习内容。

第五，对待落后的学生，不仅要给予帮助和引导，同时还要给予其一些特殊的关照。比如针对这些学生提出的问题和困惑优先辅导，并且有侧重地给予鼓励和支持，激发他们的学习积极性，从而激发起他们内心里的学习潜能。

2. 全面性指标

全面性指标旨在改变传统的教学模式，打破传统的课堂教学束缚，相应地增加同伴交往教学的占比，利用同伴交往教学来提高学生的综合能力，同时注重学生非智力因素的挖掘和塑造，在日常教学中鼓励学生之间进行交流和提问，从而提高学生的动脑能力，帮助学生变得自信和阳光。全面性指标包含课堂教学的一些具体目标，比如实际的训练方法、学习方式、学习能力以及情感表达等，这些指标有助于帮助教师了解学生的现阶段学习状况以及所具备的能力情况。

3. 发展性评价指标

发展性评价指标，能够反映出学生的学习效果以及教师的教学成果，教师和学生交互发展的教学模式，突出反映了现代教学理念中，关于人文精神学习的品质。这种教学模式不再像传统教学模式一样，只关注知识的传递与吸收。交互式的教学模式更加侧重于对学生德智体美劳的全面能力提升，同时传统教学模式的突出特点，是对教材的复制和模拟，而现代教学模式则打破了这种束缚，并且逐渐演变成了教学生如何去理解和使用教材，利用学生的兴趣爱好来挖掘教材中的新知识和内涵，更加侧重于对学生学习能力的提升，交互式的教学模式在很大程度上教会了学生如何进行学习、观察以及思考，教师在教学工作中，不再作为主体出现，而演变成了对学生进行辅导和帮助。这种教学理念的转变提高了学生的学习兴趣，而且又给了学生一定的学习启发，从而帮助他们更好地理解知识和学习知识。

21世纪国际教育委员会的报告《教育——财富蕴藏其中》指出："教育的任务是毫无意外地使所有人的创造才能和创造潜力都能结出丰硕的果实。"只有这样才能合理地运用同伴交往教学。常规地进行知识传授，不如想方设法去开发学生的智慧，开发学生智慧最好的方法，是调动学生的学习积极性，而想要更好地挖掘学生的学习潜能，只有进行不断的鼓励和激励。教育的最终目的，是教会学生如何提升自身素养，锻炼自己的心智，使自己对社会充满好奇，并且对待知识有渴求心，这样才能真正实现学生主体性的发展。

第二节　大学英语听力与口语教学评价原则分析

教学评价是检验学生学习情况以及教师教学质量的衡量标准，该标准需要具备一定的可操作性以及目标性，并且教师可以依据该标准，对教学信息做出及时调整和改进，确保教学目标的实现；教育管理者则可以利用它为教学决策服务。网络环境下的大学英语教学，由于教学环境、教师和学生的角色都发生了变化，因而，评价的主体和评价形式也随之发生改变。

教学评价的原则是在评价的过程中必须遵循的基本准则，是评价的有效性和可靠性的根本保证。网络环境下的大学英语听说教学，较之于传统课堂教学，有其特殊性，对学生自主学习要求也相应较高。因此，教学评价应遵循以下原则。

（1）评价内容的全面性。第一，评价内容的全面性是指评价的各项指标的全面性。在评价之前，对评价目标所包含的各种因素进行分解，形成层次分明、内容全面、条目清晰的评价指标体系。确定评价目标时，既要注意

第七章 PI 教学法评价体系在大学英语听说教学中的构建

到看得见的因素,如学生知识的掌握,又要注意到那些看不见的潜在因素,如能力的形成和态度的养成。制定出的指标体系应该全面、系统地涵盖评价对象各个方面的情况。第二,教学评价要面向全体学生的发展水平,不能只关注少数优秀的学生,而且,要注意评价教学中各要素的整体功能的发挥。教学过程是一个受到多种因素影响的动态过程,教学评价要重视影响教学质量的各个因素之间的关系,使之能发挥整体优化功能。第三,要重视教学效率。教学所取得的成果只是衡量教学质量的一个方面,教学所投入的时间和精力同样应该得到重视,质量和效率同等重要。

(2)评价主体的多元性。评价主体,即参与教育评价活动的组织和实施、按照一定的标准对评价对象进行价值判断的个人或团体。评价主体的多元性,是指评价的主体不再是教师或者上级教育机构,而是包括教师、家长、学生、同伴和教育部门在内的多方参与评价。以往对学生学习的评价多由教师单独承担,以分数作为评判学习者优劣的唯一依据,忽视了学生的知识、能力发展过程和情感体验。

(3)评价形式的动态性。动态性原则,即围绕教学目标和要求,随时对学生的学习情况进行评价,针对学习中存在的问题,提出改进措施,使学生不断改进和完善自己的学习活动。网络环境下的大学英语听说教学,对促进学生自主学习具有较大的优势。在学习中开展动态评价,学生就能够利用反馈信息,及时调整学习策略,使网络学习层层推进。

(4)评价目的的教育性。教育性原则是指发挥评价的正面导向作用,发挥评价的改进和激励的教育性功能。以往对学生的评价,往往只注重其学习结果,忽略其学习过程。这就造成了教师和学生应试倾向严重,盲目追求考试高分,无视学习的真正意义。教育管理部门也是通过学生的分数,来衡量教师的教学效果。教育评价发展到今天,评价的目的在于通过评价"创造适合儿童发展的教育"。正确处理评价结果,通过评价改进教学,而不是把评价结果作为奖惩的依据。

第三节 大学英语教学评价类型与评价模式解读

在教学评价领域，根据评价发挥的作用不同，有形成性评价、终结性评价和诊断性评价等不同类型。对于大学英语教学评价，一般采用形成性评价和终结性评价相结合的形式。

一、大学英语教学评价类型

（1）形成性评价。形成性评价，评价的是学生的学习成果，旨在促进教学的发展，使教学的过程变得更加完善。形成性评价关注的是对学生学习过程的测试，测试的结果会及时而准确地反馈给学生以及教师，而且这种测试以及评价是经常进行的。结合这些反馈中发现的问题，教师可以不断改进自己的教学内容与手段，学生可以调整自己的学习方法。在反复进行的测评中、及时做出的反馈中、不断进行的修正中，教与学会更加趋于完善，从而实现预期的教学成效。因此，形成性评价并不仅仅是为了对学生的学习等级做出评定，其目的是对学生达成学习目标的主观条件和客观条件做出改进。而且教学的过程中，应经常进行形成性评价，使之能及时为师生提供必要的反馈信息。

对于形成性评价，"反馈必须伴随有各项改正程序"，这样才能促使教师不断调整教学方案和管理策略，同时，学生通过反馈信息，认识到自己的问题，调整学习态度和学习策略，为今后的学习任务做好充分准备。

（2）终结性评价。终结性评价最重要的是评定学生的学习成绩，为学生提供学习成果的证明，还能证明某一教学方案对学生的学习是否有效。终结性评价着眼于学生对某门课程整个内容的掌握，主要在于检测学生达到该课程教学目标的程度。终结性评价一般用于期末考试或毕业会考，其使用的频率不高。终结性评价的概括性水平一般较高，考试检测内容涉及范围较广，主要检测基本知识和技能等。

（3）诊断性评价。诊断性评价，即在教育活动进行前，通过对评价对象的主要要素进行测验，对于他们的问题及发展情况在价值上给予判断，为改进和提高下一步教学活动提供依据。诊断性评价可以在学年或课程开始之前，用来确定学生的入学准备程度并对学生进行安置；在教学进行中，用来确定妨碍学生学习的原因。学校和教师如能通过诊断性评价识别出造成学生学习困难的原因，就可以设计有针对性的解决方案，采取有效措施，排除干扰学生学习的因素，尽可能降低其消极影响。

（4）形成性评价与终结性评价相结合的评价。由于终结性评价只给学生学习结果单一的综合评分，并且只对已经完成的学习做出总结性确定，学生有可能因为某些原因，在考试中没有正常发挥，导致分数较低，这样极易在学生中引起极度的焦虑和抵触。因此，大学英语教学评价引入形成性评价，采用形成性评价和终结性评价各占一定比例的方式，对学生做出综合评价。如有的学校采用形成性评价占总成绩的40%，终结性评价占60%的综合评价；有的学校则采用形成性评价占总成绩的30%，终结性评价占总成绩的70%的形式。形成性评价一般包括学生的出勤率、课堂表现、作业完成情况和期中考试成绩等，终结性评价即学生期末考试的分数。形成性评价将学生平时的学习过程纳入了考核的范围，避免了"一考定终身"的弊端。但是，这样的评价仍然存在评价主体单一的问题，完全由教师充当评价角色，缺乏学生的主动参与。

二、大学英语听说教学的评价模式

英语教学模式的改变，需要评价模式的相应改变。网络环境下的大学英语听说教学，必须有一套与之适应的评价模式。然而，到目前为止，各个高校都还处于尝试阶段，没有形成统一的评价方案。根据已有文献，对网络环境下的大学英语听说教学评价，主要通过电子学习档案袋、计算机量化评价和学习效果评价等形式进行。

（1）电子学习档案袋。电子学习档案袋主要用来收集与记录学生学习过程的信息。教师为每个学生建立一个文件夹，将每个学生的作业、作品、网络学习情况评价表、学习反思、学习计划等收集起来并予以保存，客观记录学生在学习过程中的真实表现和发展过程。

网络学习情况评价表一般包括课前表现、课堂表现和课后表现三个方面。课前表现涉及对学习内容的预习，如是否记忆与运用单词，是否主动地预习听说内容，是否认真、充分地准备讨论话题等；课堂表现包括听课态度，参与课堂活动的积极性，以及对学习内容的理解与把握等；课后表现主要有完成作业情况，自主学习情况和参与课外活动情况。网络学习评价表可以由学生本人定期填写，完成后提交给教师。另外，网络学习评价表也可以是同伴相互评价并填写，提交后由教师审核，教师将学生自评和同伴互评后的表格保存在学生的电子学习档案袋中。

学习反思，即学生定期回顾并总结前段时间学习的成败得失，指出学习中存在的问题，找出产生的原因，由此调整学习策略，达到改进学习的目的。学习反思是一种重要的自我评价手段，可以帮助学生发现自己学习中的优点，提高学习信心；同时，也可以使他们意识到自己的不足之处，然后尝试改正。

学习反思也可以使教师了解学生的学习情况，采取有针对性的教学措施。学习反思可以是通过文本的形式记录，如教师要求学生定期书写一篇学习反思，然后上传到指定网站地址；也可以采用表格记录的形式，如教师在学习网站贴出反思记录表，学生下载填写后上传。该表从知识技能、情感态度、学习策略和文化意识四个方面，引导学生进行反思。学生根据实际情况，真实地填写表格。教师则能通过学生填写的表格内容，了解学生内心的想法和学习需求，调整教学内容和教学策略。

（2）计算机量化与学生学习结果评价。计算机量化评价，主要是利用计算机网络平台的记录、统计和处理功能，对学生的学习时数、回答问题的正确率以及量化评价表等数据进行处理、分析结果，并反馈给学生。学生可以通过网络平台呈现的评价结果，了解自己的优势或不足，有效监控和管理自己的学习。学习结果评价主要通过考试实现，即终结性评价，包括学生的期末英语听力成绩和口语成绩。

第四节　大学英语听说教学评价体系

因为人们的身体和心理条件存在差异性，所处的发展环境也各不相同，所以每个人的身体以及心理的发展都会呈现出以下特点：一是非线性的特点；二是动态性的特点；三是具有不确定性的特点。所以为了促进学生身体以及心理的有益发展，从而展开教学，这种教学的过程应当是动态的。在对网络英语学习进行评价时，也应当采取动态的、灵活的方式。在构建英语听说教学评价体系时，应当遵循的原则：一是坚持动态的评价形式；二是坚持多元化的评价主体；三是坚持全面性的评价内容；四是坚持以教育性作为主体的评价目的。评价的过程要保持充分的客观性、严谨的科学性，对学生的英语听说能力做出真实而准确的评价。

此次研究将终结性评价与形成性评价结合在一起，对学生进行的网络英语学习做出综合评价。形成性评价包括网上记录的学习时数、学生上传的作业次数、单元测试的成绩以及课堂教学观察等，终结性评价以学生的英语期末听说考试成绩为主，但也结合了平时的成绩。

实验表明，这种学习评价方式还有待改进。首先，网络记录的学习时数并不能真实地反映学生实际的学习时间。其次，学生上传的作业也不一定都是学生自己所为。因此，还必须有一套全面的评价系统来对学生的学习过程和结果做出科学准确的评价。终结性评价可以沿用考试的方法，采用网考，试题与教学材料的三个层次难度对应，从易到难分A、B、C卷，允许学生选择不同的试卷类型,每个学生都有三次考试机会(A、B、C卷),以他所考模块得分的最高分为最后成绩;而形成性评价则大致可以从教师、计算机和学生三个方面来实施。

一、教师的评价

教师对学生的评价包括学生到课率、学习的注意集中程度、小组合作情况和总的学习评价。

第一,学生在课堂上的出勤情况就是到课率,到课率有专门的计算公式:课堂到课课时数除以课程单元的总课时数。比如某一个课程单元总的课时数是2,学生甲如果旷课2节,也就是2个课时,那这个学生在本单元的到课率就是0;学生乙出勤1个课时,旷课1个课时,那么他在本单元的到课率就是50%。教师还可以根据这个公式,来计算每名学生一个学期中的总到课率。另外,教师也可记录下学生的缺课课时数,到学期末时对学生总的到课率进行计算,计算的标准公式为:课堂到课课时数除以本学期总的课时数。教师根据总到课率酌情从加1分、3分、5分到扣1分、3分、5分。

第二,在自主学习的过程中,学生注意力的集中程度,实际上是一种主观因素较为突出的评价标准,教师可以根据学生在学习中注意力的集中程度,来扣除相应的分数。

第三,在对小组的合作情况进行考核时,主要看其中的成员是否积极参与活动,以及完成任务的情况如何。分数以小组为单位来计算,小组成员的分数是相同的。

第四,教师需要根据学生在学习中的表现,做出相应的评价。评价可以分为三档,分别是良好、一般和差,分数分别对应为5分、3分和1分。

二、计算机系统的评价

教师还可以利用网络及计算机系统,来对学生的学习情况做出评价。评价的主要内容包括以下方面:一是学生对各学习单元的相应内容做出的回答;二是完成所有课程所用的总学时;三是学生学习单元课程所花费的时间;四是学生回答测试题的正确率;五是每学期期末总的测试成绩。

计算机系统能够针对上述的几种因素,对学生的学习情况做出评价,并且将这些评价的结果及时反馈给学生和教师,教师查询这些评价结果也十分方便快捷。

三、学生的评价

学生的评价包括两个层面：一个层面是学生对自我做出的评价；另一个层面是学生同伴之间相互做出的评价。自评和互评都是对学习成果进行评价的活动。这两种评价方式都提倡学生参与到评价的实际过程中来。学生评价的分值取自评与互评的平均分。

学生自评和同学互评包括的内容：一是既定的学习计划完成情况；二是课外学习以及互动交流的情况；三是口语练习作业的完成情况；四是听与说的能力的提升情况。具体来说有如下四点。

第一，要对学习计划完成情况进行测试，首先要由学生根据自己的具体情况制定学习计划，然后自行检查在预定的时间内是否完成。如果按时按要求完成了学习计划，那么就加三分，如果未能按计划完成学习任务，那么就减三分。

第二，课外学习以及互动交流，指的是学生在课堂学习之后或下线之后的自主学习的情况，主要内容包括：自主进行的听力方面的训练，围绕相关的主题开展的讨论，与同学进行的口语方式的对话。这一项可以采用五级量表来进行考量，"从不"用1来表示，"总是"用5来表示。当学生所获得的分数中1或2居多，那么这名学生需要加强听力和口语方面的训练。

第三，口语作业指的是由教师为学生布置的、课后所要进行的口语方面的训练内容，这些内容需要学生按教师的要求进行上传。首先由教师将学生按一定的规律进行分组，将数量相同的练习内容以及评价标准分发给学生。学生先进行初步的评价，然后以小组为单位进行相互间的评价，由各组推选出本组完成度最好的作业，在全班范围内进行讨论。口语作业的评价标准也可分为良好、一般和差三档，对应的分数分别是5分、3分和1分。

第四，听说能力评价。学生相互间按照听说能力的相关标准，为对方做出评价，这种评价也应采用五级量表来反映。如果完全未达到，用"1"来表示，如果完全达到则用"5"来表示。如果某个学生得到的分数中1和2占比较大，说明这名学生英语听力和口语基础都较差，需要花费更多的精力和时间加以练习，同时要注意调整英语学习策略。

综合以上教师、计算机和学生三个方面的评价，形成对学生平时学习的评价等级，如差、一般、良好三个等级，并结合学生的期末考试成绩，按照一定比例折算成综合成绩。这样，对学生课内、课外、网上、网下整个的学习过程和学习结果有一个全面综合的评价，也是判断和衡量学生"学习参与"的尺度。

第五节 PI 教学法在大学英语听说教学中的应用及其效果分析

同伴教学法提倡以学生为中心，学生是学习的主动者；提倡从教中学，学生在同伴教学中进行意义建构；提倡同伴之间的合作和交流，合乎新课程改革"自主""探究""合作"的要求。

一、同伴教学法教学方案设计与教学案例分析

下面从设计教学方案和案例分析两个方面研究同伴教学法（PI）在大学英语听说教学中的应用。

（一）设计教学方案

1. 教学对象的选择

研究人员挑选了四个非英语专业的教学班进行研究，其中涉及学生共计 234 名，以一个学期作为一个研究阶段。这批学生学习英语的时间均为 8 年，刚入学时进行过一次英语考试，随后进行过两次期末考试，从这三次考试成绩来看，在实验开始前，对照组以及实验组的情况基本是相同的，所以研究过程中的客观性就有了保证，研究内容和结果也具有普遍性。研究开始后，在实验班中采用同伴教学法，在对照班中采用听说教学法。

2. 教材的选择

《大学英语综合教材修订版教程》（以下简称《教程》）在老版的基础上进行了修正，是最适合的研究教材。该《教程》共十四个学习单元，每个学习单元又包括四个组成部分：一是口语训练内容；二是听力语篇的训练内容；三是听力微技能的训练内容；四是课外听力训练内容。此《教程》的体裁具有多样性，所涉及的题材也较为广泛。所有学习单元都有着自己的中心和主题，在所编排的教学内容上充分体现了灵活性和开放性，而且因为有着大量的语言输入，学生可以从中寻找到较为丰富的口语训练素材，并且在参与测试的过程中，还能实现对教材的活学活用。从总体上来看，此《教程》实现了听与说的共同训练与提高，能够用听来促进说，用说来带动听，可以使学生将理论知识与具体实践结合起来，提高学生的创新实践能力。

3. 教学的组织

第一，进行学生培训。要想顺利完成教学实践，就先要对实验班的学生开展与同伴教学相关的预演与培训，让学生了解和熟悉同伴教学法的流程，

从内心接受这种过去未曾接触过的教学方式，在课堂上与教师进行互动。这样做既培养了师生之间的感情，更重要的是，提高了学生的学习能力，这是教学所要达到的最终目的。

第二，制定教学计划。首先，教师需要事先准备好相应的资料，将资料上面的内容进行具体讲授，同时补充一些相关内容，以形成系统的教学体系，方便学生理解学习。其次，教师要结合每个学习单元的内容，引导学生按照布置的任务，提前对教材进行预习，并且结合教学内容和目标，来确定适当的监测方式。最后，教师要事先整理每个学习单元中的难点和重点内容，编制出用于测试的题目，让自己所涉及的同伴教学法更加完整，也更加科学。

第三，选择课堂反馈方式。通常学生回答测试题目时，都会采用课堂反馈的方式，选择有效的反馈方式能够帮助教师准确而客观地掌握学生的学习情况，了解他们是否理解自己所讲的内容及知识点，而且教师还能根据了解到的情况，来调整自己的教学方式及内容，以寻求更佳的教学成效。尽管采用教室应答系统来进行教学，可以让教学的过程更为直观、更为先进，但由于受到一些客观条件的限制，这种方式无法顺利实现，所以研究采用了一些成本更低，也更易于应用到实际操作中的反馈类型，大体上有数据统计反馈、举例反馈、文字性反馈等诸多形式，各种形式都具有可操作性。

第四，组建课堂讨论小组。在同伴教学中有两个非常重要的环节：一个是同伴间的讨论；另一个是同伴间的相互说服。这两个环节能够充分体现出将学生作为教学活动的中心的教学理念。学生要突出表达自己观点的过程，有理有据地向对方陈述自己的观点，但具体操作应当由教师来启动。教师不再是简单地按照区域进行分组，而是综合考虑学生学习能力的不同来分组。按每组五名学生进行分组，每个小组内必须有优等生和差等生，要让不同基础的学生都能从这个小组的学习和讨论过程中有所收获，要尽可能让每名学生都愿意在小组学习讨论的过程中表现自己，传达出自己的观点，潜移默化地提高自己运用语言进行沟通和交流的能力。这种学习讨论小组不应是固定的，教师应当根据学生的学习情况，随时对小组成员做出调整，让每名学生尽可能多地与不同的同伴组成学习小组。

（二）大学英语听说教学案例分析

1. 口语部分教学案例分析

以《大学英语听说教程》中的第十单元"The Cinema"为例，来分析同伴教学法在大学英语听说教学中口语部分的具体应用。

（1）讲课大纲。本单元的口语部分需要学生围绕与电影相关的话题进行口语练习,课堂教学时间为50分钟,教师制定讲课的框架大纲如下。

1) To get the students to be familiar with the words, expressions and some background information related to films and cinema.

2) To get the students to express and defend their views from the positive perspective.

3) To get the students to express and defend their views from the negative perspective.

(2)课前阅读。口语部分由于在听力部分已经对于课前阅读进行了测试,所以不需要再次进行这方面的测试。

(3)讲课。讲课中需要突出三个重点。

第一个重点:掌握背景知识,对于一些重要的词汇,比如电影、电影院,需要学习它们的表达方式并掌握了解一些背景知识。在学生讨论中,如果没有事先进行一些提示,由于多数学生的词汇量不够充足,以及对于英语的表达方式认识不够准确,会造成讨论中说不出来,或者泛泛而谈没有实际内容,这样讨论也达不到应有的效果,口语教学也就失去了意义。要想使口语教学真正地发挥作用,教师在进行口语教学前要留出一定时间,对将要讲的与课程话题有关的背景,以及语言相关知识内容进行详细讲解,这样有助于学生之后的讨论和口语练习。

第二个重点:训练学生作为正方表达自己的观点。

在学习了基础词汇和一些表达方式后,学生应该在话题讨论"Is it better to watch a film at home than at a cinema?"中将这些知识加以运用。教师可以把所要进行的练习划分为正方和反方,让学生对两个方面都进行练习讨论,这样一来,学生可以有更多的机会进行练习,学生能够站在正方的角度,正确地表达出自己的观点,以及支持该观点的原因,这是口语练习的另一个重点。

教师先利用3~5分钟时间讲解一些正方常用的与话题相关的表达方式,如"a big fan of, fine costumes and melodious theme music, my favorite actors and actresses, I like films that are, I can't resist, I have a passion for"等。然后,教师让学生分组来进行8~10分钟的话题讨论。

学生的分组要科学合理,教师在学生讨论的时候进行巡视,认真地听和观察,并且参与到其中,在这一过程中发现,口语好的学生能够很好地带动本组的同学,口语不太好的学生也可以克服害怕说出口的心理,让大多数学生能够积极参与到讨论中来,还有一点是在讨论之前进行知识的铺垫,学生可以言之有物,基础非常不好的学生也不怕无话可说。

第三个重点：训练学生作为反方表达自己的观点。

口语部分的第三个重点是训练学生作为反方来表达自己反对的观点和原因。教师也是先利用3~5分钟时间讲解一些反方常用的与话题相关的表达方式，如"I don't think, I've never been a big fan of, harmful to young people, take away much of the business of cinemas, prefer renting films and watching them at home"等。然后，学生分组进行8~10分钟的话题讨论。

完成这三方面口语练习之后，教师需要将学生的小组重新划分，在小组内分为正反方围绕这个话题进行辩论。重新分组并更换小组内的成员，这种方式会让学生更愿意参加到讨论中来，更有新鲜感。对于加深知识的理解来说，辩论是一种非常有效的形式，它可以为学生提供一个能够表达自己观点的语言环境，这对于语言能力的提升是很有帮助的。

2. 听说教学案例分析内容

（1）讲课大纲。通常情况下，课上至少需要15分钟来完成一个关键知识点，其中包括教师用3到5分钟进行讲解，随堂测试需要10到12分钟，所以，三个关键知识点的学习可以在一节50分钟的课内完成。课堂时间是有限的，这就要求教师能够筛选出必须要完成的重要知识点以及疑点和难点，把课本中那些不是必须在课堂上讲解的内容省略掉，最后保留讲课的概况纲要。

（2）及时测试。讲课大纲确定之后，每个重要知识点都要挑选配套的测试题目。出好测试题目是一个非常重要的任务，传统的课堂讲授模式可以通过这些练习题，更好地转化成同伴教学模式，而且测试题的质量高低，影响着同伴教学模式的成功与否。教师在选择和创作测试题的时候，没有一定要遵循的原则，但是测试题目要"难易适中""题意明确""有适当的多项选择的答案""针对单个知识点"，这几个基本原则是需要遵守的。

（3）讲课。与传统教学不同，同伴教学法是比较灵活的，不是一成不变的，这也考察教师的反应能力，需要教师熟悉掌握测试的相关内容，在过程中发生紧急的情况也能很好地应对。课堂上教师先进行知识点的讲解，随后提出问题，当学生进行讨论的时候，教师也要参与其中。这样的参与交流对于教师有两个意义，一是有利于教师对课堂情况的掌握，能够及时地了解学生存在哪些问题，在之后针对这些问题进行讲解。二是在与教师的交流中，学生解释自己的答案，对于教师了解学生选错答案的原因有所帮助。一般情况下，教师直接给出答案解释，是学生获得答案的有效形式，但是这种形式的学习效果，远不如学生在讨论中努力说服持反对意见的同伴效果好。所以，同伴教学法的好处是双向的，对于学生来说，让他们更好地"学"，对于教师来

第七章 PI 教学法评价体系在大学英语听说教学中的构建

说也让他们更好地学会"教"。从大学英语教学使用同伴教学法的两个案例来看，在教学中，课堂教学环节的安排要具有灵活性，要能够根据课程的特点及时调整。教学内容也要根据学生具体吸收知识的能力来进行设定，具体内容包括以下方面。

第一，从学生对听力知识的了解来讲，对于定义的掌握和理解，往往是考查学生的第一个题目，因为多数的学生对有关知识点有一定程度的掌握，说服同伴这个环节就不需要了，在查看正确答案之后，就可以直接学习另一个知识点。反之，这道测试题答案如果在讨论空间（35%~70%）的范围内的话，这种情况就需要学生进行讨论，完成后重新作答，再给一个有关这个知识点的测试题目，用这种方式来观察学生对于这个知识点是否掌握。

第二，对于培养学生听力能力方面，更为重要的是掌握细节内容，从细节入手才能使前一问的回答在讨论区间，所以需要让学生讨论。但是这道题目不再是定义和概念的考查，而是对整个篇章进行学习，因此学生进行同伴讨论之后再次作答，就不需要再出一个题目另行测试了。

第三，由于口语学习的特殊性，第一个知识内容成为唯一的考察点。基于这个原因，协同学习的教学方法仅仅会出现在此环节，其他环节按照内容的侧重点安排学生讨论和教师讲解。

（4）教师角色。学生进行口语话题的讨论既要有组织又要有序，教师在讨论前要将学生进行合理的分组，并选择讨论话题。在讨论过程中，要进行监督和指导，并且参与到学生的讨论中来，这样才能让教师及时对学生的讨论情况进行把握，包括学生的注意力、积极性等，确保学生全部参与其中，并在讨论中发现学生的困难，及时地给予帮助，确保教学活动中每个学生都能够有所收获。所以，同伴教学法能够成功，教师是否发挥出真正的作用是关键因素，尤其是在口语教学中。

总之，在课程中使用同伴教学法，教师有效地把课本中的习题和自己创作的测试题结合起来，对于学生掌握和应用课本中的重要词汇、短语以及句式，可以起到督促和引导的作用，不仅可以让学生能够将课本中的练习题很好地完成，而且能够在听力中帮助学生更好地掌握文章主旨，在抓住主旨内容的基础上，理解细节问题将会很轻松，使学生的整体学习素质得到了提高，还增加了用英语说出自己观点的机会。对于口语教学来说，同伴教学法对于那些英语词汇量不够、英语文化知识基础不好的学生可以让他们能够有话可说、言之有物，帮助他们更加准确地将自己的观点表达出来。总而言之，在大学英语听说教学中运用同伴教学法，可以把提高学生表达能力和听力能力有机结合起来，听与说这两部分相互依靠、相互促进，真正让学生掌握新知识。

二、同伴教学法在大学英语听说教学中的应用效果

把同伴教学法应用到大学英语的教学中，可以让听说教学更有效果、更有效率、更有效益，使传统教学模式下的听说教学效率低的现象得到改变。要想达到良好的课堂教学效果，不仅需要教师的教学行为良好，还需要学生的学习效果好。所以，讨论同伴教学法在大学英语教学中运用的效果，需要从教师教学行为和学生学习行为两方面进行分析。

（一）以学生的学习行为为分析对象

1. 课堂情况观察

实践性是大学英语课程的本质特征，其中听与说部分的实践性更为突出，学生在课堂上的积极性和主观能动性，是教学效果好坏的重要决定因素。在课堂上学生为了学业，需要从课堂上获取知识，这个过程中涉及学生身心的协调能力，这种生理与心理的协调能力的运用，体现在教学过程的方方面面。学生是课堂活动的主体，课堂要以学生为主导，以培养学生的学习能力为核心，以提高学生学习的积极主动性为目标，同时还可以体现出他们的学习效果、态度、策略等。目前对于课堂参与度的评价没有统一的测量工具和标准，根据相关教学理论和多年大学英语听说的教学实践，可以将传统形式的课堂教学与新型的同伴课堂教学进行比较，区分两者的不同点，分别是行为参与、认知参与和情感参与。

第一，行为参与。本书通过对运用同伴教学法的实验班和运用传统教学方法的对照班，进行一个学期的观察，并进行比较，发现实验班不仅在课堂上与同学讨论的积极性和听课的专心程度都优于对照班，而且课外的学习时间也明显长于对照班。课前温习是实验班开展新型教学的一个过程，该过程有利于培养学生的自主学习能力。首先，在教学的课堂上，教师将讲解和测试结合起来，促使学生带着教师提出的问题进行思考，准确把握测试题的关键，进而做出完美回答。其次，同伴之间也是一种互相施教的过程，可以把学生的积极性带动起来，让学生更加有信心，从而发现学习的乐趣所在，最终提高学生的参与度，教学互相促进的目的得以实现。

第二，认知参与。在实验班开展同伴学习的方法，目的是观察学生之间的互动情况，观察的重点是学生的能动性，能动性要求克服旧的呆板的学习方法，更新学生对于文字内容背诵方式的理解，掌握灵活的学习方式，主动参与到课堂中来，吸收知识，进而构建整个知识体系。不仅如此，通过同伴间互相施教、讨论合作，可以帮助学生克服害怕的心理，使学习动机和学习

意愿得到加强，让学生更有求知欲，学习目的也更加清晰。

第三，情感参与。语言教学是比较复杂的，所以在语言教学中教师不仅要注重语言的外部行为，更需要注重学生的心理活动，以便把学生的学习动机充分激发，不仅要开发智力资源还要开发情感资源。本书经过对教学过程的仔细分析得出，开展互动模式学习时，口语能力强的学生在这一过程中能把优势充分发挥出来，语言能力比较差的学生，通过比较可以发现自身的差距和不足之处，从而把那些有优势并且刻苦努力的学生当作榜样，向他们学习，无论是学习的信心还是兴趣都得到提升。除此之外，传统课堂中教师高高在上的模式也在同伴教学方式下发生了变化，师生关系更加平等、和谐和民主，这样一来，学生在课堂活动中就会更加积极参与。总之，相比于对照班，实验班学生不仅学习兴趣提高了，而且还更有成就感，从前学习过程中遇到的难题也会迎刃而解。

再者，实验班是优等生集聚的班级，通过在这样的班级中开展同伴教学，学生会有更多的机会进行讨论，在听说教学中的参与度也得到提升，课堂的氛围非常活跃，无论是学生和学生之间，还是教师和学生之间的互动都明显增多，相比于对照班，实验班的出勤率也明显要高。对照班的情况就是师生之间还有学生之间的交流都不多，课堂上也没有活跃的氛围，学生学习兴趣不足，出勤率比实验班低很多。

2. 分析调查问卷

（1）数据收集。在大学英语听说教学中，为了掌握学生在一个学期后对同伴教学法的接受度如何，也为了今后在课堂中可以更加顺利地应用同伴教学法，有学者对实验班的同学展开了两次问卷调查，来了解这一情况。第一次问卷调查的时间是应用同伴教学法开展课程2到3周的时候，调查共发问卷120份，有效问卷114份，回收率97.4%，男女分别为76人和38人。第二次问卷调查的时间是课程结束的学期末，调查对象为同一个实验班的同学，调查发出问卷118份，有效回收116份，回收率98.3%，男女分别为78人和38人。

（2）数据分析。构成数据调查表的三个部分中，最重要的部分就是实验班的调查情况，重点是观察学生对同伴教学的适应情况，学生之间运用同伴教学的操作情况，以及同伴教学在学生中发挥作用的情况，同时也对同伴教学中存在的相关问题进行调查，这一部分是最主要的。

（3）调查结果。

第一，基本情况调查。实施同伴学习的班级在学期结束之后会有一个显著改变，学生更加喜欢英语了，而且对于英语听说水平更加自信。

第二，同伴教学法满意度调查。对于同伴教学法满意程度的调查，采取的是矩阵式的问题。在15个问题中，每个问题都有五个可选，学生依照自己对于同伴教学法的满意程度，从"非常同意"到"非常反对"五个选项中进行选择。为了使所问问题的价值取向，能够既客观又中立，问题的陈述方式分为两种，分别是消极影响和积极影响，消极问题比如"口语差的学生无法真正参与到小组讨论中"，积极问题例如"同伴教学法提高了我的课堂参与度"。对于调查结果的统计采用的是百分比的形式。

对于同伴教学法，学生的态度由最开始的不接受，最后变成喜欢。统计第二次问卷的数据后发现，八成以上的同学觉得同伴学习要远远胜过旧的单独学习的模式，七成的同学借助这一教学方法可以提高自己的注意力，而且还使他们的学习兴趣得到了激发，这一学习方法逐渐被学生所接受。大部分学生都很喜欢同伴学习，鉴于此，在其他的课程中也可以安排实施同伴教学法。

同伴教学法中最大的特色就是同伴之间的讨论和互相说服，大多数学生在一个学期之后都能够适应同伴教学法这种模式，更有近七成的同学能够经常参与到其中来，口语练习的机会大大提升，这对于他们的学习是非常有利的。但是通过对调查数据的分析，整个学期结束后，英语口语比较好的学生，确实容易控制整个同伴间的讨论，而且学生的参与度还受问题的难易程度影响。

在一个学期结束后，八成的同学都能认识到教师的讲解在同伴教学法中的重要作用，教师讲解需要和同伴讨论紧密结合。很多同学也改变了原有对课外预习的态度，最开始大多数同学觉得课外预习是一种负担。现在近六成学生认为，课外预习不仅不是负担反而对他们的课堂学习很有帮助。调查结果显示，对于答案展示这一环节基本没变，四成学生觉得不需要这一环节，可以省去。

第三，开放式问题调查结果。按照一定原则进行分组是教师的任务，分组的结果关乎课堂教学的效果，因此学生的差异是需要考虑的，要尽量均衡，不能存在把口语好的学生都分在一组，口语差的学生都分在一组的情况。并且在整个学期的课堂学习过程中，小组成员要经常进行轮换，每个学生都能接触到不同的同伴，与不同的小组成员进行讨论。由此一来，既能让学生之间增加相互学习的机会，又可以增加同学之间的感情，达到共同进步的目的。此外，对于课堂教学的参与机会来说，大多数学生认为确实增加了，使以往只听不说的英语课堂形式得到了转变，可以更多地进行口语交流，提升口语能力。但是，有同学觉得同伴教学法在课堂教学中还是有不足之处。例如，存在对于同伴讨论缺乏监督、有些测试题目不够科学、检查课前预习不及时等问题。

总而言之，同伴教学法确实改变了以往的教学模式，这个观点得到了大多数同学的认可，同伴教学法让学生更多地参与到课堂中来，对于学习效果的提升很有帮助。

3. 阶段测试成绩分析

在大学英语听说教学中，教学和测试两者是统一的整体。科学合理的测试不但能对教学效果进行评估，也能测定学生学习的知识点，和对所学知识的有效应用，教师可以通过科学有效的测试，得到公正和客观的教学信息反馈。同一年级分为实验班和对照班，一个学期进行两次阶段测试，将这些数据收集和整理，能够得到不同教学法在大学英语听说教学中的效果，并对其进行分析。

以教学原则为中心，阶段考察（成就考核）与教学内容结合起来，是一种评估或者诊断测试。进行阶段测试是为了检验教学计划实施的适应性，和学生对教学计划的接受程度，以实现最终的教学任务。客观题是测试内容的一部分，由单项选择题以及默写题为主，综合考察学生的诸多项阅读理解能力：①单词掌握程度与运用能力；②单词用法的融会贯通能力和灵活操作程度；③具体语境中的单词理解以及对整个句子的掌握；④文章相关内容的了解程度；⑤真实的语言运用的能力。

分析结果：通过对比这两次的测试成绩可以发现，使用同伴教学法进行教学后，第一次测试中实验班和对照班在总成绩和分段成绩上并没有太大区别。但是教学继续进行，实验班的总体成绩和及格率，在第二次测验中有了明显的提高。不止如此，分段成绩显示，实验班32～35分段和28～31分段的学生人数明显多于对照班。由此可见，中等和中等偏下的学生，在使用同伴教学法的环境下成绩提升得更快。

4. 期末测试成绩分析

期末测试分为听力测试和口语测试，总分为100分，其中听力占百分之六，口语占百分之四。为了检验教学计划对学生口语表达的影响，对单词词组的应用能力的影响，对文章的把握程度的影响，要求改写短文中的听写短语，将其改为难度较大的句子。这类测试的目的是展现学生对自己的听、说、读、写综合能力的运用，特别是口语的测试，更是强调灵活性和协调性。

第一，口语测试的类型。学校在组织学期结束的综合测试时，多以口语形式来考察，多数是"二对二"的直接型口试，这样做的目的是保证口语测试的客观性，将学生真正的语言交际能力准确地反映出来。所谓"二对二"就是一定数量的考官对应相同数量的考生，并且以口语形式进行考察。考官之间协调配合，一位评定各项分，另一位考官在主持口语考试的同时评定总体分。这种测试类型被证明效果良好，它的突出特点表现在：一是便于考务工作的开展，考官在测试中能够将注意力放在评分上。二是同时测试两位考生可以节约很多人力和物力。三是对于考生来说，参加这种形式的考试，有益于考官与考生间的互动交流，融洽了考试气氛，考生能够将自己最好的交际能力展现出来。

第二，口语测试内容。期末口语测试的内容和试题难度依据《大学英语教学大纲》中对于基础阶段学生口语能力的总体要求而设定，即"要求学生能够就日常话题用英语进行交谈，能够在学习过程中用英语进行交流，并就某一主题展开讨论，而且可以经过准备后就所熟悉的话题做简短发言，并且表达比较清楚，语音、语调能够基本正确。同时要求学生能够在交谈中使用基本的会话技巧和策略"。

第三，评分标准。口语测试的两个主要指标，包括信度和效度。在设计题目时，要尽量扩大题目的覆盖面，设计科学性和代表性兼备的试题。同时也要保证判分标准有效并且可靠。评分越客观，越能将学生的实际语言交流能力反映出来，因此要将期末的口语测试分两部分进行：一是考官在现场评定学生的分数，也就是现场评分；二是考官听口语测试现场的录音，二次评定学生的口语，也就是测试后评分。这样做的目的是保证成绩公正、公平。评分时分项评分法和综合评分法这两种方法相结合。综合评分是整体的评价得分，依靠的是整体印象，并且由主考官打分；而分项评分多由其他考官打分，分项要求内容细致，按照平均分的形式给出，平均分的计算方法是项的总和除以项数，是具体体现学生能力的测试结果。综合评分和分项评分相加，所得分数就是最终的口语测试总分。两种评分法相结合的打分方法，能够将主观因素的影响降到最低。

第四，期末测试成绩分析。分析实验班和对照班的期末总成绩和口语及听力的分项成绩，可以发现成绩中分数段有明显差别，高分段和低分段有合理、平均的分布，所有成绩呈正态分布。对比两个班级的成绩后可知，实验班中等偏下学生的口语和听力学习，在应用同伴教学法后提升十分明显。通过分析学生的听力成绩和口语成绩，研究实验班中的数据表明，这类班级学生的口语能力的综合考察结果，要比普通班级学生的综合能力高很多，尤其是口语能力方面，实验班的同学的各项具体成绩，均比普通班级学生高出许多。由此可知，学生语言听说能力尤其是英语口语表达能力的提高，需要学生自己参与进讨论中，这也说明同伴教学法的应用是十分见效的。

（二）以教师的教学行为为分析对象

1. 课堂教学新观念

第一，新的教育价值观。任何教育活动都必须首先直面价值问题。事实上，学生既是一种生命的存在，也是一种生活活动，即实践的存在。传统的教育价值观的认识是片面的，它认为教育的价值是为社会经济政治服务。这种教育价值观使大部分教师在学科领域的教学中过度专注于知识的传递，因而忽视了学生技能、技巧，甚至能力和智力的发展。而新的价值观认为，"教书"与"育人"是一件事的不同方面，教育的价值在于促进学生个性化与人的社会化的统一，促进人的发展与社会发展的和谐统一，而这种教育价值观在同伴教学法中得到了很好的体现。同伴教学法的核心理念是把课堂教学的价值观从单一地传递教科书上呈现的现成知识，转为培养能在当代社会中主动参与、积极思考、乐于实践、健康发展的社会人才。该教学法促使教师意识到教育的目标不仅仅是传授给学生单纯的知识，而是要把获得的知识与学生的意志、情感和批判的思维方式紧密联系起来，因此在教学中既要注重人性关怀，又要提升其生命的深度和广度。总体看来，将同伴教学法应用于大学英语听说教学不仅扭转了传统的课堂教学价值取向，摒弃了"物化"的大学英语教学目标和教学模式，而且有利于学生从学科教学中获得多方面滋养，在提升其语言应用能力的同时可以发展其精神世界，发展其对外部世界的感受、体验、认识和创造能力，以满足成长的需要。

第二，新的学生观。教育观与学生观是学校教育的理论基础。教师的学生观是教师对自己的教育对象的基本看法，即对学生角色性质的认定。教师的学生观深刻影响着教师教学活动的目的、方式和最终所要取得的教学效果，因此它对教师的教学行为起着重要的决定作用。同伴教学法促使教师摒弃了传统的学生观，树立了全新的学生观。首先，同伴教学法重视对学生天性的认识，不再把学生看作"塑造"的对象，而是教学的中心和主体。同伴教学法中，教师不再用各种预先设置的程序来束缚学生，使学生的处境由被动变主动，也使教学活动多姿多彩。其次，同伴教学法促使教师重视学生的身心发展规律和学生智能的发展。在传授知识的方式上，教师开始重视学生的多元反应和独特体验，致使他们的潜能得到应有的充分的发挥，使教学资源得到充分利用。再次，同伴教学法改变了紧张的师生关系。教师不再以权威者的身份出现，而是以民主、平等、信任、宽容、合作的态度关注和对待每一位学生，通过有效的课堂教学形式为他们提供指导、激励、建议、帮助、辅导和服务，并创设一个良好的学习氛围，从而使课堂教学真正成为教师与学生追寻主体性、获得解放与自由的过程。

第三，新的教学评价观。课堂教学评价的根本目的是在坚持"以人为本"的前提下，促进学生素质的全面提高和个性的自由全面发展。但是由于传统的教学评价观中重视的是评价的鉴定、选拔和管理功能，追求的是评价的客观化和数量化，因此评价的教育、改进和激励功能，以及课堂教学的质性评价受到忽视。另外，由于传统的评价观中的评价主体呈单一性，忽视了评价主体的多元价值和自我评价的价值，因此评价结果不能得到良好的交流与沟通。总之，传统的教学评价缺乏应有的灵活性和创造性，致使教师变成单纯的"教书匠"和"传话筒"，而学生则成为被动接受知识的"容器"。相比之下，同伴教学法中所体现出的新的教学评价方式和教学评价观能够充分发挥教师和学生的个性和特长，使课堂教学评价变成一个灵活、愉快的过程，同时又能真实全面地反映日常的课堂教学。首先，同伴教学法的教学评价观既能体现教学内容上的要求，有助于学生掌握相关知识，又能评价学生在教学中的情感和意志等方面的情况，有利于促成学生情感的有益变化和意志水平的提高，进而促使学生的全面发展。其次，同伴教学法中的教学评价观重视培养学生的思维能力、实践能力和创新能力，不仅帮助教师在教学中掌握明确的目标方向，保证课程的顺利实施，而且培养和提高学生的自我学习能力、思维能力和创新能力，能够激活他们学习的内在需要、兴趣和信心。再次，同伴教学法的教学评价权不局限于教师手中。同伴教学法承认学生的自我评价权，促使学生独立和自觉地判定自己的知识空白并在教师的辅导与必要帮助下寻找消除途径。而且同伴教学法鼓励学生的相互评价，有利于提高和加强学生的自我检查成分和对自己学习过程和结果的责任感。总之，同伴教学法促使教师不仅注重对学生的学习目标达成的判定和评价，而且更要注重对学生的学习方法、学习态度、学习过程和学习潜能的激励性评价。

2. 课堂教学新模式

第一，"独白式"教学转向"互动交往式"教学。在传统的课堂教学中，教师通常都会采用独自讲授的方式，而同伴教学法则不再使用这种方法，而是使用以交流促进作为理念的教育方法。多维交流方式与旧式教学方式相比较，两者最大的不同，就是呈现教材的方式不同。传统的以讲授为主的教学方法，只是简单地将教材中的内容重复讲授出来，学生很少有机会参与到教学活动中来。教师就像是在学生面前表演一场独角戏。这种授课，除非教师

第七章 PI 教学法评价体系在大学英语听说教学中的构建

的教学风格异常独特、出色,才能自始至终令学生集中注意力。但是同伴教学法则突破了传统的教学方法,教师不再是简单地重复教材,也不再是面对学生进行满堂灌。同伴教学法注重教师与学生、学生与学生之间的交流与互动,学生不再是坐在课堂上被动地接收信息者,而是变成了知识的传播者。在互动与沟通的过程中,学生会积极思考所学的内容,而且愿意去和同伴进行讨论和交流,对课堂上遇到的知识点进行分析与探讨,并且在讨论和交流的过程中,逐渐培养出优良的团队精神以及交际技巧。

第二,"灌输式"教学转向"问题引领式"教学。同伴教学法不再像传统的教学模式那样,向学生简单地灌输知识。在这种教学模式下,教师可以进行概念测试,用问题来引导教学过程的展开。将具体的问题作为调动学生思维,引导他们进行思考的有效手段。教师可以根据学生实际的知识基础,来设计各种各样的问题,营造出与各种问题相适应的情境,然后引导学生参与到教学活动中来,培养他们进行创造性思维的能力和综合实践能力。用问题来引导教学活动的展开,学生可以获得更多的途径去寻找知识中的规律,从而得出更多正确的结论,不仅能更加有效地构建起知识体系,而且能够学会总结事物规律的方法。这种通过问题来引导课堂教学的方式,要求教师具备更高的业务能力。他们需要事先熟悉教材,并对教学内容进行认真的思考,还要查询大量相关资料,以便提炼出适当的问题用于课堂教学。这种问题引领式的教学方法与科学研究相类似。通过采取这种教学模式开展教学活动,教师的综合素质以及教学水平必将得到有效的提升,而且因为有了更多自主学习和与他人进行合作交流的机会,学生分析及解决问题的能力以及独立思考的能力也会得到明显提高。

第三,教学设计由"统一"转向"弹性和灵活"。教学设计是教师按照教学理论,结合自己的经验,根据学生的具体情况,以教学实践的基本规律为基础,系统地安排和规划教学活动的过程。同伴教学法中的教学设计与传统应试教育模式下的教学设计有所不同,同伴教学法的教学设计更加灵活,也更具弹性。其一,在进行教学设计时要充分考虑到每个学生都有着各自的差异性。同伴教学法要求教师重视学生的道德与身体的成长发展,依据个体的不同做出适合的教学计划,营造出有利的教学环境,吸引学生参与到教学活动中来,调动他们的学习主动性和积极性,引导他们主动去学习知识,愿意利用学到的知识指导实践。其二,在进行教学设计时,教师要意识到实际取得的实施结果与预计出现的教学期望之间,会产生一定程度的差别。因此,对于教学计划的制定,要注意预留出弹性的余地,包括时间和空间上的。要意识到虽然提前经过精心的设计,但在教师与学生、学生与学生的互动过程中，依然会出现超出预期的情况。总而言之，同伴教学法中的教学设计，要坚持以教学服务于学习，通过教师与学生、学生与学生的双向交流，来培养学生主动探寻知识的意识，鼓励他们主动表达自己的见解，对各种问题提出质疑，通过学习提高独立思考问题的能力，建立勇于承担责任的意识。

3. 课堂教学新角色

教师这个角色的本质，来源于其所处的特殊地位，它需要与社会对教师的期望相符。为了达到预期的教学目标，教师在教学活动中应当按照语言学习的特殊规律，来调整和规划自己的教学方法和理念，重新定位新的教学模式下自己所应扮演的角色，以确保获得预期的教学效果。外语教师在开展教学活动的过程中，不仅要做好整个课堂学习的组织工作，施展自己的教学艺术，而且还应当是一名积极的"演员"，要满怀热情地与学生一起，让课堂氛围变得更加活泼、更加生动。同伴教学法对于学生的主体性更为关注，学生是整个教学活动的中心。虽然如此，但教师在教学活动中的主导作用依然非常重要。采用同伴教学法时，对于教师综合素质的要求更高，教师从过去单纯地传授知识和灌输知识的人，变成了现在的教学方案的策划人以及设计者。他们不仅要在课堂上充当教学活动的组织者和协调者，而且还要担任教学活动的参与者，同时还要对学生的学习给予评估和指导。当大学的英语听说教学中引进了同伴教学法后，教师的身份更加多重化，发挥的作用也更加重要。主要表现在以下三点。

第一，策划者与设计者。教师是否能对课堂教学方案进行周密计划，是否能够出色完成教学任务的设计，关系着英语教学中听说训练和教学的成与败。教师必须在正式授课之前，对教学方案进行认真的设计和策划，这样才能保证课堂教学的顺利进行，也才能让学生获得相应的知识，提升他们各方面的能力。对于这种提前进行的课堂设计以及方案策划，同伴教学法要求教师根据教学的实际内容，结合教学的预期目标以及要求，针对学生当下所具有的基础来设计相应的测试题。认真查找学习内容中的难点以及重点，有针对性地调整教学方案。同时要把最生动、最新鲜的语言介绍给学生，帮助他们通过与他人的交际来学习语言，在学习语言的过程中，提高交际的能力。要想设计和策划出一堂成功的听说课，并不是一件容易的事，采用同伴教学法可以帮助教师通过听力教学带动口语教学，用听力教学来促进口语教学成效的提升，将听与说结合在一起，培养学生运用语言的综合能力。在采用同伴教学法来进行语言的听说教学的过程中，教师要注意让全体学生都参与到教学活动中来，通过参与教学活动来提高自己的语言运用能力。

第七章 PI 教学法评价体系在大学英语听说教学中的构建

第二，组织者与帮助者。同伴教学法要求教师在课堂上做好教学的组织和调控工作，让学生平等地参与到教学活动中来，以保证教学活动沿着正确的教学目标顺利进行。在英语听说教学活动中，充分展现教师在教育教学过程的指导作用，重视对任务分配、教学流程、目标结果的充分调控，这样才能通过课堂教学，真正提高学生运用目标语言进行交际的能力。教师在课堂上与学生可以进行密切的互动，这样学生所接受到的语言输入将更加优质，也更容易提高自身的语言技能，并且能够避免教学偏离既定的方向，令课堂上所进行的交际活动更能体现出其目的性以及针对性。教师在参与教学以及与学生展开互动的过程中，还能及时而准确地掌握学生在学习的过程中遇到的问题和困惑，了解他们在学习中的困难所在，以便于给予学生有针对性的指导，令他们的语言表达更加规范。

第三，指导者与监督者。采用同伴教学法的教学活动中，教师需要对学生的学习给予指导。同伴教学法的核心是学生，这种教学法对于学生的整个学习过程给予了更多的重视，而不仅仅只对他们的成绩加以关注。学习不是一种能够沿着直线前进的活动，也不能一蹴而就，它通常会呈现螺旋式的上升状态，教师要随时对学生的思维方式给予指导，使他们的思维方式变得更加富有逻辑性，也更具目的性。教师所给予学生的指导可以分成两个方面：一是宏观指导。这是对学生的总体学习技巧、学习策略以及总体的方向给予的指导。二是微观指导。这是教师根据不同学生的差异性，分别指导他们在语言听说练习中遇到的问题。教师应当成为学生学习过程中的参谋。教师应当有意识地培养学生转化学习状态的能力，使其可以灵活地改变自己的学习目标和学习态度，寻找到更加适合自己的学习策略，为他们今后的终身学习打下良好的基础。教师在采用同伴教学法的教学活动中，还需要发挥评估者和监督者的作用。这种教学模式能够帮助教师对学生的学习情况进行详细的记录和有效的管理，并且针对收集到的各种反馈信息，来对教学内容及方式做出调整，做好对学生的督促和监督。这是教学任务的要求，也是学生的实际需要。同伴教学法的主要特点就是能够实现对学生学习活动的评估和监控，及时肯定和激励学生所取得的成绩，对教学中发现的问题及时进行改进和修正。

第八章　PI 教学法视域下的大学英语自主学习与合作学习探究

英语作为以训练学生交际能力为主要目标的一门学科，在教学中开展小组合作学习就显得更加重要。与此同时，英语课的教学方法也应尽可能灵活多样，满足不同学生的需要，使他们形成具有个性的学习方法和风格。本章探讨 PI 教学视野下的学生自主发展、大学英语多维度互动教学模式、大学英语自主学习模式与能力培养路径，以及大学英语课堂合作学习模式。

第一节　PI 教学视野下的学生自主发展探究

主体教育论"强调学生在活动与交往中的主体地位，强调学生在与环境的相互作用中以及自我建构与自我表现中的能动性"。课堂教学中交往作为重要的教学活动，是学生主动与教师、同学相互沟通和相互作用的必要途径，有助于改变传统教育思想束缚下统一化、静态化和孤立化的课堂生活现状，改善学生的生命存在状态和生活质量，使课堂教学生活焕发出生命活力，成为学生主体性健康成长和发展的课堂。

一、同伴交往教学中学生主体性发展现状

对课堂交往教学中的学生主体性现状进行调查研究。调查目的是了解同伴交往教学中学生主体性发展的现状及问题，分析阻碍学生主体性发展的原因，进而根据问题和原因提出促进学生主体性发展的有效教学交往策略。

（一）同伴交往教学中学生主体性发展存在的问题

1. 学生交往自主性弱化

学生交往自主性的弱化，指学生在教学交往中处于消极被动、被支配、被控制的地位，缺乏选择交往的对象、内容、时间、空间、形式和方法的自主性，完全是根据教育体制及其制度的安排，被动地、形式化地卷入交往。现如今大多数的教学交往，学生往往不具备自主性。课堂教学过程的本质是教师运用一定的方法，向学生传播书本上的知识。在我国的课堂教学中，教师决定着教学的目标、课程的内容以及传授的方法，并且在时间和空间上都处于支配地位。这样往往容易忽视学生个体的自主性、能动性以及创造性，忽视不同学生的个体差异性。

通过调查发现，一堂课时间的80%～90%都是教师在讲解，学生只有不到4%的讨论发言时间。问卷调查结果也证实了这一现象：针对"教师讲授在整个课时中所占的比例约为多少"这一问题，80%以上的同学选择教师讲授占整个课时的比例为71%～100%；73.3%的学生认为教师课上主要以讲解为主，很少组织小组讨论；92%的学生表示很少或者从不向教师提问；另外，有80%的同学认为交往内容由教师确定，学生缺乏自主性。显然，在教学活动中，学生的自主意识较强烈，但是在实际的教学活动中，他们往往是缺少自主性的。对于教学交往活动是否开展以及活动方式与开展的时间，他们没有决定的权利。因此，在教学过程中，不利于形成一种双向互动的交流模式，长期的单向输入，使得学生在教学过程中产生一种孤独感，处于孤立无援的状态。

学生自主性的弱化还表现在学生对自己如何在师生良性互动中获得自身更好的发展缺乏思考。在学生的思想意识中，认为完全配合教师的讲课过程并积极思考回答问题，就是最基本的教学交往过程。由此可以看出，教师在学生的潜意识中，是教学控制者，学生则认为自己是配合教师工作的角色。长此以往，学生从内心就形成了依赖的心理，没有教师的引导就失去了学习的方向，也就无法在学习中各抒己见，收获知识。

2. 主体参与度不高

课堂教学交往活动的核心，在于使学生积极主动地参与教学活动。主动学习要求学生积极加入教学过程中，在交流中发展自己、提升自我，将传统过程中表现教师作用的"要求参加"，转变成"我要参与"的主动自觉行为。

研究表明，在教学交往中，如何进行主体参与，存在两方面的问题。首先，对于主体参与的认知不准确，片面地认为主体参与是简单的教师与学生之间的问答。例如，60%的学生在回答"发挥学生主体性，积极参与课堂交往就是指变'教师讲'为'教师问'，变'学生听'为'学生答'"的问题时选择了"完全同意"，20%的学生选择了"比较同意"选项，只有20%选择了"不确定"和"不同意"的选项。在回答"教学交往中的各种活动，你的态度是"这一问题时，选择"被动参与"的比例是71%，选择"视学习内容决定"的比例是18%，而选择"积极参与"的比例仅有5%；并且，在另一个调查问题"如何解决学习中遇到的困难"中，一半以上的学生选择了自己解决。可见，权威型课堂模式在我们的课堂交往类型中，还是占主要地位的。在学习交往活动中，大部分的学生由于主体地位认同度不高，因此主体参与度较低。这种被动且无效的交往活动充斥于课堂交往中，不能有效激发学生的积极性和学习的兴趣，使得课堂交往参与流于形式和表面。而实际参与课堂的主体集中在优秀的尖子生当中，大多数学生成为看客。

倾向性普遍存在于教学交往的参与活动中，如性别、位置、成绩及平时表现不同，倾向性不同。纵观教室位置可以发现，坐在教室前面、中排以及过道两边的学生，对于课堂活动有较高的参与度。从学习成绩方面来说，参与度最高的为中等成绩的学生，参与度第二的是好成绩的学生，参与度最低的就是成绩较差的学生。性格积极开朗的学生与人交流能力较强，在交往活动中善于表达自己，相较而言，不善于言辞就成为内向腼腆学生的缺点。但是促进学生主体的发展是指促进全体学生发展，而不仅仅是一部分学生发展。在初中生的课堂中我们可以发现，语文教师倾向于提问积极举手发言、有较强表达能力的学生或者是爱开小差的学生，而大多数学生参与课堂的机会就很少，这也大大降低了学生参与交往的积极性，影响了学生的学习兴趣。

3. 创新意识不够

一个民族和社会不断前进的动力是创新。现代教育的主要任务就是培养和提高学生的创新能力和意识。然而，以往教学模式在课堂上的运用太过拘泥于标准的实施，缺乏灵活性，导致了对创新理念的忽视。

虽然素质教育以及新课程改革提出要转变评价标准，但是在基础教育实践中目前仍然存在着这个普遍现象：教师以分数来评价学生，学校以分数来考核教师。教师的得分情况完全取决于学生的考试成绩，学生和教师的相互促进体现在两者的交往活动中。从调查中发现一个现象，大多数学生认为，对于教师提出的问题，学习好的学生会积极主动地回答。而在问题回答的被动性来说，优等生占比0%，意思是优等生会积极主动地回答问题，而学习成绩中等或者较差的学生占比分别为18.8%和12.4%，他们大多被动地等待教师的提问。同时，在调查中也可以看出，大多数学生认为教师经常提问的问题，和课本上叙述的知识点，是自己必须掌握的，其他课本以外的补充知识教师涉及较少，学生兴趣也不是很高。

综上所述，现如今以分数形式考核教师的履职情况，推动着教师与学生互动的频繁程度和和谐相处的程度。独项考核指标体系导致对于分数的过度重视和对创新意识与能力的潜在忽略，局限了学生思维的发展，大大加重了学生的精神压力。新课改的不断推行，使得更多的人意识到了传统的刻板的教育模式，不利于学生的创新力的发展。而进行教学评价的根本意义，在于帮助学生找到自我的最佳发展区，正确认识自我，形成正确的人生观和价值观。所以，对于教师来说，积极改变传统的专制课堂模式，构造和谐的课堂氛围，提高学生对评价系统的满意度，才是教学目标要实现的最终结果。

（二）传统课堂教学中学生主体境况

当前的基础教育课堂教学仍然存在着传统教育的一些"陈规陋习"，这些"陈规陋习"的存在严重地阻碍了学生的主体性发展，阻碍了学校教育的变革步伐。当前，在学校的传统课堂教学中学生主体性发展存在着以下三个方面的境况。

1. 课堂教学的静态化和统一化

传统的课堂教学把学生看作一个有待加工、可以被动塑造的对象，认为人的大脑就像储存知识的仓库，学生的心灵就像没有任何痕迹的"白板"，可以随心所欲地涂写或塑造。课堂教学的任务就是用知识去填充大脑这个"仓库"，注重知识的传授、培养学生的记忆能力和储存能力，在本质上是一种"储蓄式教育"。杜威由此批判传统教育的一切都是为"静听"做准备的，师生间、生生间缺乏有效的交流、沟通和互动。学生在这种"静听"的表象下往往掩盖着思维的贫乏、创造性的泯灭和才智的消磨实质。这种静态的课堂教学严重剥夺和压制了学生学习的积极性和主动性，阻碍了培养学生对外部客观世界进行积极干预所需要的主体性和批判意识。知识成了具有终极意义的真理，使学生对于知识的掌握远离了主动探究、批判反思和意义创造这种大一统的课堂教学模式，忽略了学生的个性差异及其独特需要、兴趣，将学生独特的创造性思维压制在"黑匣"中。

2. 课堂教学与现实生活的疏离

课堂教学源于生活，生活是课堂教学的源头活水，"对于学生而言，课堂教学是一种特殊的生活方式"。但在传统教育思想的影响下，我国的课堂

教学在整体上缺乏现实感和生活性。一方面表现为注重科学世界和书本世界，却远离学生的生活世界。随着近代自然科学的迅猛发展以及它给人类社会带来的巨大成就，自然科学和理性的作用被无限扩大，影响着人类的价值观。课堂教学传递着科学和书本中的一系列事物的符号，学生被动地在固定的书本中与各种符号联系、碰撞，失去了学生的个体化。过分重视学生以后的发展情况，这样的课堂学习结果大大脱离了现实生活。课堂教学应该在为未来生活做准备的前提下开展活动，将预设好的、成熟的、社会性很强的东西强行加注在学生思想中，将学生们通通带入一种相同的、固定的生活方式中，忽视了学生作为一个个体积极主动展现生命的过程，忽视了学生发展过程的多样性和不可预料性，最终导致教学理念脱离社会实际。正确的课堂教学应该将现实生活和未来的生活统一起来，引导学生在丰富自己现实生活的前提下走向未来。

3. 课堂主体的孤立化

教师、个体学生以及群体学生（小组及班级）在课堂教学中的不同组合，形成了教学主体之间的沟通模式，模式大致包括学生和学生、教师和学生、学生和班级、教师和班级等。而我国当前课堂教学的现状是，教师在课堂上起权威主导的作用，而学生往往在这个过程中孤立无援，这缺失了教育主体交往的实质内容。实质内容是指教师在教学活动中的辅助功能，而不是在教学活动中发挥主导作用，使教师和学生之间的相互交往被忽视，使得教学主体交往性质呈现单一性和垄断性。同时，学生群体失去自身功能性，使得学生在课堂上交流不自由、交往受限制，失去互动和合作的机会，忽视了学生个体的实质性功能以及集体的意义。将学生构建为封闭的个体和孤独的学习者。

（三）同伴交往教学中学生主体性缺失的原因

从同伴交往的视角出发，当下课堂教学中学生主体性缺失的原因主要在交往主体缺失、教学交往的内容欠缺和教学组织形式的局限等三个方面。

1. 交往主体缺失

（1）教育价值观存在偏颇，教师权威的绝对化。作为现代社会的一种价值取向——民主性、平等性是在当今社会中，维持社会关系不可缺少的要素。教师和学生在教学交往关系中，应该是平等的交往主体，教师除了"传道授业解惑"之外，还有一个更重要的任务就是与学生进行平等自由的交流。而对于学生来说，她们的任务并不只是被动地接收信息，而应该主动地融入课堂活动，提高教学交往效率。

但是，在人们传统的教育观念中，注重权威的力量轻视批判的力量；注重服从命令而轻视培养创造性，这种现象一直制约着教育活动的开展。教师绝对化指导的模式已经根深蒂固，严重影响教学交往的协调性和有益性，阻碍了学生自主学习能力的培养，基于对教师权威的绝对认可，学生的自主性意识容易弱化，"信仰权威、重视权威"，从而"因循守旧，随波逐流，人云亦云"，这种观念下培养出来的学生，在交往中缺乏主动性、丧失主体性，不能够充分发挥学生作为个体的个性和创造性。由此可见，绝对化的教师权威模式使得学习过程只是关注外在形式，而没有从根本上提高学生的学习能力。

（2）学生主人翁意识薄弱，缺乏交往能力。主动参与的过程，有利于培养学生的生存意识，是在教学活动中实现学生主体地位的一种情绪模式和状态。学生应在教学交流中具有主人翁意识，能够积极参与交际活动。这个过程展现了学生的自学能力，从侧面反映出学生对于自主安排学习任务的追求，极大地提高了学生的创造能力。在一系列的调查中发现，在学生心中，教师是教学活动的组织者，应该按照教师设定的流程进行，学生表现出被动接受的心理状态，禁锢了自己的思想。他们在课堂上的归属感很弱，缺乏沟通的勇气和回答问题的信心，在课堂交往活动中，他们往往不愿意积极参与。很少有受访者在回答教师的问题时有意识地举手，因此这种教学和互动方式往往会变成教师独自决定谁来回答问题。

2. 教学交往内容欠缺

教材在课堂教学中的地位是不可忽视的，它是沟通内容的主要表现形式，教学的有效性主要通过教材来加以实施。但是，刻板僵化以及不合理的教材内容，大大抑制了学生发展自我以及创新学习方法的能力。第一，全国提倡九年义务教育课本的一致性，使得教师只是单纯复述教材内容，造成教学内容死板，不吸引人。这种刻板的教学方式大大降低了学生学习的主动性和沟通交往的动机。第二，现如今课堂教学沟通安排上存在两方面的问题。一是教师为了跟上教学进度，忽视课堂讨论沟通的活动；二是教师在课堂教学中存在着"假沟通现象"，教师提问的问题对于学生的能力提高不大，问题较为简单且脱离教材本身，虽然使得学生的参与度很高，但是教学效果不明显，浪费了教学的资源。因此对于学习过程中所用到的交往方式和涉及的交往内容，对学生未来的发展起着关键的作用。

3. 教学组织形式的局限

班级授课制是我国当前的教育组织形式，这种形式虽然有诸多优点，但是其弊端也不可忽视。例如：单一性的教学模式只注重统一性而忽视个别性，教师不重视特殊个体的存在，使得学习滞留于表面的交往上，忽视了交往理念的重要性，不利于学生个体差异性和主体性的发展。

（1）学生个体差异性问题。每个学生的实际情况存在差别，统一的教学进度并不能满足每个学生的需求。安排学习任务时，教师依据平均的成绩分数分配学习任务，导致优等生不能完全发挥自己的能力，而学习能力差的学生达不到教师的要求，拉远了教师和学生的关系。并且，这种模式经常会演变成以教师为主导和中心的单方面活动。

（2）教学资源稀缺问题。班级承载量有最大的限度，人数超载不利于学生的有效学习。国家采取学校撤并或改造的方式，提高教学资源的利用率。但是客观上的教学资源分配不均匀，好的学校在校生人数陡增。大班教学制以及秧田式座位安排方式，大大限制了学生的自由和活动空间，不利于学生相互间的交流和对话，并且班级学习小组只存在管理功能，缺乏讨论交流功能。因此形成现在教学组织形式限制的其中一点，就是教学资源的稀缺和小组功能的缺失。

（3）交往环境创设不合理的问题。在物理环境中亚当斯和比德尔发现，现如今课堂的秧田式座位中，教室前排及前排到中间的学生较活跃，积极地与教师沟通，而后排的学生沟通较少，造成同一教室沟通机会的不均等。心理精神环境中，成绩、性别及心理等因素影响着学生的沟通情绪。例如：学习差的学生主动沟通的时候较少；女生对于自然科学学科积极性较低；有些同学的性格和心情也影响着沟通积极性。因此班级教学模式下，交往环境往往影响着学生主体和个体性的发展。

二、课堂交往及其对学生自主性发展的价值

（一）课堂交往的本质

学习过程中要求学生进行课上交流是完成教学任务的关键步骤，在教学活动中课上交流必不可缺。课堂交往诞生于课堂教学的过程中。课堂教学可以被认为是一个社会体系，在这一体系中，教师和学生以及学生和学生作为交往的主体，在知识、价值、情感以及态度上存在着信息交流，这就是课堂交往。通过信息的交流和作用，交往任务得以完成，学生的发展受到促进。课堂交往是否有效，要看其是否符合整体的效益和学生的全面发展。

从本质上来讲，课堂交往是以师生、生生相互作用为机制的，具有创造性和发展性的教学实践活动。首先，课堂交往从其运行机制及过程来看是教师和学生、学生与学生相互作用、相互影响的过程，通过对话、交流来了解彼此的思想和情感。其次，课堂交往从其性质来看是一个创造性活动，是交往主体动态生成课程的过程，"以不同的活动方式，创造着新的关系，也创造着意义和价值，又相互交换着意义和价值；他们在活动中不断肯定自己，并通过自己创造性的活动及其产品共享，从而超越个体的局限，使自己获得人的普遍性的价值"。最后，课堂交往从其结果来看是促使全体学生获得更全面发展的活动实践，使所有学生平等地享有交往的机会，提高学生的参与积极性与主动性。"所以课堂交往不同于师生间简单的互动与对话，互动和对话只是交往的一种外在形式，是交往主体间心灵的碰撞。相互感染、相互启发等内部机制在交往中是很重要的成分，体现出生命体之间的相互影响和彼此创造。"

（二）课堂交往在教学变革中的新意义

传统教学思想带来的弊端引起人们的广泛关注，人们开始寻求提升学生主体地位、加强师生平等对话及改变"静听"课堂模式的新道路，各种教学交往理论与实践在这个强烈的呼声中不断兴起，都企图用课堂交往的形式来代替原先静态的、单一的、机械的课堂教学。然而，由于课堂交往本身存在多种形式，并不是单一的某一种交往，所以人们常常在课堂教学变革中又走向了片面的一方。目前对课堂交往的认识很大程度上还主要集中于师生交往，尤其是教师个体与学生个体或是教师个体与学生全体间的交往，对教师与小组间的交往、学生与学生间的交往还常常忽略不计。而且师生交往也常常是教师控制下的交往活动，很少有学生主动进行的师生交往。在这样的情形下，学生的主体性仍然得不到充分体现，仍然以部分学生的发展代替全体学生的发展。课堂交往在变革中的新意义是追求主体性课堂交往实践，主要体现在以下三个方面。

其一，以每一个学生的主体性发展为根本导向。课堂交往要始终以学生的主体性发展为导向，提升学生的主体地位，"人的主体地位是指每一个个人的主体地位""引导学生以学习主体的身份参与教育过程，让学生经过自己的主动学习获得个性素质的发展"。

其二，是师生交往与生生交往的统一。传统上将课堂交往仅仅定义为师生之间的交往，然而，实际上，还应当包括生生之间的交往。具体来讲，包括教师和学生的交往、学生和学生的互动、学生和班级的协调、教师和班级的相互联系、小组学生和班级整体的和谐性,以及学生小组之间的交往等多种形式,完整的课堂交往应该是多形式交往的整合与统一。

其三,从教师"教"的交往转向学生"学"的交往。随着现代教学理论从"教"的理论转向"学"的理论,作为重要教学活动的课堂交往也应从教师"教"的交往转向学生"学"的交往,即交往教学转向交往学习,课堂交往不再是由教师主宰与控制、学生随从"附和"的形式,而是体现学生的主体性,由学生主动参与和开展的交往活动。

(三)课堂交往与学生主体性发展

学生可以真正地按照自己的学习习惯培养学习能力,成为课堂教学的主人。学生在教师的引导下,按照符合认识规律的方式进行学习和实践,在这一过程中会表现出创造性、自主性、方向性以及能动性,与交往活动中要求达到的主动程度相协调。一旦学生的自主学习能动性体现到了教学过程中,学生就能积极投身于学习中,专心于学术研究,提高自己的创新能力。王策三教授指出,"主体性,这是全面发展的人的根本特征",是学生个性素质发展的根本条件也是重要内容。所以,要确立学生的主体地位,促进学生的主体性发展及全面发展,"教师应把教的重点转向引领和规范学生的活动(交往)方式,并指导学生反思和调整自己的活动(交往)方式,优化知识的掌握和价值观念的形成,让活动(交往)方式也经过自己的尝试、筛选、整合与积累,逐步做到有序、定型、熟练,转化为能力"。课堂交往中学生主体性的外在表现主要是参与交往的积极主动性(自觉能动性),如果某项教学活动不能调动学生的积极主动性,也就很难发挥学生的主体性。所以,学生是主动参与到课堂交往中还是被动参与,是学生主体性是否得到发展的根本区别。传统课堂教学中虽然有时也存在交往活动,但很多时候是教师控制之下的学生被动地参与交往,学生的主体性并未得到解放。有效的课堂交往可以使学生真正成为课堂教学活动的主人,促进学生主体性发展;反过来,学生主体性得到充分体现,又进一步保证、维持和促进了课堂交往活动的顺利进行。课堂交往与学生主体性发展的双向促进作用,是教学活动中不可忽视的紧密联系的重要动力。课堂交往对学生的主体性发展的价值主要体现在以下三个方面:

1. 尊重每一个学生主体

课堂交往尊重学生的个性差异和学习自主性。通过平等的对话与协商,学生可以自主选择适合自己的学习内容和方法,有权力针对某一问题发表自己的看法和见解等。每一个学生都有机会参与交往,没有进入师生交往的学生可以通过参与生生交往来获得发言的机会。

2. 为学生主体性发展提供有效途径

一是自我意识的发展。社会心理学家库利在对自我的研究中提出了"镜中自我"的概念，强调个体的自我是在与他人的互动过程中产生的。学生在与教师、同学的交往中，要学会正确认识自己、评价自己，学会把自己的观点与他人进行比较，发展自己的独立评判能力。二是自主性发展。体现为学生有意识地进行一定的自主活动并体现自己的独特性，小组合作中小组成员自觉承担并主动完成自己分内的任务，提高自己和小组的成绩。三是能动性发展。能动性是主体性最基本的特性，在课堂交往中主要表现为学生的积极主动性，以学生"学"为主的课堂交往是建立在学生能动性发挥的基础之上，并以调动学生能动性为己任。四是创造性发展。学生间通过信息共享以及相互交流、相互启发、集思广益，在思想的相互碰撞中共同创造课程，促进各自创造性思维的发展。

3. 为学生主体性发展提供良好心理环境

课堂交往主体间平等的交往关系为学生主体性发展提供了民主和谐、充满激励和轻松愉快的心理环境。美国心理学家罗杰斯指出："个体内部具有大量的有助于自我理解、有助于更改个体自我概念、态度和自我主导行为的资源；而且，假如能提供明确的、使人奋进的态度这样一种心理气氛，这些资源就能被开发。"也就是个体在"自由"的心境下最能发挥潜能。

学生主体性发展对课堂交往的促进作用主要体现在以下两个方面。

其一，学生主动参与交往而不是被动参与。学生在课堂交往中发挥其主体性，是自觉自愿地主动参与交往，有别于教师控制之下、学生被动的课堂交往行为。

其二，促使课堂交往的全面展开。全体学生主体性得到发展使得课堂交往不再限制于某一点、某一块的小范围内，不再是只有部分学生有参与的机会，而是全体学生都能主动参与的课堂交往的全面展开。

三、有效课堂教学同伴交往

课堂交往能促进学生的主体性发展，但现实情况是：并不是所有的课堂交往都很好地促进学生的主体性发展。所以需要研究什么样的课堂学习方式对学生交往能力的提高有促进作用，哪一种交往类型可以充分发挥学生的能动性。对课堂交往有效性的论证，需要考虑参与度与发展度两个方面的指标。所谓参与度就是课堂交往活动中参与的学生数量和学生在课堂上的表现，也就是整体还是部分参与、被动还是主动参与、是实质参与还是形式参与、程度上是深层的还是表面的。发展度指的是课堂学习任务布置后，学生对任务的解读和相应的任务实施的结果是否达到目标要求，学生运用互动交往模式的效果如何，是对于课堂交往有效性的结果性描述。参与度影响发展度，因此要使课堂交往具有更高的有效性，需要提高参与度，即引导学生全体主动、实质、深层地参与到课堂活动中来，这样有利于发展度的提高，使学生不论其自身基础如何，都能获得一定的发展和提高。学生主体性的发展，将促进学生的全面发展和其他各项素质的发展。

（一）有效课堂教学同伴交往的标准

学生获得的知识量占据课堂总体知识输出量的比例，决定了课堂效率的高低。虽然这一标准无法全然量化，但是从中可以看出，教学形式的有效性是提高学生学习效率的关键，这种形式适合所有学生。在国外，对教学交往的研究已经相对成熟了，国际上对于教学交往有效性的衡量已经形成了固定的标准，包括以下五点。

第一，师生共同参与创造性的活动。活动中师生的共同参与，才可能使教学效果趋于最大化，为师生提供更多的相互交流的机会，有利于师生的互相帮助和共同进步、共同成长。在师生具有不同的生活环境背景的情况下，师生共同参与，对于教学交往的进行具有更为显著的作用。

第二，语言与素养培养。由于语言教学是所有学科教学进行的基础，在所有学科的教学中，都能实现语言能力的培养，也就是说，在所有的学科教学中，都需要准确把握教学语言。对于学生听说读写等语言能力的训练，需要贯穿于所有的课程和教学活动之中。

第三，学习背景化。为了使学习更有意义，教师在课堂交往中，需要立足于学生自身的知识背景和日常生活背景，将教学活动与学生自身和其所处的社会、家庭，以及其所具有的生活经验联系起来，在一个贴合学生自身的起点上，进行抽象知识的传递，使学生发展出新的技能和知识。

第四，复杂思维。人们往往将教育的失败归因于学生自身能力的不足，而不去找教学本身的问题。这也是由于对于教学的评价缺乏完备的评价方式和评价工具，也缺少较高的标准模式，模式与评价在教育领域的作用十分巨大。以实现教育目标为出发点，不仅仅需要使用有意义且有趣味性的教学材料，还需要订立符合学生发展水平的，具有一定挑战性的教学标准。在传统地机械化记忆知识点之外，更应当注重对学生的思维和分析能力的培养。

第五，教学对话。教学交往主要是以对话的形式进行的，而对话意味着，师生双方处于平等地位之上。学生需要学会清楚、明白地表达自己，而教师需要学会认真倾听，进行思考以及合适的回答。在对话中，教师尤其需要关注具体学生的实际知识水平，将教学活动与其原有的知识背景相结合；也要关注学生特有的生活经验，将教学内容和学生的自身、社会以及家庭背景联系起来。在这一过程中，教师能够更好地了解学生，有利于有针对性地进行教学，也能使自身教学能力获得提高。

（二）建构有效的教学同伴交往课堂

1. 深化师生的交往认识

以学生主体性发展为导向的课堂交往是学生为了更有效地学习而主动进行的。如果教师不具备开放的课堂交往意识，不具备组织、引导多形式交往的智慧技能；如果学生习惯于听从、记录教师的讲授，没有进行交往的兴趣、习惯以及交往能力，那在此种情况下，要么学生根本没有机会参与交往，要么由于无效或低效的交往活动没有带来较好成绩而降低主动性。深化教师和学生的交往认识能使他们对各自角色的领悟更加明确和深刻，对开展有效的课堂交往起到了有力的促进与维持作用。

（1）教师做交往中的"倾听者"与"引领者"。

第一，课堂交往权力意识的转变：从"独裁"到"倾听"。教师对课堂交往的认识首先体现在对课堂交往的权力关系的理解上，吴康宁教授在课堂教学的教师角色研究中指出"教师的领导力度愈大，学生的自主程度愈低，反之亦然"。教师不同的领导权力意识会导致不同的课堂交往实践。在以学生主体性发展为导向的课堂交往中，教师的交往权力意识发生转变，体现在课堂的话语权力和知识权力关系的转变上，教师不再是拥有至高无上、不可动摇的权力的"独裁者"，课堂不再是一切以教师为中心的舞台。教师将表演的权力让位给主体地位的学生，做一个优秀的"倾听者"。教师仔细倾听孩子们的声音，了解他们的兴趣和个性需求，也就是"保留了孩子的空间"，让孩子们在自己的空间里尽情舞动心灵。按照美国教学论者的说法就是教师应当"放手"（hands in the pocket）：引诱和倾听学生的概念描述和演说。教师的课堂交往权力意识发生转变，维护了学生的"原创性"和"真实性"，构筑了多样个性的公共领域，让每一个学生都能在这个民主的公共领域中主动建构自我。

第二，课堂交往智慧的倾注：从"控制"到"引领"。教师的交往智慧包括认知层面的组织交往活动的基本技能、素养和交往过程中运用的机智和情感因素，比如教师的提问艺术、交往技巧及应急突发问题等。范梅南认为"机

第八章　PI 教学法视域下的大学英语自主学习与合作学习探究

智表现为尊重孩子的主体性"，因为要来学校学习新知识，学生需要跨过一些障碍才能来到教师的身边。教师不能只按自己的方式来教，却不管学生是否已经跨过了这些障碍，而是要帮助他们寻找有效的方式，才能顺利走过来，将他们"引入"（to lead into）到这个增强意识、提高责任感和理解力并茁壮成长的世界中。因此，具有交往智慧的教师不是将智慧都用于怎样死死地控制住整个课堂，而是想方设法用巧妙的手段去引领学生主动地参与交往，引领学生更有效地主动学习。比如，对于最一般的 IRE 师生交往结构（即在课堂教学中教师提问—学生问答—教师评价这样的师生交往结构），具有交往智慧的教师通常能将这个死板、单一的"提问—应答—评价"的过程变得丰富、有趣、具有感染力。提问并不是教师的特权，有的教师会鼓励学生来提出问题或者用能够促进学生自主思考的方式提出；多数教师提出的问题需要学生真正进行交流之后做出回答，以此来引导学生对问题进行深入的思考；有的教师在对学生的回答进行评价的时候，会使用语言之外的肯定方式，比如与学生握手，来激发学生的积极性；也有的教师在一个学生发言之后，让其他学生来进行评价，使学生更多地参与到课堂中来。在课堂交往中，教师所起到的引领作用，也可以体现在学生交往能力的水平高低方面，即促进低水平学生努力提高自己的能力，鼓励高水平学生继续保持。因为学生是发展中的个体，在经验、意志等方面的发展尚未成熟，在自主交往中会陷入无序状态或无意识交往，70% 的教师提到学生会发生偏离话题、脱离学习目标的交往行为。如果这时没有教师的引导，就是无效的交往。学生要积极主动地回应教师的提问，并且勇于提出自己的疑问，与同学相互交流，教师要引导他们对观点做出适当的评价等，以培养他们与人交流的能力。

（2）学生做交往中的主人。

在课堂交往中，学生应当不受他人的控制和牵制，而成为交往的主人、课堂的主人，发挥自身的主体作用。因此，要求学生乐于交往，主动交往，也要善于交往。为此，教师不仅需要培养学生的交往习惯和交往兴趣，也要培养他们的交往能力。

课堂上的交往活动，不仅仅是有趣的，更重要的是，能够提高学生的学习效率。学生在交往中，不仅能够得到交往的乐趣，还能够获得学习成功带来的喜悦。这样，学生就会对交往充满兴趣，主动参与交往，并逐渐养成交往的习惯。

学生在交往中需要养成好的交往习惯，具体表现为在他人发言的时候认真倾听，观察他人说话时的神情、动作，对他人的观点给予理解；遇到意见不合之处，要学会合作、协商，而不能轻易否定，大声喊叫，甚至采用言语或肢体的攻击行为。

兴趣和习惯之外，交往能力对于学生的成功发挥着重要作用。交往能力涵盖多方面内容，从认知到表达再到倾听，涉及面极为广泛。学生自我的认识能力是交往能力培养的重点，是对交往主体所具有的权力和承担的责任的认知。比如，学生需要认识到，小组中的每一个成员，都具有自由地表达个人意见的权力，也承担着为小组取得的成绩和进步尽到自己力量的责任。交往表达能力包括对自身观点的清晰表达，对他人所传达的信息的理解和接纳，以及对交往中所获得的各类信息进行处理和重新组合，以使信息得到碰撞和融合。这些能力需要在交往过程中进行训练和提高。交往的调节能力既包括对交往的方法和目标进行调节的能力，也包括对交往主体的角色进行调节的能力。传统教学方法中，教师在课堂中先设定了交往的目标、方法和学生所承担的角色，但是为了充分发挥学生在课堂中的主体性，学生可以根据自身情况和学习任务，对教师所设定的交往方法和目标进行调整。学生有时能够提出比教师所设定的更为有效且新颖的交往方式。

2. 重建课堂交往生活

学校所进行的教学活动，主要是通过课堂教学来进行的，学生大部分的生活和学习都以课堂为场所。因此，课上学习活动的开展、学习任务的分配、学习质量的保证、学习方式的选择，都可以促进学生自身的能动性的发展。重建课堂交往生活，有利于学生享受交往的过程，也能够使学生获得更为完整、丰富，以及真实的生命体验。

（1）课堂回归学生生活世界。对"生活世界"的理解，以胡塞尔和哈贝马斯关于"生活世界"说的观点为基础，理解为"生活世界是一个非课题性的、奠基性的、直观的、人的生命存在的综合性世界，是人正经历着的世界，是由人构成的关系世界，也是一个人在其中的实体世界"。发挥学生作为主体的能动性，必须将学生的主体性与实际学习生活联系起来，学生的主体性可以依靠学习生活展现出来，同时使得学习生活丰富多彩，而非死板僵硬的、阻碍学生自由发展的牢笼，使课堂交往活动成为学生用以体现和组建生活世界的体系，让学生能够从中获得生命体验。有人把教学过程，比作错综复杂的人生"灌木丛"中，用以开辟道路防止迷失方向的开山斧，以智慧和科学为其锋刃，是有道理的。但是如果教学完全脱离了现实生活，使复杂的现实简单化了，也就相当于剥夺了学生在"灌木丛"中寻找出路的体验，会损害学生的主体性，不利于人生价值的实现。一篇课文为学生提供了一种生活情景，但现实的生活情景是无比丰富的。如果教学活动仅围绕课文中所提供的单一的场景,就将实际生活简单化了。空洞、虚假的制度化交往,将丰富的多维度的现实世界,简化成了单一的认知中的时间,变成了符号的世界,而脱离了学生的生活世界和生活经验,将学生困于其中如同笼中之鸟。当他们在面临真实的生活世界的时候,就往往会不知所措。

（2）课堂交往活动的多样与整合。将学生被动、教师作为"法官"或"裁判者"角色的师生交往转向学生主动、教师引导的师生交往与生生交往的统一,以及师生交往和生生交往具体类型的多样化决定了课堂交往活动具有多样性。有研究表明:人对于其所读出的内容能有 10% 的记忆,对所听到的内容能有 20% 的记忆,对所看到的内容能有 30% 的记忆。如果人对同一内容既看到且听到,就能够掌握 50%。对于自己说出的内容,人们可以达到 70% 的记忆,而对于不仅说而且做过的,掌握度甚至能够达到 90%。因此,将不同的交往方式结合起来,对学生学习效率的提高具有显著的作用。此外,不同的交往环境反映到主体身上,就会展现出主体的独特性,主体的独特性就是指个体在交往模式中收获的感情体验与认知,形成的态度和价值观,也会各有侧重。有的交往方式主要作用于人的认知能力,有的交往方式则偏重于交流和表达的技巧。学生需要通过不同的交往活动,才能够得到完满的生命体验。传统课堂的交往由教师的问题、学生的答案和对教师的评价等方面组成一个有机的整体。但是多样化的课堂交往活动要求重视各种形式的交往,包括对话、汇报、讨论、评价、合作探究、学生的表演以及分角色阅读等,而不仅采用单一的交往活动。结合实际需要和学习目标,将多种交往活动整合起来,才能使交往活动发挥出最大的效果,使交往生活更为完整。比如,可以有学生讨论后汇报、汇报与评价相结合,以及师生共同评价、师生合作表演等形式。

（3）丰富交往学习内容。当前的课堂上。交往学习内容基本上仅限于教材中的内容,而交往之所以不同于简单的互动行为还在于交往主体中存在一层"心灵沟通"的精神交往含义,交往学习是指学习者以他人为对象并以与他人的对话和互动为主要形式的学习类型。因此学习者不仅可以从教材中学习到交往的内容,更能够从其他学生个体的知识背景、学生群体的文化背景以及教师的知识背景中获得好处。教师在交往中所展现出来的举止神态、语言使用、肢体语言、表达模式和思维方式等,都会成为交往信息,传递给学生,并对学生产生影响。这些信息、知识背景以及文化背景,是课堂交往中的隐性课程,从而影响着课堂交往的进行。当这些内容相互冲突、无法协调时,课堂交往就不能顺利地进行下去;当这些内容产生了碰撞,却可以相互磨合、走向统一时,则对课堂有效交往的建构有相当大的积极作用。所以,教师在教学中应当发挥协调的作用，使隐性的课程能够对教学内容起到补充和辅助的正面作用。此外，为了塑造学生的完整人格，发展学生的主体性，还需将情感的社会性内容与认知性的内容统一起来，使学生在课堂上不仅仅可以交流知识，还可以沟通情感，获得社会性的发展。所以，设置情境性的交往学习内容，可以起到理想的丰富交往学习内容的效果，比如设置操作情境、故事情境、问题情境等。学生在情境中角色各自分担又相互联系，将学生的认知性内容、情感和社会性内容统一于一体，同时又有利于交往过程中生成新的资源。

（4）丰富教学交往的组织形式。使教学交往具有多样化的形式，有利于教学质量的提高。在任何一种教学模式中，为了学生发展主体性，教师应当在各种教学模式中，都重视教学交往中的交流意识和合作意识。

在课堂授课的教学组织形式中，教师面对的是学生全体，这样，学生能够较为轻易地理解教师，但是教师却对每一个学生缺乏理解。这样的交往方式是单一化的，低质量的。而且，在这样的课堂上，也缺乏学生之间的交流，因此学生之间的人际认同就难以形成，这对于学生的自身发展会有不利的影响。由此可以看出，传统的班级授课的教学组织形式，缺乏师生之间的对话，对于教师把握学生的心理和生活世界是不利的，也对于学生交往能力的提高产生限制。因此，需要采取更加灵活多样的交往方式。

小组教学，或者小组交往教学的实施，对于大班教学的劣势可以起到一定的弥补作用。大班教学中，只有教师单方面的表达，或者师生之间的问答，而小组教学中，多了学生之间的对话，交流方式由单向变为多向。小组合作学习的方式，增加了学生与教师和学生与学生之间进行交流的机会，有助于学生创造力的发挥和思维能力的培养。这种方式还给了学生在学习中更多的主动权，在小组中，他们有更多的自我展现的机会，而学生进行自我评价或者接受别人的评价，能够提高学生的学习能力，有利于培养学生的自我反思能力。并且，在小组合作中，学生还能够培养合作、互助的精神。

而对话教学的方式，在课堂上营造了师生之间地位平等、相互信任、相互尊重的良好氛围，可以经过双向的交流，来实现师生的共享、共识和共进。师生"点对点"的相互交流中，不仅可以实现知识层面上的交流，而且能够完成思想上的交流。这一方式体现了对学生人性的尊重，有助于帮助学生树立起良好的人生观和价值观，使其成长为具有社会性和用理性思维的人。

3.构筑"学习与生活共同体"

所谓的"学习与生活共同体"，是由教师和全体学生共同组成的团体，

第八章 PI教学法视域下的大学英语自主学习与合作学习探究

团体致力于团体中每一个成员的发展，而仅凭教师一人之力，是难以实现这一目标的。这一共同体，以教师和学生之间的交往、学生和学生之间的交往，两者共同构成其内部机制，在交往中，共同体得以形成。这一共同体的形成，使得其内部成员具有更强的凝聚力，因此成员之间进行的交往活动也就可以更加有效，而每个成员的主体性也能充分地发挥。

传统的课堂教学生活中，班级授课制"缺乏真正的集体性，每个学生独立完成学习任务。教师虽然向许多学生同样施教，而每个学生各以自己独特的方式去掌握。每个学生分别地对教师负责，学生与学生之间并无分工合作，彼此不承担任何责任，无必然的依存关系"。传统课堂教学由于重集体轻个人、重竞争轻合作，学生实质上处于集体生活中的"单干户"这样一种孤立的生存状态。可见，传统的课堂教学生活并不是一个真正意义上的"学习与生活共同体"。在雅思贝尔斯看来，真正意义上的"学习与生活共同体"是"生存共同体"，即一种真正的自由人的联合体，是保证个体自我实现的共同体，是符合每个人自由与内在的共同体，真正体现了成员与成员、成员与共同体之间的统一性。"学习与生活共同体"是个体实现其自由，发展其主体性的场所，而不会成为压制个人自由的牢笼。在共同体中的每一个成员将从集体的力量中获益，从而变得更加自信，也将对共同学习这一方式更加关注。

基于对"学习与生活共同体"本质的认识，在组建此综合体系的过程中，要时刻关注两点。第一是重视每个学生的主体性和能动性，第二是重视培养学生的社会责任感。这两个原则的贯彻，有利于共同体整体的发展，也有利于共同体中成员独立个性的发展和自主学习能力的培养。

（1）个体正相互依赖、相互促进原则。这一原则指的是在共同体中，个人与个人之间的相互密切程度，"我与人人，人人与我"的理念，很好地诠释了这种关系。所以，以达到教学目标为中心，教师致力于建立与学生之间和谐融洽的共同体大环境，在课堂教学活动中，培养学生的合作技能，使学生发展出合作精神。具体有以下四点的要求。

第一，目标相互依赖。教师为学习小组设定一个或若干个共同目标，实现目标，需要小组的全体成员共同努力。

第二，资料相互依赖。完成某项任务所需要的资料分散于各个小组成员手中，完成任务需要每个小组成员都分享自己拥有的资料。

第三，角色相互依赖。为完成任务，各小组成员需要扮演不同的角色，承担不同的责任。不同角色之间存在着联系，可以轮换。

第四，奖赏相互依赖。指的是在学习小组中，小组成绩为全体组员所共享。一个或几个小组成员表现优异，整个小组都能获得奖赏。

（2）增强个人权利和责任感原则。主体性是个体的本质特征，这一性质也是共同体的共性，通过日常的交往与学习，共同体享有同样的权利，也负有同样的责任，需要共同参与共同体的所有事务和活动。共同体的主体之间进行对话、交流与合作，能够相互促进，充分体现和发展自身的主体性。这些权利和责任主要有以下五点。

第一，自由表达。鼓励每个学生根据自己的意向和愿望，选择符合个人兴趣和能力的活动，表达自己的想法；而不是让学生的话语权受制或盲目跟从他人的言行。

第二，自主探索。通过组织各种活动，激发学生的学习兴趣，在获得团体力量协助的同时主动探求知识，培养他们自主学习和独立学习的能力。

第三，机会和权利均等。每个学生在课堂教学中应有提出设想、表达愿望、参与交往和共同研讨的均等机会，有发表独立见解及敢于向权威挑战的同等权利。

第四，尊重独特性和创造性。教师应充分尊重并鼓励大家尊重个体生命的独特性存在，允许学生根据自己的文化背景对"文本"进行不同的解读。

第五，共同生活。把课堂教学建立在教育主体之间平等交流、对话和合作的基础上，使学生能够正确认识自我和他人及个体和集体之间的关系，学会共同生活。

4. 优化课堂交往环境

需要优化的课堂交往环境，不仅包括精神环境，还包括物理环境，通过对这两方面环境的优化，旨在创建一个有利于学员个体成长的课堂环境，使每位学习者享受到平等待遇，赋予他们正常交往的权利，排除一些霸权或条约的限制，进而扩宽各位学员的社交范围，扩展其"学习语脉"。

（1）精神环境方面。

第一，建立主体间平等的交往关系。泰戈尔说，教师与学生的关系是心灵与心灵约会的关系，"心灵约会"的前提是理解与平等。教师与学生的地位虽然存在差别，但都是在经验的丰富性与成熟性以及信息的宽广性等方面的差别，所以这种"非对称性"或"补偿性"的交往并不等于不平等交往，当教师以平等的身份去聆听学生的提问和需求时，才能激励学生发挥参与交往的主观能动性。对于学生间关系而言，"在课堂上，学生之间的关系比任何其他因素对学生学习的成绩、社会化和发展的影响都更强有力。但课堂上同伴相互作用的重要性往往被忽视。学生之间的关系是儿童健康的认知发展和社会化所必须具备的条件"。学员之间由于年纪相仿、思维方式及认知能力存在相似，因此很容易达成共识，各方面交流也不存在什么大的障碍，彼此之间的沟通较为平等与和谐，但就某些方面而言，也需对其进行一定的指导和限制。若在交流过程中，存在部分学员的"交流霸权"现象，就会影响整体的交流公平性。例如，有些教师就提过，在课堂的小组讨论时，存在个别成员不愿参与的情况，他们往往表现为：思想游离、刻意搅局或是行为呆滞，全程拒绝参与讨论，而此类学员往往也是一些成绩不理想，平时较为调皮的学生，在学生群体中是不太受欢迎的存在，因此在小组课堂讨论时，也常常被排斥在外。

如果这类学生既没有机会进入师生交往也不能参与生生交往，那他何来的学习主动性及各方面的进步与发展呢？

因此交往主体间要建立一种互主体性关系，即主体间性。"互主体性关系说明双方共同享有某种和谐、某种一致，双方共同达到理解和沟通，双方之间不是'主体—客体'关系，也不是'人—物'关系，而是人与人之间的互相承认与理解的社会性关系。"德国著名哲学家马丁·布伯认为，人与外部世界处于两种性质截然不同的关系中：一种是客观的、工具性的"我—它"关系，一种是伦理性的"我—你"关系。布伯认为，"我—你"关系是一种超越"我—它"世界中的对象性关系中的"相遇"。所以，要能充分发挥学生主体性并让学生自主地参与师生交往和生生交往的首要规定就是交往主体间要构建一种平等的"我—你"关系，实现人际关系上的学习语脉拓展。通过交往者的相互理解与对话，进行心灵的相互作用与沟通，并以此来共同学习、共同进步，为充分发挥学生的主体能动性创造精神家园。

第二，营造民主、和谐的教学气氛。此处的教学气氛是全体成员在课堂的授课过程中，会产生的一种情绪状态。该气氛是在授课情况的烘托下，学员们根据课堂气氛走势，随之产生的一系列情绪变化，包括但不限于情绪波动、情感状况还有师生心绪，它映衬出了课堂教学时师生之间产生的真实的气氛，包括民主型和防卫型两种教学气氛。民主型整体非常积极向上，散发出和谐融洽、轻松愉悦的感觉；而后者充溢着权威、抗拒、紧张和沉闷。民主型课堂氛围对于调和师生之间、学生之间的感情交流和知识沟通都有着重要的意义，也能够增进双方的信任度和尊重度，使得双方都能更为独立、更为自由地交流和学习，彼此进步。

传统课堂教学生活就是在防卫型的教学气氛中使学生丧失了主体性，成为权威的顺从者。教师的授课风格不同，教学气氛的营造效果也就不一样。美国学者凡·诺顿早在1977年就通过对教师授课风格和授课效果之间关系的研究，证实这二者之间，是存在着一种难以磨灭的联系的。若教师在和学员交流时一直和颜悦色，不给予他们过分的压力，也不对他们的做法指指点点，为他们营造出一个愉悦的课堂气氛，那么显而易见教学效果绝对会大幅提升。

第三，创建相互合作、相互支持的课堂文化。课堂文化是一种文化氛围，是师生在长时间相处的过程中，产生并表现出来的心理上的一种趋向一致性。该文化会对学员的三观、学习态度及其课堂表现等产生影响。课堂文化既是互相理解、互相争论还是互相沟通、互相扶持的一个过程，它决定了学员在课堂上是孤立无援、各干各的，还是一起交流、共同进步。一起交流、共同进步的课堂文化，也能够在某种程度上扩展学员的学习语脉，营造一种互相影响、互相进步的学习氛围。

课堂交往有效的首要前提之一就是这个课堂群体是否有相互合作、支持的课堂文化与学习气氛，而这样的课堂文化与学习气氛不是一下就能形成，而是在学生们的长期生活学习中养成，所以教师总是在最开始就想方设法在各种情境中对学生进行熏陶和锻炼，鼓动起每一个学生的积极性，让他们坚信自己是这个集体的主人，任何时候都要以主人的身份参与到这个集体的生活学习中，彼此相互信任、相互支持，才能使整个集体都获得进步。

第四，营建多元化的评价文化。第一步，要综合各方面的因素进行评估，当全新教学理念得到全方位普及，旧有的只用测验分数作为评价指标的方式，显然要被时代所淘汰。所以，如果要让内容和方式等评价要素相互作用，就要时刻关注两者的动态平衡。检测学员是否达到测试要求时，要整体进行评价，既注重对学员分数的考量，又要关注评价内容设置的合理性，还要注重学生的创新素质、动手能力、情绪稳定性和学习方法等。第二步，要对参与要素的多样性有充分的了解。学校设定教学目标的同时，教师予以实施，呈现单方面的决定形式，这就是过去的教学模式。这种模式下，学生作为被评价者，不管是在自身的成长中，还是在教师的引导下吸收知识，都是缺乏主动性的，只是教师实施教学计划的对象，没有实质性的发展。然而主体多元化的形成，要求学生和教师之间培养一种互动式的情感交流，这在很大程度上提升了双方的主动性。在实施过程中，务必要保障学生参与评价的权利得到落实，这也是双向评价能够实现的关键步骤，也是提升课堂活跃性的主要方式，学生对教学评价的内容涉及个人和教师主体双方。第一点就是培养学生的反思能力，不光能第一时间找到自身的问题，及时纠正学习目标，还能适时地调整自身由于他评和自评的差距而导致的不合理的心理状态，以防不恰当的情绪产生和蔓延。第三步，学生对教师做出评价，可以让教师更加重视学生，在课堂教学时能够更为积极主动地和学生交流沟通，提升课堂教学的质量，也能更进一步地提升学生的成绩。不断完善学生评价教师这一体系，不光能体现对于学生主体的尊重，还能够提升课堂教学的质量，促进课堂教学的创新。改善教师和学生的思维方式，是革新评价体系的关键一步，重点是将被动的个人评价转变成主动的个人评价，借此提高师生的参与度和主体性。而对于教师来说，这一改革不光能提升课堂教学质量，促进课堂教学创新，还能更深层次地激发学生的参与度和积极性，使得二者的主体性都得到更好的发挥。

（2）物理环境方面。

对课堂交往物理环境的优化包括有利于课堂交往开展的自然条件、各种教学设施以及提供的时间和空间等因素。针对现实教学问题而言，首先就是要保证学生课堂交往的足够时间，让他们有自我决定、自我发挥的机会。其次就是课堂交往的空间限制，这主要由现有的教学组织形式决定。我国课堂教学目前主要还是"秧田型"组织，"分组型"或其他有利于多向交往的空间组织还很少，"秧田型"组织在一定程度上阻碍了整体课堂交往。按照李威特的小团体交往组织理论，将交往组织分为：链型、Y型、轮型、环型和全渠道型。在环型和全渠道型交往组织中，教师与学生之间、学生与学生之间的交往较多，一般适合于小组形式，在"秧田型"空间组织中很难较好地实现这种多向度交往。因此，需要进一步开发有利于多向度交往的空间组织形式来使学生获得更多交往机会。

早在20世纪30年代，魏拉德·沃勒尔对座位选择与学习者之间的关系做了研究分析。研究表明，在教室里座位靠前的学生，往往在学习上会过度依赖教师，当然也不乏一些比较热爱学习的学生被涵盖在里面，而座位靠后的学生，则往往比较调皮，也不太爱学习。"调皮"还有"不爱学习"的学生，在课堂上通常会被教师忽略，也没什么机会参与课堂交流，因此，要想在整体层面上提升学生的课堂参与度和主动性，教师就必须打破旧有的隔阂还有制度范例，使得学生之间还有师生之间，都能有更深层次的沟通和交流。

提供给个体主动交往的时间和空间，就是提供了充足的交往机会，使学生能够获得更为宽泛的学习语脉。

第二节 大学英语多维度互动教学模式探究

大学英语多维互动教学模式的实践过程是学习者、教师、教学任务、教学环境以及教学政策等多因素的动态协调和良性互动过程。教学因素之间的互动交融是大学英语多维互动教学模式的核心特征。

一、大学英语多维互动教学模式的理论基础

（一）教学模式

"教学模式"一词在中国英语教学文献中一直是一个比较模糊宽泛的概念。比如，有的论文中用"approach"表示模式，有的用"mode"。也有学者认为宏观上的教学模式相当于英文中的"approach"，但有的论文却用英文"model"表达宏观教学模式，而有的则用"model"表达微观教学模式。基于这一事实，有学者担心这一概念的滥用会成为"一种误导"。目前，国内外语界专家开始对英语教学模式概念的界定展开讨论。

那么，到底何谓教学模式？汉语中"模式"一词的英文对应词是"model"，而不同版本的英汉词典对其有不同的解释。例如，根据《柯林斯COBUILD英语词典》对"model"的定义，"一个系统或程序的模式是一种理论描述，这种描述可以帮助你理解该系统或程序如何运转，或可能如何运转"。但是，教学模式（Model of Teaching）作为教学论的一个术语，与日常生活或其他学科中有关"模式"的概念在内涵上有所不同。目前，中国外语教学理论界对教学模式也有各种不同的定义，比如，根据张正东的观点，教学模式是有理论支持的教学活动的操作框架。它可能根据一定的教学理论而建成，也可由概括实践经验来形成。隋铭才对英语教学模式的解释是"对语言教学理论和英语教学过程各主要因素本质及其相互关系等的形象性表述"。萧好章、王莉梅综合中英定义，将教学模式理解为"教学理念指导下，在某种教学环境中形成的教与学各要素有机结合并形成稳定的关系及在教学过程中被验证的样板形式"。韩琴则认为教学模式是在一定的教学思想或教学理论的指导下建立起来的较为稳定的教学结构和活动程序。教学模式作为教学理论和教学实践沟通的桥梁，通常会基于某些教学理论，以某些教学任务的达成作为目标，以此来定制教学规范，定制并挑选教材，进而决定教师教学的知识框架。也可以说，教学模式是以部分理论作为指路明灯，将教学过程予以剖析并且清晰地表达出来。教学模式的表达是多样化的，不光通过语言描述表达相关

第八章　PI 教学法视域下的大学英语自主学习与合作学习探究

的教学理论和方式方法，还要通过一些较为规范的方式、方法，以及步骤明确的小实验等，对课堂教学进行表达，还可以经由部分抽象要素，例如表格、线条、图形等，对课堂教学进行抽象性、架构性的描述，对比来说，前者较为抽象，后者较为具体。但无论何种表达方式，都应兼具理论和实践，还应对教学课堂中的部分要素，如教学内容、教学主体、教学方式、教学评价还有教学环境等做出表达。

目前，国内外外语界学者比较认同的教学模式分类，是把外语教学模式分为宏观教学模式、中观教学模式和微观教学模式三个层次。宏观模式是对于"语言本身是怎样构造的、语言知识如何在记忆中呈现、如何学习语言等普遍原则和理论的描述"，是一种"公理性、自明的"模式研究，也就是王才仁所讲的"宏观模式是基于语言教学模式或英语教学过程层次的模式研究"。中观模式则是学校根据本校特点，为了对语言材料的有序传授而制定的总体规划，是基于英语教学理念、教学过程、教学手段、评价方法以及政策保障等的研究，对学校层面的教学过程的操作性的描述。微观教学模式主要是对于教室里发生的具体教学技巧、策略等的描述，是一种"moment-to-moment"的操作技巧。在中英文的互译上，只要符合"对构成教学的诸要素所设计的比较稳定的简化组合方式及其活动的程序"的描述，又都可以用"model"来表示。

教学模式种类多样，构成每一种模式的组成元素也千差万别。一般来讲，有中观模式和宏观模式，前者涉及的是具体应用方面，后者涉及理念模式的思维层面，两种模式涵盖了从运作到整体把握的全方位内容。微观模式另外需要涉及师生交流、教学策略、教学内容等更为详细的要素。

教学理念指在课堂教学时，需要用到的指导思想或者理论。教学模式既是教学经验的全面归纳，也是教学理论的详细具体化。目前施行的多元化教学模式，就是教师多元教学理念的详细展现，以及教学经验的全面归纳。

作为教学模式的关键要素，教学目标也是创建教学模式架构、策略抉择的方式，还有安排操作程序时的一种指标。教学目标不光是教学评价的标杆和标准，还能对其他要素起到一种详细化的约束作用。不一样的教学目标，使用的也是不一样的教学方式和方法。教学模式需要教学目标作为指导，通过该指导能够预估教学活动对于受教育者产生的作用，并且全力实现该教学目标。

教学目标要想实现，教学内容就必须步调一致。纵使相同的教材能够被运用于不同的教学模式，不同的教材也能够在相同的教学模式中被使用，但是对于不同的教学模式来说，教材的设计往往也不一样。

教学目标实现的过程和环节，也称为操作程序。每一个教学模式都有其对应的操作程序，来决定课堂教学时师生具体的学习环节，以及各个环节所需的时间还有目标等。操作程序的关键在于，协调好各个主体之间的关系，还有协调好各个环节的时间顺序。

在课堂教学时，师生之间有必要进行一定的分工，彼此既要合作，也要独立，各自的任务要明确，教师和学生之间从互动中把握统一，以不变的纽带关系应对多变的教学情况。在教学互动形式所涵盖的要素中，教师和学生的密切联系是不可忽视的关键要素。

学校教务处统一制定的政策措施种类很多，其中也包括保障措施和保障策略，这些内容的颁布还有发行，涵盖了教师在课堂教学中的操作要求、实施原则以及奖惩制度等。

（二）多维互动教学模式

教学模式以互动的形式运用到教学系统中，是模式具体化的表现。作为模式操作平台的教学系统，含有主体要素、过程因素、环境影响以及结果等模块，各大模块在多维互动教学时，既各自独立，又互联互关、彼此作用，实现功能最大化的同时，组成了该教学模式的基础架构。

教学环境指的是整体上的大环境，包括但不限于相关的教学政策、社会的素质要求，还有学校配套设施的完备。针对参与主体，过程、结果以及教学环境都有着比较直接的影响。愉悦轻松的教学环境能让师生都得到放松，并且能对师生产生一定的鼓励作用，进而加强师生之间的互动，最终也会影响过程的操作和结果的实现。与此同时，在某些方面，教学环境也能对其产生相应的回馈作用。

教学主体主要是指教师和学生两个方面。就教师而言，其对教学结果的作用，主要由教师自身的职业道德、教学方法、教学策略、认知水平、知识水准还有个人品格决定。学生是实施教学计划的对象，具有主体性，若要发挥学生的这种特性，离不开学生个人已经形成的素质涵养，例如非智力素质，涵盖受教育程度和种类，包括学生的个性和学习经历、学习方式和学习策略等；情感素质，涵盖学习动机、兴趣、自信心、个性、努力程度还有焦虑等；以及其他素质。教师和学生之间通过相互的影响和作用，对教学过程和结果都能产生举足轻重的影响。

教学过程是在一定的教学模式下，为实现一定的教学目标，根据教学纲要和课程安排，经由师生共同努力，让学生能够对该门学科需要掌握的基本知识还有重要技能进行掌握，进而对学生的身心素养还有社会文化素养，实

第八章　PI教学法视域下的大学英语自主学习与合作学习探究

现一个全方位的提升。教学过程不光涵盖了教学环境下师生的种种认知活动，还涵盖了教学目标、教学手段、教学方法、教学内容、教学策略等。另外教学环境里的教学主体，还有整体氛围，都会对教学过程产生影响，而且还是比较直接的影响。教学过程可以分为显性和隐性两种，前者多发于学校或者教室，并且通过课上教学、课下操作、社会环境指导等方式，实现教师和学生之间的高效互动。后者由于环境因素的存在，会产生相应的效果，教师可能不直接或间接地指导学生，学生主要通过自学或潜移默化来实现学习目标。教学过程是复杂与多元的结合，受很多要素的影响。

从迈入校门起，学生就融入新的教学环境中，教师会按照学校制定的教学计划，来培养学生的综合学习能力和综合应变能力，从而达到教学目标。一般学术观点认为，教学结果大体包括远期评价和近期评价，近期与远期是对教学过程的动态分析，从目前状况推断今后情形。近期结果是指经由测验等方式，对短期的学习成绩做出分析；远期结果的特点就是长期性，它不看重短期测试的量化结果，而是注重长远发展。教学构成要素里的主体和客观环境，对教学结果都具有比较显著的回馈作用。

"多维互动教学"亦即强化和改善后的教学协作方式，是开放式教学体系中，与教学内容有关的教师、学生、方式、政策、环境以及学习热情等要素，在过程中发挥出形式多元、程度多样、性质多变的影响和作用。基于一定的时空要素，教学活动才是真实存在的。教学活动在时间和空间上有不同的表现形式，时间主要是要素主体，诸如学生、教师等的相互联系，空间则主要表现为一种详细的活动过程，亦即师生和学校间的互相影响产生的活动过程。教学体系的各个要素之间的交流，也存在一定的时空特性。"多维互动教学"的目标，在于最大化地运用和教学相关的各种要素，使其潜力得到最大化发挥，并互相协调；促使教学要素汇聚成有机整体，使得教学体系的各个因素和资源能够和谐共生，使其作用发挥到最大，以期能让教学质量和教学效益得到全方位提升。

于形式而言，"多维互动教学"的互动可以划分为显性和隐性两种。"显性互动"也就是一种肉眼可见的、能用言语或行为表达出来的浅层互动。平日里肉眼可见的、课堂上师生之间的互动，多为显性互动，比如小组讨论、提问、回答还有游戏等。与之相反，"隐性互动"则是肉眼难见的、一些心理层面的、深层次互动，往往比较隐秘。按照教学要素划分，"隐性互动"的内容包括各方面要素之间的互动，从教学设施到教学过程、从教学主体到教学政策、从教学环境到教学行为、从家长期盼到学校培养，不同侧面反映出不同的关联程度。另外，互动内容里还包括其他非理性因素之间的互动，情感与认识、文化与运动的互动。显隐性互动之间有机共联，共同构成了"多维互动教学"。要有显性互动，隐性互动才能得以展现，无论在形式上，还是内涵上，隐性互动都比显性互动的层次更深一些。同时，显性互动的效用，要想真正得到发挥，离不开隐性互动的辅助。隐性互动可以被称为是显性互动的隐含驱动力，好比人的行为达成需要一定的动机刺激一样，二者合一，才是全面完整的互动教学。

（三）大学英语多维互动教学模式

上述研究所谈论的大学英语多维互动教学模式，基于严谨的教学实际，且深层剖析了二语习得理论和教育学相关理论，再联系教学模式的优效性、开放性、多样性、整体性等原则，概括出了一种新的大学英语教学模式，该模式是以中观层次为基础的。大学英语多维互动教学模式的创立有多个目的，包括全面提升学生的英语创新能力和综合运用能力、彻底解决中国目前大学英语教学成效不突出的问题，培育能与中国对外开放和经济飞速发展相协调的配套人才。在大学英语课程中，引入互动教学形式主要是由于目前存在的一系列问题，比如中国大学英语革新呼声依旧强烈，在教学方式的选取上，很多学者也各持己见，很多教师对于以"互动"教学模式为代表的教学模式认识不深、研究不透，因此使用混乱、没有针对性。

1. 大学英语多维互动教学模式相关概念

（1）教学的根本目标。大学英语多维互动教学是一套比较全面的新式英语教学模式，该模式与时下中国大学英语革新的趋势相适应，顺应英语教学的实际，把握科学的教学理论，旨在全面提升大学生英语综合运用能力，培育适合 21 世纪的综合型人才。该教学一方面需正视并解决大学英语学习中一直遗留的欠缺口语表达能力的问题；另一方面要时刻关注学生的综合能力的培养，不能让听力学习影响其他方面的英语学习，使学生的英语能力尤其是口语能力得到全方位的提升。大学英语教学的一个关键目标，在于全面提升学生的文化素养，提升其团队合作和自主学习的能力，培养他们成为适应中国经济发展和国际社会交流的人才。该教学模式的教学目标和教育部所提倡的大学英语教学改革目标完全一致。

（2）教学的根本思想。这种多方主体参与到英语学习中的崭新的教学模式，是因为模式以宽泛的教育学理论作为铺垫，把外文教学里的折中教学作为教学方法，将二语习得理论作为指导性的科学思想，并且与中国学生的学习特征和学习条件相结合。该模式的重心是学生，主导是教师，教学过程中全面调动两方的积极性，对学生的个性还有学习语言的习惯予以充分的尊

第八章 PI教学法视域下的大学英语自主学习与合作学习探究

重,培育学生的集体协作能力、创新精神还有个性化素养。该模式的教学理念体现在:培育学生的自主学习能力,扩展学生语言知识的输入渠道,使其在非课堂环境下能够自主预习,教师会在课堂上通过口语活动的形式来予以监督;让学生敢于开口,需要教师因材施教、不断激励,让学生战胜不敢说的恐惧,逐渐敢于并爱上开口说英语;逐步完善终结性和形成性评估相互配合的学习能力评价模式,提升多方主体的参与强度,鼓励教师和学生将英语运用好,并提升其热情度;让学生能够获取一种可持续的、跨越时空的语言能力,需要为其创设母语以外的语言学习氛围,拓宽语言学习的层面,真正地学到新语言。

(3)操作方法。在大学英语多维互动教学模式的应用过程中,需要按照一种既定的操作方式,结合实际发现问题、解决问题,通过教育学的理论引导和第二语言培养计划的实施,分析理论与行为的依存关系,进而做出一系列的研究方案还有实施计划,逐步把研究落实下去。该模式是把日常教学里发现的、切实需要解决的一些问题,作为研究的出发点,而非理论。教师需要全方位地投身于此研究,待研究结束后,还要针对该研究不断剖析、不断反思,不断完善和修正研究计划还有行动策略;针对发现的问题,结合教育制度和社会制度予以探究,不断改善教学现状,得以实现教学目标。

(4)政策保障。在大学英语多维互动教学模式实施过程中,部门之间的层次设计尤其重要,大到教务处,小到英语研究小组,中间还有不同层次的部门分布,由此可以形成完整的教学体系。既有监督还有奖惩措施,来保障教学模式的顺利推行,比如:留学生活动制度、学籍和教学督导制度、学分管理教师授课基本要求、课程考试体系、教学考核规范等。为冲破国度引起的语言差异,新的互动模式创造性地运用现代IT技术,尤其是互联网技术,对课件制作、知识传送等都产生影响,使学生可以多角度地接触英语。此外,各院系也需要组织一些相关的英语活动,来辅助该教学模式的推行,比如英语剧表演赛、英语辩论赛、英语演讲赛等,都能创设一种良好的英语口语学习气氛,能够更为积极主动地推动大学英语多维互动教学模式的全面开展。

2.大学英语多维互动教学模式的特点

(1)整体性。大学英语课程在中国各大高校普遍开设,教学形式也随着教育水平的提高得到改善,尤其是多维互动的教学模式更是新颖别致。这种模式包含许多教学要素,各要素之间也是密切相关的。这种模式进行具体操作时,为了达到设定的教学目标,并且兼顾实施手段的明确性,同时也为了使辅助措施与保障措施彼此协调,进而实现最终要达到的模式有序性和整体和谐性的效果，需要深入研究教师、学生以及课程三种基本要素在教学过程中所处的地位和所发挥的功能，当然也不能忽略其他要素在教学过程中的作用，譬如考虑安排教学的时间和空间，明确教学现有的物质资源，开展教学活动时的组织形式等。

（2）可操作性。英语学习重在实践性和可操作性，而这种多维互动教学正好满足要求。大学英语课程是将外国语言在中国进行传授，讲求的是理论与实践相结合。同样，构建多维互动教学模式时，既有理论支撑又有过程结合，充分了解了国内学生对外语的学习体验，和对国内外语言教学环境的综合评价，将资源与要素的结合进行全方位的考察。操作性也在多种互动方式中有所体现：首先是教学原则方面的体现；其次是涉及口语交流和在线听力自学方面的体现；再次是学生学习能力的提高过程和完成过程的综合评价；最后是检验学生学习成果的考试制度。

（3）优效性。实施大学英语多方主体互动模式，最重要的是其蕴含的内容，能够有助于学生进行有意义的体系建构。模式中所要求的互动，也即相互交流沟通，绝不是无理喧闹，而是使教学发挥应有的功效，并将这一功效作用于学习主体。第一，以教学讲究实效的原则为基础，大学英语多维互动学习，完美地体现了哲学中所讲的实践见真知的理论，在过程中把传统的语言学习规律与我国实际的语言教学水平相结合，形成了两者动态的平衡，学生既掌握了娴熟的语言知识，也使得互动模式的时效性充分体现出来。第二，各教学要素的互动过程，也是体现模式实用性的过程，实现了要素与教学过程的相互促进、相互协调。

（4）互动的交融性。在大学英语多方主体互动交流的学习过程中，主体要素是学生、教师、教学质量与教学条件，要求是借助八大积极互动方案的实施，实现各类要素全方位的协调互动。首先，以互动主体为研究对象，实现静态主体与动态主体的平衡。具体来说就是教学参与主体（教师与学生）之间、教学参与主体与学习环境（资源、多媒体设备、政策等）之间、教学规模（教学楼与室外活动场所）与教学过程乃至结果之间的动态互动。其次，以互动形式为研究对象，包括内容互动（学生与教师之间、学生与学生之间）和形式互动（教学理念与教学程序之间，政策性措施与过程性运用之间，以及留学生和中国学生之间的文化交流，课上课间教师和学生之间的感情交流）。最后，以教学方式为研究对象，互动模式采用折中的教学理念，使得教学方式渗透到互动学习的每个过程，实现方式与过程乃至效果的完美结合。因此，这种英语学习的互动模式的本质特征就是融通性，它将自身统一于内容和形式、感知和交流之中。

第八章 PI 教学法视域下的大学英语自主学习与合作学习探究

3. 大学英语多维互动教学模式相关理论

（1）流程再造（Process Reengineering）。20 世纪 90 年代，美国麻省理工学院迈克·哈默（Michael Hammer）教授和 CSC 管理顾问公司的董事长詹姆斯·钱皮（James Champy）提出了管理流程再造（BPR，即 Business Process Reengineering）的概念，目的是"对企业的业务流程进行根本性的再思考和彻底性的再设计，从而使企业在成本、质量、服务和速度等方面获得进一步的改善"。BPR 理论融会了流程管理、组织和人的管理及信息技术对组织的影响等多方面的思想与成果，其基本思想是：彻底改变传统的工作方式，也就是彻底改变传统的自工业革命以来、按照分工原则把一项完整的工作分成不同部分、由各自相对独立的部门依次进行工作的工作方式。其最终目的是"通过根本性和彻底性的业务流程变革，使企业在成本、质量、服务和速度等方面获得显著改善"。

流程再造理论，是在具体操作过程中，将创造性的理念糅合到程序中，以发现、选择现有理论并且将理论知识与有利资源糅合为基础，构建新的理论模式，实现彻底的改变，进而推动崭新的静态体系与动态体制机制完美结合，并得以重生。这一理论关键在于对全局和体系的把握，重点在于创造性地运行理念的形成，根本在于从传统的操作模式中解放出来，从而实现内在突破，外在打破的效果。由此可知，再造一词在形式上是局部修正或改良，而实质上则是根本性的革命。这里所谓的革命性是指"一个或一系列连续有规律的行动。这些行动以确定方式发生或执行，导致特定结果实现"。

若要将流程再造理论转化为现实操作，首先要从组织的要素主体入手，主体是整个过程的关键。其次就是对主体要素进行研究分析，包括各类主体要素自身及其相互作用，在进行了认真的解读之后，才可以突出要素主体，并从这一主体出发找出关键点，以关键点为基础，构建全新的组成要素。各类企业可以运用再造理论，从改革业务程序出发，协调人员、资源配置，尽可能发挥各种要素的相互作用，排除对流程运行有副作用的内部部门之间的作用效力，最终实现流程的全面革新。企业的这种运行模式，将企业运转的流畅度作为首要要素，根本在于破除传统的职能部门的管理手段，创建顾客满意的业务流程，以此满意度为核心，构建新的运营模式。这种模式的企业管理，既是对流程运行的把握，也是追求整体效益的最大化，充分考虑到要塑造一个完整的企业流程。流程再造理论，从根本上解决了分工中过于细致和专业的分割问题，重新重视流程的整体效应和利益分配，在分层管理和管理模式上，进行了大幅度革新，实现了以质量、效益、成本和效率为核心内容的考察指标的显著提升。

在流程再造理念模式下，教学以体系化呈现，其本质就是一种开放包容的系统。之所以说其是开放的系统，是因为它的信息和能量的获取，需要与外界要素互相交流，同时结合内部构成要素，从出现到加工再到转化的有机运行过程，实现最终的运作成果（学生）的产生。这样，对流程理论的解读，就得出其实质就是称为教学流程的一类流程。它的基本特点就是空间与时间相结合的一种动态，从这种动态中，可以体现出信息接收后的加工过程，以及加工之后的输出过程的协调性和一致性。

根据牛津词典（1978），最简单的流程可以由一系列单独任务完成，并有一个输入和一个输出。输入经流程后变成输出。可见，对流程的理解应该至少包括三个要素：它是一个行为或活动过程；该行动或活动过程应完成一定的任务；该行动或者活动过程中有输入和输出两个因子。流程要想达到最终的完成效果，必须将输入因子经过人为的操作流程后变成输出因子，这就是对流程运行过程的完整定义。整体把握这一定义之后，可以将教育这一名词加以理解，即教育是由教学程序（课上交流和课下活动）和人才教育（培养和引导）两部分组成的有机整体。这一整体堪称一种系统工程，该工程由诸多具体的细节流程构成，教育模式的管理流程起着指导作用，人才培养计划流程，是整个流程的关键，教学过程中，师生之间交流学习流程发挥着促进作用，教学成果质量评估流程以及后勤的服务运作流程，也起着重要作用。在学生踏入学校大门之后，他们就融入教学流程中，这就是输入过程。之后教学流程的实践效果在学生身上充分展现出来，学生的思想素质、知识技能和情感表达都发生了巨大变化，为学生步入社会做铺垫，这就是输出过程。因此，流程再造理论在教学中的作用，就是通过理论联系实际，找出旧的教学系统的不足之处，以系统的科学理论为基础，剔除流程中产生的缺陷，更新教学活动过程，提高教学质量，在更新过程中挖掘新的教学流程，形成高质量的教学系统，完成教学方式的重构。总之，流程再造理论就是要将教学目标落实到位，创造出人人遵守的教学原则，以该原则指导改革教学方式，形成一种全新的教学流程，实现竞争水平的全面提升，以适应动态变化的外界环境。

流程再造理论体现了过程的流程性、动态的变化性和发展的创新性，运用于教学过程之后，这些特征也得以充分展现。"流程性"贯穿于整个流程的运行中，平稳中不带封闭，流畅中保持前进；"变化性"是教学自身在不断提升的准确概括，与时俱进，开放发展，在随波逐流的信息爆炸时代不断突破、不断创新，跟随时代的脚步，却又不会原地踏步；"创新性"是更新

第八章 PI 教学法视域下的大学英语自主学习与合作学习探究

教学过程的关键,创新也就意味着有所突破,修修补补的传统做法不可取,要结合历史发展和社会变迁,与时代接轨,提高适应能力,开阔眼界,彻底革新教育教学系统。

在旧的教育体系中,管理业务流程不顺畅,管理程序繁杂,不同层级衔接不到位,致使管理效率低下,进而阻碍了技术创新与技术运用,搁置的资源也容易造成浪费。因此,随着各类大学之间竞争加剧,注重教学流程的更新是关键。在新的模式下管理业务,确保管理活动顺利进行,教育活动也可以展现其应有的价值。

教学流程再造的基本特点,是极大地提升各类教学资源的协调性,进而促进系统组织间的一致性,实施措施就是重新设定流程中包含的要素和整体改革系统运行程序,促进教学能力进一步提升,彻底地变革学生的传统学习路径,优化教学中的资源要素配置,完善教学流程运行所依靠的机制体系,从实际出发,合理划分教学层次,实现教学体系的灵活性与伸缩性相统一。由此可知,再造大学英语流程,本质上是将设计与改造整体融入教学观念、讲授形式、学习环境之中,改善师生关系,树立网络学习理念。传统教学模式固有的缺陷可以通过实施教学流程再造加以克服,更正旧的追名逐利的理念,教师不再只关注于单向知识输入,学生不再死板地接受知识,创造双向交流互动的学习模式,使得学生可以真真正正地学到新知识。教学流程再造的宗旨是实现流程教学的体系化、创新化和优益化,让教学质量得以提升,进而推动这一理论与时代共进步。大学英语多维互动教学是以流程再造理论为基础的,具体体现在如下两点。

第一,中观层次教学模式流程再造。深入探究中观层次,原有大学英语的"教、学、考核、评分、评估"被多维互动教学取代,形成了全新的一流的教学体系,这一体系涵盖了各种互动措施,包括开创新的课堂教育模式,更新教师完成教学任务的考核体系,改革学生对教学条件的评价制度,培养学生在线自学能力以及开展招募教师志愿者的活动,等等。这些措施的有效施行,突出体现了教学过程的流程性、动态的变化性和发展的创新性;促进了各种教育资源和教育机制,诸如政策支持、课堂实践、学习氛围等实现了动态的协调一致性;最终将大学英语学习过程以系统化、体系化、效益化的样式展现出来。

第二,微观层次教学流程再造。从微观层次入手,大学英语多维互动教学,抛弃已有的缺乏活力的教师"单向式"的"英语输入—课堂练习—课下巩固"的传授模式,遵循七大教学原则,引入"布置口语任务—口语语境带入文章—注重练习表达—英文交流学习—课间鼓励英文交流"的系统流程,以真实的故事为引导，将理论学习与实践应用相结合，让学生的知识面扩展开来，不再局限于课本知识，这样就呈现出课上课下互相补充、学生与教师互动交流、课本知识具体运用的运作模式，克服了以往的学习模式所造成的被动接收的缺点，学生们养成了积极主动的学习习惯，最终提高了教学质量。

（2）合作学习（Cooperative Learning）。20世纪90年代的时候，国内著名的学者张孙玮、黄怀荣、张迅等人就引入了合作学习的理论，并经过多次的实践研究和理论探索，制定出了适合中国教育的合作学习教学理论。其理论认为：合作学习具有非常明确的目标导向，注重的是分组进行的教学活动，需要同伴之间的相互合作和相互配合，其奖励的依据是小组的总成绩，并由教师进行分配和教学过程的控制。现在，各种学习策略中都少不了合作学习理论的存在。合作学习理论，不但可以调动课堂教学的活跃气氛，而且对学生大范围地提高成绩也是很有帮助的，对学生的非认知能力的提高也具有重要意义。"随着社会的发展和人们知识水平的不断提高，特别是在建构主义理论和网络技术的影响下，合作学习越来越受到人们的重视。"

合作学习理论的核心是群体，并要根据学习者的实际需求来展开教学活动，这个过程中，要通过学生之间的相互合作来达成对自己的控制，从而完成学习目标。不过，想要将学生的竞争意识，转换成互帮互助意识为主的过程，也将是一个长期的、艰辛的发展历程。想要顺利完成这种转变，首先就需要教师对以下各种关系进行改善：合作学习中教师和学生之间的关系；学生和学生之间的关系；教学涉及的内容、目的和手段之间的关系；多种多样的评价关系等。教师在合作学习中要起到对合作小组的组建和协调、对课程进行开发研究、引导学生运用各种教学资源、对学生的学习过程进行调控和管理、对学生的学习效果进行评价和培养学生的合作技能等多种积极的作用。在采用合作学习的方法时，教师也不能忽略学习内容本身的重要性，防止一味地强调合作却对学习内容不予关注的现象出现。因为合作学习需要达成教学过程、教学结果和教学效率的共赢。

合作学习的概念，是相较于竞争学习以及个人学习来说的，对学生的自我发展、自我指导的意识都比较注重。在这个过程中，小组成员之间的互帮互助是确保小组获得成功的重要保障。这种保障需要小组成员确切了解到全部的资源，并促进小组成员之间的合作和练习，并反过来作用于个体。小组进行合作学习时，小组成员就变成了学习主体和语言接受者。而为了有效地达成学习目标和完成学习任务，他们之间的相互配合和解释某一问题、表达自己的观点等都变得极为重要，而这种相互配合的过程，又能作用于其认知意识的发展。合作学习理论强调以学习者为中心，使其在与人的配合中不断

第八章 PI 教学法视域下的大学英语自主学习与合作学习探究

发展自己的个性和特征，因此要求学生在合作学习中学会相信教师和同学。而且教师不但要相信学生，还需要取得学生的信任，这也是建立良好的课堂氛围的重要前提。当然，小组或者班级中的学生之间也需要互相信任，相信别的同学也同样在努力完成学习任务并具有这个能力。在合作学习中，每一个成员会被安排不同的学习任务。然后再经过合作，使得自己的学习取得个人努力所不能比拟的成绩。这种学习分工可以有效地提高学生的合作意识。当然，学习分工也并非要求一成不变，而是要求具有变动性和流动性，并最终达到合为一体的效果。合作学习理论中也不能忽视了培养学生的竞争意识。这是因为，学生想要达成较复杂的学习任务，就必然要跟其他同学进行合作，但为了其个人的完美发展又必然需要一定的竞争意识。所以说合作学习理论并不是说要完全撇开竞争，而是要将竞争融入合作中，充分体现其作用。

合作学习理论最基础的特征就是，师生以及生生之间的互动和合作，并以小组的形式来进行教学提升，其评价的标准并非是某一个学生的成绩，而是整个团队的总成绩，充分结合教学中的各个影响因素，从而促进学生的整体学习效果提升。而且学习过程中还要对学生的竞争意识进行培养，并利用师生之间的合作和沟通来拉近彼此之间的距离，增强师生之间的情感联系。教学模式中采用合作学习理论主要有以下三个方面。

第一，采用英语多维互动教学模式时，要将学生进行合理的分组，教师对每个小组进行课后口语任务的安排，然后让学生在课堂上进行口语表达，并将小组讨论结合到期末的口语考试中，这种以小组为单位来安排学习任务的方式，有利于学生分工合作意识的培养，并能促使学生在此基础上完成自己小组的学习目标。因为每个学生的表现都会对小组成绩产生直接的影响，因此也有利于培养学生的团队合作精神和责任心。

第二，在进行口语展示和考评时，要将个人评价结合到小组评价中去。也就是说进行小组讨论后，先给出小组的得分，并将个体的学习与合作学习、竞争性活动进行结合，这有利于培养小组之间的竞争意识。而且，在对小组进行评价后，还可以对表现突出的个人进行单独评价，这样不但让学生认识到合作的重要性，而且还能有效地激发小组成员之间展开竞争。

第三，在多维互动的教学模式中，融合小组学习任务和材料的安排，有利于培养学生对其他成员的信任感。师生共同来组织和安排课堂教学的内容和活动，有利于改变以往的课堂教学全部由教师进行绝对安排的局面，使得师生之间的关系和沟通更加融洽。与此同时，教师在课后还可以通过多种方法来加强和学生之间的沟通，并对小组学习进行监督和管理，为学生创造更多的人际交往机会，并与学生建立互帮互助、相互关心的关系。

（3）行为主义（Behaviourism）。行为主义学习理论是从"条件反射"的概念中引申而来的。"条件反射"是在一定的条件刺激下，对动物进行某种反射动作的反复强化，使其形成一种习惯性动作。从该理念入手，很多著名的语言学家逐步开始探索和研究儿童是怎样学习语言和掌握语言的，并且从语言的本质上去了解儿童的学习过程。在1920年的时候，美国心理学家雷诺和布鲁德斯通过对一名婴儿进行语言学习的实验研究，写了一篇关于儿童语言学习过程的研究论文。该论文认为，儿童进行语言学习是对环境所做的一种反射性活动，而这种反射性活动是一种刺激和反应（Stimulus-Reaction）的关系。同时，S-R公式也很好地阐述了行为的发生原理，而对S-R之间的内在联系的研究是目前心理学家研究的主要课题，通过研究可以掌握刺激和反应的相互推动关系，从而达成对行为进行预测和控制的目的。

斯金纳实施的经典条件反射实验，是为了对人的反应行为和操作行为进行研究和探索，人们也称这个实验为"Skinner操作反应箱"。斯金纳指出：该实验主要是对环境事件，也就是刺激有机体行为，即反应之间的内在规律进行研究，所以实验的重点在于，不同的实验操作所引起的行为有什么不同。他认为，人们的学习和行为其实都是一种操作性条件刺激下所产生的反应。斯金纳从人们的外部行为推知出看不到的人们的内部行为活动。同时，他还指出，人们的行为大都是由行为前事件（antecedent/preceding events）和行为后事件（consequent/following events）控制，形成操作条件反射，前后事件形成操作的环境。行为前事件促使行为的发生，行为后事件强化行为或弱化行为。

1957年，斯金纳的《言语行为》（*Verbal Behavior*）一书问世，集中反映了其行为主义的语言学习观。在斯金纳看来，"语言也是一种行为，语言行为与老鼠在条件反射下拨动实验棒的行为如出一辙"。换言之，人类的语言活动和动物的行为研究所得的原理是一样的。婴儿学习语言也体现出了动物条件反射的原理，即接受刺激产生反应，并对反应进行强化的一个过程。

语言是一种人类的行为而非思维现象，这种行为的强化，跟人类其他行为是一样的，是一个逐步形成的习惯。所以，人们的第一语言受外部环境的影响是最大的。斯金纳的这种操作制约学，在语言学上来说就是行为主义学习理论了，也就是说语言的学习过程其实就是一系列的操作过程，即做出一个操作，能获得一个结果，若得出的结果符合要求，便会重复该操作，这也就是强化的过程。语言的学习其实就是这种正向操作的积累，语言行为也正是这样循序渐进而形成的。行为主义学习理论在20世纪中期的时候，得到了广大学者的认可，并广泛运用于实践教学中，教学模式也逐步开始以句型操

第八章　PI教学法视域下的大学英语自主学习与合作学习探究

练为主,以此来促进学习者对目的语的掌握,并运用于实际交流和沟通中。总结起来,行为主义教学观主要包括以下三层含义。

第一,语言学习是一组刺激—反应—强化的过程。在行为主义看来,成人跟儿童学习语言具有一样的原理,也是在环境,即他人语言行为的刺激下,所产生相关的反应和强化过程。所以,外语教学中也往往会要求学习者用婴儿对母语的学习方式来进行第二语言的学习。这种方式主要是由一系列的模仿、强化和重复形成的,模仿即学习者对教师的发音以及音调、语言规则进行模拟。所以,模仿也可以当成是学习者进行一种恰当反应的前提,更是语言习惯形成的首要条件。模仿对语言学习的作用是毋庸置疑的,尤其是在学习的起步阶段。教师适时的鼓励和认可,有利于学习者进行语言学习的强化过程。布朗觉得,鼓励和正面认可,能提高学习者的学习行为发生的频率,但惩罚也会在一定程度上弱化学习者的学习行为。重复指的是学习语言要经过反复地对知识进行学习的过程,也就是平常所说的语言实践。语言学习在一定程度上,也可以理解为需要学习者对所学的内容进行记忆。经过学习必经的三个过程后,有利于学习者形成语言习惯,并在合适的场合进行合理的运用。

第二,语言学习是一种循序渐进的过程。行为主义认为外语学习要遵循一定的内部规律,从浅入深,按部就班。学习一门新的语言,可以充分结合已学的语言,如此既有利于学生对已有知识进行强化,又能将新知识学得更牢固。斯腾指出:语言的学习要从基础的语音开始,然后是词汇、短语和句子。而斯金纳认为:任何一个学科的学习,都要经过很多小的、细的步骤后才能完成,步骤分得越小越细,越有利于学习者的学习,且出现错误的概率也会大大降低。加涅则认为,一个人的学习活动,从其学习的等级和学习观点来划分的话,可以从单一到复杂分成八个类别。这一观点也成为编排教学内容的重要前提:为了达到获得技能和知识水平提高的目的,需要将学习行为进行细化,而且需要遵循由浅到深、由易到难、由部分到整体的规律。所以说,教学设计中必须包含学习计划的制定和教学内容的设计,这也是行为主义提出的要求。

第三,语言学习要以听说领先。从教学法的角度来看,行为主义的理论体现在听说法(Audio-lingual Approach)中。第二次世界大战期间,为了培训能够流利讲出外语的翻译人员,美国一些大学成立了一些语言培训项目,对盟军空勤人员进行英语训练。其采用的以口语、句型强化训练为主的"军情法"(Army Method),指的是通过不断地重复,使一些正确的句型得到巩固。第二次世界大战以后,军情法及其听说领先的原则被引入外语教学领域,称为"听说法"。听说法"强调听说能力重于读写能力，体现了行为主义心理学的核心思想；采用替换操练的方式进行句型训练，体现了结构主义的教学理念"。该教学模式下，训练员（trainer）由教师来充当，并给予学生必要的语言素材，也就是刺激物，引导学生做出相应的反应，且对学生的反应予以认可和赞扬，促进知识的强化和巩固。与此同时，学习材料的难易程度也需要教师进行把握，以保证学生的学习过程遵循由易到难的原则。

行为主义学习理论教学中，比较侧重句型操练实践。这是为了更好地督促学生，可以在刺激和反应中更加快速便捷地掌握好除母语以外的第二语言，并可以在适当的场合进行灵活运用。虽然很多的学者对此不屑一顾，认为过于注重句型操练反而使其真实性大打折扣，并认为语言教学中，进行的句型操练并无多少实际交流作用，但是这并不妨碍行为主义学习理论在外语教学界中产生积极作用，并且将语言操练作为了一项重要的、高效的语言学习方法。这是因为在外语教学的过程中，特别是在起步阶段，学生们大多是采用这种反复操练的方法，来达成学习外语的目的。大学英语多维互动教学中，对行为主义学习理论的运用主要有以下两点。

第一，采取大量的"刺激—反应—强化"的操练形式，促进学生对英语词块的习得。让学生对刺激产生反应，并进行不断强化的操练方式，是大学英语多维互动教学中经常采用的方法。具体操作是：对一些常见的词汇、短语和句型，让学生进行不断的操练和反复的训练，且在课堂上要求学生进行造句和翻译，通过这些手段来检验学生的操练效果。这样一方面有利于学生巩固语言基础，另一方面也增强了他们的口语表达水平，而且在课堂上运用大声朗读、集体训练和反复操作的手段，既可以调动课堂的气氛，使得课堂生动、活跃、有趣，还能在轻松的氛围中，让学生对常用句型进行掌握和巩固，这有利于增强学生的信心。并且在期末的口语考试中，还可以让学生在一定时间内完成一定量的短语造句及翻译，这样能有效地提高学生反复操练的主动性，为其学好一门语言做好充分的准备。

第二，课堂教学以教师为主导，学生为主体，教学过程中以鼓励为主。大学英语多维互动教学中，教师需要给学生提供相应的刺激，也就是说要安排学生在课后进行口语操练，且要将选择好的素材很好地结合到课堂教学中去。而且还要对其强化过程进行恰当的设计，并遵从循序渐进的原则在训练内容上加以控制。如在运用该教学方法的起步阶段，可以采取每周或者是每月进行小组碰头讨论等手段，来解决学生遇到的口语问题，并最终形成统一的意见。教师要抓住合适的机会和时间对学生的各种口语问题进行纠正，并要不断地激励学生，肯定他们的进步和成绩，这样才能更好地提高学生的学习热情和主动性。在教学中,还会有很多教师通过奖励学生一些小礼物,来达到激励学生的效果,这也是以肯定的态度推动学生的学习行为的重要体现。

(4)建构主义(Constructivism)。瑞士心理学家皮亚杰在20世纪60年代,发表了认知发展理论,这是在批判和发展传统教学以及反思行为主义和认知信息加工理论之上所提出来的。他认为:人在不同的阶段会有不同的认知,同时还首次提出了水平滞差的概念,指的是在一个特定的发展时期,儿童在不同的领域或活动中会存在水平的差别。他的这种理论以及奥苏贝尔的意义学习理论、维果茨基的历史文化心理学理论和布鲁纳的发现学习理论等,都是形成建构主义理论的重要理论前提。

构建主义理论的第一规则的提出,直接导致西方国家出现了构建主义思想浪潮。人们学习知识的过程是学习者的一种主观构建,并非是一种被动活动。同时学习也体现了新旧知识的一个互动过程,而非只是由刺激引发反应的一种简单行为。学习者和外界的平衡关系,主要是经过顺应和同化两个手段来达成,体现了从平衡到不平衡再到新的平衡的良性循环,并在此过程中得到丰富和发展。同化说的是学习者将新的知识进行吸取,并结合自己已有的知识体系,从而形成新的知识体系,也就是认知主体将外界刺激信息,融合到自己已有的知识结构中的过程。顺应说的则是学习者根据外部环境的变化,对已有的知识结构进行完善和重组,也就是说,认知主体受到外部刺激时,对已有的知识结构进行重组和改变的过程。也可以这样来理解,同化形成认知结构的量变,等量变达到一定程度,就会产生顺应,即质变的过程。平衡则指的是认知主体本身的认知结构,和外部环境的一种均衡关系,不过这种平衡是一种理想化的状态。这是因为大多数的情况下,学习者和外界环境的关系是不平衡的。而这种不平衡的存在,才是促使学习者进步发展的重要因素。所以可以将学习过程看成是一个不断地同化、顺应、再同化、再顺应的循环过程。顺应要建立在同化的基础之上,知识体现的构建,需要同化和顺应的共同作用。所以,学习既要对新知识进行接收和记忆,同时还要进行合理的分析和判断,有选择地进行接受,以此来构建自己的认知体系;这样不仅能获取到新的知识,还能对已有的知识进行完善和重组。构建主义对人类学习进行研究的重要起源,是它开始以人脑的构造来创建学习模式。

构建主义教学理论,是要督促学生对知识形成一个主动的构建。其教学目标是建立在对理解的认知和进行有意义的构建上。构建主义教学理论的运用,最主要的是改变了教师的角色。教师从以往的传授者,变成了现在学生进行主动构建的引导者和帮助者。知识是不可进行传递的,因此学生的积极主动性,是完成知识构建的重要前提。这个过程中,教师的作用也不可忽视,主要表现为：引导学生对学习产生浓厚的兴趣，督促学生形成自己的学习目标和动机；在结合学生的新旧知识的联系上，设计合适的教学内容，让学生对新知识的理解更加容易和清晰；而且为了使得学生的构建更有意义，教师需要在已有的条件基础上，安排学生进行协作，并对学生的学习过程进行科学合理的指导。这使得教学过程不是同步完成的，而是体现了更加发散式的思维。学生可以通过多种多样的渠道来构建出同样的知识系统。

现在发展较完善的构建主义教学模式，主要包括了三类：首先是支架式教学，也称之为概念框架，这要求将学习任务进行细分，让学习者有一个图式的认知结构，并获得认知结构的不断壮大，最后完成质的提升；其次是抛锚式教学，是指以真实的问题和事件为前提进行教学，让学生融合一定的社会环境，并与他人协作及在他人的帮助下完成认知建构；最后是随机进入教学，是指学生对同一个教学内容的学习方法，并非要求一模一样，学生可以根据自己的实际情况，采取不同的学习方法和不同的学习手段来完成，并对同一知识拥有自己独特的见解和认知。该模式教学的运用，主要是根据场景的不同和时间、方式的不同，对同一知识进行随机的教学。

评价行为可以产生于两种主义类型中，包括行为主义和构建主义。以目的不同来划分，行为主义的本质特征是选拔性，构建主义多是发展层面的评价；以内容的不同来划分，行为主义的评价主要侧重的是认知性，构建主义侧重的是类型化；以方式的不同来划分，行为主义侧重于量化，构建主义则以定性为主；以主体的不同来划分，行为主义的主体目标是教师，而构建主义评价对象却包括了教师、学生以及学习伙伴。

在构建体系中，学生是主体，学生参与到教学活动才是关键所在。学生吸收新知识，是搭建在传统知识体系和基础之上的。也就是说，人们对新事物的认知，在很大程度上受原有知识体系的影响。学习者获得新知识的主要途径，并不是经过教师的传授，而是要通过自身对知识经验进行解释，转换成自己的知识结构。从这个层面来说，学习过程也可以看成是学习者对外部环境刺激形成恰当反应的过程。任务型学习、模式化学习以及交流式学习是最基本的形式。

第一，学习是一种合作与协商的过程。学习个体通过和外部环境以及同伴之间的相互作用和互动，来激发自己的内在动力。这是因为单个的学习者不可能孤立地存在于客观世界，因此也会形成自己独有的认知理论，看待世界的眼光也不同。通过与其他人的合作，可以更加全面地看待问题，这也就凸显了合作的重要性。学习者只能通过不断地协作和配合才能达到教学目标。

第二，学习是一种真实情境的体验。在教学体系中，包括知识获取和解决问题两个过程，学生要从这两个过程中提高自己。因此，学习氛围的真实性要求环境是客观的、合理的，并非要进行抽象想象来设置。学生能更加真实地参与到实际的交际活动中，更有利于其发现自己的问题，找到解决方案，让学习效果有更加显著的提高。学习的最终目标，也不单是停留在让学习者掌握某些知识的层面上，而是可以把知识与实际相结合，从实践中把握问题核心，进而将其化解。

第三，学习是任务真实情境的体验。"任务"是"学习者使用目的语以交流为目的，进而获得某一结果的语言活动"。构建主义学习理论，比较注重的教学模式是任务型，其认为任务型教学就是对语言学习的互动性和社会性进行全面的凸显。让学生在学习过程中，学会自己独立完成或者是与人协作完成学习目标，在这个过程中获取新知识，对学生的主体意识有非常好的培养作用，能强化其学习效果，对提高实际解决问题的能力也有很好的帮助。

构建主义学习理论同时还认为，学生对知识的获取，不能单一地由教师来进行传授，主要是由学习者通过与外部环境进行相互作用后产生的，并在这个过程中获得自身的不断发展，主动对客观世界进行构建。构建主义并不是一种策略和手段，它更是体现了一种知识体系，反映了学习的重要本质。它既阐明了学习的内在规律，又对学习的构建和发生提供了依据。所以说，建构主义模式下，人们对学习的本质有了新的理解和认知，同时也充分肯定了学习主体在学习过程中，主动性的重要作用。而具体落实到大学英语多维互动教学中，对建构主义学习理论的重要体现主要有以下四点。

第一，在建构主义理论中，学生进行知识构建的重要前提，就是一定的社会文化背景对其产生的影响。教师只能够进行情景的设置，对学生的作用也只有引导和帮助，以往教师是绝对权威的局面将不复存在。大学英语多维互动教学模式所采用的留学生和本国学生进行互动交流，高年级的学生对低年级的学生进行辅导等各种活动形式，都能很好地为学生创造学习的真实情景，让其拥有更多的口语表达机会。然后再以课后作业的形式，来帮助学生进行任务型的学习，督促学生积极地构建自己的知识体系。而且还能利用互联网技术和多媒体技术，来引导学生进行主动学习。因为这些教学工具具有现代化、形象化和生动化的特点，能很好地为学生创设一个真实的学习情景，可以对学生形成听、说、看等多器官的刺激作用，对学生学习热情和主动性的激发都具有非常重要的作用。

第二，"合作"与"协商"是建构主义学习环境中的两大要素。大学英语多维互动教学模式，通常要求学生以寝室为单位来进行口语的协作练习，并发现彼此的问题；然后在课堂上进行分组讨论，让学生具有更强烈的探索意识，有利于学生的知识构建、创造协商和相互合作。同时可以组织教师志愿活动，积极提倡教师对学生的口语练习进行指导，建立良好的师生互动学习关系。

第三，建构主义中一个最重要的学习方式就是任务型，因此需要学生可以运用目的语进行日常的沟通和交际，从而实际掌握目的语的学习。在大学英语多为互动教学的模式下，教师需要将社会真实活动（比如留学生的交流活动）、课堂教学（比如口语作业的检验）以及语言学习和交流（如课后的口语练习）等各种各样的任务安排给学生，并要求充分结合形式和内容，对在实践中运用目的语这一原则进行充分的反映，以此为学生创造一个相对较真实的语言学习情境，促使学生完成语言交流的目标。

第四，建构主义采用的评价方式，主要以定性评价为主，重点放在对学习结果的评价上。而评价的对象一般包括了学生、教师还有学习的同伴。大学英语多维活动教学模式下，评价主体的多元化和对学习评价采取科学合理以及发展的态度，能很好地帮助学生在评价中充分认识到自己的不足之处和自己的优势所在，从而能够体会到学习的快乐，让学习评价成为多元化人才培养的重要渠道。

（5）交际教学法（Communicative Approach）。乔姆斯基为了批判行为主义的教学理论以及结构主义的教学理论，在所发表的文章中，第一次出现了"语言能力"这个概念。在他看来，语言能力是一种知识状态，这种知识状态要比语言本身更为抽象，属于一种原则性的系统，也是一种特殊的知识体系。仅仅靠简单的重复和模仿并不能习得语言，要想学会一种语言，首先学习者要有能力接受和创造句子。尽管乔姆斯基研究的主要是语言所特有的结构，但是人们对于他提出的"语言能力"这个概念，表现出了极大的关注。而后来由海姆斯进一步总结和概括了语言能力，他认为语言能力可以被视作一种处世的交际能力，也就是人们使用某种语言的实际能力。人们是否会使用语法并不是最重要的，因为语法知识仅仅是交际能力的一个组成部分。交际能力指的是人对语言知识的运用能力，它包括几种运用语言的技能：一是保证语言具有得体性；二是保证语言使用具有实践性；三是保证语言使用具有后效性；四是保证语言运用的可行性；五是保证语言形式具有可能性。海姆斯提出语言具有社会文化性，人们使用语言时，会受到各种社会因素的影响，这是他对语言学习理论的形成，所做出的最重要的贡献。

20世纪80年代初，有学者提出了"既具有语言学基础又符合教学实际的交际能力理论模式"，这种观念令海姆斯所提出的交际能力得到了充实和发展。在他看来，交际能力主要包括四个方面的能力：一是语篇的实际能力；

二是语法使用的能力;三是制定策略的能力;四是使用社会语言的能力。语法和社会语言这两种能力,同海姆斯所提出的理论相符合,语篇和策略能力则令交际能力的概念得到了扩展。语言的形式以及意思结合在一起就形成了语篇能力,这属于篇章的统一能力。策略能力是为了令交际效果得到提高所使用的一种技能,也可以是在交际能力不足时,所使用的一些技能,为的是弥补交际能力。策略能力通常体现为一种非语言的能力。随着时间的推移,到了20世纪90年代,有学者提出了新的更加复杂的交际能力概念。在这些学者看来,交际能力包括三种能力:一是制定策略的能力;二是语言使用的能力;三是自心理至生理的语言机制。这其中包括的语言能力,近似于过去学者们提出的交际能力,主要包括两种能力:一种是组织语言的能力,也就是使用语法和语篇的相关能力;另一种是语用的能力,也就是使用语言表达意思的能力,以及对语言规则的掌握能力。策略能力包括三个主要部分:一是评价能力;二是计划能力;三是执行能力。语言交际能力属于一种综合性的能力,这种能力要远比语言本身更具意义。

在实行交际教学法的初期,所使用的教材中活动是首要的,而语法的学习和使用,则排在内容之后。但后来所使用的"complete package"教材中又开始关注对句法的总结和分析。总而言之,现阶段交际语言常用的教材中,最为突出的是"3P"(presentation,practice,and production)教学法,也就是学习语言要坚持合作性的学习方法,以及任务型的教学模式。可以看出,交际教学法仍然是目前使用较广的一种语言教学方法,这种教学方法还在持续得到完善和发展。

交际教学法的最终目的,是为了提高学习者的交际能力,是为了在实际生活中更好地运用目标语。交际教学法最为注重的是利用目的语进行交际的过程。所以交际教学法会向语言学习者传授如何开展交际活动,如何科学设置交际性的任务,如何营造真实的交际场景等内容。

交际教学法不再像传统教学法一样在课堂上向学生"满堂灌",传统的教学模式下,教师在台上讲,学生在台下听,教师在黑板上写,学生在下面用本子记。而交际法突破了这种"满堂灌"的教学方式,教师与学生、学生与学生间有了更多的互动和交流。在这种互动式的教学模式下,不论是教师还是学生,各自的角色都发生了很大的变化,变得更加复杂。在教学刚开始的时候,教学中的主体是教师,教师也是各种信息的主要来源,教师将信息传递给学生,学生是信息的接受方。随着教学活动的不断进行,学生逐渐掌握了一些语言方面的知识,可以利用掌握的语言知识来阐述自己的观点,表达自己的想法,提出自己的见解,形成自己的观念,还可以对已经形成的理论提出质疑，对学术和教育领域的权威提出挑战。这时候的学生，不再是简单的接收信息的一方，而是变成了信息源，学生成为教学的主体和核心。而这个时期，教师的身份也发生了相应的变化，过去教师是知识的传递者，而在这个阶段他们应当成为教学活动的主要组织者、具体设计者以及积极的参与者，同时还肩负着指导学生、督促学生的重任。采用交际教学法的活动中，听力和口语的频繁练习会带动学生在阅读、写作方面的能力提升。这种教学方法倡导学生主动参与其中，努力去引导学生进行独立思考，激励学生表达自己的见解，正是因为有了学生的参与和主动反应，因此反馈的效率较高。交际教学法有着明确的教学目标，寻求的是强调语言的实用性，在交际教学法看来，学习语言的最终目的，就是熟练使用这种语言。在适当的场合，恰当地表达使用者想要表达的含义。所以交际教学法的目的，就是帮助学生在不同的社会环境中熟练地使用外语进行交际。

  交际法主要具有的特点：一是能够在教学过程中令学生的主体作用得到充分发挥；二是能够在教学过程中完成师生间的有效互动；三是在教学过程中培养和提高学生听与说的能力；四是能够在教学过程中及时获得相应的反馈。采用交际法开展的课堂教学中，教师会更加注重组织课堂上的会话，会话和讨论的主题也不完全局限于教材。在组织学生进行会话时，教师通常不会当即对学生口语中的错误提出异议，目的就是让学生有勇气开口练习口语。以下是在交际教学法中需要坚持的三个原则。

  一是将语言视作一种交际的工具，它属于一种语言的特殊系统，用于表达使用者的意义。交际法关注的是语言所要传达的意义，强调的是语言运用的本身，而对于语言的形式并不会过多去关注。在教学的过程中，教师会组织各种不同的活动，来引导学生参与富有意义的交际活动。在交际的过程中，可以提高学习运用语言的能力，不断提升学生的交际能力。

  二是在运用语言时，先关注的是语言是否流畅，后关注的是语言的使用是否准确。在交际教学法的模式下，学生在运用语言进行交际时，发现语言使用错误是正常的，在学习和运用语言的过程中，学生会逐步意识到自己的错误并改正它们。

  三是采用交际教学法时，教师的教学活动应当将学生作为核心，在教学过程中，教师所要扮演的角色是教学活动的引导者、课堂学习的组织者、师生互动的参与者。学生所扮演的是学习活动中的主角，在反复进行的语言训练中，不断提升自身运用语言的实际能力。

  按照交际教学法的要求，学生的语言交际能力主要包括两方面的内容：一是要掌握语法使用的基本规则；二是要具有使用目的语言的实际能力。交际教学法最终的目的,就是培养和提高学生在相应的社会环境中,利用外语参与交际的基本能力。在交际教学法看来,教学的过程中,教师不仅需要扮演语言知识传输者的单一角色,而且还应当成为学生学习过程的督导者以及成效检查者。交际教学法提倡,将学生作为整个教学过程的中心,在教师与学生、学生与学生的频繁互动中,培养和提高他们运用语言的交际能力。要想令学生的交际能力得到真正的提高,首先需要增加学生运用目的语进行沟通和交流的机会,特别要组织学生相互间展开有意义的交流与互动。这样才能更有效地提高学生运用语言的实际能力。在高校英语教学中,交际教学法会有以下两种表现。

第一,令英语课堂教学呈现出多元化,互动性也更强。在刚开始试行互动教学模式时,就重新构建了英语课堂教学的主要流程,传统教学模式下,那种以教师为中心的模式被摒弃,课堂教学过程开始变得多元化,也更加注重交际性。教师会在课堂上组织学生参与各种小组活动,学生与学生的互动变得更加频繁和有效。在讲解课文和教材时,教师会让学生多参与语言的实际练习,这样不仅加强了教师与学生间的互动,而且教师也能充分发挥在学生学习过程进行组织和监督的作用。课堂上教师可以组织一些学生喜闻乐见的活动,比如小型辩论会等,在课堂上营造出一种较为真实的交际情境,让学生投入其中扮演一些角色,这些方式对于培养学生的交际意识十分有利,同时也能帮助他们尽快掌握语言交际的各种技巧。

第二,实现课内以及课外语言学习的互动教学。在大学英语教学中,刚刚建立起互动教学模式时,英语教育工作者就意识到,能不能在课堂教学和课下运用之间建立起有效的互动,决定着交际教学模式能否取得成功。原因在于只有学生在课余时间对语言进行充分的练习,才能保证课堂上的口语训练取得实效。而在课堂上进行的口语的训练、表演以及获得的评价,又会促进课下练习活动的展开。所以交际教学法就要求:学生在课下所练习的内容,必须要与课堂所学的内容保持一致。课堂不仅应当成为口语练习和实践的重要场所,而且也应当成为对学生课外学习展开评价的主要场所,课堂上的语言输出也要体现在课下的练习中去。

(6)大学生英语学习目标层次理论(Hierarchy Theory of Aims in English Study)。美国著名心理学家马斯洛在《人的动机理论》一书中提出了人的需求层次理论。美国语言学家把动机分为融入型动机(integrative motivation)和工具型动机(instrumental motivation)。融入型动机指的是语言的学习者对所学语言的社团文化,存在浓厚的兴趣,希望对其进行深入了解,有参与其中的愿望。工具型动机,指的是语言的学习者学习语言的动机,是希望将其作为工具来寻求经济上的利益,以及其他好处。相比工具型动机,融入型动机会令学习者表现出更明显的积极性和主动性,他们会更加注重语言综合使用能力的提高,而且学习的兴趣以及积极性能够保持得更长久。如果学习者仅仅将语言作为一种工具,那么在学习的过程中,往往会呈现出一种被动的状态,而且所定的目标也通常是暂时性的。目标一旦达成,他们的学习热情和兴趣就会大大削减,甚至消失。在此本书总结出了大学英语学习中,关于学习目标的相关层次理论。根据这种理论,大学英语学习的目标可以被分为四个层次:一是最低的目标,即安全(考试)目标层次;二是一般的目标,即顺利实现社交目标的层次;三是较高的目标,即获得尊重目标的层次;四是最高的目标,即实现自我的层次。

第一,最低目标:安全(考试)目标层次。在大学英语的学习过程中,最低的安全目标,所对应的是工具型的学习动机,这些在语言的学习中,属于层次最低的一档,对于大学生来说,这也是学习过程中的最低目标。

在大学阶段,英语是一门非常重要的必修课程,直接关系着学生的考试成绩,也关系着学生的毕业和就业。如果未能通过考试,那么学生就会无法顺利毕业,也就无法正常步入社会。而且近年来社会上越来越多的用人单位要求就业者持有大学英语四级证书,这就使得大学生不得不为了就业而考虑学习英语。经过与大量学生的访谈与交流,笔者得知有很多大学生感觉进行英语口语的练习缺乏足够的动力,之所以会出现这种情况,有一个很重要的原因是:我国大学英语四级考试,并不会对学生的口语能力进行考核。所以很多大学生学习英语的目的,仅仅是为了顺利毕业,为了尽快通过英语四级考试。所以很多大学生给自己订立的英语学习目标,就是顺利通过考试。对于这些学生来说,一旦通过了考试,拿到了证书,或是目标确定已无法达成,那么他们会立即失去学习英语的兴趣以及动力。实际情况是大部分大学生学习英语的目标,都是处于这一最低层次的。所以,大学英语口语教学难以取得预期的成效,往往就是受这个原因的影响。

第二,一般目标:社交目标层次。当英语学习过程中已经达成了既定的安全目标,学生的学习就会朝着更高层次的目标进发,这就到了社交目标的层次,也可以被视为一般目标。社交是人们同周围的同伴发生的一种交际行为,目的是得到他人的认可、尊重、信任以及接纳。有了成功的社交,人们才能获得精神上的慰藉以及团队的归属感。如果一个人没有正常的社交,他通常会失去归属感,产生精神上的压抑感。

随着社会的发展,大学生的社交需求越来越强烈。在英语学习的过程中,这种强烈的需求也能得到体现。一旦在英语学习中达成了最低目标,大学生

就会更加愿意去参加一些与英语学习有关的社团活动，以此来获得精神上的归属感。例如，学生会更渴望了解和掌握英语所独有的语言文化，也希望去和使用地道英语的人进行交流，在这种状态下，英语实际上成为学生进行社交的一种工具。此时学生的学习动机还是将英语作为一种工具，但是这里的工具意识与最低目标中的层次不同。因为在以安全作为目标的第一层次当中，学生主要是因为受到外界的各种压力，被迫学习英语，但是处于一般层次中的英语学习者，已经开始有了学习英语的自主愿望。

第三，较高目标：尊重目标层次。当大学生在英语学习的过程中，实现了社交层次的目标后，就开始要进入到寻求尊重的层次中了。因为学生需要得到他人的尊重，需要寻求一种成就感，希望感受到自豪和自信，所以会有这种学习目标的设定。而且处于这一层次中的学生，也更加愿意得到他人的认可和欣赏。

大学生的学习目标相对于其他大部分人要更高一些，所以简单地通过英语类的考试，以及获得各类证书，并不是他们唯一的学习目标，能够自如地参加各类与英语有关的活动，顺利地使用英语与他人展开交往，也只是学习目标之一。大学生更愿意看到自己因为有出色的表现而获得社交对象的认同、家长的表扬、教师的鼓励、同学的艳羡。当学生处于这一阶段时，他们学习的动机已经开始由工具型的动机逐渐转变为融入型动机。但是如果学生长时间内未能实现相应的目标，那么他们的学习动机也会很快消失。当处于这种情况时，他们的学习动机只能保持为工具型动机，这属于一种外部的动机。而当学生能够长久保持这种目标，那么他们的学习动机也就会逐渐转变成为内在的动机，学生也会因内在动机的作用，而得到学习方面的有效激励。

第四，最高目标：自我实现目标层次。当学生在学习的过程中，实现了尊重的目标之后，他们就会转而追求自我实现的更高目标，这是一个自然发展的过程，也属于英语学习中的最高境界。

学生学习英语的过程，就是从最低目标到最高目标的实现过程，完成了最高的目标之后，他们就可以在各类与英语有关的社团活动中，熟练地使用英语与他人展开交流，同时获得他人的肯定和尊重。他们在学习的过程中，发挥了自身的潜力，充分体现了个人的学习能力，体现出了个人的魅力与价值，达成了自己学习英语的预期目标，从这个过程中获得了精神上和心理上的满足感。当学生在学习的过程中，确立了这种最高目标，他们就会对英语学习表现出很高的热情和极大的兴趣，学习英语在他们看来也就变成了一种非常愉悦的活动，他们会非常愿意为此投入大量的时间和精力。在追求最高目标的过程中，学生的自主学习能力也会得到潜移默化的提高，这时候他们的学习动机就会完全变成融入型动机,这种动机会更加持久。

大学英语学习中的各种目标,都可以划分成不同的层次,这些层次之间可以被明确区分开来。但是一些相邻的层次,有时会交融在一起。对于英语学习的目标,学生们有时是有意识的,可以通过自身区分开来的,但有时却是无意识的,并不能明确加以区分。不论是有意识的,还是无意识的,这些状态都能促进学生英语学习的积极性。

大学生英语学习目标层次理论的核心在于不断激发学生英语学习的积极性,激励学生在学习中向更高一个目标层次发展。

(7)大学英语教学模式方格理论(Grid Theory of College English Teaching)。1964年,美国得克萨斯大学的行为科学家罗伯特·布莱克和简·莫顿提出管理方格理论(Management Grid Theory),改变了以往各种理论中"非此即彼"式(要么以生产为中心,要么以人为中心)的绝对化观点,指出在对生产关心的领导方式和对人关心的领导方式之间,可以有使二者在不同程度上互相结合的多种领导方式。管理方格理论问世后受到了管理学家的高度重视和肯定。

面对我国大学英语教学改革所取得的成果,不得不承认还有各种各样的问题存在,"而中国英语教学改革面临的最大的问题就是缺乏方向感。内部的分歧往往在于:一些人追随的是已经过时的潮流,另一些人追随的是还没有过时的潮流"。其后果是致使我国的英语教学往往出现一些极端的方式,或者以读写为中心,过分强调词汇语法的教学,重视语言知识导致忽视语言应用。其产物就通常说的"哑巴英语";或者完全以交际能力为中心,过分强调学生听说的操练,结果是学生的交流准确度降低,"出了一些只会谈天气的女孩"和"流利傻瓜"。为了避免出现极端的行为或是绝对化的观点,有很多教学模式,可以做到将语言交际能力与语言知识有机结合在一起。我国有学者提出了大学英语教学领域的方格理论,这种理论利用一张方格图,来显示和说明我国大学英语的教学模式,方格图中有纵轴,也有横轴,纵横轴均为9等分。

在方格理论的图示当中,横向的轴代表着对语言能力的重视程度,纵向的轴代表着对交际能力的重视程度。语言能力指的是使用语法、词汇的能力,应对考试的能力;交际能力指的是语言技能以及语用知识的使用能力。重视程度最低的一档用第1格来表示,重视程度最高的一档,用第9格来表示。该图一共包括81个小方格,显示了对于语言能力以及交际能力的不同重视程度。

在大学英语教学中,通常会出现的失败情况:一是不注意培养学生的语言使用能力和交际能力,在教学的过程中,教师未能制定科学而明确的教学目标,也未能采取有效的教学手段。教师为了完成工作任务,学生为了应付各种考试,结果导致教学的效率低下,预期的成效难以达成,学生不仅在词汇和语法应用方面能力不足,而且听力以及口语水平也较差,这种教学模式的制定就是失败的。二是对于语言知识的学习过分偏重,就会出现"哑巴英语"的情况。这种"哑巴英语"一般都出现在传统的教学模式之下。采用这种教学模式时,教师授课时,大多会选择"满堂灌"的教学方式。这种教学模式下,培养出来的学生,一般都会掌握大量的词汇,对于语法的知识也较为精通,能够轻松地应付各种考试。三是采用视听说法的教学模式。教师盲目地将学生作为教学活动的中心,在听与说的训练方面,投入了过多的精力,其结果是虽然学生的语感较好,口语较为熟练,但是词汇量较少,对于语法的应用也不精通,所以口语并不标准,只是一味追求流利。最理想的教学方法就是采用折中式的教学模式,也就是兼顾学生的语言能力和交际能力的培养,寻找这两者间的平衡点。采用这种模式来教学,更容易使学生的听说读写能力得到全面的发展与提高。

如果能在大学英语教学活动中,采用多维互动的教学模式,能解决只一味强调听说能力培养的缺陷,让学生运用语言的综合能力真正得到提升。多维互动式教学,将交际教学法同传统的教学法结合在一起,既注重学生的核心作用,同时也重视教师在教学过程中的重要作用,使两者的积极性都能被充分调动起来。教师要为学生的语言练习提供更多的机会,有意识地培养他们的自主学习能力。教师应当鼓励学生在课余时间,特别是寝室时间多讲英语,利用英语口语开展与他人的交流与沟通,为自己创造更多的口语训练的机会,从根本上克服讲英语的畏难情绪,培养学生在英语学习过程中的正面情绪。教师可以在课堂上,对学生口语练习的情况进行检查,为学生制造更多的口语练习的机会。将课堂上的学习与课余的学习有机结合起来,让口语教学同阅读教学协调发展。大学英语教学中,采用多维互动的模式,更容易达成如下理想的状态:学生在学习中的合作能力得到提升,自主学习的能力明显提高,利用目的语进行交际的能力得到提高,外语综合运用能力得到增强。

二、大学英语多维互动教学模式的实施过程

(一) 问题与假设的内容

1. 问题的确定

一些具有可操作性的教学模式陆续被推出,英语寝室活动可以帮助很多大学生提高语言的运用能力;但是因为这项活动的成员,需要经过筛选才能参加,所以更多的学生因为不是大学寝室的成员而无法参加,也未能从中获得更多的帮助。而且英语寝室活动的参与成员越来越多,如果仅凭本课题组的研究教师去对学生进行课外辅导,显然已经无法完成如此大的工作量。并且通过前期的实践和摸索可以发现,英语寝室活动由于交际的情境大多局限于寝室内的生活,没有课程内容作为依托,导致有些学生对在寝室中进行英语口语训练失去了热情。所以仅仅依靠学生的自觉性或是教师的督促,已不足以支撑英语寝室活动进行下去。所以,目前亟须解决的问题是,怎样寻找到一种能够将寝室英语活动长期坚持下去的有效办法,并在此基础上提高大学生对英语的综合运用能力,掌握使用英语进行交际的技巧。

课题组经过对教育学理论的深入研究,对"二语习得理论"的借鉴和分析,并且总结了前期的一些经验,认为必须要在大学课堂上建立起多维的互动式的教学模式,将教师和学生的积极性充分调动起来,针对学生的实际情况,采用适当的教学手段,才能真正提高学生语言运用的能力。在已经进行的高校教育改革中,英语教学领域也积累了一些经验,取得了一些成效。以下是当下大学英语教学过程中需要注意和亟待解决的一些问题。

一是怎样有效推进英语寝室活动,做到让其他的同学对参与英语寝室活动的成员,产生羡慕的心理。

二是怎样令英语寝室活动的受益范围进一步扩大,让更多大学生的英语水平得到提高,增强大学毕业生在就业、创业过程中的竞争优势。

2. 假设性探讨

课题组深入分析、研究了教育学的相关理论,讨论了二语习得理论,在此基础上做出了如下的假设。

(1) 对传统的英语教学模式做出改变。将英语寝室活动与课堂的教学有机结合起来,在大学英语课堂上建立起一种交际化的,拥有更多互动性的英语教学模式,这样才能有效促进英语寝室活动的健康发展,令更多的大学生从中受益,使之成为大学英语中互动教学模式的重要内容。

中国的语言环境主要以汉语为主,学生的英语学习主要在课堂上进行,

所以教师在课堂上采用什么样的教学方法，营造出什么样的教学环境，对于提高学生学习英语的兴趣，收到预期的教学成效起着至关重要的作用。"如何搞好课堂教学改革，构建充满生机和活力的大学英语课堂，是课程改革中的一个重要课题。"

过去在大学英语教学中，主要采用的是传统的课堂教学模式，这种模式下，教师是教学活动的中心，发挥着最核心的作用。学生在课堂上只能处于被动的知识接受者的角色之中，发言的机会很少，整个课堂的气氛十分沉闷。授课过程中尽管教师有时也会向学生提出问题，但是因为学生的思维并不能时时跟上教师的节奏，回答问题的效果也不能令人满意。之所以会出现这种状况，原因在于大多数学生没有提前预习课程，课堂上面对教师讲授的内容，特别是一些新的词汇和知识点会感觉到非常陌生，教师不得不利用大量课堂时间，去详细讲解单词和课文。学生因为对课堂讲解的内容不熟悉，也不了解自己的知识盲点在何处，只能按照教师的讲解节奏忙于记笔记，整个学习的过程完全受到教师的控制，没有机会去将知识内化和进行实践。久而久之，学生愈发难以开口讲英语，因为他们怕口语不佳而受到他人的嘲笑。在这种情况下，教师再次被迫采用传统的教学模式，继续在课堂上进行"满堂灌"。但是传统的英语教学法又不受学生的欢迎，会更加令学生失去英语学习的兴趣，对提高自身的英语口语能力失去信心，也越发会失去与教师进行互动的动力。这样就会使得大学英语教学处于一种恶性循环中，教学的成效难以显现。

鉴于以上情况，要想真正令高校英语教学改革取得成效，首先要想办法改变这种恶性循环的状态。所以我们可以借鉴企业管理的经验，利用流程再造理论，在大学英语课堂上，构建起多维互动的新型教学模式，重新构建起各个教学环节，营造出教师与学生积极互动的有利课堂氛围；在课堂上强调师生、生生间的交际，调动起课堂上的活跃气氛；引导学生主动参与教学活动，认真听取教师的讲授，独立进行思考，大胆地表达自己的观点；培养学生对英语学习的兴趣，提高他们自主学习的能力。

（2）构建起对学生的科学评价体系。这种体系中，应当将终结性的评估方法与形成性的评估方法结合在一起。教师应当进一步加强对教学过程的掌控，尽可能挖掘每个学生课外学习的潜力。只有将课堂上的学习与课外的口语训练有效结合，才能促进交际化教学模式的有效推进。

有学者认为，直接教学结果会直接影响到教学中的反馈作用。以形成性和诊断性的评估方式，对直接教学结果进行反馈，会对教师的教学活动以及学生的学习行为产生至关重要的影响。教学、学习、教学结果评估再到教学，会成为一个循环的过程，但是因为受到的影响不同，这种循环可能是良性的，也有可能是恶性的。自20世纪起，这种反思教学的观点开始出现。布鲁姆是美国的心理学家，他认为教育评估可以被分为三类：一是诊断性的评估；二是形成性的评估；三是终结性的评估。在教育活动中，诊断性评估针对的是教育活动正式展开之前；形成性评估对应的是教育活动的过程之中；终结性评估对应的是教育活动完成之后。其中形成性评估阶段是学生的知识、技能以及学习态度的形成过程，目的是评价并监控学生的学习情况，将评估的结果反馈给教师以及学生，然后根据收集到的各种评价信息，来对教学的内容以及手段做出调整。通过进行这种评价，教师能够在不同的学习环境中，对学生的学习情况进行监控，了解学生的学习表现，有针对性地对自己的教学计划做出调整，并且能引导学生对自己的学习进程做好记录和监控。如果能够有效使用形成性评估，教师就能获得明显的教学成效，而且学生也会从中受益。

　　在大学英语课堂未引进多维互动教学法之前，因为受到各种各样因素的影响，只能使用终结性的评估方式来对在校学生使用英语的能力进行评估，也就是根据最终的考试成绩来对学生的学习能力做出评定。终结性评估方式有着其自身的优势，主要表现在：评估教学成败时会从整体的角度出发，而不会局限在单独的个体上，能够帮助评估人员以及授课教师明确了解下一步的问题。但是这种教学方式也存在着明显的缺陷，例如，其评价主体太过单一，评估时更加关注知识，但对学生对知识的掌握程度并未给予应有的关注，评估的各种结果无法及时向各方进行反馈。这种教学评估法会对学生产生误导作用，使得他们只关注课程的考试成绩，而忽视学习的具体过程，无法对学生的思维过程进行准确的评估，很难培养出学生的科学探索精神。从而"在很大程度上忽视了体现学生学习过程的形成性评价，导致教学活动完全围绕考试内容进行"。使用这种评价方式，很难令学生的语言使用能力得到真正的提升，也无法培养他们独立思考和独立解决问题的能力，教师在教学的过程中，也很难发挥对学生学习过程的控制作用，难以真正营造出有效的交际型的课堂氛围，对于建立师生间的互动极为不利，从而影响到高校英语教学改革的整体进程。

　　根据目标层次理论的要求，学习较为困难的学生，会从形成性评估的教学方法中受益更多，所以我们可以将形成性评估方法，和终结性评估方法结合在一起，形成一种特殊的评价体系，以激发那些将目标定在最低层次的学生的学习动机。从实际情况来看，很多大学生仍然将英语学习的目标定在最低层次，也就是出于安全的需要，才不得不学习英语课程，他们学习英语的

第八章　PI教学法视域下的大学英语自主学习与合作学习探究

目标就是通过各种考试，顺利完成大学阶段的学业。在传统的教学模式下，评估体系更加关注的是学生的期末考试成绩，但对学生具体的学习过程缺乏监控，一些学生会在考试前突击复习，虽然这样也能通过考试，但是他们缺乏的是自主学习的内在动机。针对这部分学生的具体情况，首先教师要引导他们确定自己更高一层的学习目标，而且还应当合理利用他们希望安全过关的心理，想方设法调动起他们学习英语的积极性和主动性。教师可以将终结性的评估方式和形成性的评估方式结合起来，对学生的学习态度做出评价，对他们的学习情况进行测试，让他们感受到学习中的"不安全感"，这样他们就会为了寻求"安全感"而将更多的精力投入到学习英语中。

根据上述论证结果，大学英语教师应当力争全面实施多维互动的教学模式。在实施初期，需要进行充分的探讨，提出各种假设，改变对学生成绩的计分方式。在课堂上，教师应多组织学生参加各种方式的测试，将学生的平时成绩计入期末的总成绩，通过这种方法来加强对学生平时学习情况的监控。假如大部分学生都能根据教师的要求，提前对所学的课程进行预习，那么课堂上的各种互动活动就会取得更好的效果，整个教学环节也会成为一个良性循环的过程。

（3）要想有效解决教学改革中遇到的各种问题，课题组首先要建立起健全的交流制度，组织课题组的成员定时召开交流会议，这样才能有效统一教师的思想，转变教师队伍中存在的传统的教学思想。

实际上，教学模式的改革不仅仅是教学内容以及手段的简单转变，更重要的是教学理念的发展和转变。所以，要想取得大学英语教学改革的成功，首先要转变教师的传统教学观念，切实提高教师队伍的整体素质，这也关系着英语学科是否能够获得长远的发展。

在推行英语寝室活动与课堂教学相结合的活动时，也会出现教师思想观念无法统一的情况。经过调查了解，有些教师并不愿意采用新的教学模式，原因在于：有些教师对于教学改革的实施缺乏正确的了解和认识，他们过多地关注向学生传授语言的知识点，认为必须要按照预设的教学计划来进行授课，才是真正完成了教学任务，这些教师认为课堂的时间非常宝贵，不应该用来进行"无谓"互动。还有些教师自认为缺乏组织师生、生生互动的能力，不愿意在课堂上组织更多的互动活动。但是如果采用新的教学模式，那么教师扮演的角色就不仅仅是知识的传授者，他们还需要扮演学生学习过程中的引导者和启发者。教师在课堂上不应再演"独角戏"，而应当成为引导和组织课堂活动的"总导演"。在采用互动式教学方法的课堂上，教师经常会遇到一些特殊的情况，也会体验到一些意料之外的状况。教师的角色从过去的主角变成了现在的导演，这使得一些长期采用传统教学方法的教师感觉到无所适从，工作压力增大，他们对于采用新的教学模式进行授课会产生畏难情绪。如果采用新的教学模式，那么教师就需要加强对学生课外学习的监控，而学生也需要在课前花费大量的时间进行预习和练习，才能在课堂上顺利展示自己的口语水平。但是由于学生本身的课业负担就比较重，再加上很多学生会有学习方面的惰性，所以对于教师布置的这些课外任务就会产生抱怨的情绪。而且有些学生因为基础较差，担心在课堂上与其他人进行交流和互动会遭到同学的嘲笑，所以并不愿意去参加课堂上的互动，这也会导致交际化的教学模式不能顺利实施。同时，这也是教师不愿意采用新的教学模式的一个重要原因。多维互动的教学方法也属于新生事物，在推行的过程中，教师必然会遇到各种各样从前无法想象的状况和问题，仅仅依靠教师的一己之力，有时无法顺利解决这些困难。正因为如此，就需要由课题组定期组织业务交流会，让教师在与其他同行的交流中获得学习和提高的机会，帮助他们转变教学观念，提高对推行新的教学模式的认识，及时提出并解决教学中遇到的困难和问题。

（二）制定与实施计划

1. 计划的制定

首先，对过去三年大学英语教学，尤其是宿舍英语活动的创新之处进行汇总，仔细钻研二语习得和教育学的相关知识，将理论体系构建完成，包含两方面：学生形成性和终结性评估相结合的学能评估系统、大学英语课堂教学环节；将04级学生的部分工作完成，包括确定课题组成员、选出英语寝室成员、设立教学实验组和对照组等。

其次，颁布相关规章和制度；将教师统一组织起来，对新的大学英语课堂教学规范进行认真学习和领悟，提升认知、规范思想、主动投身于大学英语创新。

再次，除了对照组班级之外的课堂，将其他班级的课堂教学流程，还有学生形成性和终结性相结合的学能评估系统，都统一替换成最新版。

最后，针对这一次的教学革新做出反思、总结和分析。

2. 实施行动计划

（1）贯彻课堂教学的七大规范，创新流程。以交际教学法理论和教育流程再造做指导，变革旧有的、单调的"单词—课文—练习"的课堂教学模式，实施"口语展示/检查—课文导入—精讲多练—问题讨论—布置课外口语作

第八章 PI 教学法视域下的大学英语自主学习与合作学习探究

业"的动态化、交际化课堂教学流程,同时将英文宿舍活动和课堂教学相结合。拟定课堂教学的"七大规范",制定新的教学流程,责令教师严格遵守。

1)"课堂教学与英语寝室互动"课堂教学流程。

第一,口语展示/检查。每堂课前 20~30 分钟,教师会随机选取 20 多位学生到讲台上,陈述上堂课教师留下的英语宿舍口语任务,每一位学生展示的时间不超过两分钟。按照学生的发挥,教师需根据课堂教学"七大规范"现场评分。

给学生口语打分时,教师应将几方面列为参照标准:音调高低;表述是否合乎英文表达习惯;内容是否饱满,逻辑是否清晰;口齿清晰程度,语音、语调是否准确;流利程度;语法是否准确,用词是否准确。学生在展示口语作业时,教师应专心"听",既要记下学生比较好的表述点,也要记下在此过程中学生在用语、语法等方面的失误,并在学生展示完毕后予以归纳、分析。

第二,创设情境,导入课文。教师可以通过一系列方法来进行情境创设,以此来引入课堂内容,包括:对有关的文化背景进行讲解,以提升学习的趣味性,刺激并扩展学生脑海里相关的图式,为课堂内容还有下一步沟通做好铺垫;根据课文中的相关功能句式,借由口语练习引入知识;通过相关问题的提出,刺激学生的学习自主性;通过对学生的口语演示评价来引入知识。在知识引入的过程中,教师可以将其与口语训练相融合,让这一阶段更为引人入胜。

第三,课文讲解,精讲多练。教师在课堂上分析课文时,往往不需要一字一句地逐个翻译,也不需要诵读单词、领读课文或对照答案,因为在课下,很多学生已经耗费了时间和精力去预习了课文,了解了课文内容,所以教师只需要着重剖析重难点,且通过不断地组织练习,来帮助学生巩固和掌握。

第四,问题讨论。对于课文中存在的重难点问题,教师可以有针对性地举一反三,借机举办相关活动让学生参与其中,使学生的知识能在教师、学生还有学习内容的彼此互动中得到巩固,使学生的思考辨析能力得到提升。

第五,布置课外口语作业。临近下课,教师须给同学们留下一部分口语练习作业。该作业内容应与课堂内容紧密相关,作业的形式可以循规蹈矩,也可变化多端,比如背诵、造句、对话、句型操练、讨论、辩论、复述课文等,某些作业还需要学生课下在宿舍与舍友合作完成。

2)落实课堂教学的"七大原则"。鉴于部分教师一时难以改变旧有的教学方式,接受新鲜的教学方式,所以课堂教学"七大原则"应运而生,这一原则对课堂教学的环节和流程都做出了比较细致的规定,也为教学的实施提供了方便。其大致内容分为:

第一，每次上课，教师必须根据所教班级情况预留 20 到 30 分钟的时间检查学生口语。

第二，每次上课，教师必须依据各班级学生人数请 20 到 30 位同学上台做讲演（其中英语寝室成员占一半左右）。讲演形式可以多样化。

第三，在每位学生 1 至 2 分钟的口语展示完毕后，教师必须立即给出相应的分数。

第四，教师打分可采用 2 种计分制：10 分或 5 分制，和 A、B、C、D、F 等级制。

第五，每次上课，教师必须随机抽取上台学生，但是上次成绩不佳者，本次优先再给予机会继续上台演讲。

第六，每次打分以声音是否洪亮为首要标准，然后再以语言的流利程度、准确程度、语音语调等为标准。

第七，每次上课，同时请英语寝室和非英语寝室的同学上台讲演，但优先考虑英语寝室的同学上台，有意识地引导学生，在他们中间形成非英语寝室对英语寝室的"羡慕效应"。

七大教学原则要求教师课堂上要"以菩萨心肠，行霹雳手段"，对全新教学流程的实行要予以保障。"菩萨心肠"小即教师要把学生口语能力的提升作为终极目标，鼓舞学生尽可能地在一切空闲时间多进行口语练习，调动学生对于口语练习的积极性和主动性，通过不断的练习，最终实现英语综合能力的真实性提升。"霹雳手段"亦即教师对于学生练习口语的要求必须严格一点，要求其态度端正、方法正确。教师在实际操作时，需随机在课堂上抽取大约二分之一的学生，到讲台上进行英语口语演讲，当场打分，且打分标准要严格，打分主要依据流利程度、准确度。教师要态度鲜明，对于一贯表现优异的学生要不吝表扬，当场高分并予以鼓励，对于表现稍差的学生也要予以批评，低分刺激，使其能在课下更认真地练习，不断提高。若遇到表现不好但还知错不改的学生，教师可以暂时忽略，因为一段时间过后，假若二分之一以上的学生都可以把口语说得很流畅，那部分知错不改的学生可能会因此动摇、焦虑，进而"知错就改"。

（2）实施学生形成性评估与终结性评估相结合的评价体系。

第一，实施双单元测试制度。教师随堂进行测试，测试成绩在期末总成绩占比为 20%。测试题目包括语法选择题和词汇题，旨在让学生课堂所学不断得到巩固。根据大学英语读写教程的课时进度，两个单元进行一次测试。

第二，组织学期期末考试的实施。期末测验成绩在期末总成绩占比为 60%。组织一次期末测验，旨在全面测试学生的英文水平。该测验采用教考分离机制。批改试卷采用流水作业,由教研部统一组织。

第三,实施平时成绩测评制度。该制度主要涉及项目涵盖以下几类:作业完成质量、课上口语表现、出勤情况等。教师需对学生平时的学习努力度和积极性进行观察,并且记录下来作为考核指标。平时成绩在期末总成绩占比为20%。

(3)实施定期召开课题组会议制度。建议成立大学英文教学革新课题小组,组员为英语教师们。按照规定,五人一个小组,组长由各小组成员协商确定,组内每周组织一次交流会,交流一些初期教学实践中会遇到的思想上和行动上的难题,并通过讨论予以解决。

(三)反思与评价

1. 主要目的

大学英语多维互动教学模式推行初期所实行的互动方式是关键,需要对其按时反思,比方说,"七大原则""宿舍和课堂的英语教学互动"的教学模式、"按时组织课题组交流会议制度"等。对下列问题也需同步审查:

(1)大学英语教师对课堂教学"七大原则"的实施情况;

(2)大学英语多维互动教学模式对提高学生英语听说能力和读写水平的作用;

(3)学生在大学英语多维互动教学模式中的英语口语自主学习时间;

(4)"英语寝室"与"非英语寝室"成员在对以上问题的描述上是否具有显著性差异。

2. 主要方法

(1)课堂观察与访谈。在全新课堂教学模式推行的初始阶段,授课教师能够在第一时间见证全新模式对学生、英语教学带来的种种影响。几十名学生和教师,可以组织一些课间闲聊和小组交流会等,对全新的课堂模式的推行状况,展开沟通和交流,通过一些切实的感受对新模式初期推行的状况提出问题、发表见解。

督导组要切实深入大学英语课堂,对全新教学模式的推行状况展开观察,对教师课堂上"七大原则"的贯彻情况进行记录,还要了解英语课堂气氛的其他影响要素。上述操作都可作为一手资料,更好地对新模式进行评估和反思。

教师评价和反思全新教学模式时,可以采用课题组会议交流的方式。交流频率可定为:碰头会每周一次、座谈会每月一次,教师互相沟通,知无不言、言无不尽、互相学习，进而更好地提升教学质量。

（2）问卷调查。教师针对大学英语多维互动教学模式初期的实施效果等问题进行了问卷调查。该次调查的样本分为两组：英语宿舍成员和非英语宿舍成员。调查内容分为五项：①对全新教学模式下学生的英语读写能力进行考查；②对教师课堂教学的满意度进行考查；③针对大学英语教师对"宿舍和课堂的英语互动"教学模式还有教学的"七大原则"的落实状况进行考查；④对新模式下学生对英语口语学习的自主性进行调查；⑤对新模式下学生的英语听说能力的提升状况进行调查。

3. 结果分析

（1）教师在课堂教学新模式推行初期就对"七大原则"切实落实。根据调查，在实施大学英语多维互动教学模式的初始阶段，"英语宿舍和课堂教学互动模式"这一措施的落实状况很不错。

（2）对于新模式下学生的英语口语水平提升状况调查。在对新的课堂教学模式的效果调查中，结果显示，新课堂授课模式对于学生口语提升有帮助作用的占半数以上。同时，认为新模式对于学生口语的提升没有作用的占少数。

（3）对于新模式下学生的读写能力提升状况的调查。根据学生的反映，英语寝室和课堂教学互动的课堂模式对于口语能力的提升明显要高于对于读写能力的提升。

（4）"英语寝室"和"非英语寝室"成员对以上问题描述上的比较分析。"英语宿舍"和"非英语宿舍"成员在上述问题的表述上各有差异。关于确定性回复的占比，"英语宿舍"成员平均来说是高于"非英语宿舍"成员的。但关于二者之间的显著性差异存在与否，还需做更深层次的数理分析才能知晓。将上述数据运用 SPSS 进行卡方检验可知，只有在一个问题上（英语听说能力是否会因英语宿舍活动的开展而有所提升）两组数据存在显著性差异，其余四项问题，经检验均不存在显著性差异。

4. 互动措施实施效果讨论

（1）调查关于新模式下"英语宿舍和课堂教学互动"的推行效果。建立"英语宿舍和课堂教学互动"的课堂教学模式，旨在改良旧有课堂教学模式，提升课下学生自学的主动性，将以往学生被动地接受知识改为通过课下多彩的信息资源和方式来接受知识，通过真实或模拟的沟通交互，更好地学习语言知识。将口语的课堂教学和课下练习相结合，旨在运用课堂教学激发学生课下练习口语、运用口语的热情。该举措作为大学英语多维互动教学模式的关

第八章　PI 教学法视域下的大学英语自主学习与合作学习探究

键部分，对该研究的推行和革新具有不可或缺的作用。其成就主要体现在以下五点：

第一，旧有的课堂教学结构被打破，新的课堂教学模式更加开放、更加动态。对于旧有的"教师讲课，学生记笔记，'生词—课文—练习'"这种核心是教师的教学模式已经被全面打破，通过"检查学生作业—课文导入—精讲多练—问题讨论—布置课下小组口语作业"这一全新的课堂教学流程以及课堂教学"七大原则"的实施，实现了课堂教学模式的动态性和开放性。

第二，课堂的中心要放在学生的语言实践上，将英语课堂教学和学生自主学习有机结合。新的课堂教学模式强调督促和自主相结合，下课前给学生留下课后预习任务，并提前通知将有 1/2 以上的学生下节课需要上台演讲，让他们课下更自觉地练习口语，使其课堂内容能和课下话题互相融合。过去教师常常习惯于把大部分的课堂时间用来逐字逐句地讲解课文，如今则代之以口语演讲，让学生在课堂上复述并讨论，使他们更有参与感，也有更多机会练习口语。这种方式既能提升学生课上课下学习的积极性，还能将学生个性和课堂教学完美融合，进而实现最优的课堂教学效果。

第三，提升了学生的课堂参与感，塑造了一种轻松愉悦的口语学习氛围，调动了课堂气氛。课堂教学模式更新以后，教师每堂课都要请二分之一以上的学生上台做口语演讲，将单向的学生听、教师讲、学生记、教师板书的沟通方式转变为双向的师生交流或学生之间的多向沟通交流活动。在该互动交流的过程中，学生要作为主体和中心，不再单一地被动接收信息，而是要传递信息。教师也不再是单一的讲授者、传递者，还要是课堂活动的设计者、参与者和组织者，同时也是学生学习的指导者和推动者。新的教学模式带来的师生角色的转换，不但能调动并维持学生对于口语学习的热情和参与度，还能让课堂学习氛围更加舒适愉悦。

第四，新的教学模式能够在学生语言学习的很多方面提供输入输出的条件，对学生口语能力的提升有着关键作用。在该模式中，教师并不仅仅只讲解课文本身，而应该举一反三，针对课堂学习时遇到的一切问题，引经据典，如此一来，学生对于语言输入的兴趣势必会提升。充分提升学生的课堂参与度，抓住一切机会让其进行口语展示，不但能最大限度地扩展其课上语言输出渠道，还能加宽其课下语言练习次数。最终能让学生的口语沟通能力大幅度提升。

第五，新模式能够帮助学生培养英语口语沟通的自信，让他们克服恐惧心理。由于不得不上台表演英文演讲，次数多了，恐惧心理也就一点点地被克服了，自信也就逐步树立起来了。很多教师都有下列直观的感受：课程开始时，很多学生由于缺乏或者没有英语口语演讲的经验，所以很紧张。但随着演讲次数的增多，随着时间的推移，很多学生在演讲时都能游刃有余，表达时也可以很流畅。

（2）学生形成性与终结性评估相结合的评价体系的实施成效。

学生形成性和终结性相结合的评估体系是通过一系列随堂测验方式，例如考试、自主听力测试还有双单元测试等，对学生的成绩、口语学习任务的完成情况还有日常学习态度进行评价，切实贯彻了以学生为中心的评价体系和教学理念。推行的收效大致归纳如下：

第一，能帮助学生提升学习自主性。大学英语多维互动教学模式里，借由一些评价指标，比如学生的口语练习主动性、学生日常学习的动机等，帮助学生提升日常学习的积极性和主动性。学生在课下练习时，可以将自己对知识的思考和认识用日记和周记的方式记录下来，一步步把握学习策略，进而从整体上掌握学习完成度，逐步实现终身学习，成为学习的主人。同时，通过运用多种评价方式，涵盖学生间的互相评价、教师对学生的评价等，让学生认识到他们当前关于理论知识，还有实际的技能水平和他们需要达到的目标之间的差距，借此让他们能第一时间转变学习方向和策略，缩小学习差距，用主动学习来取代原来的被动学习。

第二，能帮助学生提升学习自觉性，正视短板。假如不用考试，那大部分学生在学习时可能都不会认真去预习和复习。经常性地出一些小测试，并且第一时间给予必要的成绩反馈，能在一定程度上提升学生的学习积极性。大学英语多维互动教学模式中，通过一系列的随堂测验，比如自主听力测验、随机单词听写以及双单元测验等，让教师能第一时间发现并告知学生存在的问题，让学生能清楚地意识到自己在学习中的长处，还有自己的短板，认识到自己的优点，也发现自己的缺点，并在日后的学习过程中，不断调整学习策略，不断提升学习效果。

第三，能够提高学生的学习自信心，提升学生的学习原动力。大学英语多维互动教学模式中，将学生的形成性评估重心放在了一些具体问题上，像是寒暑假作业测试、自主听力测试、双单元测试、入学考试等作业或测试成绩，借此让学生更深刻地认识到自身劣势并予以提升。因为通过上述评价，学生会更努力地去学习，去提高成绩。通过日常测试，既能让学生发现自身进步，也能提升自身成就感，提升自信心，提升其对英语学习的热爱度，使其坚信"努力就能进步，不断努力就能成功"。

第四，能让课堂的沟通得到质的提升。在推行形成性评价体系的时候，教师要通过对学生的课堂表现(口语展示、小组对话和课堂讨论等)做出观察，进而对其进行评价。这不但能让教师和学生之间在课堂上的沟通增多，还能让教师了解学生在学习时的乐趣、难点还有学习能力，因材施教，进而实现教学过程中各主体的最大化交流。在该模式下，学生不光能提升自身对于课堂知识的主动性，还能一改往日上课的沉闷气氛，改变全程教师发言的状况，实现沟通方面质的提升。

（3）定期召开课题组交流会议制度的实施效果。

第一，可以帮助教师统一思想、转变观念，进而巩固主动投身教育革新的决心。不同的教育观点，就会导致不同的教育行为。倘若教师对新模式的教学观念没有准确的认识，那他们就不会全身心地、主动地落实新的教育方式，其积极性和主动性也就无法充分发挥，新的教学模式也就不能很好创新并落实。换言之，倘若教师不主动转变教学观念，对于新模式只是被动推行，那么推行的效果肯定不尽如人意，也难以保证其推行的完成度。在推行大学英语多维互动教学模式的初始阶段，尤其是强行让教师按照"七大原则"授课时，鉴于部分教师已经适应了旧有的教学方式，对全新课堂模式可能带来的问题和压力难免有所恐惧。此外，作为一种新的教学模式，大学英语多维互动教学模式的效果目前并未全部显现。一些教师也因为怕耽误正常的课堂进度，怕会干扰学生读写能力的提升，而对课堂上"口语检查"环节颇有微词。这也导致了部分教师对新模式的参与度比较低，所以要通过一系列措施来提升认识，更好地推行新模式，包括：定时组织课题组交流会议，深化了解教育学理论；全面剖析中国大学英语教学的现状，进而实现思想统一；意识到教育改革的紧迫性。

第二，可以帮助教师及时认识到教学中遇到的问题，并第一时间予以沟通和解决。新的教学模式强调互动性，既要师生互动，也要生生互动，这对于课堂气氛的调动有着很重要的作用，能让课堂气氛更为轻松和活跃。新的教学模式也是一种探究性的授课模式，最大的特色在于将宿舍英语和课堂英语相结合，彼此良性互动，提升学生口语学习的热情，提升其语言运用的能力。但老话说得好，"说着容易做着难，想着容易落实难"。在新教学模式的推行过程中，也面对着许许多多的问题，比如，怎样才能兼顾学生的听说能力和读写能力，做到两全其美？怎样提升"英语宿舍成员"的"羡慕效应"，同时提升"非英语宿舍成员"上课参与口语活动的热情？怎样处理学生的口语"准确度"和"流畅性"之间的关系，用正确的方式来更正学生在口语活动时的失误？遇到"顽固的不开口的"学生又该如何？等等。还要按时组织小组碰头会和课题组会议，通过一些正式或非正式的沟通和交流，教师们知无不言、言无不尽、分享经验、分享一些有效的解决办法。通过一些栩栩如生的教学经验的分享,不但能让一些裹足不前的教师发现新模式的优势,还能让教师们更勇敢地实施新模式并在教学过程中进一步反思和完善。

第三,可以为教学革新提供第一手的真实且珍贵的资料:①通过组织课题组交流大会,动员全体教师讨论这一全新模式,领导要认真聆听并记录,第一时间掌握最新动向,及时调整教学方案,做出符合时宜的对策;②作为项目主体的教研部,要对教师授课的反馈信息进行深度钻研,进而更透彻地了解教师的授课情况,第一时间反思总结,调整策略,深层次推进项目进度,丰富各项目内容;③认真做好会议记录,将该教学模式推行的全部过程都详尽地记录下来,为教学革新保留第一手的真实且珍贵的资料。

第三节　大学英语自主学习模式与能力培养路径探究

大学英语的改革,把自主学习当成是一种全新的教学理念,俨然已成为大学英语教学改革的主导思想。各大专院校为了贯彻改革精神,采用大学英语网络教学模式,鼓励学生外语学习要朝着自主性、个性化的方向发展。

一、自主学习概述

(一)自主学习的相关理论

自主学习又称为自我指导学习,是一种以人本主义为主的现代学习理念,也是目前应用语言学研究的一个重要内容。

1. 人本主义心理学

人本主义心理学是在美国兴起的一个的重要学派,兴起于20世纪五六十年代。它反对不重视人类自身的特征,反对行为主义把人看作单纯的工具,同时也批评认知行为能力,但却忽视了其他方面对学习的影响。他们以为心理学应该探讨"完整的人",而不是简单地把人的认知过程分割出来加以分析。罗杰斯作为人本主义的代表人物对学习问题进行了专门的研究。

罗杰斯认为学生学习有两种类型:认知学习与经验学习。学习方式也有两种:学生无意义学习和有意义学习。他认为认知学习和无意义学习以及经验学习都是一致的。原因是认知学习它不介入情感和个人意义,它是一种"局部的学习",所以与"完整的人"无关,是一种没有意义的学习。因此经验学习一定是有意义的学习,并能有效地促进个体的发展。因为经验学习把学生良好的愿望、浓厚的兴趣和需求紧密地结合起来,称之为有意义学习。什么是有意义学习,罗杰斯认为构成个人的认知和情感均投入学习活动之中;

学习是学习者自动自发的（self-initiated），学生最清楚这种学习是否满足了自己的需求、是否有助于实现他的学习目标、是否掌握了原先不确定或不知道的知识。因此，学生能对学习产生兴趣，并能结合到学生系统之中。"有意义的学习结合了逻辑和直觉、理智和情感、概念和经验、观念和意义。若我们以这种方式来学习，便会变成统整的人。"

总之，人本主义的学习和教育教学方法着实地影响了教育发展。

2. 认知心理

（1）认知主义学习理论。认知主义学习理论研究人的认知过程，强调学生对外部刺激（即所学知识）的加工处理、内化吸收等高级心理过程的重要性。认知心理学家试图把认知心理学的理论用于外语教学当中。因为他们比较重视人的感知、理解以及思维等诸多智力因素的积极作用。认知主义学习理论的代表人物有韦特墨、托尔曼、皮亚杰、布鲁纳等。心理学家认为，"人获得和运用知识，依赖于人的一系列心理活动，如知觉、注意、记忆、学习、思维、决策、解决问题、理解和产生语言等，这些心理活动的总称便是认知"。其中又以皮亚杰的"发生认识"和布鲁纳的"基本结构理论"及"发现学习法"对教学产生的影响最为深远。

皮亚杰认为，个体和环境在不断地相互作用中结合起来，引向对世界的重新感知和对知识的重新组织。新经验与过去存在的认知结构相互作用，实现优化原有认知结构的目的。皮亚杰把人们的认知结构称之为图式，就是指构成可能有组织的行为类型的认知能力。人们在从事各种活动的过程中，一般通过与环境间的关系建立起一系列的图式，所以图式在适应环境的过程中不断得到充实与更新，这样就能更好地符合了现实世界的要求。

布鲁纳在接受并继承了皮亚杰观点的基础上，逐步形成了自己的理论——"基本结构"理论和发现学习法。布鲁纳认为，人们是通过三种方式来认识世界的：通过图片形象、通过做动作、通过某种社会标准手段。布鲁纳认为，行为把握即从图像把握到符号把握的过程，从而形成了学习者的认知发展和成长过程。他倡导在教学过程中要让学生掌握知识的基本结构，如概念、基本原理、规则等，通过对基本结构的掌握，学生更容易理解本学科，所学知识在记忆中保持得更长久，各个学科知识更能够融会贯通。布鲁纳的"发现学习法"主要是培养学生的探究性思维方法。"发现学习法"在肯定"系统学习"重要性的同时，扬弃注入式教学；在主张儿童要独立思考的同时，指出"思考"的对象应该是智力性和技能性的基本问题。

有学者提出了"发现学习法"的局限性。他们认为，让学生自己发现全部文化内容是非常困难的；"发现学习法"适合学习较为简单的内容；其对答案的猜测大大影响了对基本规则的理解。但"发现学习法"强调内部动机的作用，指出了直接经验的重要性，关注直觉思维与逻辑思维等论点，这对学生探究性思维方式的形成起到了积极的作用。

（2）建构主义学习论。所谓的建构主义是一门学科，是关于儿童认知发展的学科，它是借助个体的认知与学习过程紧密相关的，所以利用建构主义可以说明认知规律，它能较好地说明学习是怎么发生的，它的意义是如何建构的，概念是怎么形成的，加之理想的学习环境应包含的因素等。

对于建构主义学习理论的主要内容，我们可从"学习的含义"与"学习的方法"这两个方面来加以说明。

建构主义认为，学生的知识是学习者在一定的语言环境中得到的，不是单单通过教师传授得到的。因为学习是在一定的语境中，借助其他人的帮助来实现的意义建构，所以建构主义学习理论认为"情境""协作""会话"和"意义建构"是学习环境中的四大要素。

所谓的"情境"，是指学生在学习的情境中对所学内容、对所掌握内容的意义进行建构的过程。

所谓的"协作"是贯穿在学习部分的全过程。

所谓的"会话"是指协作过程中一个重要的环节。每个小组成员之间必须通过会话商讨，来完成规定的学习任务；除此之外，协作学习过程也是一个会话过程，在这个发展中，每个人的收获是整个学习群体所共同拥有的，所以说会话是达到目的一个非常重要手段。

所谓的"意义建构"是整个学习过程的最高境界。它是指事物的性质、发展规律以及事物之间发展的内在联系。在整个过程中能帮助学生建构意义就是要帮助学生对事物的性质、发展规律进行较深刻的理解。这种理解在人的潜意识中长期构建的"图式"，就是关于当前所讲知识的认知结构。

综上所述，人们对"学习"含义的正确理解、学习的好坏是对学习者建构意义能力的检验，而不是对学生重现教师思维过程能力的检验。

建构主义既强调学生的主体作用，又不排斥教师的主导作用，教师是意义建构的指导者、传播者，而不是知识的灌输者。学生是材料加工的主体，而不是知识的被动接受者和被灌输的机器。学生要想成为一个主动建构者，那就要求学生在接受知识的过程中，应从以下三个方面来发挥它的作用。

第一，要充分利用探索法和发现法来理解建构知识的内涵。

第二，在学习过程中，要求学生主动去搜集信息，对所学习的知识要提出各种疑问并能加以验证。

第三，学生要把学习内容和自己的生活实际相融合，并对这种融合加以认真的思考。"融合"与"思考"是意义构建的关键。

所以说教师要想成为学生的帮助者，就要求教师在教学过程中从以下三点发挥自己作用。

第一，能够激发学生的学习兴趣，激发学生的求知欲望。

第二，能够通过创设教学情境，让学生注重联系新、旧知识，这样能帮助学生建构所学知识。

第三，教师应在可能的条件下使学生朝有利于意义建构的方向发展。方法包括：能提出问题让学生来分析解答；学生在交流中设法把问题逐步引入并加深学生对内容的理解和掌握；还要引导学生去发现认知规律、能够准确纠正错误，改正片面的认知。

（二）自主学习与英语自主学习

"在课程论领域，培养学生的自主学习能力被作为一项重要的课程目标，自主学习被看成课程实施的一种重要手段而对其加以研究；在教学论领域，自主学习被视为一种重要的教学方法，研究者关心如何通过学生的自主学习来克服其学习的被动性，体现其主动性；在学习论领域，自主学习则被看成一种高水平的学习方式，研究者关心如何通过学生的自我调节水平来改善他们的学习成绩，使他们成长为有效的学习者"。实际上，培养学生自主学习，能够提高他们的在校成绩，并且还为他们在学习型社会中实现可持续能力的发展奠定了坚实的基础。

1. 自主学习的内涵

源于20世纪60年代的自主学习，开始了对"终身学习技能"和培养"独立的思考者"的讨论。由于不同的学者所处的理论立场、所采用研究方法的不同，对于自主学习究竟指的是什么，持有不同的观点。

庞维国对国外学者的研究总结整理要点：以维果茨基为代表的维列鲁派认为自主学习本质上是一种自我指导过程，是利用个体内部言语调节自己的学习过程；以班杜拉为代表的社会学习理论学派认为自主学习本质上是学生基于学习行为的预期、计划与行为现实之间的对比、评价来对学习进行调节和控制的过程；以弗拉维尔为代表的学者认为，自主学习实际上是最原始的学习，是学生根据自己的学习基础、知识掌握多少，主动地调整学习策略和努力程度的过程。

纵向角度所说的自主学习是指从学习的整个过程抓住问题的实质，假如学生在自主学习之前就能够自我反馈和调节，在学习活动结束后能够对学习结果进行自检、自我调控,那么它的学习就是自主的;如果学生在整个学习过程中完全依靠教师或他人的指导和调控,其学习就不是自主的。

2. 大学英语自主学习概述

霍莱克将自主学习的概念于1981年引入外语教学领域,并将其归结为"负责自己学习的能力"。在1985年,霍莱克又进一步延伸了这一定义,认为自主学习是一种概念化的工具。在有关自主学习在语言学习中作用的争论中,霍莱克的这一定义成了该领域日后研究工作的基础,许多学者在这一基础之上提出了各自的不同见解。

1987年,有学者在霍莱克的基础上,又将其进一步地发展:"学习者对自己的学习能够做出决定并对决策的实施负起全部责任。"这里所承担的责任具体包括自己选择的学习内容、教学方法、教学进度、教学实践和地点、材料的选择,并能够进行自我监控和检测。

还有学者将自主学习归为个人特征。将自主学习看作学习者的心理变化与学习过程和内容之间联系的纽带。并认为学习者能为自己的学习抓住机会,提供条件,而不是简单地对教师所提供的问题做出反应;不是被动地等待学习的来临,而是主动促使学习过程的产生。学生学习时不能死记硬背,要做一个积极的,能从事件中寻求答案的过程,就是主动实现意义建构的过程。

学习的自主性代表着"在教育体制内对学习者权力的认可"。"实际上,那些成功的、具有专门知识和技能的、有才智的学习者已经学会了怎样学习,他们已经获得了学习策略和有关学习的知识和技能;他们也具备了充满信心地、灵活地、恰当地、独立于教师地运用这些知识和技能的态度。所以他们被称为是自主的。"

但是,"完全意义上的外语自主学习者是一种理想,而不是现实"。"自主"有不同的程度,学习者达到不同程度的"自主"的潜能取决于很多因素,例如学习者的个性、学生设定的学习目标、拥有的教育理念和文化背景等。除此之外,他还指出学习者的自主程度在一段时间内会存在一定的浮动;在不同的知识和技能领域,学习者的自主学习也存在一定的不确定性因素。

英语教育教学不仅是以学定教,还需有以教导学的理念,以学定教与以教导学是一对对立的统一体。以教导学理念认为,学生不只是知识的被动接受者和使用者,而且也是在教师的指导下能更积极地获取有效的知识、技能和能力的学习者。英语学习过程就是学生在教师的指导下,在自己已经掌握知识、经验基础上逐步掌握英语知识的过程。这里所说的知识,它是指广义的知识,里边包含陈述性知识和程序性知识以及策略性知识。所谓的陈述性知识一般是指英语的语音、词汇和语法知识;程序性知识一般指交际时运用的英语知识的技能和能力;策略性知识是指内在调控的认知策略和方法。所以说学习英语不是机械地接受知识的过程,学生本身也不是被动地听讲、盲目地接收信息的机器。学习英语是学生经教师指导,结合自己的兴趣、需要、体验、经验、价值取向、信念和实际的认知和相关知识水平去积极主动地学习和逐步运用知识的过程。这是一个以教学、师生互动的知识成长和生成的过程,同时,这也是学生一切经验和知识的源泉。

大学英语教育不仅是以学定教,以教导学,而且还需多学精教。英语教育一方面是师生之间双主体与被学习的英语客体之间互动的过程,而且也是主体、客体以及客观情境三者之间互动活动的过程,甚至还是主客体情景交融的多向互动的过程。多学精教理念是指在师、生、情境、英语、情意互动的过程中,学生要积极主动地多学、多用,而教师则充分利用具体、客观的情境在学生已有知识、经验的基础上精教知识的重点和难点,以便腾出更多的时间让学生多学、多用。这里的具体、客观情境既指狭义的英语语境,同时也包含广义的客观现实与客观世界。英语教育教学只有在具体的情境中,并在学生已有的知识、经验基础上进行教学才能达到精教知识的重点和难点的目标,并更易为学生理解和掌握。因为情境是语言的直接现实,缺少或缺失客观情境,语言就难以产生和存在,也难以理解和掌握;在学生已有知识和经验基础上精教新知识,既能节约教的时间,又便于学生理解和吸收,而且新旧知识融合所形成的新知识结构网络,也有利于记忆和快捷提取运用。在具体的情境中,并在学生已学知识、记忆的基础上精教,自然就能腾出更多的时间给学生学。更重要的是,在英语教学的情境中,运用英语吸收和传递信息就是实际运用英语的能力,也是英语教育主要的本质目标之一。传统的英语教育过分强调教师"一言堂"教英语,而忽略了学生积极主动地学英语。它既割裂了主体与客体的联系性,同时也分割了学生对英语与兴趣、情境学习的紧密联系。

3. 自主学习的主要成分

下面将从态度、能力和环境三方面来进一步探讨自主学习能力的培养。

(1)态度。态度应该包括的成分:①认知成分,即对某一目标的信念;②情感成分,即对某一目标的好恶程度;③意动成分,即对某一目标的行动意向及实际行动。可见,态度作为情感因素之一,对某一具体目标的实施和达成有着极为重要的作用。外语学习过程中包括三种态度:①对目的语社团和本族语者的态度;②对学习该语言的态度;③对语言和语言学习的态度。

如果学习者对某外族文化感到好奇，很想了解它的历史、文化背景和风俗习惯，渴望尝试其生活方式，那么学习就由"我必须学"变成了"我要学"，而"我要学"就有利于发挥自己的主观能动性，发掘自己的潜能，那么就能顺利地掌握这门语言。而且，"如果对某一语言抱有好感，对该语言的结构和表达法感到新奇，那么对这样的学习者来说学习该门外语是一个不断发现新鲜事物的过程，学习对他来说是一种乐趣，是一种探索；相反，把外语想象得过难，觉得外语表达法别扭，持这样的态度的学习者对外语学习畏之如虎，学习的效果毫无疑问会受其影响"。学习材料是否生动有趣，课堂活动是否活泼多样，决定了学习是否快乐，是否为一种享受，也决定了学生的学习效率与效果。此外，"教师的人格魅力是培养学生兴趣的一个直接因素。学生往往由喜欢一个教师进而喜欢教师所教的这门学科。"热情、活泼、大方、博学多才的教师必然会对学生的学习产生积极而深远的影响。

　　为考试而学习的英语教育，过于强调接受学习、生搬硬套、机械模仿训练的学习方式，经常采用题海战术去检测学生掌握和运用英语的能力，从而获得考试的合格或良好的成绩。这样的学习对学生来说仅是为了应试，学习英语反而成了负担。沉重的压力、枯燥乏味的学习和操练，使学生几乎成了应试的工具，随之而来的是学生心中抑制的紧张、压抑、苦闷等消极情绪。消极学习成了一座大山压得学生喘不过气来，从而也造成花时多、收效微的学与教的不良后果。学生学习英语只有以积极的学习态度，自觉主动地动脑、动耳、动眼、动手，多感官多渠道地学习和运用英语知识、发展英语技能和提高运用英语的能力，才能快捷、有效地发展英语素养。

　　积极主动的学习态度是人文精神的重要体现。积极有效地学习所倡导的是学生作为学习英语的主人和创造者，关注个性自由发展，积极调动学生主动学习，培养学生良好的学习习惯，积极参与创设的生活情境以及相互协作的言语交际活动，才能培养合作交往的能力。这样，英语素养与积极的学习态度协调发展，才能使英语学习达到事半功倍的效果。

　　可见，不同的学习态度决定不同的学习动机，决定不同的学习效率的掌握。较好的学习态度是学习成功的关键因素之一。学生只有将学习看成是一种兴趣，而不是累赘或负担，才会主动去学，才能不断增强自己的学习能力。学生是否具有学习能力和学习能力水平的高低，不仅决定了他学习接受速度的快慢和学习质量的高低，还决定了他进入社会后是否会学习，是否会自己掌握知识，是否会自己根据工作的需要、发展的需要去主动地学习知识。

　　（2）能力。自主学习能力培养应该包括两个部分：初始条件分析、元认知策略能力培训。

第八章 PI 教学法视域下的大学英语自主学习与合作学习探究

1）初始条件分析。

初始条件是指"学生进入新的教学环境时已具备的有助于学习的知识、技能、信念，它是学生自身现有的可利用的资源和知识结构，由现有知识的数量、清晰度和组织方式组成，对新知识起固定、理解和吸收的作用"。

2007年《大学英语课程教学要求》中明确规定："各高等学校应充分利用现代信息技术，采用基于计算机和课堂的英语教学模式，改进以教师讲授为主的单一教学模式。新的教学模式应以现代信息技术，特别是网络技术为支撑，使英语的教与学可以在一定程度上不受时间和地点的限制，朝着个性化和自主学习的方向发展。"在这样的学习环境之中，教学因具有开放式、个性化、自主性和丰富性等特点，在给学习者带来无限可能的同时，也使学习由知识记忆型转为资源学习型，由教师主体转为师生互动。

在这一新环境下，了解学生自身的初始条件就显得尤为重要了。"首先，现代学习理论的研究表明，在引导学生进入学习，尤其是新的教学环境的过程中，学习者更需要以个人特征为支撑去顺应或同化外部事物；其次，网络教学是现代技术在教育中的应用，而教育与技术的最完美结合莫过于技术与学习者的结合，只有学生真正适应了现代新兴技术，并能够充分利用好各项资源，技术才能在教育中发挥最大功效，而初始条件提供了技术与人集合的基本保障。"

班杜拉指出："在电子技术革命性发展的当今世界里，个人因素在人类自我发展、适应及社会和个人改变中的主导作用日益增加。"这更加凸显了教师了解学生学习初始条件的重要性。有学者认为"对于教学工作者来说，确认学生学习的初始条件非常重要，一旦教师注意到初始条件，并将这些当作新起点，在教学过程中监控学生概念的转化，就可以促进学生学习"。以学生学习的初始条件为依据，最大限度地发挥网络教学多样性和适应性的优势，贯彻实施"因材施教"的理念，正是每一个教师的职责所在。

2）元认知策略能力。

早在1976年，美国斯坦福大学心理学家约翰·弗拉维尔在其《认知发展》一书中就提出了元认知的概念。他指出，"元认知就是个人在对自身认知过程意识的基础上，对其认知过程进行自我反省、自我控制与自我调节"。简单说，元认知就是认知的认知。元认知作为心理学专家们一直关注的问题，近年来有越来越多的研究者致力于有关元认知在学习中的作用的研究。

第一，元认知与外语学习的关系。元认知的观点认为，学生完全能够积极主动地激励自己使用各种不同的学习策略和动机策略来促进自己的学习。这些有关元认知和学习活动的研究也表明，元认知适合各种学习任务，是保证学习活动成功的高级的技能。

外语学习是学习者获得目的语知识、形成语言技能的过程。从建构主义的角度看，外语学习是一个主动建构的过程，既包括对新信息的意义的主动建构，同时又包含对原有经验的重组。学习的过程不是知识的传递的过程，而是知识的处理和转换的过程。学习者是知识构建者，是在学习过程中运用工具的主动探索者。因此，外语学习不仅是对所学资料的识别、加工、理解的过程，也是对该过程进行积极监控、自我调节的元认知过程。在外语学习过程中不仅需要学生有浓厚的元认知意识，能够了解自己的学习目的，选出适合自己的学习材料，确立自己的学习目标，选择和完善自己的外语学习方法，而且还需要学习者能够对自己的学习过程和效果进行反思和评估。

向红认为，在整个外语学习机制中，元认知处于最高层，通过学习的调控这一中介，统一协调和观照整个学习情境、学习方法或技能的使用。弗拉维尔认为，通过元认知，个体会知道，是否能够轻松而又顺利地记住一定数量的信息，取决于他自己对信息的记忆（个人＋任务）；他会知道选择适当的策略以符合任务要求的重要性（策略＋任务）；最后，由于意识到自己所有长处与短处，他会选择一种适合自己学习风格的策略（个人＋策略）。所有这些都是元认知的作用。

研究发现，元认知能力强的学习者，通常具有较高的认知水平，他们能有效地监控、调节自己的学习过程，懂得遵循认知发展规律，了解自身认知特点并进行自我调节，因而学习能力强、学习效果好。反之，元认知能力弱的学习者，认知水平低、学习能力差、学习效果也不理想。

第二，运用元认知理论培养外语自主学习能力。随着人们对外语教与学研究的深入，研究的重点也由研究教师如何教逐步转移到了探讨学生如何学的问题，教学模式也从以教师为中心的传统课堂教学逐步转化成以学生为中心的网络教学，学习方式也发生了改变，传统的课堂学习与计算机网络的自主学习相结合，学生学习的重点不再是目的语本身，而是如何使用目的语来促进理解和表达，如何培养自主学习的能力。

国外大量相关研究结果表明，元认知在语言学习、阅读理解、写作、记忆、注意、问题解决以及各种自我学习中都起着重要作用。通过对外语学习者元认知策略培训，能够转变学习者的学习理念，能够保证学习活动符合认知规律，能够提高学习效率，促进学生独立思考，培养自主学习的能力，从而实现终身学习。

因此，要培养外语自主学习能力，就必须要在新生入学的导航周里对他们进行元认知策略能力的培训，通过培训让学习者具备元认知的意识和元认

第八章 PI教学法视域下的大学英语自主学习与合作学习探究

知思维能力。学习者通过思维的培养，就能够明白自身的认知特点，遵循认知规律，了解外语学习的特点、明确学习目标，制订学习计划，灵活运用学习方法。此外，自主学习的过程是学习者自我监控、自我管理的过程，因此，通过培训，学习者要学会对学习过程进行积极有效的监控、反馈、调节，及时调整学习策略，以实现学习目标，提升学习能力。

运用元认知理论培养学生的自主学习能力，包括几个方面的内容：确立学习目标、制订学习计划，监控学习过程和自我评估。

首先，明确学习目标，制订详细的学习计划。确立学习目标是另一种元认知策略。确立符合学习者的学习能力的目标，可以使之集中注意，明白各项学习任务，避免盲从性。学习目标的确立激发了学习动机，并为学习活动提供导向，因此要根据学习者的认知特点、学习者现有水平与目标之间的差距来制订学习目标，选择合适的方法去进行学习。

其次，监控学习过程。监控学习的过程主要体现在学生对学习的了解和方法的选择方面。在自主学习的过程中，学习者主动参与学习过程的各个环节：对学习资料的查找、整理，对学习内容的理解和自我提问，对学习活动在速度和实践上的监控等。通过了解学习过程，发现问题并找出解决问题的方法，从而培养学习者针对不同学习任务使用不同策略的能力。

再次，自我评估。"自我评估"，指学生在学习中能够反思自己的学习，例如学生在学习完一些新知识后检查一下自己学得如何。学生用自我评估来随时检测自己的学习水平和学习进度，了解学习目标实现的情况，根据所发现的问题，改进学习计划，调整学习策略。简而言之，元认知意识和策略的培养使学生成为学习的主导者。这样能促进英语学习者自学能力的形成和发展，并为其终身学习打下良好的方法和理论基础。

在做好初始条件测试和元认知策略培训的基础上，我们教师应该积极培养学生的自主学习能力。学生的自主学习能力通常由以下几方面构成：分析学习需求、学习计划的制定、确定学习内容、学习速度的设定、学习方法的选择、思考和评价整个学习过程。当外语学习者在外语教学过程中，能够根据学习外语的具体情况，独立、主动地做好对以上各要素的确定和选择时，那么他就具备了外语自主学习的能力。然而，这一能力的形成不是一蹴而就的，需要在教师的帮助下逐步形成。

英语教育教学不仅是以学定教、以教导学、多学精教，其最终的目标恰是不教自学。教是为了不教，不教是为了能自学。终身享受自学的乐趣是学生学习的最终目标，也是学生学习最理想的追求。英语知识的学习和运用离不开学生独立思考、积极思考、即席沟通和交流信息的活动。学习英语的目的，是学生能独立、自如使用英语并且进行交际的一种手段。而运用语言进行交流，最本质的特征是具有双向或多向的交流性和沟通性，而且双方或多方都是不依赖于他人独立、自主的个体。一方有信息输出意愿，另一方或多方有吸取信息的需要，双方或多方的信息沟通和交流活动才能得以实现，缺少或缺失任何一方的独立、积极主动参与和交流信息活动都是难以实现的。这就是不教自学的自然境界。

学习契约（learning contract），也称为学习合同，是一种由学习者和指导教师共同协商、设计、实施和评价的关于某一学习主题的书面协议。鉴于学习契约具有目标的差异性、内容的个性化、制定的协商性和任务的契约性等特征，钟志贤认为制定契约有以下优势："①可有效培养学生的自主学习能力；②可有效增加学习者的学习动机，满足个性化及弹性学习；③是调和学习者内在需要或兴趣和外部需求的一种有效手段；④可与信息技术相结合，能有效提高教学评价的效度；⑤是一种有效的学习绩效保障机制。"

当制定与实施学习契约时应遵循的原则：①在确定目标的过程中，学习者有权力、有责任发表自己的见解；②在设定目标时应当能使学生在完成任务时获得成就感和自豪感；③学习者可以选择适合自己特点的目标达成方式；④在达成个人学习目标的过程中，应给予学习者承担学习责任的机会；⑤在个性化和独立学习活动中，应强化学习者的个人意识；⑥指导教师应避免给予过多的指导；⑦在提供学习途径时，应考虑学习者不同的学习风格；⑧注重在团队合作中开展学习；⑨遇到失败时，不应给学习者造成压力；⑩对学习者来说，学习任务的设定应具有一定的挑战性。

（3）环境。如果没有外部的环境——教师、教学手段和学习资料，在培养学生自学的初级阶段，想要实现前两项是很难的，也就无法培养学习者的自主学习的态度和能力。

2007年教学大纲指出："各高等学校应根据本校的条件和学生的英语水平，探索建立网络环境下的听说教学模式，直接在局域网或教学网上进行听说教学和训练。读写译课程的教学既可在课堂进行，也可在计算机网络环境下进行。"《大学英语课程教学要求》为大学英语利用IT环境进行个性化的教学提供了政策上的保障。事实上，大学英语教学指导委员会于2001年对全国345所本科院校的就有关多媒体教学的一项调查表明，多媒体教学在很大程度上提高了外语教学的资源环境，学生的学习效率和教师的教学效果大大提高了，因而大大冲击了传统、单一的课堂教学模式。

中国特色社会主义外语教育体系强调以学生发展为本。除学生以外，教师也是一个重要角色，教育大计，教师为本；教育教学改革，关键在教师；

第八章　PI 教学法视域下的大学英语自主学习与合作学习探究

只有有了好的教师，才可能有好的教育。因此，以学定教和以教导学两者之间具有内在逻辑联系。教师不只是知识的载体、来源，也是传道、解惑的，教学不能以教定学，以教师为中心；教学也不能排斥以教导学，仅以学生为中心。教师要相信学生自己能学习和使用知识，所以需要以学定教，但这并不意味着教师的作用是无关紧要的，也不是否定教师的教学能动性，而是强调教师是学生学习和运用知识的指导者和引路人，所以需要以教导学。师生关系不是教与被教、管与被管的关系。师生之间充满着人文精神、互敬互爱、尊重学生的人格、拥护教师。所以师与生的关系、教与学的关系应该是一种平等、相互尊重、和谐发展的互动关系。

应加以注意，英语教育教学不能止步于以学定教、以教导学；以学定教、以教导学还需通过多学精教才能最终通达不教自学的最高境界。因此，以学定教、以教导学、多学精教、不教自学是一个蕴含内在逻辑联系的统一体，四个方面互动、生成才能达到英语教育教学理想的目标。教书育人是教师职业的重要体现，教师培养学生发展，是教师思想情感、知识水平占有量、教育教学能力与教育教学科研和价值取向的直接体现。教师花费毕生精力设计和操作的教育教学过程，不论是一件细小的事，还是一堂不起眼的汇报课，都是为了有效激励学生的思想情感，激发学生的求知欲望，启发学生能独立思考、探究和合作学习，培养学生的自学能力，发展学生的个性，培养学生自学能力、实践能力及创新能力。这些也都是教师自身实践活动的价值的体现，它更直接体现在不教自学的最高境界之中。用辩证法来说，学生学习是内因，教师教学是外因。学生成功与否，内因是起决定性作用的，这是以学定教的哲学基础；但是外因能起强大的反作用因而激励、推动内因的发展，这是以教导学的哲学基础。

网络化人际环境提供了高质量的人力资源及社会心理环境，包括网络化的教师、导师、朋辈、家长和其他资源人物，他们能提供丰富的知识、集体智能、社群互动和社群支持，这是保持学习者高水平心理素质、激发持续学习所必需的。IT 环境包括三方面功能：①IT 可以作为一种有力的学习工具；②这是一个对学习者进行多维度快速反馈的媒体，学习者根据反馈重新调整随后的学习；③在学习过程中，IT 便于网络成员进行实时互动和相互支持。

此外，网络教学的实践经验也为教育改革的讨论与理论的构建提供了基础和启示，这样对学生自我学习效能的检测提供了方便。

二、自主学习模式与教学模式的相关内容

（一）大学英语自主学习模式

1. 麦考姆斯自主学习模式

麦考姆斯在《一种现象学的观点》中有"自我意识主动学习"模式的提出。对挖掘如何有意识形成自主学习的意识，如何在发展方面做出很大贡献，麦考姆斯就是其中的表率人物。在麦考姆斯的论著中，非常详尽地解析了自身能力、自主概念、自我形象等。麦考姆斯认为人的自身能力、自我概念、自我形象这三种非常重要的成分对人的基础认知、情感反射、目的动机和最终的行为落脚点都有着一定的作用。在这一过程中，明确地为自己设置目标出发点，使把控能力，自我敏锐的判断力，评价反思自我的能力，显得尤为重要。因为学生在具体的学习实践中，他的判断能力、结果反响、目标出发点、自我强化等过程都受到个体的自我评价的影响。麦考姆斯还指出自我主动意识的全过程可分为三个阶段。

（1）出发点设置阶段。在这个出发点设置阶段，要让学生知道，自己不仅能设置符合自己的目标，而且要知道什么目标对自己最合适，自己是否具有实现这个目标的能力。所以，在此阶段，就会涉及自己对自己的判断的加强，对学习终端等的预测的掌握情况要有所了解。

（2）实施阶段。学生在具体的学习实施阶段，需要依据自己设置的出发点阶段的预测，制定这一步的计划，筛选合适自己的策略，加强原有认知。

（3）行为落脚点阶段。这个行为落脚阶段的实施，要求学生应有较强的自己控制自己的能力，自己清楚自己，给予自己正确客观评价的能力。因为学生在这个阶段需要注意自己的言行，把握自己的情绪，监控自己学习的进展情况，从而来评价学习结果。

从麦考姆斯自我意识主动学习的论著上看，麦考姆斯认为自我主动学习，完全来源于自我清楚认知、自己控制自己、自己正确客观评价等过程的发展水平，这些因素往往具有一定的本源作用，是自己调整自己的结果。所以，教师要想在学生自我主动学习方面有突破，就要帮助学生建立起对自身的正确认识，而且要根据自己的具体情况来进行成套的、成体系的训练，从而达到理想效果。

2. 齐莫曼自主学习模式

美国最著名的自我主动学习的创建者、自我主动学习派的引领者——齐莫曼早在1989年，就在吸收班杜拉的论点基础上提出来了自我主动模式，说

的就是自己实践、身边因素和自身调整。利用两年的实践，他对自我主动模式做了进一步的补充，提出了自我主动学习模式。

齐莫曼认为，自我主动学习，涉及自己能力、实践能力、身边环境等要素的反映。换言之，自我主动学习的学生不仅要调节按照预测所做的学习过程，而且要根据身边要素的反馈和改变，重新调整顺序，形成主动监控、调节的目的。也就是说，采取一切能够运用的手段，对整个过程进行观察、调整。这个观察和调整的过程，可以形成更优良的学习环境。还应该在自我主动的过程中，不断地对思维变化、状态的改变进行准确把握，随时调整。

实施阶段主要设计两个过程：就是任务的比较分析和自我主动。任务的比较分析过程包含两个内容：一是目标定位，二是具体措施。虽然自我主动是内在动机性力量，但是自我主动也可以来源于对学习的执着。

实践或意志控制阶段主要包含两个过程：一是自我注意过程，二是自我精细改变。自我注意是指对学习实践的某些具体方面、条件和进展进行跟踪。那么自主学习者常用的自我注意手段是记录，这种记录的特点是准确、及时、全面。但如果当注意这种手段并不能明确说明学习者偏离了方向时，加之个体还要自己对自己做实验，这个过程，就是通过系统变换学习的学习过程、攻略方法、外界因素等，来达到最终的学的目的，从而使自我把控的能力能够帮助到学习者，把更多的精力放到学习上。

自我沉淀阶段主要包括自我判断和自我反省两种过程。其中，自我判断又包含两个阶段，其一是自我定义，是指学习者要对自己的学习预期与最后所得的结果是否一致，对学习的必要性做出判断；其二归结原因并分析，指对原因进行分析。那么自我反省也包括两种形式，其一是自我认可，其二是适应性、总结性反应。

学者齐莫曼认为，如若培养学生的自我主动学习能力，还应该从自我定义、内容定位、策略的定位和实践、自我揣摩、自我反省等方面着手进行。这是因为即使自我主动学习包含着复杂的结构和过程，但是以上这些方法似乎更为重要，也更容易操纵，学生更容易理解和掌握。

3. 巴特勒和温内自主学习模式

巴特勒和温内在 1995 年提出了一个相对比较全面的、系统的学习体系。他所提出的自我主动学习体系，就是把信息多方面还原、加工在一起来解释学习的模式内所提出的是自主学习模式。学者们认为，一套成体系的自我主动学习的过程，应该包括四个步骤：任务定位阶段、预测目标阶段、方案制定实施阶段以及改良阶段。

（1）任务定位阶段。从任务定位阶段这个观点来看，学生利用自己掌握的知识、学习任务的特征和要求，来确定学习任务以及完成这一任务所具备的条件，包括适合的和不适合的。假如面对新的学习任务，若是个体认为自己对这一领域的知识一清二楚，那就会认为学习任务简单、容易；如若个体认为自己对这一范围的知识不了解，那就会认为学习任务困难、不易解决。

在任务定位中，策略知识起着很大的作用。学生判定自己有足够的时间和方法来完成该学习任务，其学习目标性将会增强；学生知识储备充足，学生对预测只是特点、依据、目标的判定就基本能与教师所想的目标达成一致；学生知识储备缺乏，学生往往无法清晰地把握所预测知识的特点，做出的判断也会是不准确的。反言之，学生判定学习工作，其学习目的性就会相对减弱，甚至有可能完不成所交代的任务。在涉及自我主动学习的目标性信念中，由于自我效果能动感影响学生对学习任务难易的判断以及相应的目标定向，所以自我效果能动感对任务界定也有明显作用。

（2）预测目标阶段。在预测目标阶段，这个个体在这一阶段的主要任务，是学生根据自己的标准，来界定学习任务，制定学习目的、学习计划，选择学习策略。

一般来说，目标定向对学生选择的目标类型起着决定性的作用。重视学习目标的选择的学生会更加注重学习方法的应用。学生目标主要有掌握性目标和体现性目标两类，掌握性目标以理解和掌握学习内容为目的，体现性目标以向他人显示自己的能力为目的。

初步认知水平既对学生目标设置的程度已经产生了影响，这样又决定着学习时间的安排、学习策略的选择、学习资源的利用等因素。

（3）方案制定实施阶段。在以上两个阶段的学习完成后，学生的自我主动学习就进入了下一个阶段——方案制定实施阶段。在这一阶段，学生要根据已拟定好的方案，对学习任务进行判定。在方案的执行过程中，学生通常会拟定的因素主要有四方面：范围内知识、任务类知识、对应方案知识和目标性信念。其中，对知识的原有认识主要是对学习的具体情况进行观察和跟踪，为初步认知控制提供依据，是初步认知控制的基础；初步认知控制主要是根据监视的结果适时调整学习计划，有时也会适当调整学习目标和教学手段。

（4）改良阶段。巴特勒和温内认为，学习结果可以从两面来说：一种是心理性的，另一种是实践性的。学生利用学习方案对学习任务进行吸收，那么学习就进入原有知识改良阶段。

（二）大学英语自主学习教学模式

1.PBL 教学模式

PBL 全称是"Problem-Based Learning"，即基于问题的学习。这一教学模式倡导以问题解决为中心，由美国神经病学教授霍华德·巴罗斯首创。最初主要应用于医学教育的 PBL 模式，后来被其他院校所采用。如今，此教学方法早已在不同国家的教育领域得到广泛应用，有力地促进了不同国家的教育事业的发展。英语教育教学只有在具体的情境中，并在学生已有的知识、经验基础上进行教学才能达到精教知识的重点和难点的目标，并更易为学生理解和掌握。因为情境是语言的直接现实，缺少或缺失客观情境，语言就难以产生和存在，也难以理解和掌握；在学生已有知识和经验基础上精教新知识，既能节约教的时间，又便于学生理解和吸收，而且新旧知识融合所形成的新知识结构网络，自我促进者最后成为合作者。下面我们对这一模式进行具体介绍。

（1）PBL 教学模式的流程。PBL 教学模式中每个环节的顺序都是灵活的、多变的。学生可以根据自己的学习情况适当调整顺序。具体来说，PBL 模式主要涉及以下三个教学流程。

第一，创设情境，呈示问题。教师在了解课程和教学标准的基础上，灵活采用多种方式为学生选择适当的问题，来激发学生学习的兴趣，使学生在生动有趣的问题情境中与他人进行交流、探索，分享学习成果。

第二，划分学习小组。特别需要注意的是，分组是指同质分组和异质分组。所谓同质分组，就是指把学生各方面都很接近的编成一个小组，而异质分组则是把风格不一样的学生编成一个小组。我们在 PBL 教学模式中，教师应当尽可能地让学生自愿组合，为学生学习创设较为自由、舒适的合作氛围，从而激发他们的学习兴趣。

第三，分析问题。分析问题这一环节目的是让学生对问题有一个清楚的认识，就是让学生清楚地看到自己已掌握的知识对问题的解决作用，并进一步了解需要继续学习的知识。教师在将一些小问题呈现给学习小组以后，同学们首先了解，并根据已有知识思考，最后进行建构和解释。若是其中一个学生调动起自己的已有知识，那么这些问题可能会激活另一位学生的已有知识。这样，集体的知识将会被逐渐激活，要是全班被激活了，学生就会开始详细解释他们已经掌握的知识，并尝试在已有知识与问题中所描述的现象之间建立起桥梁。

第四，收集并共享资源。在 PBL 教学模式的分组中，学生一般都是三五个分成一个小组，共同收集资料。当所有的材料都收集好以后，小组就自然解散。然后小组与小组之间互换组员，进行重组，换一些新鲜血液。这样他们就可以在新的小组内共享信息，达到资源共享的目的。

第五，选择并陈述问题解决方案。讨论后学生经过选择得出最佳的解决办法后，就要向大家解释为什么他们认为这是最佳解决方案。对此，他们可能会用到一些图书、演示文稿、网络或者网站等形式，向大家展示他们为什么选择这一最佳解决办法。当然，具体选择什么方式，学生可以根据自己的需要和自己在问题情境中的角色来确定。

第六，反思。任务完成以后，学生要总结他们在解决问题的过程中，什么地方做得好、什么地方做得不够好，并讨论以后在解决该类问题的过程中怎样做得更好。同时，他们还要讨论还有哪些不足之处，以待以后解决。

综上所述，在PBL的教学流程中两条重要线索贯穿始终：一是解决问题的过程，二是围绕问题能够解决而进行的更丰富的学习攻坚活动，以及由此引发的信息收集、整理和加工，最终达成新知识的重组。

（2）PBL设计和实施的注意事项。具体来说，PBL的设计和实施是两个不可分的过程，这两个过程可以平衡学生的需求、课程和特定的学习情景中的学习标准之间的关系。在PBL的设计和实施过程中，需要注意以下四点。

第一，PBL是学生和教师共同的责任。对学生而言，他们要为解决问题而努力，要不断地思考、分析，力求能够知道问题的关键所在，进而不断地加深对问题的理解，并努力寻找多种解决办法。经过这样的练习，学生最终将变成主动学习。对教师来说，他们应充当指导者和参与者的角色。在学生试图自己解决问题的过程中，作为教师不能对学生撒手不管，而应该成为学生的合作者，师生共同来解决问题，又能够激发学生学习的兴趣，鼓励学生大胆提问，并适时地对学生加以指导，帮助学生培养自主解决难题的习惯和能力。

第二，问题的"真实"角色是学生。在整个PBL教学过程中，教师要让学生进入问题里并成为问题情境中的"真实"角色，给他们解决问题的权利，同时也让他们勇敢地承担解决问题的责任。这样可以充分调动学生的主动性和积极性，培养他们的责任感，从而有利于培养他们的自主学习能力。

第三，把学生置于结构不良的问题情境中。布兰顿认为，PBL是指学生在实践中可能面临的情境作为学习的起点，这是一种以学习者为中心的方法。与脱离真实情境的传统讲授式教学不同，PBL强调问题情境的实用性，并且把问题情境作为学习来组织完成。

换言之，PBL中的问题是存在于真实情境中，并且是结构不良的。我们知道，自然世界中的问题通常是变幻莫测的，它要求解决者既要拥有解决问题的基本知识，又要拥有辨别是非的能力、应变能力、发现和使用适当学习资源的能力。所以，将学生置于结构不良的问题中，有助于培养和提高学生各种能力，使学生在面对现实问题时，可以实现知识的迁移。

第四，评估要贯穿整个学习过程。学生在思考的过程中能获得知识、应用知识并掌握技能。使用PBL模式进行教学时，对PBL学习的每一步都要进行评估，并且所有评估都要以鼓励学生围绕着问题进行思考为根本目标。例如收集信息、任务的完成、参与情感与态度、成果展示等，这一点可以从其教学目标上进行考查。为了促进对学生自主学习能力的培养，PBL对学生的评估指标应该是他们对问题的理解深度，而不是对问题答案的复制情况；评估结构指标应该体现在诸多方面，这样才能收到预想的效果。

2.T-S教学模式

自主学习中的T-S（Teacher-Student）教学模式，又称为指导教学模式，也就是教师对学生的教学模式。T-S教学模式使得教师的角色得以转变，就是从课堂上的主导地位转变为指导地位。T-S教学模式的主要任务是培养学生对语言的应用和创造能力以及解决问题的能力。

（1）T-S教学模式的出发点。T-S教学模式的出发点是提高学生自主学习意识。大学英语教学和高中的英语教学有所不同，现行的高中英语教学以进行大量的单词及句法的操练、听写和语法练习为目的，而大学英语却是注重听说能力、阅读能力和写作能力的培养。所以，大学英语教师首先应当提高学生的自主学习意识，让学生认识到自己才是学习的主人，不应仅仅局限于掌握教师所教的内容来完成课内作业，还要养成自学的好习惯，自己管好自己的学习。

（2）T-S教学模式的基本前提。T-S教学模式的基本前提是正确认识教师的地位。建构主义认为，个体建构是知识的获得，而且这种建构是在社会互动中完成的。所以，教师在教学中必须要以学生为中心，把课堂变为学生活动的场所，让学生成为知识的自主建构者。在设计课堂教学任务时，教师应尽考虑学生的兴趣和爱好，充分调动学生的积极性，从而使学生对自主学习产生兴趣，有效地培养学生的自主学习能力和英语教学活动有机地结合起来。

（3）T-S教学模式的本质。有效采取启发式教学是T-S教学模式的本质。相对于以教师为主的灌输式教学或注入式教学，启发式教学是以学生为主体的，学生是知识的主动学习者和创造者。课堂上启发式教学能够充分调动学生的积极性、主观能动性、创造性，使学生不断提高分析问题和解决问题的能力。

启发式教学是教师的转变，课堂活动的协调者和组织者，即由传统的主导地位向指导地位的转变，从知识传授者变为自主学习环境的提供者，对象变了，结果也就不一样了。平等参与和学生主角课堂教学从传统的单边活动变为双边、多边活动，而学生则变成了学习活动的主人。

（4）T-S教学模式的关键。培养学生的自主创新能力是T-S教学模式的关键。教师心里要明白，自己是否能够有效地培养学生的自主学习能力。为了胜任在学生自主学习中的角色，大学英语教师必须尽快提高自己的综合素质，具体要在两个方面做出努力。①指导学生确立学习目标。②培养学生运用适当的学习方法。

（5）T-S教学模式的动力。有效进行学习总结、定期进行自我总结是T-S教学模式的一个重要方面。教师可以要求学生用英语记学习日记，并每天坚持，这样不仅可以让学生自觉坚持课外学习，还可以帮助教师了解学生学习的过程。通过这样的方式，可以帮助学生对自己的学习进行有效的总结，从而提高学生自主学习的能力。

（6）T-S教学模式的保障。具体来说，教师要努力做到两点：①教师应真诚地对每一位学生都充满信任和希望，适当给予学生表扬，尊重每一位学生的个性，引导学生将他们学业上的进步归功于他们所付出的努力，使学生具有积极的学习态度。②教师要正确估计学生的能力，向学生布置适合他们水平同时具有一定挑战性的任务，让学生品尝成功。

3.S-S教学模式

自主学习中S-S又称为协作学习模式，也就是学生对学生的教学模式。这种模式是指教师把学生通过交流、协商和合作来解决问题，这大大促进了学习者的自主学习。

（1）灵活分配协作学习小组。教师在分配学习小组的时候，最好考虑到学生的实际情况，由于每个英语教学班级人数不等，而不同学生之间的英语水平又参差不齐，所以，具体问题具体分析。例如，为了便于小组成员之间进行交流，可以采取就近学生优先的原则。不过，在分组时也要注意混合搭配优等生和中等生，因为优等生可得到更多输出练习的机会，而中等生能从优等生那里获得更好的语言输入。这种混合能力小组既能充分发挥优等生的带头作用，又能督促中等生、差等生进行学习，并且在互相学习启发中，不但把组员的集体成就感与荣誉感也得到加强，还可以促使学生之间相互帮助、共同进步。

（2）协作学习小组的学习任务的分配。在 S-S 教学模式中，教师在布置学习任务时，可以实施任务型教学法。我们所说的任务型教学法，就是教师根据课程的总要求，结合具体问题，发挥学生创造性，设计贴近学生实际的教学活动，来吸引、组织学生共同参与。学生在参与教学活动中，通过思考、讨论、交流和合作等方式完成学习任务。教师则可以根据学习内容设计各种任务，让学生通过完成这些任务进行学习，发展学生综合运用英语的能力。

三、大学英语自主学习能力的培养

（一）自主学习的重要性

随着社会的快速发展，与世界各国交往也逐渐频繁，对能够熟练掌握一门外语并具备专业知识和技能的高级专业人才需求越来越多。一般情况下大学生把大量时间用在对本专业的学习上，学习英语的时间就不那么充裕了，所以学生英语自主学习能力的强弱，对于提高他们的英语成绩来说就显得尤为重要。中学阶段英语教学的应试目的比较强，教师只是把英语当作一门知识来教，学生把英语当作一门知识来学。到了大学阶段，英语的教与学的目标发生了变化，从基础知识的学习转变到了对英语的综合运用，尤其是听说能力。学生在毕业走出校门后，能熟练准确地运用英语进行口头和书面的表达和交流，学生自主学习能力的提高，对适应当代社会发展也是有利的。这就督促英语教师的教学理念和教学方式一定要转变，在教学课堂遵循以学生为主体的原则来培养学生的自主学习意识，以平等交流的方式来培养学生创新的能力。在教学活动中，时刻关注学生的学习情绪，陪同和协助学生度过心理上的过渡阶段，争取在最短的时间内调整自己的学习方式和目标，完成从对教师的依赖到自主学习的过渡。

大学时期，对于非英语专业的学生来说，通常大学英语课时比较少，尽管课堂上传授给学生很多英语知识，但学生对学好英语的方法还是没有完全掌握，英语学科学习自主性不强，无法适应步入社会对英语知识的需求。所以说，英语课堂不是单纯的传授英语知识，而是应以培养学习者自主学习的能力为目标。当学习者了解并掌握了英语学习的有效方法，学会了自我调节和自我管理才是最理想的教育。总的来说，就是应该以培养学生独立完成思考为总目标，帮助学生获得独立学习所具备的能力和技巧，最终培养学生学习的自主性。

在"自主创新""终身教育"为理念的背景下，培养学生的独立自主的学习能力已成为发展趋势。母语的学习都要经历一个漫长的学习过程，随着时代的变迁，原有的语言知识逐渐地也在变化，新的语言也在不断产生。目前大学英语课堂教学时间相对较短，任务较重，所以这对教师在短时间内来培养学生自主学习英语的能力的要求也提高了。学生自主学习能力的提高，有利于学生单独地完成学习任务，对于学生的语言学习是大有益处的。

（二）自主学习的制约因素

1. 大学英语教学困境

（1）教学思想观念守旧。过去受"语言工具论""语言结构"以及应试教育形式的影响，教师把英语教学过程，简单地理解为向学生传授知识，把教学活动的焦点中心放在课堂的"教"上，而"学"的关注和研究相对较弱一些。而且在教学内容上更多局限在语言知识的掌握上，过分强调语法。大学英语课堂教学侧重对语法的分析和词义的辨析，很多人都以为掌握了语法和词汇就掌握了语言。如此的英语教学只是停留在对英语语言知识的简单的讲解和传授上，这样教出来的学生对英语交流能力的掌握是欠缺的，比如在实际英语的环境中会有没听懂又或者不敢开口交流的情况，体现出来语言使用能力不足以及对语言文化的认识不够充分。在传统的英语课堂上，常以为只要对课本知识掌握了，学生在实际应用中就可以套用所学知识，就能学好英语了，然而实际情况通常并不是这样的，学习一种语言，只学会了一两个概念或简单的句型就以为学会了，这样是无法完成英语学习任务的。

应试教育的模式一直以来统治了学校的英语教学，学生的学习内容和教师的教学内容都是为应试目的服务的，所有人关心的焦点都是成绩和名次，学校关心的是考试通过率，能力与分数不成正比，成为普遍性问题。以往教学方面的研究偏重于教学法的研究，忽略学习方法的研究。从现代教育理论角度看，既要重视"教"的质量，也要考量"学"的效果，用学生的学来指导教师怎样教。

（2）传统教学中的弊端。以往的英语教学过程中，教学模式基本上还是"黑板、教材、教师"的简单的教学模式，媒体技术的使用也不多。这种以教师为中心的课堂教学模式，侧重听说练习，对学生自主学习能力的培养相对较弱，对学生交流能力的培养没有足够的重视，课堂上教师以自身的讲解为主，学生参与的比较少。另外由于课堂上学生众多，通常是教师主要讲讲语法、英汉对照翻译，再讲讲课文之后进行写作练习。时间有限的情况下要教授口语是比较困难的，学生在课堂上听说训练的机会较少。在这种教学模式下，学生的能力得不到锻炼，导致了课堂教学的诸多问题和矛盾。当问题和矛盾得不到及时的解决，带来的后果更加严重。传统教学模式主要存在

第八章　PI 教学法视域下的大学英语自主学习与合作学习探究

以下三方面问题。

其一，目前的英语教学模式，对学生的个性化和心理特点的认识不足，具体表现在学生的语言认知能力以及自身所拥有的知识经验对学习的影响。通常所说的认知能力是指个体的由观察、感受、协调、分析、回忆经验或信息时所表现出来的特殊能力，这些因素对外语学习有至关重要的影响。有调查结果显示，经过知识和经验的获得和积累，人们的认知方式和能力也会发生微妙的变化，人的认知能力和认知方式的变化会影响他对外语学习的整体把握，所以说认识和了解学生之间的个体差异是很重要的。正因为忽视了学生智力水平的参差不齐、学生学习动机的模糊、不注意学习方式及文化背景等方面因素的影响，因材施教的原则并没有付诸教学实践，从而变成一句空话。教师在照顾不同类型的学生的同时（这些学生有的来自农村，有的来自大城市，加之他们的英语基础程度不同），又要兼顾英语基础知识薄弱的学生，所以就出现了教师无法从根本上解决学习基础相对好一些的学生对知识需求的问题，最后拉低了整体教学质量水平，甚至导致某些部分学生的学习兴趣淡薄。因为对于优等生来说，教师授课的速度和进程过慢，讲解的内容一般都是自己已经会的，他们会感到课堂枯燥无味，甚至有的学生从此厌学。所以教师在授课时，要因材施教，采用阶梯式教学，要给学生分层次，这样既能满足那些"吃不饱"的学生，同时，又顾及那些差等生。这样根据学生来设计不同的教案，让每一位学生都能有所学，大大地提高了学生的学习兴趣，得到学生的认可。

其二，学生在学习过程中过于被动。以往的英语教学模式过于依赖教师和教材的作用，强调知识的"传授"，轻视了学生的接受能力。这种教学方式使学生的想象力、创造力和学习的主动性得不到发挥。长此下去，学生习惯了这种灌输性的学习，却渐渐丧失主动学习的能力。而英语又是一门能力性很强的学科，它对语言的掌握往往依赖于学生的掌握情况，教学效果在很大程度上取决于学生的主动参与。总的来说，这种以教师的"讲授"为中心的传统教学模式，对学生的学习和今后的发展是不利的。

其三，课堂教学的方式过于简单。传统大学英语教学，课堂还是以教师加教材为主，单一的教学形式对学生感官产生的刺激作用往往也是弱小的，也就难以调动和激发课堂气氛和学生学习兴趣。再者由于语言学科的学习区别于其他学科的学习，一门语言承载了一个国家和民族的文化，具有更丰富的内涵，因此形式单一的教学方法对语言的特点和实用情境的展现存在欠缺。传统英语教学多采用模式化、概念化的程序，因此学生的学习活动基本上以背诵为主，缺少高水平的语言思维活动和对文化内涵的汲取。缺乏对跨国知识的掌握情况，大大影响学生语言思维方式的转换。

另外重视成绩而忽视了教学过程也是传统课堂教学中存在的一个问题。很多教师只在意结果，忽略了知识传授过程的重要性，大大控制了学生的思维发展，而让学生去重点背诵现成的答案。教师只注重结果，这样会使学生掌握知识的情况大打折扣，教学效果不清晰，教学的质量也被拉低了。

2. 忽视学生的主体作用

教学活动中，教师往往占据主导作用，大部分课堂时间以教师的讲解为主，"满堂灌""填鸭式"的教学模式仍然是课堂上的常见手段，教师处于至高无上的领袖地位，而参与教学活动的学生少之又少，学生仍处于被动接受地位，被动地接受教师灌输的全部知识。这样的英语教学模式既淡化了学生的积极参与，也忽视了学生积极参与的重要性，对学生自主学习能力的培养认识不足，致使学习的主动性和积极性没有被充分调动起来。近年来新课程体系标准的出台做出明确的指示和规划，要求建立平等和谐的新型师生关系，教学活动中师生的地位是平等的。因此对课堂教学来说，师生之间的交流和互动是平等对话，意味着平等参与，意味着相互建构，同时也是架设师生之间的桥梁和纽带。对学生来说，交往锻炼自己的能力，是个性的彰显、创造性的解放。对教师来讲，交往意味着师生之间共同收获劳动成果并分享快乐。交往还可以互换师生角色，教师由教学中的主导者转变成合作者，从传统课堂的传授者变成了学生发展的促进者。所以和谐、平等的师生关系的建立对知识传授者来说也是一项光荣而艰巨的任务。

3. 教学评价标准需多样化

一直以来，衡量教师能力和教学水平的方法就是用学生的学习成绩。这种对教师工作评价的方式，往往只看重评价结果，而忽视了过程，造成学生的创造力得不到发挥，使他们成为应试教育的牺牲品。现代评价要求不仅要关注学生知识发展，而且要通过创新手段，激发学生的潜能，诸如与人交往的能力、适应环境的能力等，使学生全面发展。

4. 大学英语教学模式改革的必要性

21世纪是世界发展的时代，我国要与世界其他国家合作，寻求共同发展。这样，英语作为国际交流所必需的语言，已成为时代的发展对现代人基本的素质要求。我国各个单位招聘人才，对已持有四、六级英语证书的毕业生会优先考虑。所以，毕业后的大学生的英语应用能力的差别导致了就业求学的结果有所不同，甚至成为影响他们择业的重要因素。所以现在大学生对英语水平的提高有着迫切的需求，然而目前大学英语教学中脱节现象的存在，使英语教学距离预期目标相差甚远。教育专家一致认为我国现行的大学英语教学必须进行改革，以适应当今社会的快速发展对人才的需求。

（1）改革所具备的条件。当下的大学英语教学改革已势在必行，时机已经逐渐成熟，大学英语教学改革的条件已经具备。

其一，国家及教育部门高度重视大学教育的改革问题。教育行政主管部门要求，各高校领导及教务主管部门要充分重视此次教学改革，下定决心大力推进大学英语教学改革。衡量大学整体水平的高低，英语教学水平也作为重点参考。目前，许多高校都已认识到英语的重要性，正在积极地寻找办法和途径以推进大学英语的教学改革。

其二，大学生自身发展的需要。21世纪是全球化的社会，国际间的合作往来频繁，英语作为国际交流通用的语言，熟练准确的使用英语已成为时代的发展对现代人基本的素质要求。就业形势的日趋严峻，人才与用人单位的供求矛盾也日益突出，对人才的引进的门槛和要求越来越高。一些招聘企业对已通过四、六级英语考试的毕业生加试了口语，以检测求职者的英语实际应用能力。由此可见，大学毕业生的英语能力水平直接影响着他们今后的发展。所以说，现在大学生对提高自身英语应用能力的要求日益迫切，社会的发展对学好英语的要求越来越高。

其三，教师的立场和观点。无论是英语学科的研究者，还是从事英语教育的专家们都对这次大学英语教学改革抱有较高的期望，站在课堂上参与教学的一线大学教师们也大多持赞成的态度。所以说这次教学改革对国家、社会及学校的教师和学生来说都是大有益处的。

其四，我国教育信息化的大力发展，为推进网络教育提供了技术层面的支持。信息技术和教育信息化的发展促进了教学改革。近年来，国家大力推进教育信息化产业的调整和发展。目前各高校的计算机的配备和校园网建设都已经得到了普及。这些举措为大学生英语学科的学习提供了物质方便，教学环境得到优化，为个别化学习创造了便利条件，学习兴趣得到了一定程度的激发，学生语言运用能力和学习效果得到提高。大学英语教学在信息技术环境下的所具有的优势可以较好地弥补传统大学英语教学所带来的不足，创造了现代外语教学的全新局面和环境。目前的计算机技术已经发展到能够在互联网、局域网或单机上为学生提供听、说、读、写、译、互动交流等全方位个性化教学的高级阶段。

（2）改革的意义及影响。培养大学生英语自主学习能力，是满足《大学英语课程教学要求（试行）》的需要，是满足大学英语课堂教学改革的需要，更是满足社会和学生自身发展的需要。

第一，满足《大学英语课程教学要求（试行）》的需要。培养自主学习能力，是当前大学英语教学改革的需要。在当前形势下，发展自主学习已经成为中国大学英语教学的重点。教学的基本要求和目标为培养自主学习能力服务，也是每个学习者为面对快速发展的社会带来的挑战所必须具备的基本能力。学生的自主学习是一种学习观和学习习惯，其本质是"促进变化的学习，培养能够适应变化和知道如何学习的人"。对于所有的教育情景和各类学习者都是适用的。自主学习是一种语言学习的习惯和方法，而不属于教学方法。会学习和主动独立进行学习作为当今时代的学习与教学理念，正是通过自主学习能力的培养等途径来实现的。为了促进中国高等教育发展，深化教学改革，提高教学质量，满足国家和社会对新时期合格人才的需求，2004年国家高等教育司公布了新的《大学英语课程教学要求（试行）》（以下简称《课程要求》）。新的《课程要求》明确规定大学英语的教学目标是"培养学生的英语综合应用能力，特别是听说能力，使他们在今后的工作和社会交往中能用英语有效地进行口头和书面的信息交流，同时增强其自主学习能力，提高综合文化素养，以适应我国社会发展和国际交流的需要"。由此看来，学生实现目标的发展离不开自主学习能力的培养，这也是新一轮教育课程改革的基本目标之一。此外，新的《课程要求》也非常重视大学英语教学模式从"以教师为中心"向"以学生为中心"的转换，即课堂教学从以"教师教授语言文化知识为中心"向"以学生掌握语言使用技巧和学习技巧为中心"转变。由此可见，新的《课程要求》对英语自主学习能力十分重视，所以可以得出结论即培养大学生英语自主学习能力可以达到《课程要求》的规定和要求。

第二，满足实际教学情况的需要。目前，大学英语课堂教学中还有很多不尽如人意的地方。例如"一言堂"模式，主要表现为"教师讲、学生听，教师问、学生答"，以及做大量的练习题。许多教师只顾自己滔滔不绝地讲，学生只有默默地听课。再如，在课堂教学中，有时候会出现这样的现象：就是教师注重发挥学生的作用，而往往那些优等生，他们接受能力较快，并且能提出一些比较新的见解和主张，教师却以为自己引导得好，学生接受得好，然后就跟着这些课堂上发挥好的学生的思路"走"，而中等生和相对比较差的学生则丧失了发挥的机会。一般说优等生较大胆，差生不太主动。就算有几个优等生在积极表演，也只是教师和成绩较好的学生在简单的互动，往往大多数学生在讲台下做安静的观众，面面相觑。学生的积极参与，绝不仅仅指几个学生，而应该让课堂中的全部学生都参与进来。如果大部分学生的思维处于抑制状态，这就是一堂失败的课。而自主学习不仅可以充分调动学生积极性，而且可以使学生根据自己不同的学习基础，确定不同的目标、采用不同的方法，从而使大学英语教学更具针对性与实效性。学生确定目标后，能够帮助学生识别教师的教学目的和教学内容，充分调动他们学习的积极性、学习的主动性，积极配合教师最大限度地吸收输入，主动探索学习方法，挖掘更多的学习机会，摆脱对教师的依赖性，使学生积极参与到语言实践活动中来，不断提高学生的知识和技能水平。培养大学生英语自主学习能力，还可以改变目前大学英语课堂教学中的懒惰式学习。懒惰式学习实际上就是一种被动的"教师讲，学生听"的学习状态，学生依赖心很强，自觉性较差，学习比较被动，学习方式单一。有很多学生甚至"出工不出力"，学习效率低。大学英语单靠教师课堂上传授知识是不行的，只有调动学生的积极性，培养学生的自学能力，才能适应社会发展的需要。由此可见，培养大学生英语自主学习能力是现代教育目标的需要，是大学课堂教学改革的需要。

第三，满足社会和学生自身发展的需要。当今社会正在经历一系列的重大变革。随着科学技术的深入发展，当今社会进入了信息全球化趋势日益明显的新纪元。教育必须适应社会的变革，并为其进一步深入发展而服务。面对飞速发展的全新科技，教育教学的模式也发生了巨大的变化。诸如电子教育、家庭教育、社区教育、网络教育等各种教育模式正在或即将满足不同人群各自的需要。在这个正在向科技化转变的时代，教育被赋予了更多的责任。为就业而教育，为生活而教育，为世界而教育，为自身发展而教育，为兴趣而教育……即便上述教育目的在20世纪就已被提出，它们仍然毫无疑问地成为当今教育的主要目的，尤其是为生活而教育、为世界而教育和为兴趣而教育。

交流、获取知识，培养创造性思维，终身教育，以及为更好的生活而教育，都将成为现代教育的基本内容。换句话说，在新的时代，人们能迅速地发现新知识，投入地享受学习的过程已经变得更加地必要和重要。现代教育的发展逐渐要求人的能力的提高和全面素质的增强。在日新月异的今天，信息更新速度飞速发展，随时都有新的知识和技术产生并要求人们了解和掌握。学生在学校课堂上获得的知识不会受用一辈子。当代的世界是一个充满继续学习和挑战的社会，要想有所作为必须要终身接受教育、不断地进行自我的提升才能更好地适应飞速发展的社会。社会对教育的要求不仅是学生对知识和技能的掌握，还应注重对能够进行自主学习、独立思考的人才的培养。

自主学习能力的强弱对于学好外语具有非常重要的影响，更是使学习者能够持续学习和发展以适应新的社会需要所必需的一项重要技能。很多人已经意识到，走出校门并不能说明学习的终结，而是一个全新的更深层次学习的开始。这也就意味着个体必须要对未来的学习具有不依赖于课堂和教师的独立性和自主性。也就是说，学习者如果要满足自身的发展就必须要养成自主学习的学习习惯和能力。学生自身未来的成长和发展离不开自主学习，要适应快速发展而又复杂多变的社会，学习者必须学会终身学习。

（三）培养自主学习能力的路径

1. 大学生英语自主学习的动机与监督意识培养

（1）大学生英语学习的动机。自主能力的培养可以从以下两点着手进行：大学生英语学习动机的激发和建立、加强学生在学习中的自我监控。掌握学习动机，为推动学生进行学习提供了指导依据。所以为了更好地培养大学生英语自主学习能力，首先要了解并激发其学习英语的动机。

第一，学习兴趣的培养。相关的调查结果显示出，大学生的英语水平参差不齐，对英语学科的学习兴趣与其他学科相比较弱一些，学习的目的性较强。大学关于英语学习动机的调查结果表明，为通过英语四、六级考试的比例大概是60%；为以后择业考虑的比例约为54%；考虑到英语是必修课的约占48%。所以说，大部分学生学习英语就是为了通过等级考试，是为了得到那一纸证书，而对交流的需要和应用能力的培养则考虑很少，另外出于自身对英语的学科的爱好和学习兴趣的占比更少。有数据调查表明，认为自己是因为喜欢英语而学习的学生只有32.1%。所以说，学习兴趣的培养迫切需要增强。在具体教学过程中，我们可以采取活跃课堂气氛、增加语言实践和布置挑战性任务等方法来培养学生的英语学习兴趣。

第二，目标的规划。学习目标是学生对学习行为及结果的预期和规划。在学生自主学习过程中，学生要针对自身情况规划出明确而具体的学习目标，同时注意将近期目标与长远目标相结合。《大学英语课程教学要求（试行）》根据因人而异、因材施教的原则，针对不同学校、不同学生提出三种不同要求，即"一般要求""较高要求"和"更高要求"。"一般要求"是最基本的要求，高等学校非英语专业本科毕业生应达到的要求就是一般要求，是每个学生毕业时必须要完成的目标。"较高要求"和"更高要求"是对那些学有余力、英语基础较好的大学生设置的。学生可以根据自己确定的目标去努力学习，并以此作为自己的长期学习目标。然后，将大的目标分解细化，确定每个学期、每个星期或每天的计划。

结合自身的能力水平整理出的学习目标，才能做到目标与自己的实际能力保持在同一高度。有难度的目标，会使学生的学习感到压力重重，无法起到激励作用，还容易让学习者产生无力感、挫折感；没有难度的目标，容易实现，没有挑战性，即便目标达成，也不会有强烈的成就感，起不到强化作用。

只有在自己能力范围之内，且具有适当难度的目标才具有激发动机的作用。

第三，学习成果检测。学习结果的检测具有反馈信息的作用，只有经过检测，教师才能了解学生的学习情况，检测也能让学生直观清晰地看到学习的进展情况如何，距离目标还有多远，从而使学习动机得到激发。及时对学习效果进行检测、及时强化学习动机对整个教学活动意义非凡。检测的方式有很多种，包括书面的和口头的。常见的考试方法可以作为必备的检测手段，书面的方法通过对试卷的作答，对学生的学习情况也能大致有个了解，也可以通过平时的课堂发言以及日常的交流达到检测的目的。一方面可以由学生自己进行，另一方面也可以由班级、学校等统一进行。通过对学生学习效果的检测和检测后的奖惩措施，从另一方面刺激学生自主学习英语的动机。

第四，鼓励学生积极参加活动。大学在校阶段，必须要鼓励学生积极地参加一些活动或者比赛，比如一些全国性的英语竞赛以及学校或其他机构举办的各种英语竞赛。一般来说，竞争激烈的比赛可以一定程度上激发学生的学习动机。在竞争过程中，每个人都存在力求超过他人的好胜心理，从而能够积极地克服困难，使自身的抗挫折能力得到增强，学习成绩因此得到明显提高。另外，不同类型的比赛侧重的方向和内容是有区别的，所以学生的学习动机也得到了不同程度的激发。

（2）自我监督的重要性。自主学习的成功进行，依赖于学习活动过程的自我监控。在实施了合理有效的自我监控的基础上，英语的自主学习才能顺利开展。有效的自我监控主要表现在三个方面：学习计划的制定；学习进程的自我监控；学习效果的自我评价。

第一，学习计划的制定。学习计划的制定是学习过程的一个重要方面，是学习过程中进行自我管理的有效方法。计划一般有长期和短期之分。以学期为单位的，一般情况下指的是长期计划，短期计划则以星期为单位。长期计划一般是学生结合现有知识水平按照本学期的学习内容而制定的，所以首先要确立目标。学习目标必须要清晰明确，而且易分解成为具体的学习任务和学习行动，清晰的目标便于在学习过程中和学习活动完成时检查自己的学习成果，对学习成果的检测可以使自己产生学习压力和动力，也能使自己及时感受到学习进步的成就感和快乐感。通常学习目标的制定往往是一个学期进行一次。例如，根据《大学英语课程教学要求（试行）》多数学生在第四学期的学习目标是"在词汇、语法、阅读、听、说、写、译方面要达到大学英语基本要求，即四级要求"；有一部分学生的目标是"在词汇、语法、阅读、听、说、写、译方面要达到大学英语较高要求，即六级要求"。虽然学习目标是明确的，但根据目标制订出的计划却可能千差万别，有的有条有理，便于实

施；有的却含糊笼统，难以执行；还有的会不切实际。学习计划，应按照具体、详细、切实可行的原则进行制定。以下六点是需要注意的：

1）计划本身的内容应详细具体，包括学习活动的内容和时间，细化到每个环节和步骤，还要指出活动的方法，例如如何记忆单词、怎样练习听力、会话、阅读、翻译等；另外还要制订如何定期检测学习成效。

2）学习目标要科学合理。《大学英语课程教学要求（试行）》中确定大学英语教学目标为"培养学生的英语综合应用能力，特别是听说能力，使他们在今后工作和社会交往中能用英语有效地进行口头和书面的信息交流，同时增强其自主学习能力，提高综合文化素养，以适应我国社会发展和国际交流的需要"。学生应该根据教学内容，制定符合自身学习和记忆特点的学习目标，远离那些以应付考试为目的的学习计划，意识到当下的首要任务是提高自己的听力和口语水平，把大的目标分解成若干的小目标，逐步实现具备英语综合应用能力的目标。同时，拓宽知识广度、多了解世界文化，对于提高自己的综合素质大有益处。

3）学习内容的安排适量，过多的学习量是不可取的。很多学生在刚开始制订计划时信心满满，安排了过多的学习内容，最后学习计划和任务没有按时完成。例如，有的学生计划每天背50个单词。假如这样记忆单词的速度实现的话，那么在一个学期内就可以完成《大学英语课程教学要求（试行）》中规定的词汇量的任务。实际上，这一点是很难实现的。

4）学习时间要科学合理，有的学生安排英语的学习时间大概每周二十多个小时，还是业余时间。也就是说每天平均三个小时的英语学习时间。如此的计划安排时间过长，难以坚持。

5）学习策略要使用得当。例如部分学生在数小时之内只背单词，可能造成疲劳，学习效率无法满意；还有的学生练习听力时，只关注答案的正确与否，而不在意关键词句、重要数据和主题线索等，在听过一遍之后就认为结束了，如此简单的练习对英语听力的提高作用是有限的。

6）监督和管理。不少学生制定的计划从内容的多少到时间的分配以及方法的选择都比较合理，可是由于缺乏必要的监督，自我约束力不足，无法坚持太久。因此，学生本人的决心要坚定，做好自我监督，逐步提高自我约束控制能力；或是把学习计划让身边亲友知道了解，请他们监督或协助学习计划的实施，从而逐渐养成良好的学习习惯，自我约束能力也会渐渐提高。

总的来说，一份详细的、操作性强的学习计划可以使整个学习过程有条不紊。所有学习活动都目标明确，结构合理，时间安排有张有弛，并认真遵照执行，那整个学习的自我管理是很轻松的，学习效率也会大大提高。因此，学习计划的制订、执行以及实践与反思过程中，学生的自主学习能力和学习效率都有所提高，为以后的长远发展及终身教育打下良好的基础。

第二，自我监督。自我监督是指学生为了达到预定的目标，对自身正在进行的学习活动不断地进行积极自觉的计划、观察、评价、反馈、控制和调节的过程。有效的自我监控对学生保持良好的注意、情绪和动机水平具有积极作用。良好而有效的自我监控，避免或减少了学习中的盲目性和冲动性，有助于学习效率的提高。一般情况下，在整个学习活动过程中都离不开自我监控。特别表现在计划的执行过程中，学生必须根据自身的实际进展情况，对最初制定的计划进行对照和反思，找到影响进展的因素，有针对性地修改，做阶段性的调整，以减少无用功，确保学习目标顺利完成。实践的同时要不断地反省，不断调整对自我的认识，并在以后的学习过程中利用以往的经验和吸取的教训，为自主学习的意识和能力的培养做好铺垫。

第三，学习效果的自我评价。学者贝利认为，学习者的自主学习能力和学习者的自我评价能力之间有着密切的联系，因为客观真实的自我评价不仅能促使学习者对他们自己的学习负责，还能使学习者清楚地认识到现有的水平和他们期望达到的水平之间的差距，从而对自身综合能力有更准确的判断，使其获得更大的学习动力。对英语学习效果的评价能力对英语自主学习有深刻的影响。首先，语言学科的课程只包括了该种语言的一小部分，教学目标不应当仅仅只是对语言知识的传授，能力的培养也是至关重要的，特别是自主学习能力。所以这就体现了学习者的自我评价及自我监控能力的重要性。具有良好的自我评价能力使学习者对学习责任更加敏感，更容易形成自主学习的习惯。其次，学生的自我评价减轻教师对学生的评价压力，前提是学生客观积极的自我评价。学生良好的自我评价可使教师有更多的时间和精力去做更有意义的事情。但也有一些相关方面的研究者对自我评价的客观性和准确性提出质疑：①学习者对自己的学习过程、学习结果是否能做出客观的评价？②自我评价的过程是否真实？③学生的自我评价是否有其局限性？

由此可见，教师的引导在学生的自我评价中起到不可忽视的作用。最常见的自我评价的方式是利用试题来检测，检测的结果让学生对自己的学习有了进一步的了解，发现学习中的难点和弱点，也把自身的缺点和薄弱的地方暴露出来，这样为下一步制定学习目标和学习计划提供了依据和方向。另外，学生还可以采用自评和互评相结合的办法来进行自主学习的评价。《大学英语课程教学要求（试行）》中推荐的《学生英语能力自评／互评表》就是很好的范例。此表分"听、说、读、写、译"五部分，每部分都含有若干个陈述，学习者在"自评"一栏进行自我评价，能够做到的用"Y"（Yes）表示，能够轻易做到的用"YY"表示；在"同学评"一栏中，"请同学对你的英语能力用相同方式做出评价"，在"追求目标"栏中，"标出你认为重要但目前还不具备的英语能力，写'O'（Objective）代表努力方向，写'P'（Priority）代表优先考虑目标"。如果"自评"或"同学评"栏中90%以上项目填写了"Y"，说明学生已经具备了这一要求所推荐的英语能力。如果"追求目标"栏中的"O"或"P"较多，则应寻求指导并积极设法实现。

2. 重建教师角色

学生的学习主动性在某种程度上依赖于教师的主动性，而教师角色转变的意识则是教师自主性的基础。也就是说，教师自身的观念和作用定位将影响着学生学习的自主性。所以传统的教师角色定位也在某种程度上左右了学生的大学英语学习。一直以来的观念就是教师是课堂绝对的主导者。根据调查结果显示，大约有29.4%的学生对于"课堂上，教师是权威"这一观点持反对态度。学生确定学习目标、选择学习材料、安排学习时间和学习进度等环节都是由教师全程指导决定的。经过长时间的重复，学生对教师日渐依赖，从而逐渐产生了不劳而获的心理，导致学习缺乏应有的独立性和自我约束能力。

第一，积极倡导学习的自主性。国家高等教育司公布了新的《大学英语课程教学要求（试行）》，并在其中明确规定大学英语的教学目标是"培养学生的英语综合应用能力，特别是听说能力，使他们在今后的工作和社会交往中，能用英语有效地进行口头和书面的信息交流，同时增强其自主学习能力，提高综合文化素养，以适应我国社会发展和国际交流的需要"。但由于长期受到传统教学思想和学习模式的影响，仍然有绝大部分的学生的学习对教师有较强的依赖性。学生长时间的接收教师传统"填鸭式"的教学方式，即在整个课堂活动中一直是教师讲、学生听，然后教师问、学生答，之后进行大量的英语习题的练习。长此以往，学生无法发挥他们的主动性和积极性，压制和埋没了创造力。大部分学生只能被动听课，往往失去了进行自主学习的动力。所以，教师应将自主学习的观念及重要性逐渐渗透给学生，帮助学生转变学习观念，使学生认识到学习成绩的高低关键在于自身，应该在学习中学会承担学习责任，逐渐减少对教师的依赖，早日实现向自主学习的转变。

之后在确立学习目标的同时，教师要以平等的身份和学生进行交谈，获得学生的充分信任以后，才能更方便地对学生的学习目的、自主学习意识和学习动机以及遇到的问题和困难进行了解。另外，教师还要结合每个学生的个性特点，根据英语学科教学的大纲要求，鼓励并协助学生完成学习目标的

第八章 PI教学法视域下的大学英语自主学习与合作学习探究

确定,引导他们规划各自的短期和长期目标。学生完成了学习目标的制定后,会比以往有更高的积极性去学习,因为这些目标是自己的规划成果,不同于只听从于教师所安排的要求,这就为他们学习的自主性提供了前提和保障。在监控整个学习行为过程中,教师不但要提倡和尊重学生对学习行为的自我约束和管理,还要密切注意和监督他们的学习。教师可以通过与学生之间的沟通和交流,或者采用其他的检测方式,及时对他们的进步给予肯定和鼓励,以强化他们的兴趣和动机。善于发现他们学习中遇到的困难和发生的失误,与他们一同了解学习进度,共同监督学习过程。如此一来,学生主观上会感觉到自己的学习是在有指导地进行,而非漫无目的,从而提高其自主学习的兴趣和信心。

第二,为自主学习提供培训的机会。培养学生的自主能力,意味着对学习的管理责任由教师转向了学习者,即由学习者决定学习的内容、方法和时间,教师不再是课堂的唯一发言人。但是这不等同于教师责任的减轻和教师作用的降低,相反的是,教师面对的是更大的挑战和更高的要求。首先是教师要树立这样的信念,充分相信学生有自学的能力而不仅仅靠教师的教来获取知识,学生掌握了正确的学习方法才会受益一生,而所有的学习都离不开独立性和自主性。教师需要认识的是,应把学生掌握自主学习的方法作为教育的重点目标,要让学生对自己的学习负责和管理,包括自己挑选学习材料,制订学习计划和目标,完成学习活动,能够进行自我激励、自我管理以及自我评估等。但自主学习的过程并不是学生完全脱离了教师的帮助和参与,任其自由发展,事实上学生的这一切学习活动都需要在教师的指导下完成。教师的作用往往很关键,既要为学生创造良好的学习环境,提供更多交流实践的机会,也要指导学生对学习材料的合理挑选,对学习成果进行科学的评价并及时提供准确有效的反馈,让学生在掌握学习内容的同时逐渐掌握学习方法。这些措施之后,往往学生会逐渐摸索出一套具有自己特点的适合自己的学习方式,逐渐学会在面临困难的时候自己寻找解决问题的方法,渐渐摆脱对教师的依赖,自主学习的意识也在逐渐养成。当然,针对学生对自主学习技巧方面的不足,教师对学生实行学习技巧的传授和培训很有必要。教师可以通过讲座的方式传授学习的方法,在此过程中学生可以和教师一起对英语的学习方法和体会进行交流和探讨。另外,教师还可以通过培训的方式对学生的学习进行策略性指导,以便找到合理的学习动机以及适合学生自身特点的学习方法。

第三,指导学生挑选学习材料。学生在自主学习的过程中,对众多学习资料的选择和使用,教师的意见和建议起着重要的作用。自主学习要求学生全程自己独立进行，包括选择学习材料、确定学习内容等，在这个过程中教师的作用就是监督和协助。教师可根据自身的知识经验，对选择过程参与并指导。因为教师的语言学习和认知水平远高于学生，能针对学生的个体差异，从大体上把握学习资料的难易度和适宜性，避免了许多无用功，减少了许多学习中遇到困难的挫败感，从而使学生学习英语的信心得到增强，激发自主学习意识和动力，学习效率也提高了。简单地说，教师对英语自主学习的指导分别是对教材的筛选、过滤和补充；对来自网络的学习内容的辨别和推荐；对语言实际交际运用渠道的开辟和推广等。教师在学生英语自主学习活动中的任务之一是对相关的学习内容进行发现、判断和推广，最终帮助学生实现学习能力的提高。

3. 重视环境因素

良好的理想的学习氛围有利于学生的学习，尤其是自主学习。通过创造合理舒适的学习氛围以及建立英语学科的自主学习中心以及虚拟学习社区等方法，从而达到促进学生的英语自主学习能力培养的目的。

第一，学习氛围。自主学习重在学生的主动性和独立性的发挥，所以传统的教学模式必须接受改变，从教师的单一的课堂教学模式，逐渐向以学习者为中心转变，并且要兼顾语言知识与技能的传授和学生能力的培养。新的教学模式下教师需要做到：①师生关系要平等，为培养学生的自主学习能力创造有利条件。②教学内容更丰富且教学手段多样化。课堂活动设计要便于自主学习的展开，学生应该主动地、全身心地投入在学习活动中以获得语言知识，因此在活动中自我反思和领悟，能够使问题得到及时解决。所以，在改革后的教学模式中应把学生的学放在核心地位，充分发挥学生在课堂学习中的主角作用，教学过程的大部分都由学生独立完成，教师仅仅是起到启发和组织、引导和反馈等作用。

第二，自主学习中心。自主学习中心应具备两个要素：须有大量的可供不同学习者选择的学习材料，比如阅读内容、听力材料等，用来满足每个学习者的学习需求；还需要通过鼓励学生发展个人学习计划、学习过程及承担责任等方法，培养他们独立学习的能力。学习材料大致有原版的杂志书刊及各种音像资料等。并且自主学习中心应该配备现代技术设备使学生的信息资源更加丰富，包括电脑、网络、PPT以及录音机等。这样不仅使学生的语言输入渠道更加广泛，还可以使学生进入真实的语境，进行体验式的学习，不仅能激发学生的兴趣，还可以使学生的语言运用能力得到极大的提高。

第三，虚拟社区。虚拟社区是指具有不同兴趣爱好和要求的个人，利用发达的虚拟交际空间来实现自己的需求和目的。构建和模拟大学英语的课堂教学环境，是虚拟社区功能的一个方面。具体地说，就是以学习语言获取语言知识的能力。这样虚拟的学习环境通过对资源的共享以及彼此的思想、观点和经历的交流，来提高英语的水平，包括听、说、读、写、译的能力，实现对英语的灵活运用。虚拟的教学环境是从未接触过的，有耳目一新的感觉，由从前的以"教"为主，转变为以"学"为主。学生的自主学习能力、协作互助能力及英语语言学习的综合能力都将得到大幅度的提高，学生能更好更快地接受新生事物，达到自己学习知识的目的。

第四节　大学英语课堂合作学习模式探究

在改革开放的影响下，中国经济和社会迅速发展，各行各业面临着不同的机遇和挑战。随着社会的进步和发展，对高技术人才的需求急剧上升，教育无疑起着决定性的作用。大学英语课程是我国高等教育的必修课，培养适应新时代需要的高素质人才，就要学好大学英语课程。因此，大学英语课堂教学在这种形势下逐步深化、改革和完善。群体合作学习作为一种教学模式，在理论研究和实践探索中都能有效地指导学生的英语学习，提高学生的学习兴趣，是一种成功的教学模式。在合作学习与教学模式下，学生可以通过合作与讨论共同学习与进步，能够培养学生的合作意识、技能和精神。在这一过程中，不仅提高了大学生学习英语的兴趣和信心，而且教会他们如何在未来激烈的社会竞争中寻求合作，实现双赢和共享。

一、大学英语课堂合作学习的意义

大学时代对于每个人来说都是非常重要的一个人生阶段，大学生未来走向社会也是以此作为起点的。这一阶段是培养各方面综合能力，铸就人生轨迹的重要时期。大学英语是高等教育阶段的一门重要课程，学好英语课程，不仅仅是大学生修满学分，获得好的在校表现的关键，同时英语也是今后走向社会必须具备的一种基本的沟通语言。

基于中国目前的教育体系，大多数中学英语学习都集中在英语的理论部分。从历年来各省市高考英语试卷中不难看出，英语学科的考试主要是英语语法、词汇和阅读能力的考试，而英语作为一门语言学科，没有得到正确的实践。

大学是培养和发展学生各种能力的最佳时期。所以，合作学习的方式成为大学英语课堂教学模式改革的良好成果之一，旨在培养学生的英语学习和应用技能水平。它不只是有助于学生掌握英语，更重要的是有利于学生学好英语，同时对于学生的合作意识与社会能力的培养有着极大的提升作用，令学生能有一个最佳状态迎接今后的学习、生活与工作。

（一）以学生为中心，以人为本的教学理念

传统的教学模式下，教师是整个教学活动的中心，随着教学改革的深入，大学英语教学改革的各项措施也纷至沓来，因为受到人本主义思想的重要影响，目前的教育开始将学生作为教学的中心，不再如传统的教育，将教师作为整个教学活动的中心。大学英语课堂中引入新的教学思想后，学生开始成为教学的主体，教师成为教学活动的主导者，大学课堂上开始推行合作学习的教学模式，这充分体现了现代教育思想中以学生为中心的理念，也呈现出了教师与学生的新型关系，一个是主导，一个是主体。采用这种新型教学模式的课堂上，学生拥有了更多表达自我意愿的机会，他们在学习方面的自主性被充分调动起来，教师不再是课堂上唯一的"主角"，学生也不再是坐在课桌前的观众。学生开始更加积极地参与到教学活动中来，课堂上的学习气氛变得更加活跃。学生会以小组为单位更加频繁地围绕教学内容展开探讨和交流，他们有了更多的机会去表达自己的观点，提出自己的疑问，创新能力得到了充分的发挥，获得了更多自我发展的空间，学生真正成为教学活动的中心。

（二）有助于提高英语教学质量

在传统的英语教学模式下，英语课堂上教师与学生之间的交流与互动仅限于提问和回答。所有学生都希望自己的回答是令教师满意的标准答案，从而获得更多的肯定和赞赏。但是一些性格较为内向、学习基础较差的学生，往往会惧怕和逃避教师的提问，还有些学生会因回答不出教师的提问而产生焦虑等心理问题。这部分学生对参与课堂教学活动并不感兴趣，也没有信心投入其中。但是如果采用合作学习的教学模式，那么学生会以小组为单位展开学习。教师会将学生分成若干小组，小组成员会为了完成学习任务去相互配合，共同努力，这样的方式能够有效减少学生的焦虑情绪，因为他们原本需要以个体为单位去参与竞争，但现在变成了以小组为单位参与竞争。这样学生参与教学活动的信心和积极性就会明显提高。通过参加各种各样的小组活动，那些性格内向、成绩不理想的学生也会增加对学习的兴趣和信心，因为他们的自尊心会通过团队得到适当的保护。经过验证，采用合作学习的模式要比传统的教学模式更具优势，教学的效率会更高，教学质量的提升更加

（三）有利于减轻教师负担，改善师生关系和生生关系

采用小组合作的教学模式，教师会更加注重引导学生并与学生展开讨论。提倡学生进行自主学习，这样教师的工作量就会大大减少，他们就会有时间、有精力去针对不同的学生进行个别辅导，因材施教。而且通过参与合作学习，学生会在相互交流和沟通的过程中展开学习。教师和学生的角色都发生了变化。在传统的教学模式下，教师单纯地扮演着一名向学生灌输知识的传播者，而在合作教学的模式下，教师的角色转变成为学习活动的"组织者"。学生的角色同样有了变化，他们不再是坐在课桌前的被动听众，而是变成了知识的探寻者。教师与学生的身份定位也发生了变化，他们不再是过去那种上级与下级的关系。课堂上的竞争主体也发生了变化，由过去学生个体之间的竞争演化成为学习小组的团体之争。

（四）培养和提升学生的社会使命感、责任感

在大学英语课堂中开展合作学习，最突出的一个特点就是教师会根据需要，结合教学的内容，按照合作教学的模式将班级中的学生分成若干学习小组。这些小组之间存在着竞争的关系，所有小组成员会自觉地担负起各自角色的职责，相互配合，彼此协作，为了达成自己所在小组的学习目标而共同努力。他们会尽全力完成自己的任务，避免因为自己而影响整个小组的成绩，他们都希望自己的小组得到教师的表扬和赞赏。这个过程就能有效培养他们合作的意识、交流的技巧，同时会增加他们的责任感以及使命感。

（五）有利于评价方式的制定与形成

每当出现一种新的教学模式，要想令这种教学模式得到健康的发展和充分的运用，首先要构建起科学合理的评价体系。我国自封建社会开始，就有了科举考试，到现阶段的中考、高考仍然延续着这种考试制度。我国的小学生、中学生、大学生始终都处于竞争的环境之中，他们会因为自己的学习成绩而被区别进行教育，人们习惯于凭借他们的学习成绩来对其综合素质做出评定。中国整体的教育体制仍然存在很大的问题，远远未能实现公平性的原则。虽然合作学习的过程中也存在着竞争的因素，但是这种竞争是以小组为单位的，需要以小组成员的协同配合为基础。在合作的过程中，小组成员能够获取相应的知识，而且还能从中掌握与他人进行交流的各种技巧，培养他们相互合作的团队意识。这也是合作教学法的一个非常重要的特点。在合作学习的教学模式下，各个阶段各种各样的评价，包括小组与小组之间做出的评价，小

组内部成员之间做出的评价，教师给予学生的评价等都属于发展性的评价，这种评价不是一次性的，也不是终结性的。

二、大学英语课堂合作的特点

在大学英语课堂上引入合作学习的理论时，将合作学习理论与大学英语课程的特点有机结合，体现出以下特点：

第一，互帮互助、荣辱与共。采用合作学习进行教学活动的教师应当引导更多的学生参与到教学活动中。在划分合作学习小组时应当将优等生和后进生进行混合编排，利用优等生的作用来带动后进生的学习，帮助后进生产生对英语学习的兴趣以及自信，让他们相互促进。

第二，相互探讨，共同进步。通过合作学习的模式开展教学时，教师不仅应当组织好自己与学生之间的互动，同时还应引导学习小组之间以及小组成员之间的互动和交流，以提高学生的口语表达能力。

第三，认真努力，尽职尽责。教师在采用合作学习的教学模式时，不仅应当带领各学习小组制定学习目标，同时还应引导所有小组成员制定自己的学习目标。以个人目标作为集体目标，这样能更好地培养起学生为集体负责、为他人负责的责任心。

第四，积极交流，善于沟通。教师在合作学习模式的推进过程中应当要求所有小组成员相互配合、相互协助、共同学习、携手进步；帮助学生提高自身与他人、与团队合作的技能，培养他们的合作意识和能力。

三、大学英语课堂合作原则

第一，提倡开放、反对封闭的原则。在进行合作学习时，教师应当引导学生将掌握的学科知识与现实生活结合起来，调动学生学习语言的兴趣，让他们更加积极、主动地参与到各种课堂教学活动中来，在合作学习中不断提高自身的综合素质和能力。

第二，倡导民主、反对专制的原则。我国新近出台了大学英语课程的详细教学标准，在这个教学标准中要求学校和教师要正确对待学生与学生之间存在的差异性，要以人为本。所以在开展英语教学活动时，教师要努力建立起与学生间平等、和谐、民主的新型师生关系。

第三，坚持探索、反对闭塞的原则。在采用合作学习模式的大学英语课堂上，所有学生都应积极表达自己的观点，发表自己的言论，而且对他人的言论也应持包容和求同存异的态度，令自己的视野不断得到扩展。所以教师要引导学生参与合作学习，培养起勇于探索、勇于创新的精神，不能仅仅为了完成合作的任务而去实施合作的行为。

第四，坚持实践的原则。教师在采用合作式的教学模式时，要关注到大学生所特有的身体和心理特点，在规划教学内容、确立教学目标时，将这些特点充分考虑在内，选择那些更符合大学生身心特点的教学方式和手段，而不应该将合作学习的相关理论生硬地照抄照搬到实际的课堂教学中来。

四、大学英语课堂合作方式

按照合作学习的相关理论，合作学习主要包括的方式：一是小组学习的方式；二是切块拼接的方式；三是共同学习的方式；四是小组调查的方式。大学英语教学过程中，教师应当结合英语这门学科的特点，并结合实际设计出更多具备可操作性、实效性更强的合作学习模式，而不应简单地将合作学习的理论生搬硬套到教学活动中来。

第一，问题演进式的合作学习。问题演进式的合作学习方法，主要适合在英语口语的课堂上使用。教师在选择问题时，应当注意筛选那些学生感兴趣，对他们更具吸引力的内容。还可以组织学生与学生间的互动、教师与学生间的提问、安排抢答环节，以调动起学生对学习英语的浓厚兴趣。

第二，角色扮演式的合作学习。角色扮演式的合作学习方法主要适用于英语精读环节、泛读环节以及口语训练环节。教师可以将学生划分为不同的小组，安排小组成员扮演不同的角色，有意识地提升小组成员的责任心，培养他们的团队精神，同时激发他们学习英语的积极性和主动性。

第三，商讨发现式的合作学习。在课堂教学过程中，教师还可以结合课程的内容，形成当堂课的核心话题，然后组织学生围绕这个话题展开讨论，在此基础上不断扩展学生的视野，引导他们进行发散性的思维，认真倾听他人的观点和意见，并且反思自己的观点以及结论，查找自身的不足，共同达成既定的教学目标。

五、大学英语课堂合作实施过程

在传统的教学模式下，教师是整个教学活动的核心，而采用合作学习的教学模式则与其完全不同。在采用合作学习模式的课堂上，教师需要关注到的因素更多。在这里要重点阐述的是，在大学英语课堂上采用合作学习模式进行教学活动的具体过程。

（一）实施前的准备工作

在正式开始进行合作式教学前，教师需要提前做好准备，主要包括：

一是要提前收集与合作学习相关的文献和资料，熟悉已有的研究成果，认真了解与合作学习有关的理论知识，在此基础上制定出更加适合的教学方案；二是通过问卷调查在班级内展开调研，对学生对合作学习的认识与态度（以"你知道合作学习是什么样式的学习方式吗？""之前有没有进行过合作学习？""你愿意进行合作学习吗？""你觉得合作学习对你的英语学习有帮助吗？"为导向进行访谈），班级内学生的兴趣爱好、个性差异和英语学科的学习现状进行调查，做到"知己知彼"，以使合作学习在班级内顺利进行。

（二）课前的准备

为了保证合作学习的顺利进行，教师应当提前确定教学的主要目标，选择适当的教学方法，安排好具体的教学任务，提前告知学生将采用何种合作学习的模式，如何开展合作学习，将怎样对小组的合作学习做出评价。

在进入大学阶段之前，我国的学生在中学阶段，大多接受的都是传统的英语教育。在这种教学模式中，教师是唯一的中心，但是进入到新型的合作教学模式中，教师需要提前向学生介绍所制定的学习目标，具体的合作任务，让学生对所要学习的内容以及程度有所了解，避免陷入茫然之中，也能在很大程度上消除课堂上容易出现的紧张与疑惑状态。

第一，不仅是教师，而且包括学生，都需要在课前了解即将进行的课程的具体内容、所应达成的学习目标、所要完成的学习任务等。教师在课前应当深入研究所要教授的课程内容，科学合理地制定教学目标，对学生经过学习所应达到的成效，做出较为准确的预估。在此基础上，教师才能对既定的教学目标，以及实际达到的教学效果之间的差距做出预估，也才能更准确地掌握学生课前预习的情况，从而对自己的教学内容以及方法做出调整，努力缩小这种预期和实际效果之间的差距。

第二，在整个课堂教学的过程中，都要将教学目标贯穿其中，制定教学目标不仅需要在课前进行，而且在教学的过程中，以及课堂教学完成之后，也要持续制定和调整教学目标。不论进行何种教学设计，首先需要明确教学目标，只有这样才能选择适当的教学方法，也才能建立起科学合理的评价机制。这其中包括两个方面：教学目标和社会技能目标。对于小组合作学习来说，在制定合作教学目标时，教师要考虑两种因素：一是在课堂上帮助学生掌握英语的语言知识；二是帮助学生培养起今后走向社会将会用到的合作意识以及团队精神。在传统的教学模式下，高校及教师所制定的教学目标，局限在让学生尽可能多地掌握相关的学科知识上，并未将学生情感的维护、人生态度的确立、价值观的形成等与学习相关的内容纳入教师的教学目标中去，也未纳入学生的学习目标中去。

（三）划分合作学习小组

要想在大学英语教学中顺利实施合作学习的模式，首先要做的是科学、合理地划分学生的学习小组。学习小组的划分是否合理，关系到每个学习小组的整体学习氛围，也会对学习小组的目标任务能否顺利达成产生决定性的影响。所以需要教师根据每名学生的具体情况（包括他们的性格特点、思维习惯、兴趣爱好、交际能力以及实际的英语水平等）合理地为他们划分学习小组。让每名学生都能在各自的学习小组中，实现相互协助、相互促进、相辅相成，在合作学习的过程中实现共同的成长与进步。

如果根据组成的形式来看，合作学习小组有两种分组方式：一种是按同质化特点进行的分组；另一种是按异质化特点进行的分组。

在对英语课堂进行研究的过程中，有对同质和异质进行分组的具体方式：高考英语分数在120分以上的学生，可以被分在同一组；高考英语分数在70分以下的学生，可以被分在同一组；其余英语成绩处于中等水平的学生，可以被分在同一组。

根据观察和分析，英语高考分数在120分以上的学生如果被分在同一组，他们在合作学习过程中的表现并不理想。这些学生学习的积极性、主动性都处于较高水准，而且英语基础扎实，学习成绩突出，自主学习的能力普遍较强，他们能够独立完成大部分的学习任务，在合作学习的过程中，相互间的交流与合作反而较少；英语高考分数在70分以下的学生如果被分在同一组，在合作学习的过程中，表面看上去学习的过程非常"热闹"，小组成员也会展开热烈的讨论，相互间也会给予彼此热心的帮助，遇到问题都会献计献策，但是因为这些学生的英语基础普遍较差，合作学习的过程，毫无章法可言，大部分学生都难以完成自己的个人任务，小组团队任务的完成情况自然也就差强人意；英语高考分数处于中间水平的学生如果被分在同一组，他们会表现得比前两种小组更加突出，不论是个人任务还是团队任务的完成情况也是最好的。在合作学习的过程中，这种小组的成员之间，能够真正做到相互配合、相互帮助，讨论也更加有效，通过全体成员的共同努力，小组的学习任务最终都能较好地完成。

综上所述，在合作学习中，教师主要采用异质分组，但异质分组需建立在"组间同质、组内异质"的原则上划分，以突出组内合作与组际竞争的特点，同时考虑组内成员男女性别比例、组员性格特征、英语成绩分布，以及交流沟通能力等因素。

（1）男女性别比例：在研究过程中，确定的实验班共有学生56名，其中女生为26人，男生为30人。按照这些学生的高考成绩，他们被划分为7个学习小组，每个小组共有8名成员。

（2）性格特征与兴趣爱好：小组成员的性格特点、行为习惯与兴趣爱好也会对小组的学习氛围及效果产生重要的影响。所以教师在划分小组时，要对这些因素给予充分的考虑。小组与小组间尽量实现同质化，而小组成员之间则应尽量实现异质化。让性格各异、习惯不同、爱好丰富的学生处于同一组内，实现彼此有效的协同与配合。

（3）交流沟通能力：采用合作学习模式的教学过程中，尤其是英语课堂当中，学习效果在很大程度上是由组员的语言交流能力来决定的。在英语学习中，听力、口语、阅读、写作、翻译等每个环节都十分重要，其中特别是听力与口语水平的作用更加突出。因为学习语言有其特殊性，不论学习何种语言，听力训练与口语训练都是首先要进行的教学内容。因此在采用合作学习的英语课堂上，小组成员的口语表达能力以及沟通能力显得至关重要。在进行分组时，教师应当将听力水平较高、口语表达能力较强、思维比较活跃的学生与听力水平较弱、口语表达能力有限、性格较为内向的学生分在同一个小组。这样每个小组自然而然就有了自己小组的"代言人"，那些英语基础较差、性格较为内向的学生，也会受到这些较为活跃的同学的影响，逐渐被带入到合作活动中去，这样所有小组成员才能找准自己的位置，取长补短，各尽其能，在合作的基础上实现各自的发展与进步。

（4）英语成绩分布：在对合作学习小组进行划分时，教师也应当合理安排成绩不同的学生，让高分的学生与低分的学生被分在同一小组中，而不能一味地将成绩好的分在一组，成绩差的分在一组，这样将无法收到合作学习的预期效果。在分组时，教师不仅要注意搭配好整体成绩不同的学生，而且还应当根据学生擅长的项目来进行合理分组。比如有些学生的口语突出，有些对语法知识精通，这些要素也应当在教师分组的考虑范围之内。

（四）明确角色分配

著名的研究者史密斯先生曾指出："合作学习并不是小组内部每位成员都去做同样的事情，然后小组评价的时候，小组内部订正答案；也不是由小组内的一个成员代做全部事情，然后作为大家的学习成果。"一个优质的合作学习小组，首先小组成员内部应当有着明确而合理的分工，大家能够各负其责，做到人尽其才，共同让学习小组成为一个能够相互配合、角色互补的有机整体。每个小组成员都需要在团队中扮演特定的角色，承担各自的职责，在完成个人任务的基础上，促成小组任务的完成。小组任务和个人任务是相辅相成、相互影响的关系。

合作学习的过程中，设置了四种主要的角色：一是各小组的组长；二是各小组的代表人；三是各小组学习情况和资料的记录人；四是学习成果的评估员。

第一，在学习小组中，组长是整个学习过程的负责人，他负责指挥本小组的学习过程，在小组中负责组织和协调工作，处理和解决学习中遇到的困难以及问题，对小组成员的学习进行监督并给予鼓励，引导全体成员共同参与到合作学习活动中来。通过自身的努力，尽到自己的职责，为本小组获得优秀的成绩付出自己的时间和精力。

第二，每个小组会有一个发言人，也就是小组成员的代表。在完成小组学习任务之后，需要向教师和全班同学展示本小组的学习成果，这时就需要每个小组指派一名代表，展示自己团队的研究讨论成果，将本小组的学习情况反馈给教师，以期获得教师和全班同学的肯定与赞赏。

第三，在合作学习小组中，也需要一个默默无闻的奉献者，他就是记录员。记录员主要负责引导小组成员积极表达个人的观点，展示学习的成果，然后由其将整个小组的学习感受、学习心得做好记录，建立起自己小组的资料库，以备在今后的学习中作为参考。

第四，小组评估员的主要职责，是检查每名小组成员是否了解自己的职责，是否知晓团队的整体学习目标；督促成员积极发表各自的见解，体现学习的成果。

（五）小组活动设计

在大学英语课堂中引入合作学习的模式，需要将各种小组活动作为合作学习当中的核心环节。通过组织小组活动，在小组中营造出一种积极的学习情境，小组成员有机会使用目标语来与同伴进行面对面的沟通与交流，而且还能与其他小组展开讨论，提出各种不同的观点和见解，对学习方法提出各自的建议，这个过程能对学生语言运用能力，起到很好的提高和促进作用。丰富有趣的合作学习活动，还能显著提高学生学习英语的自觉性和主动性，明显减少基础较差的学生在学习过程中的焦躁情绪，活跃课堂上的学习气氛，切实提高合作教学的成效。在大学英语课堂中的不同课型中应用的不同方式的合作学习活动形式，如下所述。

第一，在大学英语的听力课中，引进合作学习的模式。大学英语的听力课是英语教学中的一个重要环节，在听力课堂上主要采用的是任务型的合作学习模式。合作学习有五个非常重要的特征：一是要对个体的差异性给予充分的尊重；二是小组成员间存在着相互依赖的关系；三是所有小组成员都有着各自的职责和分工；四是合作学习对于人际间的交往十分关注；五是合作学习旨在培养学生社会交往的技能。在合作学习的所有环节中，这五大要素都会发挥各自重要的作用。

在此次研究的过程中，由于时间有限，所以将听力教材中一些比较适合的内容筛选出来，在课堂上组织学生展开讨论，其余的则布置成为学生的课后练习作业。在合作学习正式开展之前，教师需要将听力教材中的生词、词组以及与课文相关的背景知识讲解给学生，以便学生的预习更具有针对性。在合作学习的过程中，学生可以就自己发现的问题向教师提出疑问，与教师和同学展开相关的讨论，并记好这些知识点。随后教师可以播放用于听力训练的录音资料，播放完毕后，教师可安排一定的时间，让学生就录音内容展开讨论，就一些重要的问题形成共识。讨论结束后，教师对听力材料中的问题答案进行公布，对学习表现突出的小组给予表扬和鼓励。将合作学习的模式引入到大学英语听力课堂中来，有利于增强学生的合作意识，有利于学生更快更清晰地掌握知识点，有利于快速提高学生的语言运用能力。

第二，在大学口语课堂中引入合作学习的模式。在合作学习的过程中，有不少方式都适用于口语课堂的教学。比如组织学生扮演各类角色、模拟英语交际的情景、开展小组成员的讨论等，这些都是较为常用的合作学习模式。

在对合作学习模式进行研究的过程中，总结出了一些适用于合作学习的教学内容以及方式，比如开展对话练习、进行电影的剪辑等。在组织对话练习时，教师可以安排学生扮演不同的角色，比如同学之间模拟见面问候，或者初次见面的自我介绍等。一方面，教师可以要求学生大声朗读口语教材中的对话；另一方面，安排小组成员去扮演教材中提到的角色，主动向其他成员打招呼、做自我介绍等。例如教师可以安排学生模拟一场面试，指定一名小组成员扮演面试者，安排其他小组成员扮演面试官，由面试官向面试者提出一些问题，面试者来回答。这种有趣的合作学习方式，很容易调动起学生的积极性，吸引他们的注意力，让他们在不知不觉中提升语言的运用水平，也体会到语言学习的乐趣。同时教师还可以根据学生感兴趣的电影情节，安排他们扮演其中不同的角色，使用英语进行对话和表演。最后对表现突出的个人以及小组给予表扬和奖励。

著名英语教授胡壮麟先生指出，人类需要通过语言这种重要的方式，完成自己的言语表达。将合作学习的模式引入到大学英语教学课堂中来，不仅能够吸引学生主动参与到教学活动中来，而且还能增加教师与学生、学生与学生相互交流与沟通的机会，增进相互之间的情感，还能组织学生进行口语方面的练习，令传统教学模式下那种紧张、呆板的课堂氛围得到改善，同时还能增强大学生的团队精神，培养他们的合作意识与技能。

还可以将合作学习的教学模式引入到大学英语的写作课中来，教师应当结合大学英语写作课的教学目标以及教学内容，精心设计写作训练的话题。教师可以先指定一个话题，再安排小组成员围绕这个话题展开讨论。教师还可以拟定几个话题，安排各小组展开讨论，由各小组根据自己的兴趣选择一个话题进行讨论，共同确定一个写作的主题。再由教师有针对性地讲解一些关于写作的手法、注意事项以及技巧，为学生提供一些指导性的建议。随后安排各小组展开相关话题的讨论，由他们针对写作话题中涉及的词汇、背景知识、观点等展开讨论。所有小组成员所提供的言论以及观点都应当在写作时的考虑范围之内，每个人的观点都会得到应有的尊重。在讨论的过程中，小组中的记录员要详细地记录讨论的细节，各种资料都应有完整的记录。因为课堂上的时间较短，课堂上组织的小组讨论完成后，教师应当安排小组成员根据讨论的结果，在课后完成写作的初稿。对学生写作稿件的评估，是合作学习中的最后一个环节。在接下来的一次写作课上，教师可以组织学生将自己的写作稿件进行交换，然后相互进行审核和评价，查找学习中存在的问题和不足。比如是否有用错的知识点、是否存在用句的错误、是否存在语法上的混乱、是否有单词拼写上的错误等。小组成员的相互审核完成后，教师收回所有的写作文稿，对这些文稿进行修改和点评。在下一节写作课上对这些文稿的整体情况做出评价，提出并讲解学生写作中出现频次较高的错误，筛选出一些优秀的文章分享给全班的学生，对写作成绩突出的同学给予表彰和奖励。

总而言之，将合作学习的教学模式引入到大学英语课堂中来，其形式并不是固定的，也不是一劳永逸的，还需要教师结合教学中遇到的实际情况来不断进行调整和完善。

六、大学英语课堂合作评价方式

在小组合作学习实施中有一个至关重要的环节，那就是小组评价。小组评价的开展，对同学们之间合作学习所获得的学习成果，起着重要保障的作用；也是在小组合作的过程当中发现存在的问题、解决问题的最好的方法；与此同时也是对表现非常积极、通过合作共同完成学习目标的小组的一种肯定与鼓励；更加有利于下一次合作学习的顺利有效开展。正因为这样，在英语课堂的教学中，大家合作学习的成果，也体现着合作学习所存在的价值。

如果要保证大学英语课堂的合作学习能够顺利进行的话，一个合理、有效的学习方法是必不可少的助推器。

研究表明，在大学英语课堂中所提倡的合作学习，主要开展方式是小组学习，主要采用的评价方式是小组自评和教师总体评价相结合。目的都是鼓励小组内的、小组与小组之间，在合作的前提下展开竞争。被评选为表现优秀的个人和小组都会给予奖励。

第一，小组自评指的是小组内的每一位成员，对在合作学习中的个人完成情况和小组完成的情况，组员参与的情况和满意情况，都要说出自己的意见。在合作学习的过程当中肯定会存在一些问题，大家还需要指出问题并且还需要提出相关的建议。要有则改之无则加勉，对好的地方要充分地肯定，使其在以后的合作学习中能够有着更好的指导作用。

研究表明，小组自评环节的操作流程主要分为以下方面：首先，点评的原则需建立在和谐、友好、互帮互助的基础上，而不是相互指责、相互批评。其次，在小组成员各自的成果展示完毕之后，由各组的小组成员进行5~8分钟的自评。最后，将各组成员的评价结果记录在自评表上，在班级进行公示后上交给教师。

第二，教师总体评价。教师小组评价主要是以激发学生的学习积极性、自主学习的能力和提高学生的学习兴趣、学习信心为出发点的。在学生小组自评的基础上，对学生小组合作学习中的表现给予鼓励性的点评，以及在大家合作学习的过程当中，根据各小组之间的共性问题给予指导，并且提出针对性的建议和意见，能够为以后的合作学习课堂积攒宝贵的经验。教师总体评价以小组为单位，进行小组与小组间的宏观评价和引导。这对学生的合作学习起着重要的帮助作用。

在研究中，教师小组对合作小组的总体评价，仍然会采用小组评价打分的方法，在打分评价的过程当中，采用的不仅有统一打分的方法，还有区别打分的方法。评价的过程当中应该本着真实性、公正公开性、多元化、鼓励性的原则。这种方法是最为科学合理的打分方法，这样不光是尊重了小组成员之间的差异性，肯定了小组成员在不同方面的特长和能力，而且还没有忽视小组合作学习活动中，各方面的开展与实施。

七、大学英语课堂合作调查分析评价

本部分主要讨论合作学习在大学英语教学中的实际调查研究，该调查是对重庆某高校的大一新生进行的。

第八章　PI教学法视域下的大学英语自主学习与合作学习探究

（一）调查设计内容

1. 调查的目的

本次为长达一个学期的课堂调查，旨在熟知小组合作学习作为近年来，无论是在基础教育领域的中小学各科教学中，还是在高校的课堂教学中都应用火爆的教学模式，是否真的是有效的教学模式？此种模式在大学英语课堂中如何有效实施？应当注意哪些事项？合作学习对教师、学生以及大学英语教学有何影响？综上所述，本次调查解决的主要问题，包括：

（1）相比"以教师为中心"的传统教学模式，合作学习的优点何在？

（2）"以教师为中心"的传统教学模式在师生中根深蒂固，在此基础上，教师和学生对合作学习的认可度及满意度怎样？

（3）相比"以教师为中心"的传统教学模式，合作学习在提升学生对英语学科兴趣、对课堂参与度以及学习态度上有何变化？

（4）合作学习除了可以培养学生在课堂中的互助合作之外，是否也可以培养学生的合作意识、合作技能与合作精神呢？

（5）合作学习较传统课堂教学模式中的分组有何不同？如何理解合作学习中的合作与竞争？

2. 调查对象与材料

本次调查选择的对象，是重庆某高校非英语专业的两个大一班级的新生，对他们进行随机调研。被调研的重庆某高校是一所综合性的大学，该校的教学软硬件设施配备齐全、教学质量先进，对英语专业的教学非常重视。在本次调查被随机选中的两个班级，一个被确定为实验班，将其称为A班；另一班则是一个普通班，将其称为B班。A班的人数是56人，B班的人数是52人，共计108人。被调研的这108名学生，都来自中国内地的各个不同的省市，其中重庆市市区及其周边区县的学生占大多数，全部学生都是参加全国高等学校入学考试考进学校的。虽然是经过教育部正式录取的统招考生，但是因为学生生源来自祖国的五湖四海，有着各式各样的成长背景和学习差异。虽说学习英语的年限和学习内容大致相同，但对于英语学科中的听、说、写、译等各个方面的学习水平都是参差不齐的。在入学后，经过学校的入学分级考试结果证明，被调研的新生英语能力都处于同一水平上。

对于英语学习态度方面，经过学者的逐一访问和调研得知，作为非英语专业的大学生，他们当中的大部分人对英语学科的学习不感兴趣，特别是以男性大学生为主，其中也有小部分的女学生。他们认为大学英语的课堂氛围枯燥乏味，认为自己学习的是"哑巴英语"，学习下来也没有多大的作用。

还有的学生认为自己所学的专业并不是英语专业，以后也不会从事与英语相关的工作，所以也没有必要去学英语。他们觉得只要能够应付期末考试，通过英语四六级考试，完成大学四年的学业，能够拿到学位，顺利毕业就满足了。

就是在以上的研究背景之下，对A、B两班进行为期一学期的实践调研，A班——实验班，采用合作学习的教学模式；B班——普通班，仍然采用"以教师为中心"的传统教师讲授的教学方式，两班按同一教科书——《新视野大学》、同一教学大纲授课。

3. 调查的方式、方法

该调查主要采用问卷调查方法进行定量研究，主要是为了保证获取的信息具有客观、公正、有效和准确的特征。

本次主要采用了两种问卷调查方法。一种是学生问卷，另一种是教师访谈。进行学生问卷设计的前提，是要从学生在合作学习中所拥有的认知和理解、心理状态，能否获得学习目标的达成，对合作学习课前、课中和课后的评价情况如何来考虑。教师访谈则要从教师对合作学习的了解程度和认可程度、合作学习前教师的备课情况、课堂中教师的引导作用以及课后教师对课堂小组的评价等几个方面来进行考虑，与学生问卷要相互对应。

针对问卷调查中的不足和劣势，进行补充的一个比较有效的方式就是个人访谈。不管是学生还是教师，在回答问卷时都会尽可能地说一些好的方面，这导致了问卷调查的结论具有一定的水分，真实性和可信度也大打折扣，因此个人访谈也是进行调查的最好补充手段。

这次的访谈对象主要是在问卷调查之后，随机抽取一些学生和教师在合作学习的各个阶段进行面谈，从而对学生和教师的心理状态进行实时监管，了解学生学习情况的变化和遇到的困难，并对教师的认可程度和满意度进行了解。

课堂观察法指的是在大学英语课堂中，运用合作学习模式时，教师要充分考虑好学生和教师、周边环境的互动关系，对学生的学习进行观察，做好监督控制的工作，并对课堂中出现的问题及时发现和纠正。

教师进行合作学习课堂的观察工作包括：一是对小组和小组成员参与合作学习的程度进行观察；二是对小组成员之间的合作、沟通的程度进行观察；三是对各个成员有无全力以赴地配合完成自己的学习任务，对自己的职责是否尽心尽力进行观察；四是对各个学习阶段中学生以及教师的态度变化、认可度和评价方式进行观察。

4. 调查的主要内容

外语教学以及《新视野大学英语（第二版）》教材中都使用了该种调查方法，其设计和编写引用了很多国内外非常突出的英语教材编写经验，并按照《大学英语课程教学要求》来完成，这样做的目的，主要是为了给学生提供更加逼真的学习情境、更加丰富的练习和更加地道的语言，从而有效提高学生的学习效率；并对各种现代化学习技术如多媒体技术、互联网技术等进行充分运用，为学生提供较好的学习氛围；使得教材具有丰富的内容、广泛的题材以及规整的语言，为学生的英语听说能力的培养创造有利条件；并注重用真实的语言场景和文化背景，来培养学生的英语综合素质和实际交流能力。光盘中也包括了与课件一致的视频和音频等教学材料，基本上做到了一对一的要求，和教材具有较强的互动。

5. 课堂实录与效果

任何教学理论都需要经过课堂教学的实践检验，方能得知该教学理论的实践效果。调查中采用的案例研究就是一种将教学理论与教学实践相结合的教学方法。据《大学英语教学大纲》要求，大学英语课堂教学主要突出强调听力、口语、阅读与写作几方面能力的培养。因此，根据不同教学内容，策划不同的教学设计，与大学英语教学大纲要求尽量相符合。现将课堂调查中有代表性的教学案例展示如下。

【案例】

课堂实录：大学英语课堂口语课的合作学习

课题：The studies of festivals both in China and America（中美两国传统节日文化的探究）

任务：以"Role Play"的形式完成对指定节日中的任一个节日进行了解、学习。

活动背景：由于课堂时间有限，由教师抽选出中美两国具有代表性的几个传统节日，这几个传统节日分别是：The Spring Festival、The Dragon Boat Festival、The Lantern Festival、The Mid-Autumn Festival、Thanksgiving Day、Christmas、Halloween、Valentine's Day。每个活动小组在教师选定的小组中任选一个，为下次课做相关准备活动。

活动过程：

教师：教师将口语课课题——中美两国传统节日文化的探究，假设成一个节日研讨会，不同小组分别扮演熟知本国节日文化的中国人和美国人，对本国传统节日详细介绍，具体包括节日来源、庆祝方式、特色食品、风俗习惯等，并回答其他"与会者"的提问。

学生：上课前，各小组成员明确分工、互相交流沟通、共同协作完成任务。上课中，各小组学生携带本组"节日作品"来到课堂，由各小组代表展示本组合作成果，同时分享其他小组展示成果。

下面以展示"Halloween"节日的小组活动为例，课堂实录过程如下。

小组代表讲述之前，利用教室的多媒体设备播放幻灯片，突出强调有些阴森、恐惧的僵尸鬼，接着是僵尸手里提着的忽明忽暗的鬼火南瓜灯笼（pumpkin lanterns），最后，屏幕出现该组讲述的节日名字——Halloween，并由小组特定角色开始阐述。

Student 1：Halloween is defined as the eve of all saints. It is on the October 31 of every year. In the countries of the west, most of people think that the souls of the dead will visit the earth on that night, therefore, they also called it the Ghost's Day. And the children in Western countries will trick or treat from door to door.

在第一个学生讲述完"Halloween"的总体由来之后，多媒体屏幕上播放出几张图片，图片上的人戴着面具、面部狰狞、幽默滑稽。

接下来由小组中的第二个人对"Halloween"节日的风俗习惯进行讲述。

Student 2：There are many activities in the festival of Halloween. Children are very happy that day, because they can wear masks, treat or trick. They can carve the pumpkin, too. Besides, goblins, skeletons and ghosts are also the classic symbols of the festivals. Most people are busy with playing trick or treat and decorating for greeting cards and windows. All of this is connected with the evil spirits.

在第二位小组成员讲述"Halloween"节日的风俗习惯时，屏幕上播放与该学生讲述内容一致的图片，如 ghosts、black cats、skeletons、goblins 等。接下来由小组的第三位成员讲述"Halloween"节日里最重要的象征——pumpkin lantern。

Student 3：The pumpkin is an important symbol of Halloween, it is an orange-colored squash. Back to the date of Ireland, carving pumpkins into jack-o'-lanterns has already become a custom of Halloween. And if the children could knock and say "Trick or treat", it means good waiting.

在第三位小组成员重点讲述的时候，屏幕播放由学生找出的最具代表性的"pumpkin lantern"，即"jack-o'-lanterns"。同时，在该同学讲述"The pumpkin"的时候，已经引起全班同学对制作"pumpkin lantern"的好奇心，此时应趁热打铁，由该小组成员点出："预知 pumpkin lantern 如何制作，请

第八章　PI 教学法视域下的大学英语自主学习与合作学习探究

听本组下一位同学的详细解说",很自然地将全班同学的注意力转移到该组下一位同学如何制作"pumpkin lantern"的介绍上来。

Student 4:（该同学表演能力突出）在讲述如何制作"pumpkin lantern"的时候,面部表情生动,配合屏幕上出现的制作过程的图片,配以生动的肢体语言,让全班同学更深刻地学习到制作"pumpkin lantern"的过程。

Step 1: Buy a pumpkin.

Step 2: Cut off the top of the pumpkin and scoop out the flesh.

Step 3: Draw your lantern's design onto the paper first.

Step 4: Draw your design onto the skin of the pumpkin.

Step 5: Cut out the mouth, nose and eyes.

Step 6: Light the pumpkin with a candle.

伴随着"pumpkin lantern"的顺利完成,为表达制作成功的喜悦,该组的第四位成员应景性地唱起一首名为 Halloween 的歌曲,以示该组对"Halloween"节日讲述的结束。全班响起掌声一片。

教师:接下来是对该小组介绍的"Halloween"节日的提问阶段,欢迎大家踊跃发言、提问。首先,请接受我的提问"Why are pumpkin lanterns called jack-o'-lanterns? "。

在接收到教师的提问后,该小组成员基本沉默不语,显然没有注意到教师提问、质疑的一些方面。几分钟过后,班级内解说春节"the Spring Festival"的一个小组成员为该组"解围",正确地回答了教师的问题。

Student 5: A legend grew up about a man named Jack who was so stingy that he was not allowed into heaven when he died, because he was a miser. He couldn't enter hell either because he had played jokes on the devil. As a result, Jack had to walk the earth with his lantern until Judgment Day.

在全班同学听完该同学的回答时,表情各异。有的表现出很崇拜的表情,有的不以为然,有的同学则埋下头（特别是讲述"Halloween"节日的小组）,但总的来说,有了上一位同学的积极参与,课堂气氛逐渐活跃起来,同学们都积极地参与到课堂的讨论学习中来。

接下来的几个小组安排的是介绍自己组的节日,大部分同学的热情都非常高,参与度较好。比如,对中国的端午节进行了详细的介绍,重点讲述了端午节这一天的主要习俗,有吃粽子、赛龙舟等习惯,并对屈原这一伟大的历史人物进行了讲解,激发了学生强烈的爱国情感;同时还介绍了西方的圣诞节,并在教室播放音乐来衬托气氛,让学生对圣诞节有更加真实的体验。在各小组介绍完本组的节日之后,由教师对全班学生进行发问,各小组内可就感兴趣的话题进行自由讨论，发表意见。

（1）What other festivals do you know both in China or America？

（2）Which festivals do you like best? Why？

（3）What kind of roles does holiday play in people's life？

（4）What holidays are the most appropriate？

以上教师提出的几个问题，都与学生日常生活息息相关，学生略加思考，就可对感兴趣的话题做出简要回答。以下是部分学生的回答。

Student 6：Just because of knowing more about the Chinese culture and custom that I like Chinese festivals best. Because holidays offer us pretty free time that we can have time to do something we like，and it is also a good opportunity to visit our friends and relatives.

Student 7：I think Thanksgiving Day is the most appropriate，although it is not as popular as other festivals，it gives us a good opportunity to express our gratitude to others.

Student 8：Holidays are also a good time to express gratitude. I would send a greeting card or give a call to my parents to express my deep love and gratitude.

Student 9：Actually I still like the traditional festivals in China. With the opening up of China，more and more young people are paying more attention to Western festivals. It is a big pity for forgetting our traditional Chinese festivals.

教学反思：总体而言，该次口语教学活动课基本达到了教学目标，完成了教学任务。

首先，对传统节日进行介绍和学生的实际生活比较接近，有利于激发学生的参与热情和兴趣，这样不仅开拓了学生们的视野，而且还能充分了解到文化差异对语言学习的影响，使得学生具备更加敏锐的文化触觉。

其次，本次教学活动也充分体现了现代"教为主导、学为主体"的小组合作学习教学理念。以往的教学中，教师是课堂的主体，常常出现教师一个人讲得起劲，学生却兴趣匮乏，而在合作学习中，教师在课堂上只是组织者和引导者，学生需要主动分成小组，进行分工合作来完成学习任务，对学习资料进行整理、搜寻、加工和甄别，从而激发每个学生参与到合作学习中的兴致。

最后，对本次调查中存在的一些困难和问题进行总结和完善，主要提出了以下四点。

（1）学生的课前准备不足，在课堂中口语临场发挥不是很好，主要是按课前文字材料来介绍节日，并且还有部分发音不准确的问题。因此可见，学生的课前准备活动还需进一步加强。

（2）各个小组在别的小组进行节日介绍和陈述时，往往都在忙于自己的发言准备，并无多少人在认真听，而且各小组之间也很少有交流。

（3）小组成员的职责和分工不够明确，没有很好的内部监督。大多数小组成员都认为，所有的学习任务都由发言的人来承担，没有很好进行协作和分工。

（4）因发言者的发音不够响亮和自信，导致听的同学参与热情不够。

（二）分析调查结果

1. 问卷调查前测试结果分析

该调查在实验班进行测试之前就做了一次问卷调查，主要是为了对学生的英语学习水平和基础进行摸底，实验班有 56 个学生，所有问卷均收回了，且都是有效的问卷。测试前的问卷调查结果分析如下。

（1）实验班的 56 人都对英语学习的热情不是特别高，而且由于受中小学阶段的教师传授为主的英语教学的影响，学生对英语学习的主动性不强，小部分基础不错的学生学习热情和兴趣程度稍微要好一些。

（2）学生进入大学后，往往由于英语基础不是特别好，学习的自信不足，这对学习英语的主动性和积极性都有很大的影响，有部分学生甚至畏惧英语学习。

（3）被调查的学生中，大多数学生对教师传授为主的教学方式不太认可，且觉得课堂氛围较死板、没有活力，课堂教学无聊枯燥。

（4）进入大学后，学生还保留了以教师为中心的学习思维，对英语的学习缺乏主动性和积极性，缺乏跟其他同学进行互助协作的意识。

（5）大学阶段，学生还未形成正确的学习观念，对自己的英语学习没有明确的目标和计划，积极主动性不足。

（6）通过调查发现，大多数学生还是非常认同合作学习这种教学模式的，不过受其自身水平和基础的影响，往往容易在合作学习中产生自卑的情绪，从而不愿意参与到合作学习中去。

（7）虽然大多数学生在合作学习中还是经常帮助他人，愿意承担自己的学习任务，但是也避免不了一些本身基础较差的学生，由于自卑心理的影响，加上基础不扎实，无法按时按量完成自己的学习任务，加上一些学生没有形成合作的意识，对与人分享比较抗拒且无法接受别人的意见。

问卷的最后设置了一道开放性的问题，从收回的问卷中可以看到，学生的答案也是多种多样，不过经过统计后发现，学生对教学手段灵活多变、具有开放性的课堂教学，接受程度普遍高于以教师传授为主的传统课堂教学。而且还有学生提出，课堂教学时可以融入一些游戏、视频、话剧和音乐等元素，从而增加课堂教学的趣味性，激发学生的参与热情。

2. 问卷调查后测试结果分析

在经过一段时间的合作学习后，在实验班再次进行了一次问卷调查。发放问卷56份，回收了55份且都是有效的。具体分析内容如下。

（1）经过一段时间的合作学习实践后，大多数学生对该教学模式还是非常认可的，并在很大程度上提高了学生的学习主动性和积极性，对以后的英语教学也有着积极的意义。

（2）经过一段时间的合作学习实践后，学生普遍比较认可该种学习方式，而且大多数同学表示，利用这种学习模式的英语课堂，较传统的英语课堂教学更加生动、有趣，学生参与度也有所提高，课堂气氛更加活跃，他们认为该种教学模式可以加以推广和运用下去。

（3）经过一段时间的合作学习实践后，学生都普遍反映，自己的英语交际能力有了很大的提升，并且跟同学和教师的相处也更加密切、融洽和友好，对自己合作意识的培养也大有益处，学会了更多的合作技巧。

（4）经过一段时间的合作学习实践后，实验班的学生也都表示，对英语学习不再那么畏惧和紧张了，对自己学好英语也更有信心了。并且对在合作学习中完成自己的学习任务也更加自信了，开始逐渐喜欢英语学习了，对小组合作学习模式的兴趣也更高了。

（5）经过一段时间的合作学习实践后，学生在英语学习的习惯和心态上都有了较大的改变，对英语学习中遇到的困难，也有了可以很好解决的信心，且小组成员之间的沟通、合作更强了，小组之间也更加团结了，对学生的自信心和合作意识的培养也有着很大的推动力。

3. 访谈结果分析

除了对实验班的学生采用问卷调查外，教师还在课后跟学生进行了单独的交流和沟通，这可以帮助教师获取到问卷调查以外的一些学生的信息，对这种面对面的单独聊天的记录进行分析后，有以下结论。

首先，从宏观上来说，学生对合作学习教学模式的态度有说好的，也有说不好的，不过大多还是认为其对教学效果的提高有一定的积极作用，这中间对合作学习持反对意见的学生，也是因为自身基础不好，怕对小组成绩造成不良影响。

非常支持合作学习的学生觉得合作学习能很好地展示自己、了解别人，

第八章 PI 教学法视域下的大学英语自主学习与合作学习探究

并创造了向其他同学请教的机会；而且合作学习的课堂气氛是欢快放松的，能有效驱赶学习英语的畏惧心理。在学习中遇到难题或困惑时，也可以及时跟同学进行交流，不需要自己一个人去钻研，有利于扩展自己的见识，对教师的畏惧心理也得到了很好的缓解。

否定合作学习的学生，其实对合作学习对学习的帮助还是认可的，主要是出于对自身的不认可，怕对别的同学造成影响。比如担心自己的基础不好，会拉低整个小组的总成绩，在合作学习时产生畏惧自卑的心理；还有一些学生本身就比较寡言内向，不善于跟其他同学进行沟通、合作。但是在教学中我们应该认识到的是，这种不和谐的因素不会是长久性的，也不是不可战胜的。

其次，从微观上来说，作者探讨和陈述的重点是从三个阶段来进行的，即实验前的准备阶段、实验中的实施阶段和实验后的评价总结阶段。

（1）实验前的准备阶段。在实验班进行了一个星期的合作学习课堂教学后，笔者对学生们进行了一个随机抽取的访谈。从访谈中笔者发现：对自己现有的学习状况非常不满意的以及觉得对学习英语自信心不足的学生，所占比例高达55%，他们觉得就算自己很努力地去学习英语，也不可能获得自己预想的成绩，从而失去了学习英语的兴趣，对英语学习放任不管，只求顺利毕业；对大学英语课堂教学的现状感觉不满的学生高达82%的比例，大学英语课堂教学跟中小学阶段时一样，都是教师进行灌输式的讲解，学生参与的兴趣不高，也没有什么机会可以参与到讨论中，课堂气氛整体来说死板、沉闷、无趣，让学生提起英语学习就犯困，但为了能够毕业，又不得不接受英语的学习，整个学习状态都是被动的；有70%的学生希望大学英语课堂教学能有所创新和改善，作者提出合作学习教学模式后，学生们都表现出了强烈的热情和兴趣，并希望自己能获得展示的机会。

（2）实验中的实施阶段。实验时，合作学习课堂教学中，小组成员获得的能力提升主要是经由观察而得的。纵观这个实验过程，合作学习的成效是直线上升的，时间越久，其合作学习的进展也越加顺利。

进行合作学习的前四个星期内，合作学习的进展也不是非常顺利的，小组成员并未全身心参与进来，即使参与进来的学生，也都只是选择了自己有兴趣的或者是比较了解的活动，就算如此，也只有65%的学生参与进来了。对其参与度不高的原因进行分析后，发现主要是以下原因：一是学生本身基础有限，无法有效参与到合作学习中来；二是有的学生本身比较内向不善交流，初期阶段还未能完全放开自己；三是学生对合作学习教学模式还未有正确的认识，不懂如何进行合作学习。

在合作学习实验实施到中期后，对合作学习有了比较深刻认识的学生达到了86%，并在学习过程中充分认可了该种教学模式，且引起了他们较大的兴趣，而且比较期待教师在课堂教学中运用该模式。高达92%的学生认为，经过合作学习后，自己对大学英语学习的态度改变了，不再提起大学英语就头痛了，而且更加愿意主动参与到学习中来，且课堂气氛也比之前更加活跃轻松，同学间的关系和协作也更加协调了。在这个氛围下，同学们更懂得了互帮互助、相互协助，共同成长的重要性，英语成绩也获得了显著的提高，听说能力也进步不小。

（3）实验后的评价总结阶段。合作学习中的小组自评的方式，也获得了87%的学生的欢迎和认可。这让他们对英语成绩有了更加客观的认识，不再像以前那样焦虑不安，英语学习的压力也有所缓解，而且76%的学生对自己学好英语也充满了信心，在经过一段时间的合作学习后，学生们都表示对英语学习的兴趣有了很大的提高，且经过与同学和教师的合作沟通后，使得自己更有自信，沟通和合作意识也有了很好的提升。

4. 实验班与普通班学生成绩对比

通过合作学习实验后，将实验班和普通班也进行了一次对比，实验前，两个班的成绩总体来说是差不多的，而实验班历经一个学期的合作学习试验后，在平均成绩、优生率和合格率上都远远超过了普通班。由此可以得知，将合作学习课堂教学模式大量运用于大学课堂教学是具有可行性的，并能产生非常深远的影响，对大学生英语综合素质的提升作用也是不可忽视的。

（三）调查的现状与原因

1. 大学英语课堂教学的现状

目前，大学英语课程在各大高校普遍开设，成为大学生必须掌握的一门语言知识。正因为英语教学的广泛推广，使得社会各界对英语教学的条件、质量、效益给予极大的重视。大学英语从产生到发展，经历了多次教学调整，教学革新的热潮一直都没有褪去，包括教学形式的改革、教学方法的改革等。这些改革措施不仅可以提升学校的语言竞争力，而且可以提高学生的英语水平，让英语在中国成为大众的语言。

据我国教育部高教司2007年颁布的《大学英语课程教学要求》指示："新的教学模式应体现英语教学的实用性、知识性和趣味性融合的原则，应能充分调动教师和学生两个方面的积极性，尤其要确立学生在教学过程中的主体

第八章 PI 教学法视域下的大学英语自主学习与合作学习探究

地位"。同时强调:"教学模式的改变不仅仅是教学活动或教学手段的转变,而是教学理念的转变,是实现从以教师为中心、单纯传授语言知识和技能的教学模式,向以学生为中心,既传授一般的语言知识与技能,也注重培养语言运用能力和自主学习能力的教学模式的转变。"

大学英语教学改革一直都受到各大高校的重视,教学改革是高等教育体制改革的基础,高等院校重视教学改革是为进一步推动教育体制改革做铺垫。在高校的极力引领下,教学改革如火如荼地进行着,过程中渗透着广大教育工作者的汗水。大学英语教学改革作为改革的首要任务,在人才素质培养、教育质量提升方面都有所改善,学生英语综合应用能力也得到显著提升,在战略层面极具影响力。但改革需要大量的人力和物力资源,扩招新生可以补充人力资源,物力资源却要依靠资金支持,而目前一部分高校在扩招新生后出现了师资力量缺乏、教学条件欠缺的问题。不过,通过开展课堂教学班级合并方案,这一问题也得到了改善。

大学英语教学改革进行到现在,已经有了巨大的进步,课堂改革模式中的互动环节,使得学生口语交流水平得到提升,英语学习不再是学生学习中的难题,这些成果得益于诸多教育工作者和学习主体的共同努力。但是,改革扩招新生的要求也带来了一些严峻的问题。生源量的增多也使得每个班级的上课人数增多,以往一个教师对应几十个学生的上课模式,变成了一个对百个的上课模式,这必然会影响课堂教学效果以及师生交流的频繁性,学生在课上无法与教师沟通学习问题,也就错失了绝对的吸收知识的机会。问题的出现提醒了广大的教育工作者,要求他们更新现有的课堂教学模式和教学手段,以期达到改革的最佳效果。

2. 造成大学英语教学现状的原因

(1)从教师层面讲,以班级制为基础,大学英语教师只是在各自的班级上课教学,教师与教师之间没有交流教学经验的环节,合作教学意识不强。

在问卷调查的结果中可以发现,大部分高校学生一直秉持"自学精神",埋头苦读却不懂得如何与他人合作并取得进步,教师中也不乏这种情况。高校教师遵循班级制的制度,合作意识并没有得到重视,大多数教师甚至会偏激地认为,合作教学不能展现自己深厚的教学功底。高校倡导的合作教学模式目的是从形式上和内容上根本改变现有的死板模式,鼓励英语教师更新教学观念,不再遵循传统的单向传输模式,不再拘泥于形式上的课堂交流,不再只是简单的鼓励讨论、提问、回答、总结的流程,而是要从实质上在学生和教师之间搭建一条双向流动的桥梁,桥梁两端的结果取决于交流过程的互动性。过程决定结果,重视过程的实践,才可以顺利完成任务,达到预期目标,这样的课堂学习才是有意义的。因此,更新教学模式就是要让师生重视合作的重要性,培养师生之间、师师之间、生生之间的合作意识。合作意识缺乏的问题是诸多问题的关键,并由此引发了许多小问题。第一,教师基于自己的教学经验来选择教学内容,没有结合学生的实际情况,这种一方做决定的模式,会导致内容的选择不能完全符合学生的学习习惯,必然会使师生之间的协调性遭到破坏。协调性失衡带来的后果,就是课堂教学在形式上积极活跃,在内容上空有其表,对这种存在缺陷的教学模式虽然大多数教师有所体会,但却抓不到解决的关键点。第二,课前准备工作不到位。教师和学生没有从根本上理解这种合作模式的精髓,以至于课前不紧不慢,课上手忙脚乱,严重地影响了教学效果。第三,在合作学习的教学模式下,存在诸多合作方式,哪一种方式适合拿到教学中应用,需在实际操作中体会总结。第四,合作学习要求分组进行,以什么原则进行分组,找准分组依据,都是合理分组必须注意的事项。这种合作学习的分组任务一般都是由教师来进行的,教师没有考虑学生学习能力高低的现实问题,只是简单进行就近分组,划分成一片一片的小区域,部分区域的学生学习能力普遍很强,但有的区域学生学习能力整体偏弱,分组的不合理,导致了学生学习成绩过于悬殊。另外,在合作学习中,教师需要考虑学生的个人学习能力与集体学习能力,不能顾此失彼。更重要的是,在合作交流学习之后,学生是否真正学到知识,是评价教师在合作学习中发挥作用的指标,这种评价不仅是对教师能力的认可,也是对学生未来发展的负责,因此,客观公正的评价,对目标的实现极为关键。同时,教师在组织学生开展课堂合作学习的过程中,欠缺发挥个人的指导作用,只是分给每个小组固定的一篇文章进行讨论交流,对于小组内部的任务划分不曾参与。每个小组的学生在各自的小组区域内交流,组内分工不明确,组外沟通不积极,对于教师的提问只能做浅显的回答,无法抓住问题的核心。在整个模式运行的过程中,无论是教师还是学生,都没有厘清组员之间的关系,没有明确责任的真正含义,当然也没有选定具体的组长负责整个小组的讨论任务。在教师自己限定的时间内,有的小组学生的学习能力本来就不强,在这些小组学习状态还没有进入、结果还没有讨论出来的情况下,教师就要求完成讨论的小组表达他们的想法,而没有完成任务的小组只能听取别人的总结,失去了获得教师聆听和建议的机会,得不到教师的认可和表扬,学习兴致会大大下降,他们的个人能力得不到提高,整个小组的集体荣誉感得不到提升,组内没有学习氛围,组员的上进心受阻,学生无法激活内在的动力,导致教学质量低下,英语学习成为学习中的一大难题。

第八章 PI 教学法视域下的大学英语自主学习与合作学习探究

根据大学英语课堂合作学习的调查结果可以看出,在所调查的全部人数中,约有五分之三的小组活动是受控制的,且多数合作学习的活动实践控制在十分钟之内,对于课堂中一些开放性较强的问题的讨论,仅仅是蜻蜓点水,并没有进行深入的探讨。此外,课堂中有些学生没有积极投入到小组学习、讨论当中,而是打着合作学习的名义,忙于同其他组的同学借机说话,抑或是将自己置身事外,埋头狂写作业、练习。在这样的学习状态下,小组合作学习就沦落到有名无实的地步,不但不能提高学生的英语语言学习能力,而且还会大大地降低其他组员英语课堂的学习效率,不利于英语教学质量的提升。

教师领域合作学习的误区,包括小组合作学习,因为其自身的特殊性和优越的理念,良好的实践和验证,误以为它是一种超自然的教学模式,适用于任何情境、任何教学内容。然而,并不是所有的教学内容都适合合作学习。

有学者指出,合作学习能否在大学英语课堂中成功、有效地实施,是科学、合理地选择合适的教学内容的关键一步。此外,合作学习的有效性还取决于选择一些有趣的、有刺激性的、有挑战性的学习内容,而这些只有通过学生的努力才能实现,也就是说,符合学生最近的发展区域。所以说,教学内容等方面直接影响学生在合作学习过程中的参与度,进而影响合作学习的效果。

我国学者也认为,在大学英语课堂中,适时合理地运用小组合作学习,是提高大学英语教学质量和学生英语听、说、读、写、译能力的良好教学方法。小组合作学习的教学内容应强调学生之间的互动,体现跨学科的教学内容和需要全面理解的内容,具有原创性和新颖性。教学过程应包括讨论、认同和评价。例如,根据一些学生的反思,一些合作学习课表面上看起来很有活力,但实际上他们是在浪费时间,学生们根本没有收获。他们既没有完成教学任务,也没有达到教学目标,提高教学质量也是不可能的。总之,一些单一的教学内容不适合小组合作学习,而教师在解决探究性教学内容、跨学科教学内容或分析比较等复杂的教学内容时,更适合进行小组合作学习。

(2)在学生方面,对于小组合作学习,在大学英语课堂中的理解和应用,也存在着不恰当的地方。其低效率主要表现在以下方面:

小组与小组之间没有积极地讨论和探究,只有不同的意见,拒绝接受其他小组的意见或建议,极大地阻碍了小组的合作学习。

小组合作中的功利主义严重影响着小组合作的顺利进行。为了尽快达成共识,实现集体目标,赢得教师的充分认可,个体群体才能为群体赢得荣耀。在紧急情况下,英语课堂上对英语语言的讨论很容易成为一种汉语交际,忘记了练习交际能力和提高英语口语的教学目的。这样,英语课堂口语交际能力的小组合作实践就会付诸东流。

在小组合作学习的过程中,小组学生之间也存在着威权主义。有时,小组中的个别学生会主导整个小组的讨论。个人威权主义的直接结果是,个人的意见代表了群体中其他成员的意见,导致小组讨论只是名义上的,小组的其他成员没有机会表达他们的意见。他们只是专心听讲,随着时间的推移,成员们将会失去学习兴趣。通过课堂观察,我们还可以看到,小组合作学习,只给学生提供了一个简单的合作机会,在这种教学模式下,学生可以提高学习的自主性和合作能力。然而,在大学英语合作学习的课堂上,英语成绩好的学生往往比英语成绩差的学生说得多、做得多,他们在整个群体活动中扮演着"冲动"的角色。随着时间的推移,他们成为团体观点和意见的代表,而其他成员则成为陪衬。他们经常占据小组讨论的大部分时间,用自己的观点代替整个小组讨论,经常把自己的观点反馈给整个小组的教师。尤其是对于那些性格内向的学生来说,他们中的大多数人,都因为自己的个性问题,而害怕或不愿意表达自己的观点和意见,他们只在小组讨论中扮演听众的角色。一些学生在英语语言学习中听力和口语有困难,或者在发音问题上发音不准确,这使得他们更不愿意参加交流和小组活动的交流。从长远来看,他们会变得越来越不确定,他们只是想保持群体合作的形式,不让自己成为群体中不和谐的因素。渐渐地,他们会变得不那么自信,会对小组合作学习和英语学习失去兴趣。诚然,小组成员之间的和谐和团结,以及小组成员之间的任务,也是影响小组成员参与合作学习的重要因素。与此同时,这些群体中的专制主义,也为懒惰的学生提供了逃避学习的机会。

此外,在小组合作学习中,学生也有自己的特点。他们有着不同的人格特征、成长环境和出生背景,这必然会导致他们之间出现矛盾、冲突等不和谐音符,这也是大学英语课堂合作学习的一大障碍。由于家庭和朋友的影响,每一组学生的成长环境是不同的。有的学生比较听话,有的学生比较调皮,个性反转。有些组员是独生子女,他们以自我为中心的思想根深蒂固,很难为其他组员着想,也很难站在别人的角度去做事。受传统教育方式的影响,大多数学生缺乏合作精神和合作技能,难以融入与其他成员或群体的合作中,更难以听取他人的意见和建议。因此,整个课堂表面上看起来很热闹,小组成员都很活跃,但实际上并没有取得任何实质性的教学效果。因此,在大学英语课堂上开展合作学习,培养学生的合作学习意识和技能就显得尤为重要。因此,提高学生的英语学习效率,是每位高校英语教师的责任和义务。然而,有效地运用小组合作学习方式,则要求高校教师更加注重学生的交际能力和合作技能。

（3）在小组合作学习中，除了教师和学生的问题之外，小组合作学习的理论体系也存在一些问题。最突出的问题是小组合作学习的评价体系。科学、合理、有效的评价方法，是小组合作学习顺利发展和进步的重要因素之一。有效的评价体系不仅能提高学生的合作学习意识和技能，而且对学生未来的社会生活，起到很大的作用。根据调查和观察，笔者发现在小组合作学习的过程中，教师一般都不会及时、有效地给予适当的评价和肯定个人绩效，而只是给一个简单的评估。虽然一些教师认为有必要对学生的个人表现进行适当的评价，但事实上，教师正面临着缺乏科学、合理、有效的评价方法和标准的困惑。从长远来看，如果学生在小组合作学习中找不到优越感，不能从教师那里得到肯定和鼓励，甚至不知道他们的优点和缺点是什么，那么在这种学习模式中，他们不知道问题在哪里，不能做出应有贡献，他们将在这种学习模式中失去信心，厌倦合作，最终不再积极参与团队合作。

八、大学英语课堂合作学习建设性意见

（一）针对教师的建议

1. 注重合作学习理论的学习

一名优秀合格的英语教师，不仅要有扎实的专业基础知识，还要有先进的教学理念。只有在正确的教学理念的指导下，才能有的放矢地专攻学科教学。

根据合作学习的相关研究不难看出，合作学习理论的研究呈现出一种实践经验向系统理论发展的趋势。两种合作学习方式各有优点，侧重点不同。一种是实践性更强的合作学习，它的优点是清晰、具体、易于掌握和操作，但局限于有限的教学内容和教学情境，对教学中的突发变化容忍度较差。另一种是理论合作学习。在这种教学方法中，教师需要深入研究合作学习理论，并将合作学习理论应用于课堂教学。这种合作学习方法的缺点是难以掌握，而一旦掌握，它将适用于任何不同类型的课堂教学。

2. 加强合作学习的师资培训

实践是检验真理的唯一标准。在强化合作学习理论的过程中，大学英语教师必须注重合作技能的培养。只有具备了充分的合作技能，才能把自己的合作意识和合作技能传授给学生，让他们掌握好教学目标，培养出合作意识、合作技能和合作精神。因此，高校相关部门应做好教师教育工作和相关的技能培训。

3. 合理科学划分小组

合作学习能否在大学英语课堂上顺利开展，最重要的是如何科学合理地进行分组。在小组划分和角色扮演的过程中，要坚持"组间同质、组内异质"的原则，考虑不同学生的个体差异、个性特征、爱好、学业成绩和成长背景，明确每个学生的具体的职责。这样才能使每个小组成员都有机会发挥自己的优势，使小组在平等竞争的氛围中进行合作学习。

4. 教师与学生"主导主体"关系

与传统的"以教师为中心"的教学模式相比，合作学习倡导"以教师为主导，以学生为中心"的教学模式。因此，在合作学习的过程中，教师不再是课堂上的主导角色，教学不再是"一人游戏"，教师需要投入到小组合作学习中，以合适的方式与学生一起发现、分析和解释问题。在与学生合作时，教师应该尊重学生的不同观点，求同存异。

5. 激发学习兴趣，创设语言环境

在合作学习的大学英语教学中，并不是所有的教学内容都是以合作学习模式为基础的。教师应选择与学生日常生活密切相关的话题，以激发学生的学习兴趣，实现日常教学的学习目标。

6. 培养良好的心理

在心理学中，人的基本心理活动包括认知、情感、行为和意志。行为需要建立在认知理解、情感认知和决心的心理基础上。大学英语合作学习中，合作技能的培养还需要合作意识的建立和合作情感的认知。合作情感的认同和合作意识的建立，也需要经历服从、认同和内化三个阶段，即从"他律"转变成"自律"的过程。

在大学英语合作学习课堂中，有两个学习目标：小组目标和个人目标。两者紧密相连，小组目标的实现应该以小组中每个成员的个人目标为基础。因此，在合作学习的过程中，每一个小组成员都会对小组的集体目标承担自己的责任，培养出高度的自我责任感和集体责任感。这样，合作意识就逐渐被激发出来，进而完成集体目标。在目标完成的过程中，学生们互相学习、共同进步，这也培养了合作的技能。

7. 科学合理的评价机制

在大学英语课堂中开展合作学习，建立科学、合理、有效的评价机制，是开展合作学习的重要保证之一，所以，必须要建立起综合评价机制。纵观大学英语合作学习的现状，主要表现为单一的评价形式和教师的口语评价，

评价时间短、内容简单。从长远来看,这样将使学生合作学习的积极性受到严重的挫伤。因此,在大学英语合作学习中,加强小组自我评价、评分评价和奖惩制度十分重要。这样既能加强小组成员的自我反思和自我教育,又能活跃课堂气氛。

(二)针对学生的建议

1. 端正学习态度

在心理学中,任何行为都是知识、情感、意志和行为的统一,大学英语课堂上的合作学习也不例外。只有纠正学生对英语学习的态度,挖掘学习的关键内因,使学生在英语学科学习中充分参与和积极努力,合作学习才能提高学生的学习兴趣、学习效率和学习质量。

2. 加强交流沟通

在大学英语合作学习课堂中,师生关系是"主体"。教师作为引导者,积极参与合作,与学生交流尤为重要。在合作学习的过程中,学生应积极参与、充分沟通,与教师和学生交流来表达他们的感受想法、经历和体验。在合作学习的过程中,促进有效的合作学习,实现教育的协同作用,是提高大学英语教学质量的有效途径。

(三)针对教学过程的建议

1. 教学内容的选择

并不是所有的英语教学内容都适合小组合作学习,过于简单或难度较大的教学内容就不适合合作学习。如果教师把过于简单的教学内容应用到合作学习中,学生因为教学任务简单就不愿意合作,甚至会对合作学习产生厌恶和敌意。如果在小组合作学习中,应用难度较大的教学内容,则不符合学生学习的"最近发展区",即使是合作学习也不会产生有意义的结果。因此,教师必须根据学生的"最近发展区"和教学目标,选择一些探究性和发散性的问题进行合作学习。

2. 合作时机的选择

在教学内容的选择上,合作学习的最佳时机并非贯穿整个课堂。那么,什么时候是运用合作学习的最佳时机呢?也就是说,当教师提出相关的问题时,学生运用自己的知识,经过独立思考后,仍然没有得到一个一致的答案,学生就会互相争论。此时,教师若能很好地引导学生进入小组合作学习,通过小组互动,合作学习的效果将会非常好。

3. 教师的合理指导

在小组合作学习的过程中，要求学生和教师积极参与小组学习和讨论，讨论越活跃，教师就越应该适当地控制合作学习的程度。如果一些小组讨论过于激烈，总是沉浸在小组的"世界"中，那么小组的观点就不容易形成，甚至讨论的声音太高，会影响到其他小组。教师要及时控制和制止，强调纪律，不断监督和引导。

4. 学生独立思考的时间

合作学习的目的，是培养学生的合作能力，提高英语学习的效率和质量，培养学生的合作意识和合作精神。然而，学生的独立思考，在合作学习过程中也非常重要。在合作学习过程中，给予学生独立思考的时间和空间，是有效合作学习的基础。反之，合作学习也是学生在学习过程中独立思考的一种补充。

（四）针对教学的建议

1. 小组成员的合理分配

小组成员的搭配是小组合作学习顺利开展的重要保证。在团队成员的选择上，应该坚持"组间同质，组内异质"的原则。组员人数不得超过6人，小组成员英语优秀、中等、较差的比例为1:2:1，这样比较合理。教师应该合理安排每个小组自己的领域，从而在小组之间产生责任感和竞争意识。小组成员应相互靠近，促进小组内的讨论和交流，促进合作学习。

2. 加强合作学习的贯彻实施

合作学习是近年来大学英语课堂教学改革实验中较为成功的教学模式，有利于提高学生的学习成绩，促进学生身心发展。所以，学校领导和有关部门应鼓励教师在大学英语课堂上采用合作学习的教学模式，并制定合理的评价机制和实施方法，以提高该理论在大学英语教学实践中的应用频次。

第九章　新形势下大学英语听说教学展望

现代外语教学的理念是全面培养学生的英语综合运用能力，特别是听说能力，使他们在今后的工作和社会交往中能用英语有效地进行口头和书面的信息交流。在大学英语教学中，教师应通过加强听力训练，增加语言输入；营造良好课堂气氛，让学生敢说；引导学生积极参与课堂讨论等方法来提高学生的听说能力。

第一节　全球化背景下的英语教育

一、全球化与英语传播的新趋势

随着各种综合因素的发展，比如说信息技术的发展，使得全球化的进程加快，使人们更加快速地进入全球化的时代。同时全球化这一概念也有广义和狭义两种。对于一般人来说，还是比较习惯于从广义的方面来进行看待全球化。广义的全球化不仅仅是经济学家所说的经济的全球化，同时还包括政治等其他领域的全球化。这种全球化的模式不仅仅使各国的经济面貌发生改变，甚至是普通人们的生活方式和整个社会的文化模式也发生了改变。由于各种资源的流通，使得各个国家之间的联系和沟通不断加强，同时各种不同的认识和观念以及社会的不同结构也相互融合和交流。单从语言的角度来进行分析，全球化更是促进了各种不同的语言之间的相互接触。在一般情况下，狭义的定义一般都是经济学家进行分析总结的，是指经济的一体化，通过一些商品、技术等的其他方面进行国与国之间的流通。

随着全球化的不断发展，国与国之间的接触越来越多，而在这种交流中产生一种共通的语言是这种全球化中的首要任务。由于历史和现实的原因，英语已经成为各种国际场合广泛使用的语言。通过一般的统计,国际上的一些比较有学术性的论文无论是发表还是宣读,都是通过英文的方式来表达的,而且各种学科中比较有价值的期刊主要也是通过英语来表现的,互联网上85%的网页是英语网页,英语电子邮件占80%。因此,英语充当了全球通用语的角色,它已经越来越多地为不同语言和文化背景的人学习和使用。

在1985年的时候,卡奇鲁就提出了"三个同心圈理论"来对英语的传播来进行阐述。这个理论就是将掌握英语的人进行分类,分为内圈、外圈和延伸圈这三部分。内圈人就是以英语为母语的人群,人口最少,只有18个国家,这个圈里的人们获得英语的方式是通过自然习得的方式进行的;相对比而言,外圈的人比内圈的人要多,他们以英语作为第二语言(官方语言),这样的国家就超过了70个,在这种国家中,英语在行政、教育等一些领域是一种专门语言,因此主要是在学校中进行获得;延伸圈的人口是最多的,他们是把英语作为外语进行学习的,这样的国家就有100多个,英语在这些国家中的一些领域会起到一定的辅助作用,而且是在学校中作为一种长期教育进行的。

受全球化的影响,英语在国际上的地位也是越来越高,并且受到更多的人的关注,延伸圈的一些国家,在英语教育上不仅提前了学习年龄,而且通过各种方式提高英语的水平,并且将英语看作提高国际竞争力、提高国际地位以及融入经济全球化等的重要因素之一。

中国也希望在世界的舞台上更多地展现自己,并不断吸收先进的技术与信息,因此,中国学习英语的热潮只增不减。一些统计表明,在中国大概有3亿人在进行英语学习,这里面包括专业的和非专业的。自从2000年,中国就把英语教育上升到21世纪的公民的素质教育中最为重要的一部分。英语不仅在教育体系中被高度重视且是一门必修课,而且在非国民的教育体系中也引起高度地重视。中国虽然是处在英语学习中的延伸圈之内,但学习英语的人数是非常多的,而且范围也是非常广泛的,这种对英语的学习和教育对英语全球化也是有极其重大的影响的。

二、全球化背景下英语教育的革新与多元化

从20世纪90年代,随着国际间政治、经济、文化交流活动日益频繁,经济全球化的概念逐步地引入中国并在各个阶层产生了广泛的影响。在经济全球化的网络信息时代,英语成为一种全球通用的语言,它不仅是一种语言工具,更是成为一种素养,它与提高国际竞争力、适应全球化经济发展、促进民族之间相互理解融合、提高国际意识以及个体在现代多元社会的生存能力密切相关。

在全球化的时代背景下，以中国加入世界贸易组织、成功申请奥运会以及世博会为契机，整个社会的风气形成了重视英语教育的风气。中国人以更加开阔的心胸接受西方的文化，而且在此期间吸收更为先进的国外的一些知识和信息，再就是，中国的综合国力也逐渐增强，中国希望将属于自己的传统文化推送到世界中去，也对世界造成一定的影响。

目前，中国的英语教育虽然取得了一些成绩，但是还处于探索与改革阶段。为了适应社会需求，在这种背景下，各个层次的英语教育都进行了改革，无论是小学还是大学都进行了相关的变革。英语教育改革的主要导向为：重视英语人文性与工具性的统一；强调学生的英语综合运用能力；提倡培养学生自主学习能力；采用多媒体与传统模式相结合的教学方法；改革教学评价体系等。

英语教育在进行不断地改革，人们对英语的需求也越来越多，在这种背景下，英语的培训机构也应运而生。它们主要采取传统经营模式、连锁经营模式以及网络教育模式等多种模式，收费不等，教学方式多样。这些培训机构因其太注重"实用性"而受到社会的批评，但是一些好的教学方法和理念仍有一定的借鉴意义，英语培训机构为正规英语教育的补充部分。

第二节　中国大学英语教学改革的现状分析

教育部在2002年启动新一轮大学英语教学，自此以后我国大学英语教学正在发生着剧烈的变化——新的教学技术不断被应用，新的教学理念不断被贯彻，新的教学方法不断被采纳，新的评测方式不断被完善，等等。可以说，大学英语教学改革正在全国如火如荼地展开，这既是广大英语教师呕心沥血奋斗来的结果，也是高等教育主管部门大力支持的结晶。但是，一种新的理念、教学模式的完善需要一个过程。本部分将主要从政策的制定、实施的效率和课程教学等方面探讨我国大学英语教学改革的现状。

一、政策制定适时与不足并存

2002年开始的最新一轮的大学英语教学改革，颁布了一系列改革政策。这些政策的制定与实施，既是顺应社会需求的体现，也是本身逐步完善的过程。但由于本次大学英语教学改革比以往任何一次的教学改革幅度都大、涉及面都广、任务都艰巨，因此也存在一些不足之处，尚待进一步论证、解决。

新一轮大学英语教学改革顺应时代需求，也即适时之处，主要体现在教学大纲的制定、示范项目的实施、多媒体教学的推广等方面。具体而言，

2002年以来的教学改革，注重"培养学生综合应用能力，特别是听说能力，使他们在今后工作和社会交往中能用英语有效地进行口头和书面的信息交流"。把培养学生的听说能力列于首位，是因为世界一体化进程加快、国际交往日益频繁的今天，无论是学生还是社会用人单位，都迫切希望提高大学毕业生的英语听说能力，由此可以看出，这种政策性的转变适应了时代发展的需求。

大学英语教学与教学目标转变密切相关的一个变化是，大学英语教学不再设全国统一的教学要求，这是新颁布的教学大纲（即《大学英语课程教学要求》）的另一适时之处。中国地域广阔，教育水平参差不齐，大学生在进入大学时英语水平、文化素质、奋斗目标、专业需要都可能有天壤之别，同时各地大学专业设置和师资水平的差异，各行业与用人单位对英语人才需求的差异，全国统一的教学要求不仅是不科学的，也是不经济的。考虑到地区之间、学校之间、专业之间、学生之间的种种差异，制定统一的教学要求是不科学的。新颁布的《大学英语课程教学要求》不再设统一的教学要求，而是让各个学校根据自己学校的实际情况，选择完成《大学英语课程教学要求》中的"较低要求""一般要求"和"较高要求"，这样便赋予学校和广大教师根据自己学生的实际情况完成教学目标的权利，体现了政策制定人性化、个体化的一面。这种分层次的教学要求，也是教学大纲顺应时代发展的体现。

政策制定另一个适时的表现是对学生自主学习能力培养的重视。卞树荣指出，原有教学大纲往往片面强调学生对语言知识的学习从而忽视了对其学习方法、学习策略等高级技能的培养，其结果是学生不能有效地自己学习。2002年新颁布的《大学英语课程教学要求》明确提出，"大学英语教学是以英语语言知识与应用技能、学习策略和跨文化交际为主要内容的"，这样教学的中心就由传统的语言知识转化成培养学生的人文素养和自主学习能力上来。这样的政策内容符合终身教育的教育理念，顺应了时代与社会发展的大趋势。

为了最大限度地推行大学英语教学改革，教育部还于2002年开始在全国设立了180所改革试点院校，着力推行新的大学英语教育政策、方针、理念等。经过几年的试点和严格评估，教育部2006年从这180所院校中精心挑选出了31所改革理念先进、改革幅度大的高校作为改革示范单位。通过自身的示范作用，向全国其他高校传递改革的方向。大学英语教学改革试点及示范院校的设立，不仅起到了深化教学改革的作用，而且符合专业发展的规律，使部分师资水平较低、改革能力有限的高校明确了努力方向，也有了学习的榜样，是教学改革发展的产物，是顺应改革要求的体现。

第九章 新形势下大学英语听说教学展望

从 2002 年开始的新一轮的大学英语教学改革,比以往任何一次改革程度都深、幅度都广、力度都大。正因为这些原因,这次大规模的教育改革也存在着一些不足之处。首先,充分考虑了全国不同高校之间的教育资源、学生的入学水平及社会需求的差异,教育部在 2002 年新颁发的《大学英语课程教学要求》指出"各校应参照《大学英语课程教学要求》,根据本校的实际情况,制定科学的、系统的、个性的大学英语教学大纲,指导本校的大学英语教学"。这样,各高校就有了更大的能动性,可以根据实际规划本校的大学英语教育所应达到的教学目标。但问题是,是不是每个高校都具备这样的能力(即相关教师和教学管理者是否具有充分的教育学和英语教学的知识)来制定这样一种内容完整的、符合教学规律的、富有本校特色的、特制的教学大纲?调查显示,大学英语教师的学历水平偏低,科研能力也比较弱,(由于工作量导致)空闲时间也比较少,所以,大部分院校教师是否具有自行评估、制定符合本校特色的教学大纲的能力是值得怀疑的。这个问题亟待教育部门解决。

新教学大纲另外一个不足之处在于没有明确大学英语教师的培训工作。目前大部分院校中大学英语教师存在着学历水平低、科研能力薄弱、工作量巨大等问题;此外,大学英语教师的学科结构不尽合理,教育学、心理学、学习策略、计算机及网络等知识匮乏。为了能顺利实施和深化大学英语教学改革,就需要各级教育部门开展相关的培训。而据笔者了解,目前尚无教育部门专门组织的大学英语教师培训。其结果是,由于教师本身水平、能力的限制,教育部规定的各项政策很难得到彻底的贯彻。这也是现行教学大纲(《大学英语课程教学要求》)的一大不足之处。

二、实施效率存在误区

具体而言,现行大学英语教学有忽视培养学生读写能力的倾向。新一轮教学改革为广大英语教师提供了多媒体、网络等教学形式,教学大纲也着重发展学生的听说能力,因此,部分大学英语教师在英语教学过程中有弱化学生读写能力培养的倾向。正如王守仁指出的那样,"大学英语的教学对象是非英语专业学生,无论是在校学习还是毕业后在工作岗位上,大部分人接触英语的主要方式是阅读。为了适应信息社会的发展需要,同时为交际打下扎实的基础,应增加英语语言知识的输入,逐步加大学生的阅读量,拓展阅读的广度和深度"。因此,强调培养学生的听说能力,并不意味着弱化读写能力的培养。此外,新一轮大学英语教学改革的另一误区与语法能力的培养有关。由于受交际教学法的影响,部分大学英语教师认为"语言教学的目的在于交际，学生只要能够达意，语言教学的任务也就完成了，对语言的准确性没有较高的要求"；而事实证明，语言的准确性和流利性是同等重要的，在培养学生交际能力的同时，应该采取交际—语法教学法。现行大学英语教学改革也存在过度依赖多媒体、网络等先进技术的趋势。毋庸置疑，多媒体、网络等现代教育技术为大学英语教学提供了样式新颖、材料多样、内容全面的教学手段，并已经在大学外语教学中取得了明显的效果，对大学英语教学改革和人才培养做出了积极的贡献。但需要发挥课堂教学在外语学习中的作用，切忌多媒体教学新模式一哄而上。

三、教学过程呈机械化倾向

所谓机械化训练的倾向，主要是指用机械训练代替教学中应实现的丰富的教学任务。其主要表现在三个方面：

（一）英语教学过程不重视主动学习

传统教育观视教学过程为教师单向传授知识的过程。如今，教学过程是教与学统一的过程已经鲜为人知。这是因为人们逐渐认识到教学过程是教师向学生传递教学内容，并使学生掌握的过程这样的本质特征。但是，这个过程并不是传统所理解的将知识直接灌输给学生，学生直接拿来就可以。学生必须积极主动地学习，独立思考、独立研究，真正学会独立学习。当然，这并不意味着教师在教学中处于被动应答的地位。教学过程既不仅仅是教授的过程，也不仅仅是学习的过程，它是教师与学生交互作用的统一的过程。教与学的关系是相互缠绕、彼此依赖、相互构成的关系。

但在实践中，经常可以发现两种状况：

第一种状况是教师在课堂上常常将英语知识以词、句、篇的方式简单地直接呈现给学生。部分有兴趣的学生能够记忆式地接受教师给予的知识，进行记忆式学习，积累一定的语言点，教与学的过程在浅层次上进行，缺乏深层次的思索与对话；而无兴趣的学生并未受到教学活动的激发而真正发生学习行为。这种状况的课堂教学活动只是局部性的教学活动。

第二种状况是教师很注重学生口语能力的提升。35～40分钟的课堂教学中，教师从一开始便设定一个个问题，让学生口头交流回答，自己基本不做指导。表面上看课堂活跃了，学生敢于开口了，深究下去便会发现学生们的英语交流只是原有英语口语能力的简单输出，只是其之前学习状态的呈现，教师并未在学生语言输出的基础上，给予一定量的语言输入去提升和丰富学生的英语能力。那么，这样的学习并不是真正意义上的英语学习，只不过是英语口语技能的熟练化而已。这两种情况的共同特征是学生并未或不可能成为主动学习者。

（二）英语教学活动中教育意义的欠缺

英语教学的中心目标是丰富学生的英语语言知识和形成英语技能，使学生具备参与英语活动所需要的知识、技能和能力。但是，英语教学过程不只有此一项任务，它同时也是教育过程，在英语教学传授了该学科知识与技能的同时，也应该使学生增长该学科特有的见识以及对世界、对社会的基本判断力，并对人生形成基本价值观和态度。这些是学科教学中共有的教育性目标，英语教学也不例外。英语教学中教育性目标的达成并不是附着于英语知识与技能的教学或引申出来的，而是在教学活动开展的过程中孕育、渗透和养成的。也就是说，学生在教学中采用什么方式进行学习将会深深地影响他们的态度与性格。如果学生只是被动地接受教师所给予的东西，或是机械地模仿并死背教师灌输的东西，往往会养成盲从及屈从的态度与性格。与此相反，唤起学生积极的探究精神，引导他们逐步依靠自己的力量来解决学习课题、发现知识，就会养成学生独立地、创造性地、友善地实现目标的态度与性格，形成锲而不舍的顽强意志与人格。

当前英语教学中认知性目标与教育性目标的分离状态很普遍，其中一种情况是教师无视教育性目标，只以英语知识和技能为目标，让学生在模仿中学习，在重复性操练中熟练化，认为只要学生掌握了相关英语知识与技能，考试成绩好便可以。令教师很苦恼的事情是，在课堂教学中如果对学生进行教育，教学进度就会落后，自己的教学目标就无法完成。这类教师大多认为，教学中的教育就是利用课堂教学时间讲一些思想品德教育或结合形势的道理。

无论是删除还是添加教育性目标的做法，都不是真正意义上的教学中的教育。教学中所传授的学科内容及将内在于其中的教育价值融于学习活动本身，才会产生教育的效果，这才是教学中的教育。

（三）语言知识掌握过程中弱化理解与思维

在英语教学中，英语知识的掌握是发展听、说、读、写的英语技能和形成文化意识的基本前提，因而受到教师们的充分重视。但是，在什么意义上把握知识的概念，许多教师并不清楚。所谓英语知识不仅包含相关的事实与现象，还包含英语的特质、相互间的关系和语言规则。因此，在教授英语知识时就不能将之仅作为信息来掌握，还要使学生能够在语言关系和规则的意义上把握，并将其转化为自身的理解与能力，能够在生活中灵活运用。如此就要求英语知识的教学与学生认识过程达成统一。当然，由于对学习英语的学生而言，英语知识具有间接性和人为性，学生在掌握的过程中就不可能像学习自然科学知识那样要经过科学探究的过程，而是要求学生能够在英语材料的归纳与发现中，通过比较、分析、抽象和综合形成对英语知识的深层次把握。在英语教学中，学习知识过程与学生认识过程是统一的，这要求学生能够主动地学习，尤其是思维的真正激活。

目前，提倡学生在英语学习中的主动性已成共识，课堂教学也有了诸多变革，比如在英语课上注意结合生活情境，并给予一些开放性的问题让学生回答，或是给学生提供开展小组活动的时间与空间。这些都反映了教师在教学中努力把书本知识与生活世界相联系，尽可能地让学生主动参与到学习活动中来的改革意识，这无疑是一种变化。但是，这些努力只是激发学生主动参与知识形成过程的第一步，而对于如何在激活学生思维的过程中让学生体验发现的喜悦，让学生相互间在思维与经验的碰撞中形成新经验与新认识，往往关注不够。

四、研究视角存在局限性

我国英语教学改革的思路基本还是在英语语言文化的框架内进行思考，对各年级段英语教学的起点、问题、转换机制等缺乏实践性的认识，对各年级段学生英语学习的特点、问题及其实现机制缺乏过程性认识，对各类型的英语教学目标、任务、过程逻辑与方法等也缺乏本土化的认识。

就整体与部分的关系而言，需要教学切近生命成长的状态进行思考与实践，既要从生命成长过程整体审视某一年龄段学生的成长使命，也要从生命成长中整体审视某一学科教学对其特殊的价值与意义，更要从生命与教育实践真实的动态关系整体把脉教学的起点与最近发展区。

第三节 大学英语听说教学的展望

尽管目前大学英语教学存在许多问题，对于大学阶段应该以读写为主还是听说为主的争议也没有定论。但是，随着国际间交往的日益频繁，以及国际学术交流的逐步推进，大学生英语听说能力尤其是以学术交流为基础的独白能力培养将日趋重要。而基于网络平台的英语听说训练将取代传统的语音室听说训练，承担起培养学生英语听说能力的重任。

一、以网络为依托培养英语听说能力

网络具有动态的、非线性的呈现功能,方便快捷的搜索功能,集声音、图像和视频于一体的综合集成功能,能为学习者提供生动、真实的听说材料,非常适合英语听说训练,具有传统教学无法比拟的优势。

(1)个性化的学习方式。学习者通过网络进行英语听说训练,可以选择适合自己水平层次的学习材料,按照自己的进度完成学习任务,避免传统的课堂教学"齐步走""一刀切"的弊端。在学习的过程中,学习者不必担心来自同伴的压力,因为学习者面对的是电脑,不是整班的同学和教师。在传统课堂,学生往往害怕回答问题错误遭到同伴的嘲笑,担心自己语音不准确而不敢主动发言等。在网络学习中,学生可以反复地模仿地道的发音,放心大胆地说出自己的想法,而且通过电脑录音,学习者可以检测自己的语音语调和口语表达能力。这样,通过网络可以真正实现个性化的语言学习。

(2)动态化的听说教材。利用网络的非线性和更新功能,可以为学习者提供动态化的听说教学材料。所谓动态化的听说教学材料,即教师根据学生的兴趣和学习需求以及学习水平,随时补充新的听说材料,或者删除学生已经学习过的材料;学习者也可以利用网络的搜索功能,查找自己感兴趣的听说材料。教师在新学期伊始,根据学生英语水平、专业兴趣等设计不同层次的英语听说材料,并通过网络平台呈现,供学生选择学习。之后,再定期不断充实和更新材料,使教学内容贴近学生实际,满足学生需求。动态化的听说教材设计必须以学生现有的英语水平和英语听说学习需求为基础,以语言真实地道为原则。

(3)全面、动态的评价模式。评价学生的英语听说能力,不能光看学生开口说话的能力,更不能只凭借学生的听力分数,应该根据学生的学习态度、学习表现、理解和表达能力等方面全面评价。评价形式可以采用形成性评价和终结性评价相结合,通过教师评价、学生自评和互评、计算机评价等组成多维立体评价模式。

二、发展高级口语表达能力

如果说学生的日常英语听说能力可以在掌握了一定的英语语言知识的基础上,在适当的语言环境下,经过短时间的训练可以容易获得的话,那么,用英语演讲、辩论和做学术报告的长篇独白能力的发展,则需要从大学阶段开始进行严格的专门训练。一般来说,本族语者都具备日常听说交流能力,但并不是所有的具有日常听说交流能力的人都具备长篇独白的能力。我国的英语教学不能满足于学生能够开口说几句简单的英语,而要培养有条件的学生的高级英语素养。

我国英语教学的周期长,教学手段先进,学生英语水平将随着中学英语教学改革的推进而越来越高。在中学生英语水平真正达到《高中英语课程标准》规定的七级到八级标准后,大学英语教学可以以 ESP 为教学内容,训练学生长段独白的能力。

针对不同专业的学生,尽量通过相近学科组织有针对性的英语听说教学。如对学习社会科学(文学、历史、政治、语言等专业)的学生,着重训练英语演讲和辩论的能力,而对于理工科的学生,则把能在国内和国际会议上做相关领域的学术报告作为重点。

英语学习的终极目标应该是:"站起来能说,坐下来能写。""站起来能说"指的是能说出一段条理清晰、有逻辑性、有内容的话语;"坐下来能写"指的是能写出观点明确、说理清楚、内容丰富、有说服力的文章。相信"站起来能说"是今后大学英语听说教学的培养目标,未来的大学英语听说教学定能交出一份满意的答卷。

参考文献

[1] 安妮·伯恩斯.英语教学中的行动研究方法[M].北京：外语教学与研究出版社，2018.

[2] 杜申诺娃，王小庆.好用的英语教学游戏——最新中小学英语教学游戏分类精选[M].上海：华东师范大学出版社，2010.

[3] 陈莉萍.大学英语教学研究[M].北京：世界图书出版社，2015.

[4] 高雅平.实用英语教学[M].北京：中国纺织出版社，2018.

[5] 顾明远，孟繁华.国际教育新理念[M].海口：海南出版社，1999.

[6] 顾永琦.英语教学中的学习策略培训：阅读与写作[M].北京：外语教学与研究出版社，2011.

[7] 郭元祥.生活与教育：回归生活世界的基础教育论纲[M].武汉：华中师范大学出版社，2002.

[8] 何广铿.英语教学法教程：理论与实践[M].广州：暨南大学出版社，2011.

[9] 胡雪飞.英语教学法[M].武汉：武汉大学出版社，2016.

[10] 康莉.跨文化视角下的大学英语教学：困境与突破[M].北京：中国社会科学出版社，2014.

[11] 李正栓，杨国燕.现代英语教学论[M].北京：清华大学出版社，2018.

[12] 梁正溜，吕亮球.21世纪大学英语视听说教程教学参考书3（S版）[M].上海：复旦大学出版社，2015.

[13] 鲁子问.英语教学方法与策略[M].上海：华东师范大学出版社，2008.

[14] 鲁子问.英语教学论[M].上海：华东师范大学出版社，2012.

[15] 鲁子问.英语教学设计[M].上海：华东师范大学出版社，2008.

[16] 裴娣娜.现代教学论[M].北京：人民教育出版社，2005.

[17] 孙静.大学英语教学及改革新思维[M].北京：水利水电出版社，2018.

[18] 孙旭春.网络环境下大学英语听说教学研究：理论、模式与评价 [M]. 昆明：云南大学出版社，2015.

[19] 王笃勤.英语教学策略论 [M]．北京：外语教学与研究出版社，2002.

[20] 王淑花.大学英语教学模式改革与发展研究 [M]．北京：知识产权出版社，2018.

[21] 王松.英语写作教学研究：同伴反馈对英语学习者写作能力的影响 [M].贵阳：贵州大学出版社，2014.

[22] 翁雨淋，李瑞超，白爱娃.大学英语教学法探索与教学实践研究 [M].北京：中国纺织出版社，2018.

[23] 吴玉国.基于同伴交往的教学研究 [M]．南京：南京大学出版社，2013.

[24] 肖礼金.英语教学方法论 [M]．北京：外语教学与研究出版社，2011.

[25] 张静，杨佩聪，胡瑞娟.现代英语教学的理论、实践与改革研究 [M].北京：水利水电出版社，2016.

[26] 张萍.基于翻转课堂的同伴教学法——原理·方法·实践 [M]．北京：人民邮电出版社，2017.

[27] 张艺宁.基于 UbD 的 Bermuda 模式同伴互助大学英语课堂教学实证研究 [M]．北京：外语教学与研究出版社，2018.

[28] 赵娟.大学英语教学研究 [M]．成都：西南财经大学出版社，2017.

[29] 钟玉琴.大学英语混合式教学探究 [M]．北京：电子工业出版社，2017.

[30] 李焱.运用 PI 教学法在大学英语教学中培养学生英语学习的元认知策略 [J].科技经济导刊，2017（36）：104-105.

[31] 樊雅桢.浅析大学英语教学法改革创新 [J].农家参谋，2017（14）：152.

[32] 郭红，赵宇昕.互动式教学法在大学英语教学中的应用 [J].黑龙江教育（理论与实践），2017（05）：63-64.

[33] 黄欢.大学英语自主学习教学策略的选择与应用 [J].吉林农业科技学院学报，2018，27（04）：70-72.

[34] 李玲.同伴支架和互动模式：英语口语自主学习的个案研究 [J].湖南广播电视大学学报，2015（03）：92-96.

[35] 王华，秦曼.大学英语教学方法改革探索——评《英语教学方法论》[J].教育发展研究，2017，37（12）：85.

[36] 王奇民. 制约大学英语教学效果的因素及对策 [J]. 外语界, 2002（04）: 27-35.

[37] 张蕾. 大学英语教学多维互动教学模式研究 [J]. 科教导刊（中旬刊）, 2017（05）: 85-86.

[38] 张晓宏. 透视儿童的"同伴危机" [J]. 中小学心理健康教育, 2005（11）: 18-19.

[39] 周远清. 开展一次教学方法的大改革——在"首届中国大学教学论坛"上的讲话 [J]. 中国大学教学, 2009（01）: 4-6.